本书获得

陕西师范大学人文社会科学高等研究院
陕西师范大学文学院
出版资助

项目主持

陕西师范大学女性研究中心

性别研究文史文献集萃系列丛书
李小江 主编

从女性文献史观出发：
《奁史》新解

郭海文 主编

陕西师范大学出版总社

图书代号：SK20N2092

图书在版编目（CIP）数据

从女性文献史观出发：《奁史》新解 / 郭海文主编 . — 西安：陕西师范大学出版总社有限公司，2020.1
（"乾·坤"：性别研究文史文献集萃系列丛书 / 李小江主编）
ISBN 978-7-5695-1353-0

Ⅰ.①从⋯ Ⅱ.①郭⋯ Ⅲ.①妇女—生活史—中国—古代②《奁史》—研究 Ⅳ.① D442.9

中国版本图书馆 CIP 数据核字（2020）第 026746 号

从女性文献史观出发：《奁史》新解
CONG NÜXING WENXIAN SHIGUAN CHUFA：LIANSHI XINJIE

郭海文　主编

出 版 人 /	刘东风
出版统筹 /	侯海英　曹联养
责任编辑 /	王　森
责任校对 /	张爱林
出版发行 /	陕西师范大学出版总社
	（西安市长安南路 199 号　邮编 710062）
网　　址 /	http://www.snupg.com
印　　刷 /	陕西博文印务有限责任公司
开　　本 /	710mm×1000mm　　1/16
印　　张 /	29.25
插　　页 /	2
字　　数 /	400 千
版　　次 /	2020 年 1 月第 1 版
印　　次 /	2020 年 1 月第 1 次印刷
书　　号 /	ISBN 978-7-5695-1353-0
定　　价 /	90.00 元

读者购书、书店添货或发现印刷装订问题，请与本社营销部联系、调换。
电　话：（029）85307864　85303629　传真：（029）85303879

总序

"乾·坤"——性别研究文史文献集萃系列丛书

乾坤,相互对应的两极构成一个概念,成为中国哲学体系中的基本范畴。乾为天,主阳;坤为地,主阴。出处与《易经》有关:以自然运行的宇宙观解释世间万物人事,将天地依存的同构范式推及人类社会,由"天/地""阴/阳"派生出"社稷""男女"——如此一来,天地与社稷呼应,阴阳与男女对接,乾坤与家国同义,成为人世间难以超越的至高境界。

在"乾·坤"名下做文史研究的念头由来已久,旨在将历史元素有效地纳入中国特色的哲学范畴,既可还原它的原初含义,也有创新的意图:朗朗晴空下,为长久隐身于私密处的"女性/性别"辟出开放的话语空间。"乾坤一元",比肩而行;"阴阳相倚",各为主体;"性别研究文史文献集萃"因此有三重含义:

一为饮食男女,性别是基本议题。让"天地/阴阳"走进人间生活,袅袅炊烟,衣食住行,寻常生活中窥见的也是"乾坤/社稷"。

二为文史文献,以文载史,文史同道。入丛书者,有专著,有论文集;可以是历代文学作品的史学解构,也可以对图片(如壁画、纹饰、照片、影视作品、墓志铭等)做文献辑录或文史阐释……无论形式,无不承载着历史的信息(而非白口说道),能够从不同方向展现历史遗存(而非凭空想象)。

三是集萃,会聚珠玑,萃取精华。女人作为群体,长久未载史册;女性的历史信息,碎片般地散落在"史记"的缝隙里或散失在"社稷"的偏僻角落。编撰这套丛书的一个主要目的是拾遗补阙:但凡透露出性别制度的古老讯息,或承载着女性文化遗存的历史印记,在这里都被视若珍馐,不厌其碎,汇集在"乾坤"名下,想人间男女俗事,与天地共一血脉。

这套丛书以"乾·坤"为名,图借大千宇宙磅礴气势,生成学界正道三气:开放多元,任恣肆的思路拓展包容的心胸,是谓"大气";在亘古不变的天地呼应中讨一份冷静客观的治学态度,是谓"学术气";让家国社稷落实到寻常人生,在绵延不绝的生民文化中找回两性平等相处的对话平台,是谓"接地气"——大气、学术气、接地气,是"乾·坤"系列丛书的起点,也是它努力的方向;它于女性的生存状态是一个提升,与性别研究的跨学科性质正相吻合。但是,在选题设置上,入选文章不避琐细,作者不问辈分,形式不拘一格，国籍无计内外，看重的是基础性文献收集、整理和分析的学术品质。因此借"序"向学界公开征稿，期待各学术领域中的领军者赐稿，也欢迎各院校同仁提供在性别研究中有建树的学位论文。有文稿者，可与丛书的编撰统筹侯海英女士直接联系（E-mail: houhaiying@snnu.edu.com）。

说来，我的编书历史自20世纪80年代中期至今，30年有余。已经出版的有文集《西方女权运动文选》（中国妇女出版社，1986）、《华夏女性之谜》（三联书店，1988）等，也有"妇女研究丛书"（河南人民出版社，1987—1992）、"性别与中国"辑丛（三联书店，1995—2000）、"20世纪中国妇女口述史丛书"（三联书店，2003）等，计数十部，绵续拓展，无不关乎女性/性别研究。21世纪以来，女性/性别研究已成显学，相关专著、译著和博士论文日渐热络，因此不断有出版商寻来洽商，希望在更新的学术环境上推出新的研究成果。多年斟酌，实地考察，最终选择陕西师范大学，是因为这里已经搭建起了"四位一体"的坚实平台：一支以教授领衔、项目引导、跨学科合作、可持续发展的教研梯队（1995年起步）；一座具有普及教育性质、学生自愿参与、自行管理的"妇女文化博物馆"（2003年建馆）；一个学术型、多元化、开放性的"女性/性别研究文献资料馆"（2018年揭牌），以及正在筹建中的地方文史与女性个体生命合二而一的档案库"女方志馆"——陕西师范大学女性研究中心集课程建设、学术研究、文化资源积蓄、志愿者活动和社会服务为一体,在中国学界和女性/性别研究领域中独树一帜,已经为女性的知识积累和精神传承建起了一个难以替代的学术基地。"乾·坤"在这里落脚,可谓水到渠成。女性研究中心与陕西师范大学出版总社互为近水楼台,正好相互扶持。希冀我们共同努力,为已成气候的女性/性别研究继续贡献绵力。

李小江
2019年9月18日 古都西安

前言

《奁史》是一部全面反映中国传统社会各阶层女性生活的重要类书。该书作者王初桐,生于清乾隆、嘉庆年间,东吴人;王氏小妾李湘芝为夫助力,亦功不可没。参与此书的校刊者多为宿儒大家,如王昶、孙星衍等。《奁史》版本为清嘉庆二年伊江阿刻本,现被收入《续修四库全书》1251 册、1252 册(上海古籍出版社 2002 年版)。伊江阿著序文说:"同人咸以《奁史》为风雅之宗。"

"奁",古意为盛放东西的器物,多指女性梳妆时用的镜匣子,李商隐诗云:"凝走弄香奁,拔脱金屈戌。""奁"在此引申指代所有与女性有关的物事。《奁史》"引书三千,所检之书不下万种",共 100 卷,拾遗 1 卷,正文分 36 门,每一门类下再细分子目,共计 148 子目,收录材料 13553 条,约 150 万字。书中保存了大量女性史料,涉及婚姻、宗族、艺术活动、精神信仰诸多方面,为中国妇女史和社会史研究提供了重要的文献资料,分门别类如下。

第一部分:人伦、婚姻、生育之始,包括夫妇、婚姻两门。

古人相信"男女构精,万物化生",故以"夫妇门"开头,胪列有关夫、妻本分之言论,以及夫妇相从之各类形态,包括相敬如宾、同甘共苦、反目离异、破镜重圆、遇变自尽、齐人之福、夫妇合葬等等。夫妇之合，端赖婚姻，故次立"婚姻门"。叙述嫁娶礼仪，亦有各类婚姻故事，如皇族婚、同姓婚、世代婚、指腹婚、续弦、辞婚、冥婚等。

第二部分：女性分类，包括"统系门""眷属门""妾婢门""娼妓门"四门。

"统系门"历述后妃、女主、公主及婕妤、女官、才人、女史、彤史、女常侍、命妇、宫人等宫廷内职。"眷属门"首及母教，并述诸母、祖母、后母、乳母等故事，再列出孝女、贞女、姊妹、姑妇、娣姒、姑嫂、叔嫂、弟妇等亲属关系及若干事迹。"妾婢"及"娼妓"两门，则分述传统社会中地位较为低下的妾媵、奴婢及娼妓，此辈或凭宠提升地位，或受辱终身，或出家为尼，命运遭际各有不同。

第三部分：女子教育，包括传统"妇学"四项内容，涉及德行（德）、言辞（言）、容貌（容）、技艺（功）的培训和修养。

女容，包括"肢体""容貌"两门。搜罗历代有关妇女身体四肢各部分及其容貌举止等事例。女德，主要在"性情"门，主要集中女子性情爱好等的描述。女红，集中在"蚕织""针线""井臼"三门，主要叙述女性之妇功。从所收资料来看，从皇后以至民间女子均宜勤习女红，善于操作。女言，包括"文墨""干略""技艺""音乐"四门，主要展列古代妇女之文化成就，主要是对历史上女性的"空白之页"的补充，也是对女性创造力的认可，即重新发现被埋没的女作家、女书法家、女画家的作品，谱写一个女性文学、女性美学的传统。虽有谓"女子无才便是德"，但历代闺媛在诗文、书画、音律、技艺以至武艺方面，均不乏可圈可点的成绩，是故本其事而记之。最为可贵的是，编者特立"干略门"，辑录传统社会从不标榜的妇女武艺，历举拒贼杀敌之妇女。该门虽只三卷，但独立成篇，显示出编者的重视。

第四部分：女性的性文化，包括"姓名门""事为门""诞育门"三门。

"姓名门"述女性姓、氏、字、称谓、谥号等。"事为门"述岁节时令及房中密戏。"诞育门"述感孕之传说、生育之异常情况、产仪。

第五部分：女性专职行业，有"术业"一门。

"术业门"录古代从事几种特殊行业的女性，以"三姑"（尼姑、道姑、卦姑）、"六婆"（牙婆、媒婆、师婆、虔婆、药婆、稳婆）为主。

第六部分：女性的物质文化，包括衣食住行，为该书辑录主要内容。

"衣裳""冠带""袜履"三门，均录女性各类服装、饰物、鞋袜，从衣料到时尚、款式引录材料甚多，是研究古代妇女服饰文化的绝好史料。"钗钏""梳妆""脂粉"三门，历数女性首饰和梳发、洗澡、装扮用具及方法，以及脂粉的成分、品种、用法等，对于研究古代女性美的标准很有帮助。"绮罗""珠宝"二门，搜集与女性有关的丝绸、明珠、金银、线帛等资料。"宫室门"和"床第门"辑录从外到内的各项家居设备。"饮食门"历数各样食物品种，从蔬果、肉食、糕点到烟药，均有文字解说。"器用门"讲与女性有关的器皿、舟车等，是对历代正史《舆服志》的补充，从中看到在传统礼制束缚下女性的生活。

第七部分：女性的自然文化。

"兰麝门""花木门""禽虫门"看似中性，但在《奁史》中所录均与女性有关。女子用花木可满足其最低层次的生理、安全需求，如美容与求子。女子亦可用花木满足其较高层次的爱与归属的需求，如缘情、言志、审美。女子更可用花木满足其自我超越的精神需求，如礼佛、得道。这种记录历久弥贵，让我们从历史的缝隙里看到了女子的生命体验，看到了her story——她的历史。"禽虫门"中"禽""兽""虫"均与女性有关，可用文化人类学理论对其进行解释。如西王母的使者鸟，武则天所蓄养鹦鹉、小燕飞入人家化为女子之传说等。

第八部分：女性的宗教信仰。

在"仙佛门"中，叙录历代传说中的女仙、女神，如西王母、嫦娥、织女、何仙姑、天妃、巫山神女等，亦及于授经、拜佛情况以及鬼怪故事等，从而探讨古代女性的民间信仰问题。

拾遗一卷则是对其中二十六门做了少许资料增补工作。

《奁史》并非是单纯歌颂妇女节烈，或徒视妇人为声色之娱、家室之件的一般著作，而是有意保存传统社会各阶层女性生活的大型文献类书。迄今为止，学界对《奁史》的研究相当薄弱，只有两篇论文及两部整理性质的专著。北京学者臧健所著《奁史——古代妇女生活的百科全书》[①]肯定了《奁史》的文献价值，却认为部分资料及其编纂思想"充斥着封建时代的伦理道德观与价值观"。收录不等于认同，这种评价对以兼收并蓄为宗旨的类书来说有失公道。香港学者刘咏聪的《奁史初探——兼论类书中女性史料之辑录》[②]对《奁史》做了较为详细的介绍，对其取材与义例作了简要说明。李永祜的《奁史选注——中国古代妇女生活大观》[③]是目前唯一一部有关《奁史》的选注本；《奁史》全书收入条目

[①] 臧健：《奁史——古代妇女生活的百科全书》，载《中国古代典籍与文化》1994年第3期。

[②] 刘咏聪：《奁史初探——兼论类书中女性史料之辑录》，见刘咏聪主编：《德·才·色·权——论中国古代女性》，麦田出版有限公司1998年版。

[③] 李永祜主编：《奁史选注——中国古代妇女生活大观》，中国人民大学出版社1994年版。

计13553条共约150万字,作者从中选出4259条,占总数不足1/3,不能全面反映《奁史》的全貌。另有陈晓东整理的《奁史》①一书,正文部分对《奁史》文本进行标点。综上所述,研究寥寥,与《奁史》所具有的文化含量和文献价值极不相配。之所以出现这种不协调的状况,与传统史学观念中对妇女史料的轻视和疏漏有关,造成文献学领域中的重大缺憾——弥补这一缺憾,是我选择进行《奁史》研究的初衷;组织学生持续介入,使得这一重大工程得以初见成果。

自2011年起,我开始指导研究生做有关《奁史》研究的论文。刘莹的"饮食门"研究是第一篇相关的学位论文;自此,每一届研究生都有选择《奁史》研究作自己的学位论文。我跟学生们共同摸索,共同研究,《从女性文献史观出发:〈奁史〉新解》是我们多年的劳动成果。所谓"新解",即更新传统的史学观念,从全新的"女性文献史观"出发,重新认识人类文化遗产(relics)的历史价值。②具体到《奁史》研究,就是以女性为主体,把相关的文化遗存(无论以什么形式呈现出来)看作广义的女性文献(female documents),认真梳理前人的研究成果,深入细致地分析解构《奁史》为我们提供的大量翔实可靠的历史资料,从不引人注意的细微处入手,重新发掘和阐释女性文献的历史价值。古代妇女极少有"言"见之于史,但这并不代表她们在历史长河中没有其他的表达途径。一幅画、一具物、一针一线一身衣裳,都可以是她们抒情言志的载体。《奁史》一书对古代妇女生活的记载多为摘录,没有详细的注释分析。鉴于此憾,本书借鉴和采用

---

① 〔清〕王初桐纂述,陈晓东整理:《奁史》,文物出版社2017年版。
② 李小江:《"文献"的性别属性及其历史品相》(*Writing and Wearing: Engendering Documents in History*),Asia Art Archives(AAA,香港),2018年7月12日。

了"形象史学"的研究方法,考古资料与文献相结合,将传世的造像、铭刻、器具、书画、服饰等一切实物作为证据,文字与"形""象"结合,填补了古代妇女的言语空白,更加全面和立体地展示出妇女生活的多姿多彩,也为"大历史"开拓了新的认知视角和研究领域。

《奁史》共100卷,目前的研究成果仅仅是其中很少的一部分,大量的任务还有待于后期的艰辛工作。我们依然会秉持严谨的文献学研究方法,认真阅读文本,对文本进行认真的标点、注释、校勘。其次,运用性别理论及四重证据法对文本进行详细的解读,以期佳惠学林。

郭海文

2019年8月1日

目录

《蚕织门》生产工具考 1

    一、采桑、护桑用具 2

    二、养蚕用具 11

    三、纺织用具 17

《针线门》里的文化意蕴 35

    一、古代女子的缝纫工具 38

    二、针线活的主要内容 43

    三、"针线活"的主体身份 49

《衣裳门》所见上衣研究 55

    一、明妆丽服夺春晖——上衣的种类 59

    二、制芰荷以为衣兮——上衣的材料 75

    三、望其章而知其势——上衣的用途 81

    四、服饰研究的文化意义 87

《衣裳门》所见下服研究 93

　　一、闺阁新兴十幅裙——下服的种类 94
　　二、集芙蓉以为裳——下服的材料 103
　　三、极服妙采照四方——下服的用途 110
　　四、研究下服的意义 114

《饮食门》引书考述及内容 117

　　一、引书及征引条目的特点 119
　　二、《饮食门》所反映的饮食文化 128
　　三、《饮食门》所见古代女性形象 151

《井臼门》里的古代妇女劳作 161

　　一、《井臼门·操作》：妇女家庭劳作 162
　　二、妇女采集之事 171
　　三、妇女田间劳动 176

《技艺门》内外的女子技艺活动 179

　　一、智力与技巧型的女子技艺 180
　　二、观赏与娱乐型的女子技艺 193
　　三、运动与力量型的女子游艺 202

《文墨门》所见女性学术活动 211

　　一、学术女性的身份 212
　　二、女性读书、著作与学术才干 218

目 录

《文墨门》所见女性诗文研究　237

　　一、文学女性的社会身份　238

　　二、女性诗文的内容　243

　　三、女性诗文的特点　254

《文墨门》所见女性书法与绘画　261

　　一、《文墨门》所见女性书法家的身份　263

　　二、女性书法的内容与特点　268

　　三、《文墨门》所见女性画家的身份　275

　　四、女性绘画的内容与特点　280

《文墨门》中女性文房之研究　289

　　一、笔的释义与文化内涵　290

　　二、墨的基本释义、形制与文化内涵　295

　　三、纸的基本释义、形制与文化内涵　299

　　四、砚的基本释义、形制与文化内涵　303

　　五、印的基本释义、形制与文化内涵　306

《钗钏门》所见女性饰物考　311

　　一、鬓边华彩：头饰考　315

　　二、耳畔风情：耳饰考　330

　　三、柔荑流光：手饰考　337

《脂粉门》里女性的自我书写　347

　　一、云想衣裳花想容：脂粉分类　348

二、清肌莹骨能香玉：脂粉功效　353

　　三、自知明艳更沉吟：脂粉文化　356

《花木门》的女性特质及花木之效用　363

　　一、《花木门》所见花木之命名　364

　　二、《花木门》所见花木之功效　371

《仙佛门》里女性的精神世界　407

　　一、《仙佛门》所见女神研究　409

　　二、《仙佛门》所见女神司职研究　413

　　三、《仙佛门》所见女神谱系化　419

　　四、《仙佛门》所见女仙研究　424

　　五、《仙佛门》所见女鬼形象概述　439

后记　449

《蚕织门》生产工具考

作者 徐家琪

中国的桑蚕和纺织业历史久远，丝绸文明更是独具特色，远播海内外。王初桐所撰《奁史》卷四十分作女工和蚕织两部分，共有110条，保存了大量关于古代蚕桑丝织生产劳动的史料。女工部分仅有5条；蚕织部分有19条为妇女与蚕的记载，16条为妇女与桑的记载，余下皆为纺织及织物的相关记载。目前，学界对古代以蚕丝和棉麻等为原材料的纺织有很多深入细致的研究，却鲜少有人利用《奁史》专门研究古代蚕桑生产和纺织生产所使用的工具。本文以《奁史·蚕织门》所辑录的内容为分析平台，结合蚕织生产的相关文物史料及图片，对古代蚕桑生产和纺织生产所使用的工具进行考证。

蚕织生产活动是经济史的重要组成部分。通过研究蚕织生产工具，可见古代社会生产技术和社会经济的发展水平。从生产者的角度出发，着眼于人数众多的平民百姓，可望填补社会史中对下层民众俗文化研究的空白。中国古代蚕织生产活动的主要参加者是妇女，蚕织生产工具和女红用具往往伴随女子的一生，桑树和梭子等物事在蚕乡嫁娶婚俗中也是必不可少的嫁妆。将女性日常使用的生产劳动工具作为研究对象，不仅可以深入探索古代女性的日常生活，也可以补充和丰富中国妇女的史学研究。

蚕桑纺织的生产，从植桑到上机织造，中间要经过护桑采桑、养蚕缫丝、纺绩成布等诸多工序，每一道工序都有专用的器具。故本文按照其用途分类排序，大体分成采桑和护桑用具、养蚕用具、纺织用具三个部分进行考证，通过考证尝试去触碰有形的器具背后所反映的历史意义和文化内涵。

一、采桑、护桑用具

桑有很多品种，据刘克祥研究，夏、商、西周时期以前，栽植的桑树为自然生长状态的乔木桑，到春秋、战国时期才开始人工培育乔木桑、高干桑和低干桑。对于低干剪定型桑树，人只要站在地上就可以采摘桑叶了，而高干桑和乔木桑则需要依赖工具来采摘。采桑、护桑所使用的工具主要有采桑用具、盛桑用具和护桑用具。

（一）采桑用具

采桑工具除了《蚕织门》中所记载的采桑钩以外，后来还出现了桑梯和桑几。

1. 采桑钩

采桑钩又称桑钩，是采桑时由于臂长有限而使用的木钩。采桑钩除了有实用意义外，在文献记载中也经常作为礼器出现，其材质一般是金或玉。如《奁史》中"皇后采桑钩二枚，各长五寸，其细如箸"①一条，具体到采桑钩的长短与大小、形状。《旧唐书·肃宗纪》记载："（上元三年）建巳月庚戌朔。壬子，楚州刺史崔侁献定国宝十三枚……十一曰皇后采桑钩。"②《女红余志》中提到神女青琴采桑时所携的金龙玉钩："青琴采桑，携金龙玉钩。"③

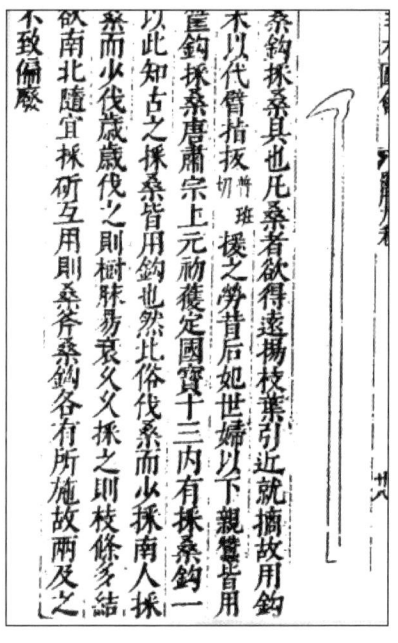

图1 桑钩图

采桑钩的应用并没有随着历史的发展而销声匿迹，如今江浙一带仍在

---

① 〔清〕王初桐：《奁史》卷四〇《蚕织门》引《得宝记》，见《续修四库全书》，上海古籍出版社2002年版，第1251册，第612页。

② 〔后晋〕刘昫等：《旧唐书》卷一〇《肃宗纪》，中华书局1975年版，第262—263页。

③ 〔元〕龙辅著，〔清〕陈尚古撰：《女红余志·簪云楼杂说》卷上《金笼》，浙江古籍出版社2014年版，第7页。

3

图 2 采桑女子雕像

使用，某些山区采果摘叶用木钩极方便。①

桑梯和桑几出现得较晚。战国时期铜器上的采桑图虽然出现了高、低干桑与乔木桑，但尚未发现桑几与桑梯。"在北京故宫博物院存有一件公元前3世纪左右的青铜酒器，叫作'采桑猎钫'。它的腰部绘着采桑图，画面上有两株桑树，一个大奴隶正弯腰躬身，让小奴隶踏他的背上采桑叶，奴隶主手拿棍棒在一旁监督。"②另外，《中国古代耕织图》收录了一只四川成都百花潭出土的战国"宴乐射猎采桑纹铜壶"，壶身和壶盖都绘有各式桑树；河南辉县市琉璃阁出土的"采桑纹铜壶"，盖上绘有两株桑树，一株与人同高，一株低于人肩，图上都没有出现桑梯或者桑几。

2. 桑梯

桑梯是采摘高大的桑树上的桑叶时使用的木制长梯，适用于高干桑和像荆桑一类的乔木桑。《齐民要术》记载："春采者，必须长梯高机，数人一树，还条复枝，务令净尽……梯不长，高枝折；人不多，上下劳；条不还，枝仍曲；采不净，鸠脚多。"③

3. 桑几

桑几是采摘高大的桑树上的桑叶时使用的木几，比较适用于低

---

① 潘伟：《中国传统农器古今图谱》，广西师范大学出版社2015年版，第439页。
② 刘克祥编著：《蚕桑丝绸史话》，社会科学文献出版社2011年版，第16页。
③ 〔北魏〕贾思勰撰，缪启愉校释：《齐民要术校释》，农业出版社1982年版，第231页。

图 3 桑梯图

图 4 清代吴俊绘《采摘荆桑图》

干桑或者像鲁桑这样的地桑。《农书》："凡柔桑不胜梯负，须登几上，乃易得叶。"① 梅尧臣诗云："桑柔不倚梯，摘桑赖高几，每于得叶易，曾靡忧枝披。"②

综上，采桑钩不同于后来出现的桑梯和桑几，它在较早文献记载中象征着古代大多数女性的职务与美德。在《奁史》中，采桑钩较多出现在皇后采桑礼仪中，使用者多为皇后等地位较高的女性。

（二）盛桑用具

盛桑用具指的是采摘桑叶之后

图 5 桑几图

---

① 〔元〕王祯：《农书》卷二一，中华书局 1956 年版，第 477 页。
② 〔宋〕梅尧臣：《宛陵先生集》卷五一，上海书店 1989 年版，第 667 页。

用以盛放的容器，主要有桑筐、桑笼、桑篮、桑网等。《奁史》中出现的盛桑用具仅有桑筐。

1. 桑筐

桑筐一般指用来盛放桑叶的方形竹器，用竹子或柳条等编成。桑筐可见于诸多文献记载以及画像砖、壁画中。"春日载阳，有鸣仓庚。女执懿筐，遵彼微行。爰求柔桑。春日迟迟，采蘩祁祁……时泾渭流域的桑蚕业已经相当发达，随处可见高高低低的桑林。"① 扬之水言，"懿筐"即指采桑时盛放桑叶的深筐。《奁史》中辑录："皇后躬桑，每将一条，执筐者受桑。至三条，女尚书跪白曰：'可止。'执筐者以桑授蚕母。"②

又："吴越郊原，多治蚕桑，少妇倩女，淡妆素手，提筐出采。"③东汉魏晋时期的耕织图像经常出现在墓室壁画上，1971年在内蒙古和林格尔县发现一座汉代壁画墓，壁画上有一幅桑林庄园图，女子在桑林采桑，图中有桑筐和蚕箔之类的器

图6 1.战国宴乐射猎采桑纹铜壶细部临摹
2.采桑纹铜壶壶盖 3.采桑纹铜壶细部临摹

---

① 扬之水：《诗经名物新证》，人民美术出版社2015年版，第77页。
② 《奁史》卷四〇《蚕织门》引《皇后亲蚕仪注》，第611页。
③ 《奁史》卷四〇《蚕织门》引《毛采馆清课》，第612页。

图 7 采桑护桑图

图 8 采桑图

具。① 文献记载将"筐"也称为"篮"。

2. 桑笼

桑笼指盛放桑叶的圆形竹器，一般用竹篾、木条等编成。桑笼与桑筐功用类似，有一些形状上的区别。桑筐是方形的，桑笼则多为圆形有盖，更加小巧便携。1972年甘肃嘉峪关市东南40里戈壁滩上的魏晋墓内，也发现了大量关于蚕桑生产的彩绘壁画和画像砖，壁画和画像砖中呈现的内容中有女子提笼采

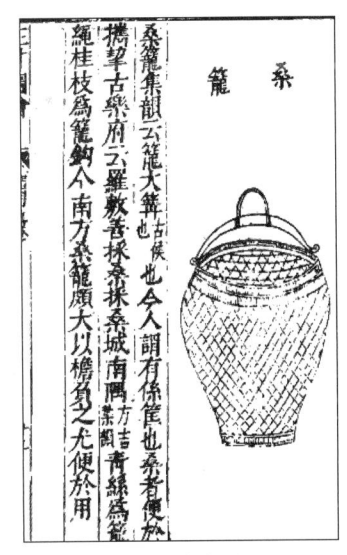

图 9 桑笼图

---

① 内蒙古自治区博物馆文物工作队编：《和林格尔汉墓壁画》，文物出版社1978年版，第41—42页。

桑,以及女童引弓驱赶桑林乌鸦。① "画面上还有丝帛、丝束、盛有蚕茧的高脚盘等有关生产工具,采桑妇女中有头为断发的少数民族,而且这些采桑女子光着脚。"②

《三才图会》中也提到,桑笼即系绳的筐。

3. 桑篮

桑篮指盛放桑叶用的有提梁的竹器,一般用竹片、柳条或藤条编成。清代闵贞有一幅《采桑图》,一个女子站在石上提着玲珑小巧的桑篮,手持细长的桑钩作采桑状。

"洛阳城东路,桃李生路傍。……不知谁家子,提笼行采桑。"③ 宋子侯的《董娇娆》描绘了一幅女子采桑图。从"执"桑筐到"提"桑笼、桑篮,表现的是"妇女对生产工具的改进和生产经验的积累,也体现了劳动妇女审美情趣的变化"。④

图 10 清代闵贞绘《采桑图》

4. 桑网

桑网也是盛放桑叶的用具,一般用绳子编结而成。"桑网,盛

---

① 甘肃省文物工作队、甘肃省博物馆嘉峪关市文物管理所编:《嘉峪关壁画墓发掘报告》,文物出版社 1985 年版,第 57 页。

② 张朋川:《嘉峪关魏晋墓室壁画的题材和艺术价值》,载《文物》1974 年第 9 期。

③ 〔南朝陈〕徐陵编选,〔清〕吴兆宜注:《玉台新咏》,上海古籍出版社 2013 年版,第 27 页。

④ 李立:《从"懿筐"到"桑笼":汉人审美情趣的变化与求新》,载《南都学坛》2007 年第 4 期。

叶绳兜也。先作圈木缘圈绳结网眼，圆垂三尺有余，下用一绳纪为网底。桑者挈之，纳叶于内，网腹既满，归则解底绳倾之……北方蚕家多置之。"① 桑网使用起来比前三种更加轻利便捷。

综上，盛桑用具在历史上的演变，表现了不同时代劳动人民的智慧以及劳动妇女审美情趣的变化；不同地域的盛桑用具所使用的编织材料，则反映了该地区植物生长的类型特点。

图 11 桑网图

（三）护桑用具

桑树每年都要整枝，以便充分利用太阳光进行光合作用，提高桑叶的产量和质量，同时也方便采摘桑叶。斫斧和劁刀就是用来整枝护桑的工具。

1. 斫斧

斫斧是有木柄的砍削器，一般指手柄很长专用于砍伐桑枝的斧子。《释名》："斧，甫也。甫，始也。凡将制器，始以斧伐木，已，乃至之也。"② 扬之水在其著作中说道："蚕月条桑，取彼斧斨。以伐远扬，猗彼女桑……'条桑'，即挑桑，谓'挑拨而取之'……若枝条折断，副芽也会迅速长成叶片更肥大的新枝条，以'再生'的方式递补……正是说善斩伐而桑益茂。"又说："'斧斨'既可合指一物，也可以分言二物。分言，则斧是刃部顶端为銎，竖装在横木柄上；

---

① 《农书》卷二一，第 483 页。
② 〔汉〕刘熙：《释名》卷七《释用器》，中华书局 1985 年版，第 103 页。

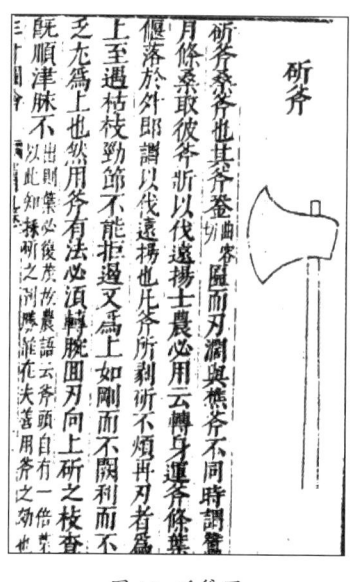
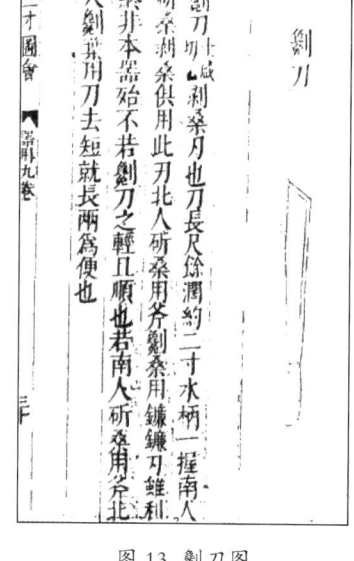

图 12 斫斧图　　　　图 13 劁刀图

戕则刃部中间开方銎，将木柄横贯其中。戕的功效较斧为高。"①《农书》："斫斧，桑斧也，其斧銎匾而刃阔，与樵斧不同。"②

2. 劁刀

劁刀据王祯记载，是南方桑农砍削桑条使用的刀具。《农书》记载："剥桑刃也。刀长尺余，阔约二寸，木柄一握。南人斫桑剥桑，俱用此刃；北人斫桑用斧，劁桑用镰。"③

综上，古代人民开始使用斫斧和劁刀来培育桑树，说明当时蚕桑业已经有了一定的规模。斫斧用于砍伐桑枝，劁刀用于砍削桑条，从其使用特点的不同可以推测所使用地区桑树的品种类型。

（四）小结

桑树栽培形式的变化和更多采桑、护桑工具的出现，说明当时栽桑生产技术的不断进步以及蚕织业的蓬勃发展。妇女是蚕桑生产的

---

① 《诗经名物新证》，第 80—81 页。
② 《农书》卷二一，第 479—480 页。
③ 《农书》卷二一，第 479—480 页。

主要劳动者,她们的主要职业是采桑养蚕。据《周礼》记载,西周时期"天官"下设有"典妇功"[1]来管理妇女的蚕织生产。蚕桑丝织的发展和生产工具的改进,反映的不仅是劳动妇女生产经验的积累和生产技术的进步,还反映了劳动妇女精神世界的变化。

二、养蚕用具

野生桑蚕为多化性,殷商时期将其驯化为二化性及一化性,西周、春秋时期则主要养一化性蚕,即春蚕。蚕室和养蚕工具都相当讲究,据《奁史》记载:"皇后祠先蚕,有蚕坛、蚕宫、茧馆、织室。"[2]养蚕业除了对蚕室的位置和朝向有严格要求外,对蚕桑的清洁卫生以及养蚕喂蚕也有规定。养蚕要有专门的器具。《奁史》中有许多关于养蚕的细节,如:"蚕始生,后食之,三洒而止。"[3]

(一)盛蚕用具

盛蚕用具主要有蚕箔、蚕筐等,除了直接盛放蚕的容器以外,还需要搁置的木架等器具,故将其归入盛蚕用具。

1. 蚕箔

蚕箔或称蚕匾,一般指用芦苇编成的片状养蚕器具。平时挂在蚕槌上,方便在清除蚕沙分箔时取用。蚕箔有许多别名,如曲、扑曲、曲簿、蚕曲、蚕簿、璘藉、簿曲等。唐朝陆龟蒙有诗《庵里》:"处处倚蚕箔,家家下鱼筌。"[4]《三辅故事》记载:"始皇后葬,用金蚕二十箔。"[5]此处"箔"即蚕箔,用来做量词,以二十箔金蚕来做

---

[1] 陈成国点校:《周礼·仪礼·礼记》,岳麓书社2006年版,第18页。
[2] 《奁史》卷四〇《蚕织门》引《礼仪志》,第610页。
[3] 《奁史》卷四〇《蚕织门》引《周迁古今舆服杂事》,第610页。
[4] 黄钧、龙华、张铁燕等校:《全唐诗》卷六一八,岳麓书社1998年版,第六册,第821页。
[5] 〔汉〕赵岐等撰,〔清〕张澍辑,陈晓捷注:《三辅决录·三辅故事·三辅旧事》,三秦出版社2006年版,第74页。

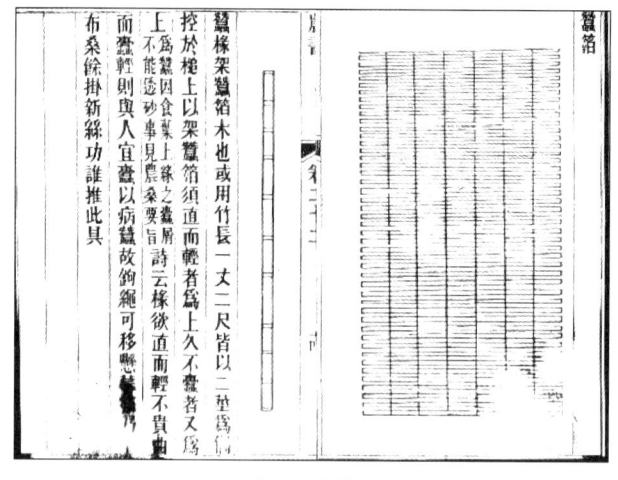

图 14 蚕箔图

皇后陪葬品,说明当时的统治者极其重视蚕桑生产活动。《女红余志》提到了蚕箔:"蚕箔,一名璘籍。"① 另外,《夷坚志》也记载:谭家"妻夜起喂叶,忽见箔内一蚕,长大与他异,几至数倍。"② 古代北方养蚕多使用蚕箔。

2. 蚕槌

蚕槌指悬放蚕箔的木柱,不能移动。因为它是直立的,所以又叫"植"。古时养蚕时一般在谷雨前后,每间屋里竖立四根高出梁柱的直木,每根直木外缘刻上加深的锯齿形缺口,用来挂桑皮绳圈套,圈套上悬架蚕椽。宋代梅尧臣有《和孙端叟蚕具十五首·蚕槌》:"三月将扫蚕,蚕妾具其器。丘植先掊括,辟室亦涂墍。"③ 明代张璁有《种桑》:"村庄儿女多,曲植未曾识。"④ 此处"曲植"分别指蚕箔和蚕槌。北方养蚕多使用蚕槌和蚕椽搁放蚕箔。

---

① 《女红余志·簪云楼杂说》卷上《金笼》,第 12 页。
② 〔宋〕洪迈撰,何卓点校:《夷坚志》卷七《余千谭家蚕》,中华书局 1981 年版,第 1023 页。
③ 《宛陵先生集》卷五一,第 670 页。
④ 〔明〕张璁撰,张宪文校注:《张璁集》,上海社会科学院出版社 2003 年版,第 287 页。

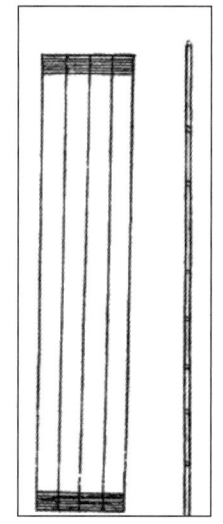

图 15 蚕槌图　　　　　图 16 蚕椽蚕箔图

3. 蚕椽

蚕椽是蚕槌上架着的木棒或者竹竿，便于搁置蚕箔。蚕椽用直而轻的材质较好，最好是经久不蛀的，以免蚕吃了蛀粉不能透沙。《蚕桑萃编》："椽，架蚕箔木也。或竹竿或柏树或松木，长一丈二尺，每层以二条相对，架于槌上，以搁蚕箔。"[1]

4. 蚕筐

蚕筐也称蚕筺，有的地方称蚕盘。盛放蚕和桑叶的竹器，用竹篾和木材等编成。蚕盘比蚕筐更大一些。筐原本是古代用来盛放币帛的竹器，后来用来养蚕，依然叫"筐"。蚕筐圆形而稍长，底浅有边沿，在蚁蚕和分箔时使用。唐李山甫《贫女》："两意定知无说处，暗垂珠泪湿蚕筐。"[2] 古代南方养蚕多用蚕筐，尤其是在盛产竹子的地方。

5. 蚕架

蚕架指搁置蚕盘、蚕筐的器具。用四根细密方木做直柱，高约

---

[1] 〔清〕卫杰：《蚕桑萃编》卷三《蚕政·蚕椽》，中华书局 1956 年版，第 87 页。

[2] 〔清〕彭定求：《全唐诗》卷六四三，中华书局 1960 年版，第 7364 页。

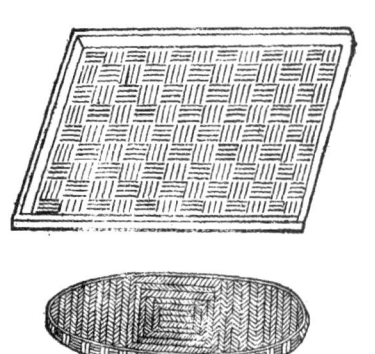 

图 17 蚕筐图　　　　　图 18 清代蚕盘养蚕场景（仿）

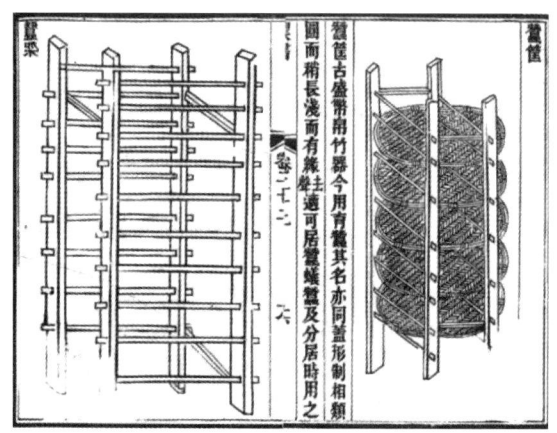

图 19 蚕架图

八九尺，直柱上下凿装竹制的横档十层，每层都可以搁放蚕盘或蚕筐，大小随蚕盘、蚕筐而定，筐用小架，盘用大架。王祯《农书》记载："蚕架，搁蚕盘筐具也……盖筐用小架，盘用大架，此南方盘筐有架，犹北方椽箔之有槌也。"[1] 南北方养蚕不仅在蚕种上有差异，在饲蚕和养蚕使用的器具上也有区别。

综上，蚕箔和蚕筐在编制时使用材料的不同，反映了其地域生长植物的不同。使用高大的蚕槌架设蚕椽以搁置蚕箔与使用蚕架搁置

---

[1]《农书》卷二一，第 453 页。

蚕盘，这一养蚕用具的区别说明了不同地区蚕种类的区别及养蚕规模的大小，同时也反映了其气候环境的迥异。在蚕文化中，蚕箔数量越多，象征着蚕织业越发达兴盛。

（二）育蚕用具

养蚕要定时喂食桑叶、除蚕沙、供蚕结茧、留蚕种，因此要用到蚕网、蚕杓、蚕簇、蚕连等用具。

1. 蚕网

蚕网是抬蚕用具，用绳子编织成渔网状，长短大小视蚕盘而定，用柿漆浸染可以更加光泽耐用。蚕除沙扩座时需使用蚕网。先把网盖在蚕上面，然后在网上洒桑叶，等蚕爬上来吃桑叶时抬起放到别的蚕盘上。这样比用手拿蚕更方便，还可以除去爬不上桑叶的病弱蚕。明代王弼有一首讽刺诗："蜘蛛结网疏，春蚕成密织。密织不上身，网疏自得食。"[①]似乎只有南方用到蚕网。

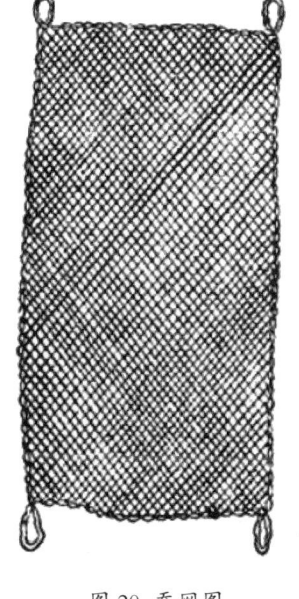

图 20 蚕网图

2. 蚕杓

蚕杓是用来递送蚕或蚕食的养蚕用器，头如杯状，手柄较长。如果蚕盘中有缺蚕或者桑有偏疏，就用蚕杓补上空缺；到了蚕老上蚕簇时，或者布蚕稀密不均匀，也可以用蚕杓来匀布。蚕杓的手柄还可以用竹接长。《蚕桑萃编》："杓，以桑木为之，或无气味之木亦可。"[②]王祯有诗云："杓头斟酌布蚕时，杓尾长摽手屡持。尝向太平村落见，田家嫁女作奁仪。"[③]从蚕杓作为农家女子的陪嫁物可以知道，它是

[①] 朱同广：《列代讽刺绝句选释》，江苏教育出版社2013年版，第565页。
[②] 《蚕桑萃编》卷三《蚕政·蚕杓》，第86页。
[③] 《农书》卷二一，第455页。

 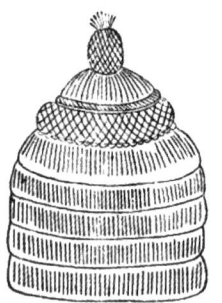

图 21 蚕杓图　　　图 22 蚕簇图

一种常见并且极为重要的农器。

3. 蚕簇[①]

蚕簇是供蚕吐丝结茧的器具。传统的蚕簇用竹木、稻草或者麦秸编结而成，上尖下宽略似山形，俗称蚕山。陆游有诗："蚕簇尚寒忧茧薄，稻陂初满喜秧青。"[②] "明清时期，我国南方蚕农创造了竹花簇和方格簇两种上簇器。

图 23 现代蚕簇局部图

竹花簇是广东蚕农至今仍在用的上簇器，而方格簇则出现在太湖地区。"[③]

4. 蚕连

蚕连即蚕种纸。蛾下卵后，把两张蚕种纸用线缝几针连在一起，因此称"连"。蚕连需要按时浴种，所以应用厚纸，能禁得住浸水浴种，

---

① 蚕簇亦作蚕蔟。
② 〔宋〕陆游撰，钱钟书校注：《剑南诗稿校注七》卷六六《初夏闲居》，上海古籍出版社1985年版，第3735页。
③ 《中国传统农器古今图谱》，第435页。

浴种完挂蚕连时，应该使卵种向外。蚕连要经过一系列的育养法一直到保温孵出蚁蚕。《本草纲目》记载："马明退、蚕连纸，共用相同，亦如蝉蜕、蛇蜕之义，但古方多用蚕纸者，因其易得耳。"[①] 蚕连还具有药用价值。

综上，育蚕用具除了日常生产使用外，有的具备药用价值，有的具备作为女子陪嫁物、表现古代女性家庭职能以及妇女美德的功能。

图 24 蚕连图

蚕织业的发展是从远古时代利用野蚕茧抽丝开始的。后来古人将野蚕驯化为家蚕，把野桑培育成家桑，开创了植桑养蚕业。可以说，植桑养蚕是中国古代最早和最伟大的发明之一，植桑养蚕使用的工具凝结了桑农蚕农们的巧思与聪慧。

古代养蚕用器的不断专业化，显示了我国古代农业科技的不断进步。器物的南北差异，反映了我国古代生产生活在地域上的不同。元代以后，养蚕工具及养蚕技术南北界限逐渐模糊，反映了元代在大一统的历史背景下，社会生产技术的不断交流和融合。

三、纺织用具

纺织在上机织造之前有一系列的准备工序。据刘克祥研究，新石器时期的丝织生产已经出现缫丝、并丝、捻丝等工序，到了商、周和春秋时期，缫丝、络丝、并丝、捻丝和整经等工序基本定型。根据《豳史》中关于纺织部分的记载，纺织用具可根据其织造所用原材料，分为蚕丝纺织用具和棉纺织用具两大类。

---

① 〔明〕李时珍：《本草纲目》，山西科学技术出版社 2014 年版，第 1017 页。

（一）蚕丝纺织用具

根据蚕丝纺织的工序，可粗略地将其用具划分为作茧用具、治丝用具、织造用具三类。

1. 作茧用具

所谓作茧用具，其实是指养蚕的人家收茧之后用来加工蚕茧的器具，包括茧瓮与茧笼等。后人总结历史文献记载中杀茧、藏茧的方法，大概有三种：一种是日晒，一种是盐腌，一种是笼蒸。笼蒸是处理蚕茧最好的方法。

（1）茧瓮：即腌藏蚕茧所用的大瓮。养蚕多的人家茧就多，来不及缫丝可以杀茧慢慢缫。南方的腌藏滞茧法就是用盐来杀蛹，这样就不会出蛾，缫出来的蚕丝会更柔韧润泽，丝缕细长。《农桑经》和《齐民四术》中都记载了用瓮盐腌蚕茧的方法，但具体方法有所不同。前者记载"将茧纳大瓮中，每茧一斤，盐四两，匀撒其上。黄泥涂之，勿令少隙"[1]；后者记载"地上埋大瓮，瓮底铺竹簟，次覆桐叶，乃下茧十斤，撒盐二两，又铺桐叶，重重隔开，满瓮密盖之，蛾不出而丝不损，惟缫时宜频换水耳"[2]。二者用盐数量上有差别，且藏瓮方法也不同。

（2）茧笼：指使用笼蒸法时使用的蒸茧器，与蒸笼类似，并非指盛放蚕茧的竹器。王祯《农书》记载《农桑直说》中的茧笼说："以软草扎圈，加于釜口，以笼两扇，坐于其上。"[3]王祯书中所绘的茧笼图为三扇，注释下提到《农政全书》中的也是三扇蒸笼，而且茧笼上小下大。如果按照《农桑直说》所记载，锅上应当只有两扇蒸笼。

---

[1] 〔清〕蒲松龄撰，李长年校注：《农桑经校注》，农业出版社1982版，第76页。

[2] 〔清〕包世臣撰，李星点校：《包世臣全集·管情三义 齐民四术》，黄山书社1997年版，第197页。

[3] 〔元〕王祯撰，缪启愉、缪桂龙译注：《农书译注》，齐鲁书社2009年版，第735—736页。

图 25 茧瓮图　　　　　图 26 茧笼图

《三才图会》中绘制的明代人使用的茧笼图也是三扇。

2. 治丝用具

治丝用具指从蚕茧抽出蚕丝，并对蚕丝进行加工这一阶段使用的工具，主要包括索绪帚、缫车、调丝架、丝箴、纺车等。

（1）索绪帚：使蚕茧变为蚕丝的抽丝索绪工具，一般用草茎制作，柄部以麻绳捆扎。索绪帚"最早发现于浙江吴兴钱山漾遗址中，此遗址同时出土的绢片和索绪帚有力地证明了我国新石器时代晚期缫丝技术初步形成和发展"[①]。

（2）缫车：蚕农在缫丝时使用的机具。宋代缫车的形制虽有南北的区别，但原理基本相同，主要由钱眼、锁星、添梯和軖等构成。陆游有诗《示客》："桑柘成阴百草香，缫车声里午风凉。"[②] 北缫车机架比较低，机件比较完整，丝的导程较短，一般多绪同缫。"事

---

① 《蚕桑丝绸史话》，第 23 页。
② 《剑南诗稿校注四》，第 2024 页。

图 27 新石器时期索绪帚（复制品）　　图 28 南缫车与北缫车图

实上，南北缫丝技术的最大区别是热釜和冷盆"①，热釜和冷盆是根据水温来区分的。在元朝大一统以前，北方缫丝使用热釜，热釜由一灶、一釜和一大盆甑组成；南方缫丝使用冷盆，包括盆、釜、灶。

（3）调丝架：指进行牵经和摇纬之前的调丝工序用到的工具。从缫丝车上取下来脱胶的线圈状丝绞尚不能使用，还要用调丝架把周长大的丝绞转绕到较小的竹筵上。调丝架一般是三根或四根竹竿竖插地面，或者安装在木框上。

（4）丝筵：卷绕丝线使用的一种竹木器，为六角形筒状，直径一般为 10 厘米左右。

（5）纺车：比纺砖具备更多功能的一种络丝工具，用手摇或脚踏使轮子转动，以传动纺锭。纺车主要用于摇纬、并丝加捻，也被称为纬车、轨车、纬车、摇纬车等。宋梅尧臣的《纺车》诗描写了织妇使用手摇纺车的景象："蚕月必纺绩，丝车必挑掷。灯下络纬鸣，林端河汉白。纤缕自有绪，虚轮运无迹。腕手已为劳，谁经用刀尺。"②据学者研究，殷商时手摇纺车已具雏形，春秋战国时期已定型。随

---

① 赵丰、尚刚、龙博编著：《中国古代物质文化史》，开明出版社 2014 年版，第 409 页。

② 《宛陵先生集》卷五一，第 671 页。

图 29 宋以后脚踏缫丝车（复制品）

图 30 调丝架（复制品）

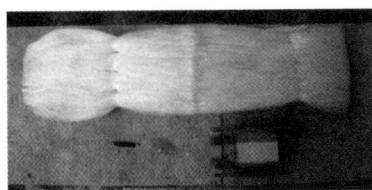
图 31 丝筬

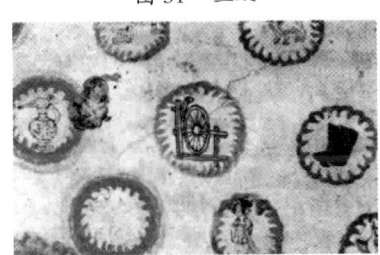
图 32 手摇纺车图

图 33 近现代摇纬车

着捻丝工具的改进，古代丝织技术得到较大发展，织造出高级织物"縠"①。后人在手摇纺车的基础上改进了结构，制造出功能相同的脚踏纺车，"脚踏纺车从东晋时起一直都在广泛使用。从各部古书所画脚踏纺车的图形来看，各种纺车除绳轮直径和锭子数稍有差别外，形状结构基本相同"②。

---

① 《蚕桑丝绸史话》，第 25 页。
② 赵翰生、邢声远、田方：《大众纺织技术史》，山东科学技术出版社 2015 年版，第 36 页。

3. 织造用具

（1）织机：织丝时使用的机具。古代的织机类型非常丰富，而且结构复杂。从织物结构来看，有专门织造绢、帛等平素织物的素织机（包括卧机、立机），专门生产纱、罗的罗织机，还有能织出各种花纹的提花织机。《奁史·蚕织门》中关于织机的记载比较多，但没有记载具体的织机类型，而关于织物类型的记载则很丰富。这些不同结构、花样的织物从侧面反映了织造用具的复杂多样。如《仇池记》记载："仇池县库下，悉安织婢，绫罗绢布数十张机。"①《拾遗记》记载："赵夫人能于指间以彩丝织成云霞龙凤之锦，大则盈尺，小则方寸，宫中谓之'机绝'。"②《奁史·蚕织门》："为君作妻，中心恻悲。夜夜织作，不得下机。"③又："邺中老母村人织绫，必三交五结，号'八梭绫'。"④

结构最简单的原始织机早在新石器时代中晚期已经出现，与现在我国云南、广西、海南一些少数民族使用的腰机有相似之处。

图 34　明代腰机（复原模型）

---

① 刘伟毅：《汉唐方志辑佚》，北京图书馆出版社1997年版，第264页。
② 〔晋〕王嘉撰，〔梁〕萧绮录，齐治平校注：《拾遗记校注》卷一，中华书局2015年版，第179页。
③ 《奁史》卷四〇《蚕织门》引《乐府诗集》，第614页。
④ 《奁史》卷四〇《蚕织门》引《摭拾精华》，第615页。

"浙江河姆渡遗址、良渚文化遗址、江西贵溪春秋战国墓群中都出土了一些腰机的零件部件。腰机织造最重要的成就是采用了提综杆、分经棍和打纬刀。"①

此外为生产地毯使用的还有立织机。

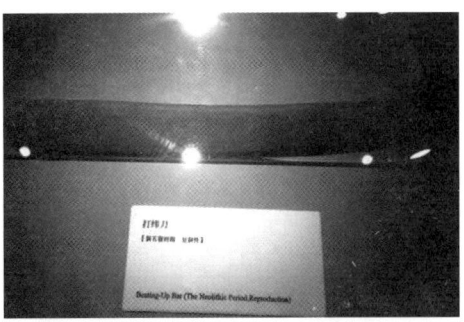

图 35 新石器打纬刀（复制品）

束综提花机又称花楼机，织造花纹时开口不用综片，每组经线用线综牵引，每梭所需提起的经线上的线综另外用挽线结起来，另一人坐在花楼上牵拉完成开口动作。东汉王逸《机妇赋》

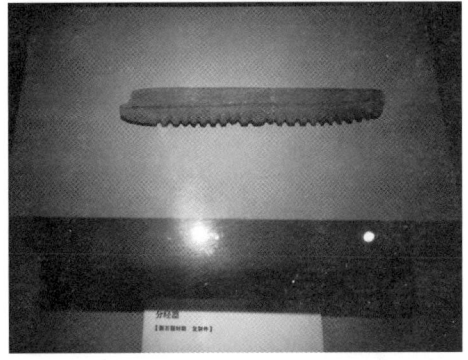

图 36 新石器时期分经器（复制品）

记载："高楼双峙，下临清池。"②《天工开物·乃服·机式》中也有"隆起花楼"③的记载。

苏州丝绸博物馆藏有漳缎织机中的坑机，机长 610 厘米，机宽 120 厘米，地面至花楼顶端为 325 厘米。

织机上的脚踏板称"蹑"。徐陵《咏织妇》诗："纤纤运玉指，脉脉正蛾眉。振蹑开交缕，停梭续断丝。"④又据《列子注》："纪昌归，

---

① 王鸣：《中国服装史》，上海交通大学出版社 2013 年版，第 17 页。
② 费振刚、仇仲谦、刘南平校注：《全汉赋校注》，广东教育出版社 2005 年版，第 828 页。
③〔明〕宋应星撰，潘吉星译注：《天工开物译注》，上海古籍出版社 2008 年版，第 100 页。
④〔南北朝〕徐陵撰，吴兆宜笺注：《徐孝穆集》，商务印书馆 1939 年版，第 17 页。

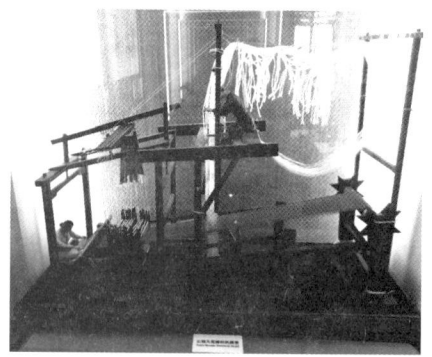

图 38 明云锦大花楼织机(模型)

图 37 宋代立织机(模型)　　图 39 明清漳缎织机(复制品)

图 40 汉以后多综多蹑织机(模型)

偃卧其妻之机下，以目承牵挺。注：牵挺，机躡。"① 据学者研究，多综多蹑机的原型是流传甚久的栏杆织机，因为织机的脚踏板上布满竹丁，也被成都当地称为"丁桥织机"②。又有学者提出："竹笼机、丁桥机、栏杆机都是从多综多蹑机发展出来的，它对提高织品质量和发展花色，起了决定性作用。"③

（2）梭：即织机上引纬时使用的工具。汉代以后由织机上引纬和打纬使用的刀杼逐渐发展而来。《衣史》中关于梭的记载较多，如摘录《晋书》："高氏女有美色，谢鲲挑之，女投梭折其两齿。"又如："水晶宫琼华三姑子织绡衣，用九龙双脊梭。"④《席上腐谈》也记载："织女，星名也，安有机杼之具？武后七夕得金梭于庭，乃宫人为之耳。"⑤ 在古代文献记载中，古人通过对梭和织机的描写，展现一幅

图41 织布梭子

图42 织锦梭子

---

① 杨伯峻：《列子集释》，中华书局1979年版，第182页。
② 《中国古代物质文化史》，第138页。
③ 陈维稷主编：《中国纺织科学技术史（古代部分）》，科学出版社1984年版，第197页。
④ 《衣史》卷四〇《蚕织门》引《金玉新书》，第615页。
⑤ 〔宋〕俞琰：《席上腐谈》，中华书局1985年版，第8页。

幅妇女纺织劳动的画面，折射出古人对女性的道德审美标准。

（3）砧杵：为了使丝帛脱胶更彻底而使用的捣练工具。砧为捣练、捣衣石；杵为捣衣、捣练用的棒槌，有立杵和卧杵两种。古人把织好的布帛铺在平滑的砧板上，用木板敲平使布帛柔软，称为捣练。

唐代画家张萱所绘《捣练图》清晰地展示了女子使用砧杵捣丝的情景，分别描绘了在砧上打丝绢、检查缝修、熨烫等制作丝绢的劳动过程。第一节画妇女四人，其中两人对面站立，齐举木杵正捣着砧上的一匹白丝绢。另一妇女手持木杵站在一旁，对面一妇女身靠木杵作卷袖状，后二人正准备接替前两人进行"捣练"。① 图中人物之间

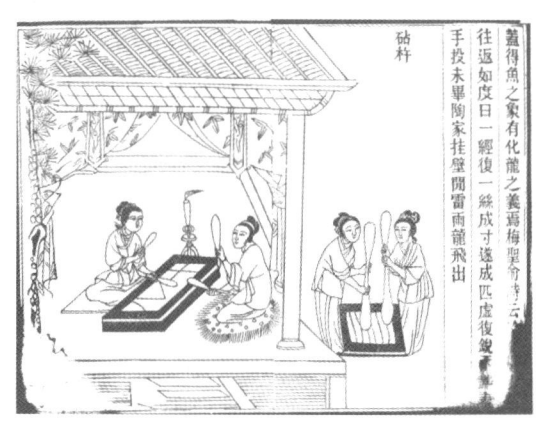

图 43　砧杵图

图 44　唐代张萱绘《捣练图》局部

---

① 王潮生主编：《中国古代耕织图》，中国农业出版社1995年版，第20页。

彼此呼应,神情姿态都刻画得惟妙惟肖,突出地反映了唐代织造工艺的发展。在唐代这个丝绸纺织发展的巅峰时期,捣制丝绸和纺织是妇女的基本技能。据学者研究,"捣练"这一技术起源于汉代,在南北朝时才得以广泛运用,唐代沿用至元代。随着生产技术的改进,"捣练"景象在民间逐渐消失。

综上,蚕丝纺织工具的不断进步代表了纺织生产工艺的不断提高,从而促使织物类型的多样化和织物质量的飞速提高,也促进了蚕桑丝绸文化等物质文化和社会经济的迅速发展。

(二)棉纺织用具

中国古代有"绵",无"棉"字。大约在6至11世纪,"棉"被定义为"绵"。故元代以后文献中的"绵"同"棉"。我国古代棉花的栽培和棉纺织生产很早就开始了。据学者研究,古代岭南、西南和西北边疆的棉花是分别从国外沿着丝绸之路传进来的。古代岭南、西南地区栽培的是从印度、越南等地传入的多年生木本亚洲棉,当时有"吉贝"等称呼;而西北新疆地区栽培的是一年生非洲棉,此地的棉布又被称为"白叠"。《农史·蚕织门》中也有许多相关摘录,如《后汉书》记载:"诸薄国女子织作白叠花布。"[①] 又如:"吉贝,蛮女喜织之,制以自衣,谓之'斑衣'。"[②]

棉纺织技术在元代以前比较落后,工具非常简陋,尤其是棉花加工方面。宋末元初,棉花种植技术开始从华南传入江南。成宗元贞年间(1295—1297),黄道婆从崖州回到松江乌泥泾后,传播了从海南黎族学到的治棉和纺织技巧,改进了棉纺织工具,使原来的工具变得系统而完备。[③]《辍耕录》记载:"闽广多种木棉,纺绩为布,名

---

① 《农史》卷四〇《蚕织门》引《后汉书》,第615页。
② 《农史》卷四〇《蚕织门》引《岭表异录》,第615页。
③ 刘克祥编著:《棉麻纺织史话》,社会科学文献出版社2011年版,第72—75页。

曰吉贝,……国初时,有一妪名黄道婆者,自崖州来,乃教以做造捍弹纺织之具,至于错纱配色,综线挈花,各有其法,以故织成被褥带帨。"① 此后,棉纺织工具主要有"捍具"木棉搅车、"弹具"木棉弹弓、"纺具"木棉纺车、"织具"棉织机。

1. 木棉搅车

木棉搅车即用来去除棉花中的棉籽的工具,也称为"轧花搅车"。《农书》:"木绵初采,曝之,阴或焙干……昔用辗轴,今用搅车,尤便。"② 木棉搅车刚开始需要三人配合操作,后来经人再次改进,制造出一人操作的脚踏车。脚踏车每天可轧籽棉十斤,出净棉三四斤。木棉搅车的改进极大地提高了棉纺织的效率。

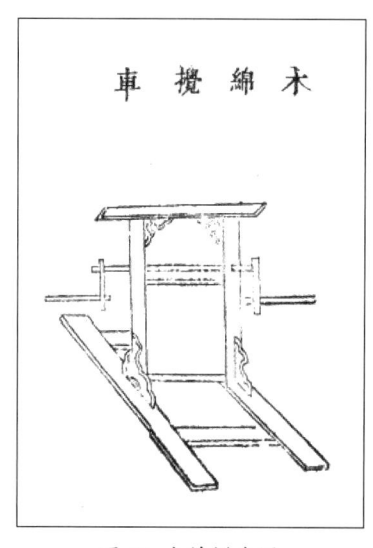

图 45 木绵搅车图

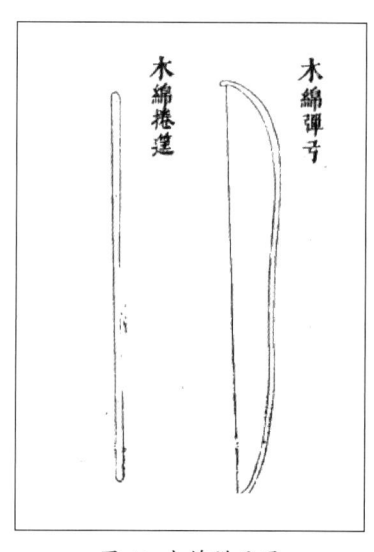

图 46 木绵弹弓图

2. 木棉弹弓

木棉弹弓即将棉花弹松的工具。弓身用竹子做成,使用时以手

---

① 〔元〕陶宗仪撰,李梦生校点:《南村辍耕录》,上海古籍出版社 2012 年版,第 270 页。

② 《农书》卷二一,第 508 页。

拨动绳弦将棉花弹松。后来出现了木制弹弓，且绳弦打蜡，使得弹棉花效率进一步提高。15 世纪时这种弹弓传入日本，被称为"唐弓"。元代艾性夫有《木绵布歌》："吐成秋茧不用缲，回看春箔真徒劳。乌镠笴滑脱茸核，竹弓弦紧弹云涛。"[①]

3. 木棉纺车

木棉纺车即用于棉花纺纱的机具。黄道婆和一些木工将当地纺麻的脚踏纺车改成三锭棉纺车，既省力又大大提高了工作效率。《农书》："其制比麻苎纺车颇小。夫轮动弦转，莩缍随之；纺人左手握其绵筒，不过二三，续于莩缍，牵引渐长。"

图 47 木绵纺车图

图 48 投梭布机图

4. 绵（棉）织机

绵织机即将棉线织造成布所使用的机具。绵织使用的是织麻布用的投梭布机，主要由杠（经线轴）、杼、卷布轴等构成。《农书》有记载："绵丝经络比绸工，织纴机张与布同。既可为衣代绸布，便知器用两相通。""宋应星的《天工开物》认为，用腰机织葛、苎、

---

① 〔宋〕艾性夫：《剩语》卷上《古体诗》，清文渊阁四库全书本，第6页。

棉布，比其他织机好，'布帛更整齐、坚泽'，可惜当时'传之犹未广'。当时普遍流行的是斜织机。"①

综上，棉花加工工具的改进极大地推动了棉纺织技术的发展，不仅促使乌泥泾和松江一带的经济迅速发展，为明代时松江地区成为全国棉纺织中心奠定基础，还为整个长江下游地区棉纺织业的发展打下了良好的基础，同时也使棉布成为我国的常用衣被原料。

（三）麻、葛纺织用具

《周礼》中设"典丝"，"掌丝入而辨其物，以其贾楬之"，而"典枲"则"掌布缌缕纻之麻草之物，以待时颁功而授赍"②。麻类绩缕包括大麻、苎麻、蕉类和葛。据学者研究，麻、葛纺织的出现并不比丝纺织晚，在新石器时代中期就出现了麻纺织品。在棉布普遍推广以前，麻、葛是平民百姓最主要的衣着材料。麻、葛纺织在两汉到隋唐时期达到了非常高的水平。《奁史·蚕织门》中记载了许多古代妇女的纺绩活动，如《异物志》："芭蕉叶……取获煮之，为丝，可纺织，女工以为绨绤，今交阯葛也。"③麻、葛纺织工具包括纺专、纺车、缉笼、布机等器具，纺专、纺车以及布机等许多器具不仅用于蚕丝纺织和棉纺织，也适用于麻、葛纺织。

1. 纺专

纺专一般指将较短的植物、动物纤维纺成长纱的工具。纺专又被称为纺锤、纺砖、纺坠，由纺轮插入捻杆组成。纺专的功能已经相当于一个小纺车，可独立完成纺纱工艺中的喂给、牵伸、加捻、卷取、成形全部过程。纺专出现的时间较早，在文献记载中首见于《诗经·小雅·斯干》："乃生女子，载寝之地，载衣之裼，载弄之瓦。"④《柳

---

① 《棉麻纺织史话》，第73—74页。
② 《周礼·仪礼·礼记》，第21页。
③ 〔东汉〕杨孚：《异物志》，中华书局1985年版，第15页。
④ 孔一标点：《诗经》，上海古籍出版社1998年版，第67页。

南随笔》中对此句中"瓦"有记载：注中解释"瓦"即纺砖。朱熹似乎也认为是纺砖，"朱子又云：'必纺时所用之物。'旧见人画《列女传》云：'室女手执一物，如金银之样者，意其为纺砖也。'"①王应奎引《说苑》中的说法，认为"瓦"指镇压纺车用的瓦砖，"《说苑》云：'和氏之璧，价重千金。以之间纺，曾不如瓦砖。'间纺者，介于纺之中间也"②。据考证，我国夏代以前，纺专是唯一的纺

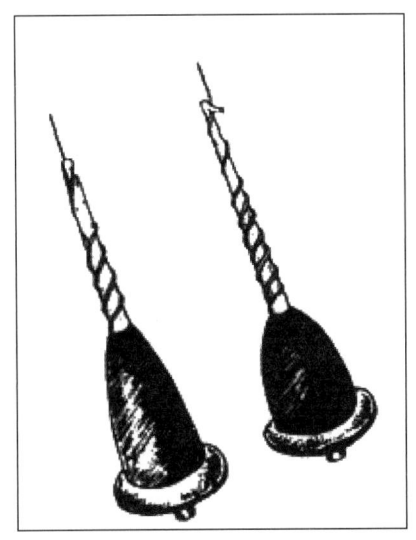

图49 原始纺轮示意图

纱工具。因为捻杆一般为木制，难以保存，较早的遗址中发现的一般只有纺轮。现知最早的纺轮实物发现于河北磁山遗址，几乎同时期的河姆渡遗址也发现了不少纺轮。各类遗址出土的纺轮形状丰富多样，有圆形、球形、锥形、台形、蘑菇形、齿轮形、束腰形等。材质也迥异，有石、骨、陶、玉、铜等。

2. 绩笼

绩笼是纺绩时盛放麻类绩缕的容器，以竹片或植物枝茎编成，大小形状各地有所区别。又称"绩籝""麻篮""绩筐"。《中朝故事》："巢寇入京，（一老妇人）为贼所伤，自鼻一半以上，并随刃去。有人以药封裹之，时不死两日。"③《说文》："绩，绩也。"④《西

---

① 〔清〕王应奎撰，以荣校点：《柳南随笔 续笔》，上海古籍出版社2012年版，第26—27页。
② 《柳南随笔 续笔》，第26—27页。
③ 〔五代〕尉迟偓：《中朝故事》，中华书局1985年版，第9页。
④ 〔东汉〕许慎撰，〔宋〕徐铉校定：《说文解字》，中华书局2013年版，第278页。

京杂记》:"汉后在家,尝有白燕衔石,大如指,坠后绩筐中。"①又《颜山杂记》:"淄川有女曰颜文姜,事姑孝谨。樵薪之外,复汲山泉以供姑饮。一旦,缉笼之下涌泉,清冷可爱时谓'颜娘泉'。"②清代漳州府平和县的方志中也可以找到一些关于绩筐的记载,如:"仲子登瀛宰长宁归,太孺人犹持绩筐理绨绤不去手,织成,召孙曹分衣之,岁以为常。"③

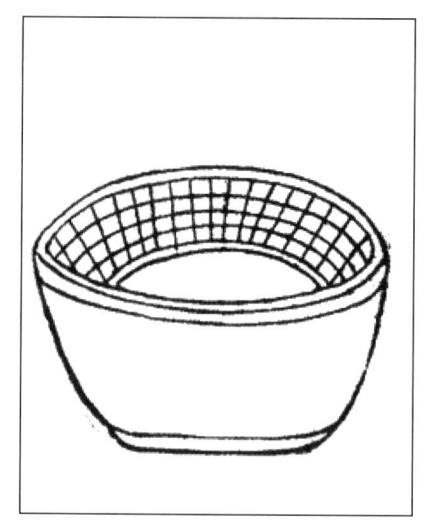

图 50 绩簋图

至于织造麻布、葛布用的工具,据学者研究最原始的织机是一种简单的腰机,汉代普遍使用斜织机。织造麻布、葛布与织造棉布用的是同一种投梭布机。

纺织用具不仅包括蚕丝纺织用具和棉纺织用具,在古代,麻、毛等其他原料的纺织也占据重要地位。除了蚕丝和棉纺织以外,《奁史》中还出现了关于以麻、葛、毛、芭蕉叶等为原料的加工纺织的记载,如《元史》:"世祖道渴,至一帐房,见女子缉驼茸,世祖从觅马湩。"④《奁史》引《卫藏图识》:"西藏女子皆纺毛线织氆氇。"⑤引《瀛

---

① 〔晋〕葛洪撰,周天游校注:《西京杂记》,三秦出版社 2006 年版,第 198 页。
② 〔清〕孙廷铨撰,李新庆校注:《颜山杂记校注》,齐鲁书社 2012 年版,第 75 页。
③ 〔清〕黄许桂主修,〔清〕曾泮水纂辑,平和县地方志编纂委员会点校,福建省地方志编纂委员会整理:《平和县志》,厦门大学出版社 2008 年版,第 338 页。
④ 《奁史》卷四〇《蚕织门》引《元史》,第 613 页。
⑤ 《奁史》卷四〇《蚕织门》引《卫藏图识》,第 615 页。

墙百咏》:"番妇自织布,以狗毛、苎麻为之,名'达戈文'。"①

蚕丝纺织所使用工具的数量及其复杂的类型,表现了蚕丝纺织比棉麻纺织、毛纺织更加复杂。相关历史记载中对于女性着墨甚少,元代黄道婆对棉纺织的发展做出的极大贡献使得这张白纸增添了重要的一笔。

从原始时代开始,女性的劳作与社会政治和经济发展就是一个整体。新石器时期女性墓葬中陪葬有纺轮,封建社会风俗中,女子出生"弄瓦"(纺专),女子出嫁以桑树、梭子等物品作为陪嫁,女子随身携带的鏧囊里必备线纩等女工用具,等等,可见女性生活与社会生产的相关性。"纺轮""梭子""织机"等纺织工具,均作为女性性别认同的象征,彰显着古代妇女必须具备的美德。一方面她们被拘束在一定的空间范围内不停地劳作,以满足古代男性对女性"足不逾户"的道德束缚;另一方面她们通过这种劳动方式带来经济收入,满足基本生活需求以外,还创造了丝绸纺织这种灿烂的服饰文明,促进了文化艺术的发展,丰富了人类的生活。在丝绸之路上,女性负责使用织机织造出精美的丝绸织物,男性则充当运输者和传播者,共同将中国和周边国家以及遥远的西方国家联系起来。

中国古代的蚕桑丝织生产所使用的工具随着历史发展而逐渐完备。民族的迁徙和融合,也使得生产技术不断传播、进步,生产工具不断改进,尤其在宋元以后南北方的融合中发展到一个新高度。随着织物素材的多样化,人们对织物花样质量的需求不断提高,使得生产工具也不断地改革和创新。蚕织生产工具的细化,促进了蚕织生产的专门化和商业化,如《夜史》提到的宋代职官中即有"织帅"一职。明清以后,官府设置了织造局。王祯《农书》以及《三才图会》等绘制的图中,蚕织工具使用者中出现了较多男性身影,表示宋代以前属于女性专业领域的纺织生产逐渐加入乃至最终成为男性的劳作。遗憾

---

① 《夜史》卷四〇《蚕织门》引《瀛墙百咏》,第615页。

的是，自宋代至清代以后，在纺织生产逐渐专门化、扩大化、商业化的复杂进程中，社会性别角色进行了新的劳动分工，女性对分担家庭经济责任和履行国家义务的贡献逐渐被边缘化，她们在纺织领域乃至整个社会生产中的历史贡献也被遮蔽了。

《针线门》里的文化意蕴

作者 王秀桐

《奁史·针线门》收录了大量与古代女子从事针线活有关的内容，整卷共 152 条，分为三个部分：第一部分 1 至 39 条，与刺绣相关；第二部分 40 至 63 条，与缝纫相关；第三部分大致按照针、线、剪刀、画尺、熨斗的顺序收录与工具有关的内容。古代女子的活动空间主要在家庭中，史书中留下的记录很少。但女性并不是默然无声的。"针线活"作为女性独自担负的社会责任，代替笔墨，以物质的方式将女性的人生印记存留下来，与传统文献比肩，是研究古代妇女生活的宝贵资料。

在男耕女织、自给自足的自然经济中，针线活是家庭生活的重要组成部分。针线之事，不仅是女子一生之事，也是全体女性之事。做针线活，不仅是一种生产技能，也是女性自我书写的主要方式。随着历史的变迁和生产技术的进步，针线活的意义与作用也在发生改变。《奁史》是少数记录女性生活的类书，它具有按类编排、条理清晰、内容丰富等特点，可谓"古代妇女生活的百科全书"[①]。遗憾的是，迄今为止，史学界对《奁史》的研究十分有限，可查阅到的文章仅 8 篇，其中针对女性的研究只有 6 篇，对《针线门》的研究至今未见有专门的文字面世。本文在对《奁史·针线门》一卷 152 条材料进行标点、校勘和注释的基础上，从针线工具、针线活的主要内容和针线的操作主体三部分入手，通过对《针线门》的整理与分析，展现针线活在古代女子生活中的重要意义，从中发现隐匿多年的文化内涵。针线活以刺绣、缝纫为主要内容，表面上可见女子的手工技艺，内里其实包含着坚忍含蓄的精神品质和对美好生活的希冀，故而花纹和图案等亦可成为解读古代女性内心世界的材料，为妇女史研究提供了难以替代的丰富资源。

本文的叙事主体为什么用"针线活"而不用"女红"？

---

① 臧建：《奁史——古代妇女生活的百科全书》，载《中国典籍与文化》1994 年第 3 期。

关于"女红",《辞海》中"指妇女所作的纺绩、刺绣、缝纫等"①。郭松针的《女红》将女红分为刺绣、拨花、缝帖、缠织(挑)四类。②《中国女红——母亲的艺术》中,纺织、缝纫、刺绣、鞋帽、编结、剪花、面花和玩具等九个大类都被归在女红名下。③"女红"一词含义广泛,仅以《辞海》中"纺绩、刺绣、缝纫"三者名之,亦超出了《奁史·针线门》的内容。《奁史·针线门》的主要内容与《汉语大词典》对"针线"一词的界定相符合,故而以"针线活"为名更为妥当。④

目前,学术界对"针线活"的研究包含在女红研究中,其中热度最高的是刺绣。相关研究主要出现在三个领域:(1)从民俗学角度分析女红的地域性文化特色,如《民间女红文化的审美内涵与民俗特色》对江汉平原的女红艺术的分析,突出荆楚传统文化对女红创作的影响;⑤又如《从传统妇女节日风俗看女性地位》"以民俗学的角度,分析囿于家庭舞台的古代妇女在缔结幸福婚姻,巩固家庭地位和提高家庭地位过程中的主要诉求"⑥。(2)文学批评侧重研究诗词及文学作品中所提及的女红,以《女性物事与宋词研究》为例,不仅涉及纺织、刺绣等女红内容,对妆容、发饰、服饰、鞋袜、占卜、书写等内容亦有论述,展现出形象生动的女性世界。⑦(3)在美术、戏剧等表现和表演艺术领域中,研究者的关注点多在图案花纹和针法技艺方面,如《中国女红文化研究——试论中国女红文化的发生与发展》一文,从宫廷所用"十二章"服制到民间女子的鸳鸯、牡丹等纹样,详细描述了不同时代不同地域和不同种类的针线活,阐释女红的

---

① 舒新城主编:《辞海》,上海辞书出版社2009年版,第1575页。
② 郭松针:《女红》,天津人民美术出版社1997年版,第2—3页。
③ 张道一主编:《中国女红:母亲的艺术》,汉声杂志社1998年版。
④ 罗竹风主编:《汉语大词典》,上海辞书出版社1994年版,第16559页。
⑤ 陈元玉:《民间女红文化的审美内涵与民俗特色——以江汉平原为例》,载《人民论坛》2011年第34期。
⑥ 许娟:《从传统妇女节日风俗看女性地位》,载《沧桑》2007年第5期。
⑦ 田苗:《女性物事与宋词研究》,复旦大学博士学位论文,2008年。

艺术内涵，分析古代女子的审美情趣。[1] 综上所述，以上研究重在研究女红的工艺技巧，对女性主体的研究和女红工具的考察似有不足，对女红演进变化的意义展现得也不够全面——弥补这些不足，正是本文努力的方向。

一、古代女子的缝纫工具

针线工具，即做针线活过程中使用的工具。在漫长的历史长河中，它们被赋予了强烈的女性色彩，成为女性的一种象征。恰如笔墨纸砚之于男子，针线刀尺成为女子自我"书写"的重要工具。

"工欲善其事，必先利其器。"古代女子所用工具种类颇多，《奁史·针线门》一卷主要涉及针、线、剪刀、画尺、熨斗五类，以下依次介绍。

（一）针

"针，所以缝也。"[2]《急就篇》卷二与《慧琳音义》卷五四同载："针，所以缝衣也。"[3] 对于此物的解释，学者所采用的方法多为说明用途，由此可见，针用来缝制衣物的用途十分重要。《故训汇纂》对于针的其他用途及相关记载的出处均有收录，因其与本文主题不同，故在此不做阐述。

历史上见到的最早的针可追溯到旧石器时代。1930年北京周口店山顶洞遗址出土了一枚骨针：长82毫米，针眼1毫米左右，整体平滑，磨制精致。[4] 骨针的发明和使用不仅标志着磨制和钻孔技术的进步，也是人类审美水平提高的重要体现，装饰品和衣物成为人类生

---

[1] 王秦：《中国女红文化研究——试论中国女红文化的发生与发展》，西安美术学院硕士学位论文，2007年，第18、20页。
[2] 〔东汉〕许慎：《说文解字》，中华书局2013年版，第297页上。
[3] 宗福邦等主编：《故训汇纂》，商务印书馆2007年版，第4447页。
[4] 齐吉祥编著：《中国历史文物常识》，山东教育出版社1989年版，第157页。

活的必需品，极大地推动了社会文明的进程。

随着人们对冶金技术的掌握，金属制品逐渐进入生产生活之中，针具从骨制品发展成为金属制品。《奁史》引《荆楚岁时记》中有"或以金、银、鍮石为针"①的记载。金银是常见的贵金属，而所谓"鍮石"其实就是铜锌合金。引《舆地纪胜》："李白遇老媪磨铁杵，问何为，媪曰：'欲作针耳。'"②从中可看出除金、银、鍮石之外，铁也成为制针的重要材质。铁与金银相比价格低廉，较为易得，故而使用十分广泛。之后进化而来的"钢"更受人青睐，钢针有"水晶针"之称。

对女性而言，针具有十分独特的意义。在日常生活中，女子往往将其随身携带，如《奁史》引《摭异录》中载，皮大姑的"紫纨袴带"上系着"针囊"。③且一根针的使用时限很长，甚至有"一生用之不坏"④者。在这种情况下，针作为陪伴女性成长的物品，成为女性形象的投射以及女性巧思与智慧的凝练。

（二）线

"线，缕也。"⑤《周礼·天官·缝人》载："掌王宫之缝线之事"，后有郑玄注："线，缕也。"《广韵·线韵》亦载："线，线缕也。"另《淮南子·要略》又载："中国之不绝如线"，后有高诱注："线，细丝也。"⑥与针不同，线的定义侧重于对其形态的描述。线为丝状，细长且绵延，与针配合，实现缝制、连接的需要。最为常见的是丝线、麻线、棉线。棉花大抵在元朝之时才传入中国，使用的历史不是很长。至于丝线和麻线，虽二者孰早孰晚已然难查，但都在我国历史中占据

---

① 〔清〕王初桐：《奁史》卷四一《针线门》引《荆楚岁时记》，《续修四库全书》，上海古籍出版社2002年版，第1251册，第621页。
② 《奁史》卷四一《针线门》引《舆地纪胜》，第620页。
③ 《奁史》卷四一《针线门》引《摭异录》，第621页。
④ 《奁史》卷四一《针线门》引《女红余志》，第620页。
⑤ 《说文解字》，第276页下。
⑥ 《故训汇纂》，第3266页。

着非常重要的地位。"富者衣丝,贫者衣麻",丝线和麻线并不仅仅是材质的不同,而且代表着使用者的身份与地位。

还有材质特殊的线,以金银为之。金属具有一定的延展性,可成"缕"。西汉王陵中便有金缕玉衣、银缕玉衣等。金线、银线在衣物首饰之中亦有使用,使用者自非普通百姓。如《奁史》引《天南行纪》载:"安南国进皇后方物状,有金线三两。"①引《三家宫词》之王建《宫词》:"自盘金线绣真容。"②可见,金线的使用者主要是皇后等贵族妇女。线不仅有丝、麻、棉、金银等不同材质,色彩也是极为丰富的。《奁史》引《复古香奁集》之杨维桢《理绣》诗:"生憎昨夜狸奴恶,抓乱金床五色绒。"③又引《赏赉考》记:"正统四年,赐可汗妃各色绒线等物。"④《雪宦绣谱》记主要颜色有"红、黄、青、绿、紫、黑、白"七种。⑤

线与针相互配合,才能达到做针线活的多种目的;在实用功能之外,还承载着难以言说的情愫和感怀:

不写情词不写诗,一方素帕寄心知。

心知接了颠倒看,横也丝(思)来竖也丝(思)。⑥

如果说材质坚硬的针像是女性本体的投射,那么或许可以说,柔软绵长的线,就是将她们与外部世界联系起来的条条不绝的通道。

(三)剪刀

"剪,齐断也。"⑦剪刀亦称"交刀"或"剂刀"。《奁史》引《东

---

① 《奁史》卷四一《针线门》引《天南行纪》,第622页。
② 《奁史》卷四一《针线门》引《三家宫词》,第622页。
③ 《奁史》卷四一《针线门》引《复古香奁集》,第622页。
④ 《奁史》卷四一《针线门》引《赏赉考》,第622页。
⑤ 〔清〕沈涛口述,张謇整理,耿纪鹏译注:《雪宦绣谱》卷四《绣要》,重庆出版社2010年版,第92页。
⑥ 〔明〕冯梦龙采集的《山歌》。
⑦ 《说文解字》,第85页下。

宫旧事》:"太子纳妃,有龙头金缕交刀。"①《尔雅·释言上》载:"剂,剪、齐也",郭璞注:"南方人呼剪刀为剂刀。"②剪刀一般为金属器具,以铁、金、银为主要材质。《奁史》引《厚德录》载:"楼爱珠有宾铁剪刀,制作极巧。"③上文提到的"金缕交刀",则以金制成,材质的变化与拥有者的身份等级关系密切。刀柄的形状花纹变化较为丰富,如《女红余志》载:"潘炕姬解愁有双龙夺珠之剪。"④《奁史》引《厚德录》载:"(剪刀)外面起花度金,里面嵌回回字,如潘铁所遗倭制摺叠剪刀。"⑤剪刀上不仅有龙纹、回字纹等多种花纹,工艺上亦不断改进,可以折叠,大小各异,形制多样,适合不同的剪裁需要。

剪刀,重在一个"断"字,被引申到精神生活领域,不仅是对线与织物的裁剪,也成为女子决断思绪和行为的某种象征。如《红楼梦》第四十六回:鸳鸯以剪刀断发,以示不愿嫁于贾赦的决绝。在"三从四德"伦理规范的制约下,拿起剪刀警示自裁,是女性在无能为力的状况下一种最极端的捍卫自我的方式。

(四)画尺

"尺,十寸也。"(《说文·尺部》)。它是一种度量单位,也是一种度量工具,如画尺,为裁衣所用之尺。历朝历代对于度量标准的规定都有一定的变化,《礼记·王制》中"古者以周尺八尺为步",后有郑玄注:"或言,周尺八寸。"《说文·尺部》及《淮南子》中记:"尺,十寸也。"《陔余丛考》卷三十引程大昌《演繁露》:"唐尺一尺比

---

① 《奁史》卷四一《针线门》引《东宫旧事》,第621页。
② 〔清〕阮元校刻:《十三经注疏·尔雅注疏》卷三《释言上》,中华书局1980年版,第2581页下。
③ 《奁史》卷四一《针线门》引《厚德录》,第621页。
④ 《奁史》卷四一《针线门》引《女红余志》,第621页。
⑤ 《奁史》卷四一《针线门》引《厚德录》,第621页。

六朝一尺二寸",引《稗史》:"宋司马侑刻布尺比周尺一尺三寸五分。"①

画尺作为尺的一种，因各个时代对于尺寸的不同规定而长短、宽窄有所变化。《奁史》引《女红余志》载："吴主亮夫人洁华有杂宝黄金尺。"② 又引魏武所上呈的《杂物疏》："中宫用物杂画象牙尺一枚，贵人、公主象牙尺三十枚，宫人象牙尺百五十枚、骨尺五十枚。"③ 从中可知，皇族贵族所用画尺的材质大抵有骨、象牙、黄金三类。所谓杂画杂宝，应指画尺之上有花纹装饰。至于普通人家所用画尺，则以木和竹为主。日本正仓院所藏中国唐代的画尺多以木制为主，虽材质普通，花纹装饰却极为精巧。

画尺在裁剪衣物前使用，表现出古代女子对于针线制作的精致追求。

（五）熨斗

熨斗，别称"钴鉧"，是用于烫平衣物的金属器具，旧时外形构造似斗，可用燃烧的木炭加热。《奁史·针线门》中引《红鸾集》："虞敬娥有《钴鉧赋》。钴鉧，熨斗也。"④ 又引《物原》载："纣作熨斗。"⑤ 由此可知，熨斗大抵诞生于商周之际。商周时期又被称为青铜时代，是冶炼青铜的黄金时期，熨斗基本以青铜为主。

出土文物中，铁制和钢制的熨斗并不常见，大抵是因为人们对于熨斗的需求与刀剑、农具不同。对于熨斗，人们并不需要追求硬度和锐度的高低，而十分关注传热的快慢，故而对铜有着十分的偏爱。

除了以上五种最为基础的针线用品之外，还有许多配件工具：针葫芦、针扎、缠线板、墨线袋等等。针葫芦形似香囊，便于携带针具，

---

① 《故训汇纂》，第1152页。
② 《奁史》卷四一《针线门》引《女红余志》，第622页。
③ 《奁史》卷四一《针线门》引《杂物疏》，第622页。
④ 《奁史》卷四一《针线门》引《红鸾集》，第622页。
⑤ 《奁史》卷四一《针线门》引《物原》，第622页。

内置头发,以防止针生锈。①《奁史》中亦称"针囊""针筒""针管",便于针具的存放。

图片之中为我们展示的既是针线工具,同时又是运用工具所创造的艺术作品。古代女子以自己的勤劳智慧,装点着她们的生活,展示着她们丰富的内心。针线工具是古代女子日常生活中接触最多的工具,随身携带,朝夕相伴,成为女性情感表达不可替代的重要物品。

随着社会生产的发展和生活水平的提高,针线、画尺离我们越来越远,为家人缝制衣物也已变为前辈的记忆。庆幸还有针线活的历史遗存,这些包含了人类情感的"琐事"和有温度的物品,向我们开启了窥见历史的窗口。

二、针线活的主要内容

针线活伴随古代女子的一生。

为了掌握针线这门技术,古代女子幼时即已开始学习"针线活",在练习中逐渐纯熟,一生不辍。《奁史》载《西河合集》中记:"曼殊,小名阿钱,十岁,前村学针线……方学绣,立应之去。"②随着年龄的增长,学习难度亦会有所增加,古诗《孔雀东南飞》中有焦仲卿之妻刘兰芝"十四学裁衣"的描述。这项事务没有"退休"之日,如《奁史》引《画墁录》记载:"温夫人,年八十余,耳目聪明,日视针线。"③

(一)缝纫工具的特殊功用

缝纫工具的使用并不限于针线活的制作,在日常生活中,作为陪伴女性的重要物品,根据使用者的需求,它们被赋予了更多内容。

---

① 郭松钎:《中国传统女红图谱:技法解析》,人民美术出版社2009年版,第30—32页。
② 《奁史》卷四一《针线门》引《西河合集》,第619页。
③ 《奁史》卷四一《针线门》引《画墁录》,第619页。

1. 占卜

说到占卜，大家首先想到的应该是殷商王朝的甲骨卜辞。甲骨占卜所问大都是关乎国计民生的大事，这份权利自然只有天子拥有。民间女子以针占卜的行为与王室占卜不同，但是也体现出她们对于鬼神的崇敬，是民间信仰的一部分。《奁史》引《熙朝乐事》："上元节，妇女召针姑，以卜问一岁吉凶。"[1] 正月十五元宵节，妇女会请针姑卜问一年的运势，具体操作可见于《奁史》引《石湖居士集》："婢子以针卜，伺其尾相属为兆。"[2] 妇人以针尾的状况作为占卜的依据来判断吉凶。妇女所求之事为何，其结果是否应验，因其不似甲骨，没有卜辞记录而无从求证。以常用之物敬问鬼神、占卜前途，是古时民间妇女精神生活的重要一环，从中可见她们为生计奔波忙碌的背后那丰富的内心世界。

2. 乞巧

七夕节，又名乞巧节或七巧节。七夕之时，女子常奉拜织女，祈求智巧，其中最重要的一种方式便是穿针乞巧。《西京杂记》："汉彩女常以七月七日穿七孔针于开襟楼。"[3] 这项活动可能起源于汉朝，逐渐流传开来，成为七夕乞巧的必备项目。《荆楚岁时记》中亦有载：七夕"人家妇女结彩楼，穿七孔针"[4]。《奁史》引《长安记》中有"唐宫中，七夕，妃嫔以五色线穿九孔针"[5] 的记载。穿针乞巧不仅是祈福的一种方式，也是祈福结果的一种验证方式。《开元天宝遗事》中记：

> 宫中以锦结成楼殿，高百尺，上可以胜数十人，陈以瓜果酒炙，设坐具，以祀牛、女二星，嫔妃各以九孔针、

---

[1] 《奁史》卷四一《针线门》引《熙朝乐事》，第621页。
[2] 《奁史》卷四一《针线门》引《石湖居士集》，第621页。
[3] 〔晋〕葛洪：《西京杂记》卷一，三秦出版社2006年版，第2页。
[4] 〔南朝梁〕宗懔：《荆楚岁时记》，中华书局1991年版，第13页。
[5] 《奁史》卷四一《针线门》引《长安记》，第621页。

五色线，向月穿之，过者为得巧之候。动清商之曲，宴乐达旦。士民之家皆效之。①

其中也含有比试的意味，如《奁史》引《元氏掖庭录》中记："九引台，七夕乞巧之所。至夕，宫女登台以五彩丝穿九尾针，先完者为得巧，迟完者谓之输巧，各出资以赠得巧者焉。"②七夕乞巧内容非常丰富，穿针乞巧只是其中很小的一个环节。节日充满了欢乐愉悦的气氛，为我们展现了古代女子活泼快乐的一面。

（二）刺绣的内容

针线工具的主要用途是做针线活。针线活的内容主要包含刺绣、缝纫两种。人们常以"女红"一词涵盖针线活的内容。"女红"一词含义广泛，包含纺绩、刺绣、缝纫以及编结、剪花、面花和玩具等与女性生活相关的内容。本文基于《奁史·针线门》所提供的内容，集中讨论刺绣和缝纫两类。

刺绣，在织物上用针刺添各色丝线，以缝迹构成各种图案。目前所知最早的刺绣品出土于陕西宝鸡西周墓。至汉代时，刺绣工艺已达到很高水平，于湖南长沙马王堆汉墓出土了许多工艺水平高超的绣品。③《奁史·针线门》中出现的绣品花纹丰富，大致可分为人物、花鸟、文字、地图四类。

1. 人物

《奁史·针线门》中关于人物的花纹大致有两种：佛教题材和神女肖像。

佛教传入中国是对传统儒、道思想的补充，佛教题材在刺绣中的出现，是女性宗教信仰的一种体现，也是女性精神上的一种慰藉和

---

① 〔五代〕王仁裕等撰，丁如明等校点：《开元天宝遗事》卷下《天宝下·乞巧楼》，上海古籍出版社2012年版，第14页。
② 〔清〕王初桐：《奁史》卷五八《事为门》引《元氏掖庭录》，《续修四库全书》，上海古籍出版社2002年版，第1252册，第99页。
③ 《中国历史文物常识》，第154页。

解脱。①佛教题材中既有须菩提、维摩诘等佛像，又有《六贼戏弥陀》这样的佛经故事。②神女肖像如《倚声初集》记："广陵余氏女子，名韫珠，刺绣工绝，作神女、洛神、浣纱、杜兰香等图，妙入毫厘。"③图案中有洛神、西施等女性形象。神话中的女性形象，代表了女性自身的一种审美追求。

无论是佛教题材，还是神女肖像，对于刺绣技法和个人审美都有很高的要求。画圣吴道子所画人物有"吴带当风"之称，人物画冠绝于世。而在《渔洋山人集》中，作者评价韫珠所绣"须菩提、维摩诘像，不减吴道子画笔"④，即韫珠所绣人物颇有吴道子风骨，足见古代女子刺绣之工巧。

古代女子的宗教信仰有时也会通过针线作品展现出来。《居易录》载一曹溪室女，"绣千佛衣一袭，奉供憨山大师"，后其衣藏在宝林库中二十年，仍能"光彩如新"，人们谓此乃"愿力所致"。⑤《杜阳杂编》中记载卢眉娘曾在"一尺绢"上绣《法华经》经文，字体大小"不逾粟粒"，却依然"点画分明"。⑥无论是绣千佛衣还是绣《法华经》，抑或是以针占卜，都是以她们最熟悉的方式表达内心的虔诚，以及对于美好生活的期盼。

2. 花鸟

花鸟是女性生活中较为常见的事物，也是最易模仿和取材的内容。在女性丰富的想象力与创造力之中，花鸟被赋予了丰富的寓意。不同品种的花鸟具有不同的寓意，多以欣欣向荣的繁花和活泼灵动的飞鸟表达女性对美好生活的向往。

---

① 李小江等编：《女子与家政》，河南人民出版社1986年版，第30页。
② 《奁史》卷四一《针线门》引《渔洋山人集》，第616页。
③ 《奁史》卷四一《针线门》引《倚声集》，第616页。
④ 《奁史》卷四一《针线门》引《渔洋山人集》，第616页。
⑤ 《奁史》卷四一《针线门》引《居易录》，第616—617页。
⑥ 《奁史》卷四一《针线门》引《杜阳杂编》，第617页。

《夜史·针线门》中出现的花鸟图案有凤凰、宫花、仙鹤、鸳鸯四种。凤凰是祥瑞的象征，与仙道有关，《太平广记》中有记："蔡女仙……善刺绣，……俄而功毕双凤腾跃飞舞，老父与仙女各乘一凤，升天而去。"[①]蔡女仙借用凤凰高洁的形象，表达自己超脱尘世的愿望。作为百鸟之王，凤凰常与龙搭配出现于帝后的衣物及装饰中。宫花和仙鹤也与宫廷生活有关，《筠廊偶笔》中记："余过雍丘谒刘文烈公祠，见明怀宗所赐宫花鹤补，精致异常，云出自田妃手制。"[②]补服图案是官阶的象征。鹤补，即绣有仙鹤图样的补子。文烈公的补服由田贵妃所制，可见皇帝对他的宠信。

相比而言，鸳鸯的出现更加普遍，它与爱情有关。《狮山掌录》中记载了这样一个故事："有人江行，得童女二人，自称兄妹，兄解捕鱼，妹专刺绣，所绣鸳鸯备极工巧。"其兄慨叹："依人为难，不如且去。"女即题诗曰："终日绣鸳鸯，懒把蛾眉扫。且归水云乡，百年可偕老。"二人遂"化为双鸳鸯飞去"。[③]《古今注·鸟兽》中记载鸳鸯这种水鸟有"人得其一，则一思而至死"[④]的特性，不相背离，十分符合女性对于爱情忠贞的期望。

3. 文字

此类绣品主要有佛经和诗文两种。

《杜阳杂编》中记载："卢眉娘能于一尺绢上绣《法华经》七卷，字之大小，不逾粟粒，而点画分明，细于毛发。"[⑤]绣佛经与诵经、抄经都是宗教信仰的方式，女子用自己所擅长的方式表达着自己的虔诚。至于诗文，更让人称奇。唐武宗会昌年间，边将张暌戍守边疆十

[①]〔宋〕李昉等编：《太平广记》卷六二《女仙七》，中华书局1961年版，第388页。

[②]〔清〕宋荦撰，蒋文仙校点：《筠廊偶笔》卷上，上海古籍出版社2012年版，第9页。

[③]《夜史》卷四一《针线门》引《狮山掌录》，第616页。

[④]〔晋〕崔豹：《古今注》，中华书局1985年版，第12页。

[⑤]《夜史》卷四一《针线门》引《杜阳杂编》，第617页。

年有余,其妻侯氏思念丈夫,诗曰:

> 睽离已是十秋强,对镜那堪重理妆。
> 闻雁几回修尺素,见霜先为制衣裳。
> 开箱叠练先垂泪,拂杵调砧更断肠。
> 绣作龟形献天子,愿教征客早还乡。①

侯氏将此诗绣成回文龟形进呈唐武宗。"帝览诗,放睽还乡,赐侯氏绢三百疋,以彰才美。"②

文字在绣品中较为少见,能够将其与绣品融为一体的女性则更为少见。无论是绣出佛经表达自己的信仰,还是绣出诗文表达内心的思念,都展现了这些女性与众不同的才华。

4. 地图

传统地图的主要载体是纸张,主要的制图方式是绘制。绣品中地图较为少见,《奁史·针线门》中有一例,《拾遗记》中有记:"孙权赵夫人,赵达妹也,能于方帛之上刺绣,为九州图,时人谓之'针绝'。"③九州是古代中国的代称,因而此图类似于北宋王希孟所绘《千里江山图》的性质,其军事色彩较浅,而政治目的较强。

针线活是女子表达自我的一种途径,在针线作品中可见女子的内心独白。想要真正了解古代女性的内心世界,从解读刺绣的花纹图案入手不失为一条有效的途径。

(三) 缝纫的内涵

缝、纫都有贯穿连缀的意思,《说文》:"缝,以针纴衣也。"④即缝制衣物。

缝纫是伴随着针线的发明而产生的,它从根本上改变了原始社会

---

① 《太平广记》卷二七一《妇人二·才妇》,第2133页。
② 《奁史》卷四一《针线门》引《抒情诗》,第617页。
③ 《奁史》卷四一《针线门》引《拾遗记》,第616页。
④ 《说文解字》,第276页下。

衣不蔽体的情况,对于文明的进步有着举足轻重的作用。《故训汇纂》中引《玉篇·糸部》:"线,可以缝衣也";引《公羊传·僖公四年》"中国不绝若线"一句后有何休注:"线,缝帛缕";引《周礼·考工记·鲍人》"查其线",郑玄注引杜子春云:"线,读为絤,谓缝革之缕。"① 此中缝衣、缝帛、缝革等虽列于"线"之下,但都是针线配合才能完成的事。

《奁史·针线门》中提到缝制而成的物品包括衣袴、裘、衫、鞋袜、被褥等。如《元氏掖庭记》中:"张阿缘为帝制绣丝绞布之裘。"②《毛贞女堕楼记闻录》中:"毛烈妇名孟鹤,舫女也,年十三时制绣帽,遗柴夫人静仪。"后有诗云:"烈妇从夫向九泉,因看遗绣一潸然。相逢记得持相赠,藏在香奁二十年。"③ 在二十四孝故事中,孟宗的母亲为了使他能够"闻君子之言",曾为其作"十二幅被"。④ 古代女子的夫妻之爱、邻里之情、慈母之心,都在这一针一线中展现得淋漓尽致。

缝纫与刺绣是针线活的两种主要内容。相比而言,刺绣如同做文章,是女性对生活的提炼与升华,其承载的内容具有较强的目的性和指向性。缝纫则不同,主要为满足人们基本需求,普及率更高,能够成为女性走出家庭的媒介,在更广泛的空间中发挥作用。

三、"针线活"的主体身份

针线之事历来为女子之"正事",是身为妻子和母亲所必须承担的家务,无论社会身份和等级差别,但凡女子,概莫能外。将《奁史·针线门》中所涉及人物的名字、年龄、身份、年代进行统计分类,便于我们更加深入地了解女性所从事的针线活动。

---

① 《故训汇纂》,第3266页。
② 《奁史》卷四一《针线门》引《元氏掖庭记》,第618页。
③ 《奁史》卷四一《针线门》引《毛贞女堕楼记闻录》,第617页。
④ 《奁史》卷四一《针线门》引《吴录》,第618页。

（一）贵族妇女

贵族妇女与普通平民百姓不同，她们因父亲或丈夫等家族关系而具有一定的社会地位，有的也可以拥有一定的政治权力，因此有学者认为，"针线之事"只是她们的一种"才艺"，同琴棋书画一样，是陶冶性情的产物。[1]然而在《奁史·针线门》中，我们看到的是另一种情景：皇家女子也是针线在手，针线活对于贵族女性同样重要。

1. 皇后

《奁史·针线门》中涉及四位皇后：汉成帝皇后赵飞燕、唐肃宗张皇后、宋武帝敬皇后、明思宗周皇后。赵飞燕为汉成帝第二任皇后，出身低微，入宫前曾"屡为刺绣献赵临"[2]。唐肃宗张皇后，与丈夫共同经历了"安史之乱"。军队驻守灵武时，张氏"产子三日，缝战士衣"[3]。宋武帝敬皇后名臧爱亲，是刘裕称帝前的结发妻子，"武帝微时，贫甚，纳布衣袄，皆是敬皇后手制"[4]。"高祖兴复晋室，居上相之重"时，臧爱亲依然"器服粗素"，是为勤俭恭谨之典范。[5]明思宗周皇后原名周玉凤，后在甲申之乱中以身殉国。《奁史》引《酌中志》记其在内政之暇为皇帝制履，"太监出宫，见妇女辄曰：'娘娘勤苦，每日为皇爷制履。'"[6]周皇后虽贵为皇后，仍每日为皇帝制履。

2. 妃嫔、公主

《奁史·针线门》中所涉妃嫔两位：明思宗贵妃、元顺帝丽嫔。一则记载见于《筠廊偶笔》，明思宗赏赐给文烈公的宫花鹤补，由田

---

[1] 张彦辉：《论民间"女红"艺术中的女儿情致》，河北大学硕士学位论文，2007年，第3页。
[2]《奁史》卷四一《针线门》引《飞燕外传》，第616页。
[3]《奁史》卷四一《针线门》引《太平御览》，第618页。
[4]《奁史》卷四一《针线门》引《宋书》，第618页。
[5]〔南朝梁〕沈约：《宋书》卷四一《列传》，中华书局1974年版，第1282页。
[6]《奁史》卷四一《针线门》引《酌中志》，第618页。

妃制作而成。① 另《奁史》引《元氏掖庭录》载，顺帝丽嫔张阿缘为顺帝缝制"雪叠三山之履""绣丝绞布之裘"②。明英宗之女重庆公主则是勤劳孝顺的代表，下嫁周景之后"事舅姑甚孝，衣履多手制"③。

3. 官贵妻女

《奁史·针线门》涉及官贵人家妻女四人：边将张暎妻侯氏、达鲁花赤妻也先忽都、贵家女徐氏、武君之女。边将张暎妻侯氏在呈给皇帝的诗文中写道："闻雁几回修尺素，见霜先为制衣裳。"④ 武君之女，更是"向来灯下缝裳"⑤。

从上述材料中可以看到，从天下至尊的皇后到官贵人家妻女，女子做针线活并非仅仅出于闺阁闲情。如明思宗周皇后为皇帝制履，每日不休，与民间女子所承担的家庭责任大致相同。明英宗重庆公主虽有尊贵之身，仍以针线对驸马的家人表达孝心。古代贵族女子的社会身份背后，仍然主要是家庭角色，针线活因此也是她们日常生活的重要内容。

（二）平民妇女

针线对于平民女子来说，更偏重于家庭角色的要求，是她们养家糊口的必备技能。一般家庭中，衣物服饰、鞋袜枕顶，必出自女子之手。《奁史》载《瓮牖闲评》，对婺州民女一日生活这样描述："夜与母共寝，昼则作针指于牖下。"⑥《明史》亦借烈妇吕氏之口，称针线活为"针业"⑦。《奁史·针线门》中有关民间女子做针线的

---

① 《筠廊偶笔》卷上，第9页。
② 《奁史》卷四一《针线门》引《元氏掖庭录》，第618页。
③ 〔清〕龙文彬：《明会要》卷五《帝系五》，中华书局1956年版，第73页。
④ 《太平广记》卷二七一《妇人二·才妇》，第2133页。
⑤ 《奁史》卷四一《针线门》引《稗史汇编》，第620页。
⑥ 《奁史》卷四一《针线门》引《瓮牖闲评》，第617页。
⑦ 〔清〕张廷玉：《明史》卷三百三《列女传三》，中华书局1974年版，第7757页。

内容几近半数之多，引《西河合集》中记："客有以千钱购蓄绣幡灯于前村家。"[1]意思是说，女性的针线在供给家庭之后，可以出售，增加家庭收入。平民女性所做的针线活不仅是家用必需品的一部分，也是家庭经济的重要构成，是妇女生产劳动价值的体现。

除了普通家庭中的平民女子之外，还有一类特殊的人群如侍女、女尼、歌伎，她们没有家庭的羁绊，却一样操持针线。《奁史》载《彤管余编》记录了茅姬睹物（针线）思人（侍女湘云）的场景；[2]《杨彦龄笔录》中记曹蕴与母亲游历乾明寺时"见尼作绣"[3]；《青楼集》中赛帘秀患眼疾时仍可"步线行针"[4]。她们虽然游离在家庭之外，却因身为女性而不废针线。

（三）非人

最后一类女性，超越生死，已非凡人，如《太平广记》里记蔡女仙，善为刺绣，绣凤毕，"双凤腾跃飞舞"，后乘凤升天。[5]还有《冥报拾遗》中的比丘尼侍女任五娘，虽已去世，仍以游魂为其弟制作衫袜。[6]《奁史》载《传异记》中李书，见到墓穴中有五位女子，"相坐穿针"；有仙有鬼，却都不离女子之根本。[7]对这一特殊现象，我们不禁要问：如果说家庭里的女性是为了完成家庭责任，那她们又在履行什么义务呢？可见，针线之事是全体女性之事。无论年龄和身份，只要性别不改，这份责任就要一直承担下去，仙鬼也不例外。

古代社会里，针线活是"男耕女织"性别分工不可或缺的组成

---

[1] 《奁史》卷四一《针线门》引《西河合集》，第619页。
[2] 《奁史》卷四一《针线门》引《彤管余编》，第619页。
[3] 《奁史》卷四一《针线门》引《杨彦龄笔录》，第617页。
[4] 〔元〕夏庭芝著，孙崇涛、徐宏图笺注：《青楼集笺注》，中国戏剧出版社1990年版，第141页。
[5] 《太平广记》卷六二《女仙七》，第388页。
[6] 《奁史》卷四一《针线门》引《冥报拾遗》，第618页。
[7] 《奁史》卷四一《针线门》引《传异记》，第620页。

部分，也是考量女子的持家能力、心灵智慧与社会功德的重要标准。但凡女性，自小到老，不单要学做针线活，还要"善"做和"巧"做。《奁史》载《摭青杂说》中的七娘能与金尉结为夫妻，便是因为金尉"闻此女善针线，遂求娶之"①。所谓"妇人正事"：待字闺中时学习针线，为以后的家庭生活做准备；嫁为人妇为人母亲时，"米盐琐屑，巨细必亲，如秦治天下"。相比柴米油盐，针线活在其实用价值之外，本身也包含着各种文化意蕴。

首先是家人情感，"慈母手中线，游子身上衣"是这一意蕴的经典表达。同时，针线活也承载着不可或缺的社会责任，"战袍经手作，知落阿谁边"，可以看作女子以针线直接参与社会事务的一纸证言。《太平御览》中记"肃宗张皇后产子三日，缝战士衣"②，鼓舞将士保家卫国。《本事诗》载，"开元中，颁赐边军纩衣，制于宫中"③，可想见宫中女子为战士缝衣的场景。从女性文献史观出发，在针线活中我们看到了女性生活的精神内涵，"蓄意多添线，含情更着绵"，折射出无数古代女性的内心情感。《奁史》引朱绛《春女怨》诗云：

独坐纱窗刺绣迟，紫荆枝上啭黄鹂。
欲知无限伤春意，尽在停针不语时。④

《女红余志》中也有：

绣窗同刺绣，女伴喜天晴。
剪刀当日暖，妆镜隐霜明。⑤

通过这些诗文，古代女子在日常生活中的喜怒哀乐现于眼前。针线制作出来的每一件物品，都包含着她们对家人、邻里、晚辈的无限关爱，其中有温暖，也有精神祈盼和意志的表现。《奁史》引《毛

---

① 《奁史》卷四一《针线门》引《摭青杂说》，第619页。
② 《奁史》卷四一《针线门》引《太平御览》，第618页。
③ 〔唐〕孟棨：《本事诗》，古典文学出版社1957年版，第6页。
④ 《奁史》卷四一《针线门》引《唐诗类选》，第617页。
⑤ 《奁史》卷四一《针线门》引《女红余志》，第617页。

贞女堕楼记闻录》中，烈妇孟鹤曾制绣帽赠予柴夫人，"柴夫人临终以绣帽嘱冢"①；《谢氏诗源》中，文冑赠邻人"百炼水晶针一函"，邻人姜氏"取连理线，贯双针，结同心花以答"。②在针线活的研究中，情感丰富、人格饱满的女子形象跃然而出："这是珍贵难得的时刻，在战争、政治等重大题材当中，在男人出世、入世的种种抱负之间，我们突然发现了一道裂缝，从中看到了女性的形象，看到了她们日常生活中最自然的状态。"③重新认识针线活的文化意蕴，打破了人们对古代女子的刻板认识，极大地开阔了妇女史研究的文化视野。

---

① 《奁史》卷四一《针线门》引《毛贞女堕楼记闻录》，第617页。
② 《奁史》卷四一《针线门》引《谢氏诗源》，第620页。
③ 孟晖：《潘金莲的发型》，南京大学出版社2010年版，第24页。

《衣裳门》所见上衣研究

作者 李世佳

《奁史》第六十二至六十四卷为"衣裳门",是研究中国古代妇女服饰的珍贵资料。其中第六十二、六十三两卷专讲上衣,既有式样繁多的中原地区服装,也有风格迥异的异域民族服装。第六十二卷辑录了文献中含有"衣""服"等字的条目123条,第六十三卷辑录了文献中对各式衣物的描写377条,共计500条。古人将"衣冠"视作礼仪的具体象征,对女子所着衣物亦赋予了诸多文化含义。《礼记·冠义》中说:"故冠而后服备,服备而后容体正,颜色齐,辞令顺。"[①]本文以《奁史》文本为切入点,综合文献、图像及相关考古实物资料,对《衣裳门》所见上衣种类做系统的梳理与考证,进而对上衣的穿着场合、形制材料加以阐述和分析,以期从中看到古代工艺水平的高超,窥见服饰所反映的古代女性尊卑秩序及其背后的礼法制度。

　　服饰是流,文化是源。[②]服饰与文化互相依存,互有渗透,通过对古代女性服饰的研究,可以直观地看到历史与文化的变迁。上衣是服饰的主要部分,除具备遮蔽身体、御寒保暖等基本作用外,还有诸如作为赏赐与进献之物、书写与绘画之物及藏匿、药用等特殊用途。通过对古代女性上衣的研究,不仅可以清楚地看到古代女性的日常生活状况,还可以看到各时期不同的审美意趣和工艺水平,看到历代中原王朝与周边国家及少数民族的经济、文化交流。周锡保的《中国古代服饰史》[③],是我国第一部服饰通史,它从我国历代文献典籍中考订各个历史时期官服、常服的规制与变迁,同时采用二重证据法,以地上遗存和地下考古发掘来印证文献典籍中关于服饰的记载。沈从文的《中国古代服饰研究》[④],以大量实物、图像、壁画、墓俑等为基础,与相关文献记载互见发明,从形象史学的角度对古代服饰作考据、

---

① 〔清〕阮元:《十三经注疏·礼记正义》卷六一《冠义》,中华书局1980年版,第1679页。
② 华梅:《服饰与中国文化》,人民出版社2001年版,第3页。
③ 周锡保:《中国古代服饰史》,中国戏剧出版社1984年版。
④ 沈从文编著:《中国古代服饰研究》,商务印书馆2011年版。

断代研究，其文字清丽、斐然可读，有"新中国古代服饰研究的开山"之美誉。孙机的《中国古舆服论丛》①，其中有一篇《唐代妇女的服装与化妆》，将中外考古所见实物、图像资料与古文献记载相结合，详细论述了唐代女性的服饰新风尚，可谓言之有据、条理清晰。高春明的《中国服饰名物考》②，分为发饰、首饰、冠饰、妆饰、耳饰、颈饰、手饰、服饰、腰饰、足饰十篇，对中国历代服饰名物制度进行了研究，检索便利，实用性强。华梅的《服饰与中国文化》③，着重阐释中国服饰的文化内涵，涵盖了哲学、礼制、美术、文学、戏曲、民俗等诸多方面，在论述时引经据典，内容十分丰富。杜钰洲、缪良云主编的《中国衣经》④，采用名词解释的形式，对服饰的历史、类别、材料、设计、制作、着装、民族、文化等各个方面均有详尽的介绍，堪称一部关于服饰的大百科全书。陈芳的《粉黛罗绮——中国古代女子服饰时尚》⑤，以朝代为序，对古代女性日常服饰时尚中的个案进行细致解读，综合了史书文献、文学诗词和考古所见材料，并配以丰富的图像资料，极具欣赏性。

此外，罗微的论文《古代汉族女性服饰研究》⑥，从文化人类学的视野出发，以女性服装形制和妆饰变化为主线，详细介绍了古代汉族女性服饰的种类并阐释其文化意义，角度十分新颖。

专题类研究往往聚焦于中国古代女性服饰研究的某一具体领域，如王绍军的《唐代妇女服饰研究》⑦，对唐代女性的日常服装、"胡

---

① 孙机：《中国古舆服论丛》，文物出版社1993年版。
② 高春明：《中国服饰名物考》，上海文化出版社2001年版。
③ 华梅：《服饰与中国文化》，人民出版社2001年版。
④ 缪良云主编：《中国衣经》，上海文化出版社2000年版。
⑤ 陈芳等：《粉黛罗绮——中国古代女子服饰时尚》，生活·读书·新知三联书店2015年版。
⑥ 罗微：《古代汉族女性服饰研究》，中央民族大学博士学位论文，2003年。
⑦ 王绍军：《唐代妇女服饰研究》，武汉大学博士学位论文，2014年。

风"打扮、发式、发饰、面饰、面妆等进行梳理;段先惠的《宋代妇女日常服装研究》①,一改以往重视礼服而忽略常服的情况,系统论述了宋代女性日常首服、体服和足服,并对当时女性的服装风尚做简要介绍;孙彦珍的《清代女性服饰文化研究》②,着眼于特定历史环境下的女性服饰问题,着重阐述了清代至清末民初时满、汉女性服饰的冲突、交流与融合。具体到某一民族的女性服饰研究,如周梦的《苗侗女性服饰文化比较研究》③,着重论述了苗族、侗族女性服饰的相似性、差异性以及各自的成因,由此深化为探讨中国少数民族服饰文化的保护、传承与发展问题。还有具体到某一种类的女性服饰研究,如秦小宁的《性别视角下的中国女性内衣文化现象分析》④,从性别史的角度出发,按照朝代顺序介绍了女性内衣的历史沿革。

《奁史·衣裳门·衣》中记录了诸多不同类型的女性衣物,包含了端庄肃穆的礼服、形式多样的常服和精致华丽的衣饰,其形制、色彩多样,采用绢、缟、锦、纱、麻等各色织物制成,我们可以从中看到古代物质生活的丰富、工艺水平的高超和不同时期的审美意趣。但是,目前学界对于《奁史》研究很不充分,《衣裳门·衣》中的500条与"衣"相关的内容,均摘自正史、别史、方志、笔记、文集、诗话等各类原始文献,难免存在字句上的脱漏衍误,故笔者将研究建立在对原作做点、校、注的基础上,通顺语句,纠正错讹,力求还原相关史料的本来面目,为此后深入研究打下良好的基础。

---

① 段先惠:《宋代妇女日常服装研究》,华中科技大学硕士学位论文,2016年。
② 孙彦珍:《清代女性服饰文化研究》,上海古籍出版社2008年版。
③ 周梦:《苗侗女性服饰文化比较研究》,中央民族大学博士学位论文,2010年。
④ 秦小宁:《性别视角下的中国女性内衣文化现象分析》,陕西师范大学硕士学位论文,2011年。

一、明妆丽服夺春晖——上衣的种类

现代语境下的"服饰"是并列词语,其中"服"包含了古语中"衣"与"裳"两项词意,《释名·释衣服》:"凡服,上曰衣,下曰裳。"又曰:"衣,依也,人所依以芘寒暑也。"① 从中可以提炼出"衣"的定义,即人们穿于上半身的服装的通称,冬天用以防寒保暖,夏天则防止暑气侵体。综观《奁史·衣裳门》对上衣的记述,可以大致分为四类。

(一)赫赫天家威:礼服类

《周礼·天官·内司服》中记载了周代礼制下命妇的六种礼服:"掌王后之六服。袆衣、揄狄、阙狄、鞠衣、展衣、缘衣、素沙。"② 其中素沙并非六服之一,而是一种白色的里子。郑玄曰:"素沙者,今之白缚也。六服皆袍制,以白缚为里,使之张显。"③《说文·糸部》:"缚,白鲜色也。"段玉裁注:"缚以其质坚名之。"④ 综上,可知素沙为质地坚韧的白色里子,穿于礼服之下,起到搭配和衬托的作用。

袆衣,指绘有翚雉纹的礼服。郑司农谓袆衣为"画衣"⑤,指袆衣上绘有图画。《说文·衣部》也说:"《周礼》曰:王后之服袆衣,谓画袍。"⑥ 刘熙在《释名·释衣服》中进一步说明此图画应是翚雉:"王后之上服曰袆衣,画翚雉之文于衣也。"⑦ 翚雉,指长有五彩羽毛的野鸡,《说文》:"翚,大飞也。……一曰伊、洛而南,

---

① 〔汉〕刘熙撰,〔清〕毕沅疏证,王先谦补:《释名疏证补》卷五《释衣服》,中华书局2008年版,第165页。
② 《十三经注疏·周礼注疏》卷八《天官·内司服》,第691页。
③ 《十三经注疏·周礼注疏》卷八《天官·内司服》,第691页。
④ 〔汉〕许慎撰,〔清〕段玉裁注:《说文解字注》卷二五,上海古籍出版社1981年版,第648页。
⑤ 《十三经注疏·周礼注疏》卷八《天官·内司服》,第691页。
⑥ 《说文解字注》卷一五,第390页。
⑦ 《释名疏证补》卷五《释衣服》,第168页。

雉五采皆备曰翚。"①古人认为，妇女祭服上画有雉，象征其品德高尚。《诗经·鄘风·君子偕老》中有"玼兮玼兮，其之翟也""胡然而天也，胡然而帝也"②的语句，郑玄曰："言其德当神明。"③王先谦进一步解释："言服翟衣，尊事神明，必其德足当之。"翟，也是雉的一种，《说文》："翟，山雉也，尾长。"④这就是说，只有祭祀者的品德足够高尚，才有资格穿着画有雉纹的祭服，以侍奉神明。祭服上的雉纹实则与穿着者的品德相合，因此下文提及的揄狄、阙狄皆画有雉纹。

图 1 袆衣

揄狄，又称作"摇翟"或"褕翟"。关于衣服上面的图案内容则有两说。一说衣上绘有摇雉，《周礼》郑玄注："揄翟，画摇者。"⑤《释名·释衣服》："摇翟，画摇雉之文于衣也。江淮而南，青质五色皆备成章曰摇。"⑥一说衣上画有羽毛，郑司农曰："褕翟，阙翟，画羽饰。"⑦《说文·衣部》："褕，褕翟，羽饰衣。"⑧孙诒让曰："盖谓以采色画鸟羽，缀之衣以为饰。毛、许止云羽饰衣不言画者，文省。"⑨

---

① 《说文解字注》卷七，第139页。
② 《十三经注疏·毛诗正义》卷三《君子偕老》，第313—314页。
③ 《十三经注疏·周礼注疏》卷八《天官·内司服》，第691页。
④ 《说文解字注》卷七，第138页。
⑤ 《十三经注疏·周礼注疏》卷八《天官·内司服》，第691页。
⑥ 《释名疏证补》卷五《释衣服》，第168页。
⑦ 《十三经注疏·周礼注疏》卷八《天官·内司服》，第691页。
⑧ 《说文解字注》卷一五，第389页。
⑨ 〔清〕孙诒让撰，王文锦、陈玉霞点校：《周礼正义》卷八《天官·内司服》，中华书局1987年版，第579页。

图 2　揄狄　　　　　　　　图 3　阙狄

阙狄，又称作"阙翟"，学者一般认为其装饰图案为雉，对于图案的存在形式则存在歧义。其一为画图说，郑司农曰："褕翟，阙翟，画羽饰。"①其二为刻雉说，郑玄曰："阙翟，刻而不画。"②《释名·释衣服》亦曰："阙翟，翦阙缯为翟雉形以缀衣也。"③参考前述袆衣、揄狄的形制均为画衣，据此推测阙狄也应为画有雉的礼服。

鞠衣，郑司农曰："鞠衣，黄衣也。"④郑玄曰："鞠衣，黄桑服也，色如鞠尘，象桑叶始生。"⑤鞠尘，是指酒曲所生的霉菌，其色淡黄，形如尘，可见鞠衣的颜色应是如鞠尘或初生桑叶般的浅黄色。此外，从郑玄的解释中不难看出，鞠衣与采桑之礼有着紧密联系，它一方面是王后率领命妇祭蚕神告桑的礼服，另一方面又是天子祈求蚕事顺利而祭献先帝的物品。《礼记·月令》曰："（季春之月）是月也，

---

① 《十三经注疏·周礼注疏》卷八《天官·内司服》，第 691 页。
② 《十三经注疏·周礼注疏》卷八《天官·内司服》，第 691 页。
③ 《释名疏证补》卷五《释衣服》，第 168 页。
④ 《十三经注疏·周礼注疏》卷八《天官·内司服》，第 691 页。
⑤ 《十三经注疏·周礼注疏》卷八《天官·内司服》，第 691 页。

图 4 鞠衣　　　　　　　图 5 展衣

天子乃荐鞠衣于先帝。"郑玄注："为将蚕，求福祥之助也。"①

展衣，又作"襢衣"。郑司农曰："展衣，白衣也。"②郑玄的说法与之相同："展衣白。"③《释名·释衣服》曰："襢衣，襢，坦也，坦然正白无文采也。"④与三翟绘雉以示妇人品德高尚相同，展衣也被赋予了"诚"的美好寓意。郑玄曰："襢之言亶，亶，诚也。"《诗经·国风·鄘风》："瑳兮瑳兮，其之展也……展如之人兮，邦之媛也。"⑤郑玄曰："言其行佩君子。"⑥马瑞辰亦曰："服展服者宜有展诚之德。"这就是说，展衣的穿着者应当具备"诚"的美好品德，即真实无伪。

缘衣，也作"褖衣"，是一种黑色的礼服。《礼记·玉藻》："士，褖衣。"⑦《周礼》郑玄注："男子之褖衣黑，则是亦黑也。"⑧《释

---

① 《十三经注疏·礼记正义》卷一五《月令》，第1363页。
② 《十三经注疏·周礼注疏》卷八《天官·内司服》，第691页。
③ 《十三经注疏·周礼注疏》卷八《天官·内司服》，第691页。
④ 《释名疏证补》卷五《释衣服》，第168页。
⑤ 《十三经注疏·毛诗正义》卷三《君子偕老》，第313—314页。
⑥ 《十三经注疏·周礼注疏》卷八《天官·内司服》，第691页。
⑦ 《十三经注疏·周礼注疏》卷八《天官·内司服》，第691页。
⑧ 《十三经注疏·周礼注疏》卷八《天官·内司服》，第691页。

图 6 褖衣

图 7 宋仁宗慈圣光献曹皇后像

名·释衣服》也说:"褖衣,褖然黑色也。"①

《周礼》所记六服中,以袆衣等级为最高,余者次第降一等,后世均以此为蓝本,或稍有变易。就目前考古成果来看,唐及以前的六服形制尚缺乏具体物证,只能依据文献典籍的记载加以推测。现存最早的袆衣的具体形象是宋代诸位皇后的画像,我们可以从中窥见古代妇女最高等的礼服究竟是何模样。

(二)巧思出新意:常服类

1. 外衣

(1)常见的外衣

袍服,是由深衣演变而来的一种过臀长衣,最初主要有曲裾袍、直裾袍两类,后者也称作"襜褕"。《说文》:"袍,茧也。"②《礼记·玉藻》:"纩为茧,缊为袍。"郑玄注:"纩,谓今之新绵也;缊,谓今之旧絮也。"③又见于《诗经·秦风·无衣》:"岂曰无衣?

---

① 《释名疏证补》卷五《释衣服》,第168页。
② 《说文解字注》卷一五,第391页。
③ 《十三经注疏·礼记正义》卷二九《玉藻》,第1477页。

图 8 湖北江陵楚墓彩绘木俑　　图 9 马王堆汉墓信期绣锦缘绵袍

图 10 马王堆汉墓印花敷彩纱绵袍

与子同袍。"孔颖达疏："杂用旧絮,名为袍。"① 则袍服以旧絮为之。袍服男女皆可穿着,女性袍服区别于男性袍服的是"上下连,四起施缘"②,《中华古今注》中记载袍服"自有虞氏即有之"③,似有妄议夸大之嫌。《后汉书·舆服志》:"袍者,或曰周公抱成王宴居,

---

① 《十三经注疏·毛诗正义》卷六《秦风·无衣》,第 373 页。
② 《释名疏证补》卷五《释衣服》,第 168 页。
③ 〔五代〕马缟撰,吴企明点校:《中华古今注》卷中《袍衫》,中华书局 2012 年版,第 109 页。

故施袍。"① 意即袍服起于周公，今人考古实物则可证其出现不晚于战国。我们可以从众多壁画、陶俑、木俑及考古发掘实物中观察到这种服装的显著特征：衣袖宽大，袖口紧缩，在褶皱处形成一个形状优美的圆弧。这种袖口紧缩的设计既方便穿着者活动，又能起到一定的保暖作用。

袄，是一种有衬里的夹衣。《中华古今注》中说袄为"袍之遗制"②。《玉篇·衣部》："袄，袍袄也。"③《集韵·晧韵》也释"袄"为"袍"④，实则二者略有差别。一般来说，袄在长度上较袍短，在用料上较袍轻省，《唐六典》中就有这样的记载："冬则袍加绵十一二两，袄子八两。"⑤ 袄作为女性上衣时，常与裙搭配成套，称"袄裙"。《明史》："（贵人）缘襈袄裙为常服。"⑥《明会典》："凡婢使高顶髻，绢布狭领，长袄长裙。"⑦

衫，是一种没有袖端的单衣，也称作"半衣"。古代有"女人有尊一之义"的说法，所以女性的衣裳是上下同色且相连的，其长短与裙相似。直到秦始皇元年，才令女性上衣变短，衫、裙自此分离⑧。《释名·释衣服》："衫，芟也，芟末无袖端也。"⑨ 这说明衫与袍的不同之处在于，衫无袖端，敞口，显得宽大而飘逸。古代的衫在长期发

---

① 〔南朝宋〕范晔：《后汉书·舆服志下》，中华书局1965年版，第3666页。

② 《中华古今注》卷中《官人披袄子》，第104页。

③ 〔南朝梁〕顾野王撰，胡吉宣校释：《玉篇校释》卷二八《衣部》，上海古籍出版社1989年版，第5542页。

④ 〔宋〕丁度撰，赵振铎校：《集韵校本》，上海辞书出版社2012年版，第780页。

⑤ 〔唐〕李林甫等撰，陈仲夫点校：《唐六典》卷三《尚书户部》，中华书局1992年版，第82页。

⑥ 〔清〕张廷玉：《明史》卷六六《舆服志》，中华书局1974年版，第1624页。

⑦ 〔明〕申时行：《大明会典》卷六二，中华书局1989年版，第780页。

⑧ 《中华古今注》卷中《衫子背子》，第103页。

⑨ 《释名疏证补》卷五《释衣服》，第172页。

展演变下，出现了许多不同的类型，如凉衫，宋人沈括在《梦溪笔谈》中写道："近岁京师士人朝服乘马，以黪衣蒙之，谓之'凉衫'。"① 孟元老则在《东京梦华录》中记述了女性穿着凉衫的情况："妓女旧日多乘驴，宣、政间惟乘马，披凉衫，将盖头背系冠子上。"② 又如团衫，《金史·舆服志》记载："（妇人）上衣谓之团衫，用黑紫或皂及绀，直领，左衽，掖缝，两旁复为双襞积，前拂地，后曳地尺余。"③

图 11 唐代周昉绘《簪花仕女图》中着纱衫女性形象

襦，是相对于袍而言的短衣，其长度一般仅至腰间，因而又名"腰襦"。襦有单、夹两种，夏则单襦，冬则夹襦。寒山诗："夏天将作衫，冬天将作被。"④ 说的就是襦夏、冬两季皆可穿着的特性，从中不难看出，相较于衫的轻、薄、透，襦的材质要稍厚实一些。此外，襦的色彩也较衫更为艳丽，如《乐府·陌上桑》所言"紫绮为上襦"⑤，又如傅玄《艳歌行》："丹霞为上襦。"⑥ 在中晚唐时期，襦的华美愈发明显，文宗时甚至因为襦过于奢侈、僭越礼制，而特别下诏规定"襦

---

① 〔宋〕沈括：《梦溪笔谈》卷二《故事二》，岳麓书社2002年版，第11页。

② 〔宋〕孟元老撰，邓之诚注：《东京梦华录注》卷七《驾回仪卫》，中华书局1982年版，第199页。

③ 〔元〕脱脱：《金史》卷四三《舆服志》，中华书局1975年版，第985页。

④ 〔唐〕寒山撰，项楚注：《寒山诗注》，中华书局2000年版，第223页。

⑤ 〔宋〕郭茂倩：《乐府诗集》卷二八《相和歌辞三·陌上桑十一首》，中华书局1979年版，第411页。

⑥ 〔清〕王初桐：《奁史》卷六三《衣裳门二》引《傅鹑觚集》，《续修四库全书》，上海古籍出版社2002年版，第1252册，第143页。

图 12 唐代张萱绘《捣练图》中上襦下裙女性形象

图 13 陕西乾陵永泰公主墓石椁线刻着半臂宫女形象

袖不过一尺五寸"①。

半臂，又称作"半袖"，顾名思义是一种短袖上衣。《释名·释衣服》云："半袖，其袂半，襦而施袖也。"②半臂有多种式样，或对襟，或套头，或翻领，或无领，袖长齐肘，身长及腰，没有纽袢，而是用衣襟上缀着的带子当胸系住。因为这种衣服领口宽大，穿时会袒露上胸，所以唐代女性在穿着时，会选择将其罩在衫襦之外。

裲裆，又称作"马甲"或"坎肩"，是古代的一种背心。《释名·释衣服》："裲裆，其一当胸，其一当背也。"王先谦疏证补："案即唐宋时之半背，今俗谓之背心。当背当心，亦两当之义也。"③可知裲裆的样式是前后两片，无领无袖，肩上和腋下以袢扣住，仅护住前心后背而不护四肢。女子所着裲裆常常饰以彩绣，或夹有绵，如《乐

---

① 〔宋〕欧阳修、宋祁：《新唐书》卷二四《车服志》，中华书局 1975 年版，第 531 页。
② 《释名疏证补》卷五《释衣服》，第 175 页。
③ 《释名疏证补》卷五《释衣服》，第 172 页。

图 14 河南邓州市出土南北朝着裲裆衫仕女砖刻画像

府诗集·琅琊王歌辞》:"阳春二三月,单衫绣裲裆。"①《太平广记》引《幽明集》:"棺中一妇人,形体如生。白练衫,丹绣裲裆,伤一髀,以裲裆中绵拭血。"②另外,还有一种金属制的裲裆,常用作戎装,称"铁裲裆"或"两裆甲"。《乐府诗集·企喻歌辞》:"前行看后行,齐著铁裲裆。"③《隋书·礼仪志》:"(直阁将军)平巾帻,绛衫,大口袴褶,银装两裆甲。"④

背子,也称作"褙子"或"绣裢",是一种由半臂或中单演变而成的上衣。背子始创于秦,盛行于宋。《中华古今注·衫子背子》中记载:"秦二世诏朝服上加背子,其制袖短于衫,身与衫齐而大袖。"⑤宋人高承在《事物纪原》中记述了背子的进一步演变:"今又长与裙齐,而袖才宽于衫。"⑥程大昌在《演繁露》中记述了背子在当时的流行盛况:"今人服公裳,必里以背子。"⑦并描述背子的具体形制为"状

---

① 《乐府诗集》卷二五《横吹曲辞五·琅琊王歌辞》,第 364 页。
② 〔宋〕李昉等编:《太平广记》卷三一七《鬼二》,中华书局 1961 年版,第 2509 页。
③ 《乐府诗集》卷二五《横吹曲辞五·企喻歌辞》,第 363 页。
④ 〔唐〕魏徵:《隋书》卷一二《礼仪志》,中华书局 1973 年版,第 260 页。
⑤ 《中华古今注》卷中《衫子背子》,第 103 页。
⑥ 〔宋〕高承撰,〔明〕李果订,金圆、许沛藻点校:《事物纪原》卷三《衣裘带服部》,中华书局 1989 年版,第 150 页。
⑦ 〔宋〕俞鼎孙:《儒学警悟》,中华书局 2000 年版,第 398 页。

图 15 宋代《瑶台步月图》中着背子女性形象　　图 16 宋代黄昇墓出土紫灰窄袖背子

如单襦袷袄,特其裾加长,直垂至足焉耳",又"中单腋下缝合,而背子则离异其裾"①,可知背子的款式以直领对襟为主,且两襟离异不相合,不施纽扣、系带等物,袖式多变,可宽可窄,衣长也无定式,或在膝上,或及膝,或至小腿,或长至脚踝,衣服两侧一般开衩,程度从衣襟下摆至腰部、至腋下不等,但也有不开衩的款式。

补服,指明清时缀有补子的衣服。与男子品服不同,女补服的补子纹样随季候、节庆而变化。明秦徵兰《天启宫词》:"七夕节各宫立乞巧山子,宫眷衣鹊桥补。自初一起至十四止。"②清梁绍壬《两般秋雨庵随笔·补子》中有更为详细的记载:"刘若愚芜史,称宫眷内臣,腊月廿四日祭灶后,穿葫芦补子;上元灯景补子;五月艾虎毒补子;七夕鹊桥补子;重阳菊花补子;冬至阳生补子。此则在品服之外,随时戏为之者。"③从中不难窥见人文与自然相融的生活情趣。

裘,特指用动物的皮毛制成的衣服。《说文》:"裘,皮衣也。"④

---

① 《儒学警悟》,第 398 页。
② 〔明〕秦兰徵:《天启宫词》,北京古籍出版社 1987 年版,第 41 页。
③ 〔清〕梁绍壬撰,范春三编译:《两般秋雨庵随笔》,新疆人民出版社 1995 年版,第 282 页。
④ 《说文解字注》卷一五,第 398 页。

汉民族一般以狐、狼等动物的皮毛制衣。《诗经·小雅·都人士》："彼都人士，狐裘黄黄。"①《礼记·玉藻》："君之右虎裘，阙左狼裘。"②其他一些民族则常有用鸟羽制成的裘衣，绮丽非常，如《奁史》引《陇蜀余闻》："粤西多凤凰，峒中蛮女缉以为裘，甚丽。"③又如《奁史》引《易易录》："猺女握兵符者衣凤裘，缘含凤毛所缉。"④由于其材质具备厚实、保暖的特性，裘成为古人秋冬之际御寒的衣物，如《礼记·月令》中就说："（孟冬之月）……天子始裘。"⑤韩愈《原道》亦曰："夏葛而冬裘。"⑥

（2）形制特殊的外衣

披帛，又称作"领巾"或"披子"，是一种搭在肩背、缠绕双臂的长条帛巾。它源于秦汉，唐开元年间"诏令二十七世妇及宝林御女良人等寻常宴参侍，令披画披帛"⑦，又规定"士庶女子在室搭披帛，出适披帔子，以别出处之义"⑧，披帛由是成为古代女性时常穿用的服饰。一般来说，披帛主要有两种形制，一种是布幅较宽而长度较短，使用时披在肩上，类似于披风；另一种布幅较窄而长度较长，使用时往往缠绕在双臂上⑨。

帔，是在披帛的基础上形成的新式样。《释名·释衣服》："帔，

---

① 《十三经注疏·毛诗正义》卷一五《小雅·都人士》，第493页。
② 《十三经注疏·礼记正义》卷三〇《玉藻》，第1479页。
③ 《奁史》卷六三《衣裳门二》引《陇蜀余闻》，第142页。
④ 《奁史》卷六三《衣裳门二》引《易易录》，第142页。
⑤ 《十三经注疏·礼记正义》卷一七《月令》，第1381页。
⑥ 〔唐〕韩愈著，刘真伦、岳珍校注：《韩愈文集汇校笺注》卷一《原道》，中华书局2010年版，第13页。
⑦ 《中华古今注》卷中《女人披帛》，第105页。
⑧ 《奁史》卷六三《衣裳门二》引《二仪实录》，第139页。
⑨ 罗微：《古代汉族女性服饰研究》，中央民族大学博士论文，2003年，第22页。

图17 唐代周昉绘《簪花仕女图》中着披帛女性形象　　图18 唐代着披帛女性形象　　图19 五代顾闳中绘《韩熙载夜宴图》中着披帛女性形象

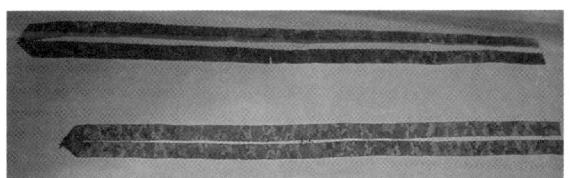 

图20 福建福州宋代黄昇墓出土直帔　　图21 清代一品夫人仙鹤补霞帔

披也。披之肩背，不及下也。"①《玉篇·巾部》："帔，在肩背也。"②帔，始于晋永嘉年间，宋代时分为三等，成为女性彰显身份地位的符号，《奁史》引《二仪实录》："霞帔非恩赐不得服，为妇人之命服，而直帔通于民间也。"③福建南宋黄昇墓中出土有宋代直帔的实物，其形制是两条绣满花卉纹样的细窄长带，整体呈"V"字形。穿用时，

---

① 《释名疏证补》卷五《释衣服》，第174页。
② 《玉篇校释》，第5485页。
③ 《奁史》卷六三《衣裳门二》引《二仪实录》，第139页。

将长带搭在肩头,有尖角的一端垂在身前,另一端在颈后以线缝连,底部缀以帔坠作为装饰,帔坠或玉或金或银。比之宋帔,清代的霞帔则在形制上有了很大变化:其一,帔身阔如背心,且左右两幅合并;其二,在胸背正中缀以补子,补子所绣纹样与其丈夫的官位相对应;其三,霞帔底部不用帔坠而施以流苏。

2. 内衣

袘服,是一种贴身的内衣。《左传·宣公九年》:"陈灵公与孔宁、仪行父,通于夏姬,皆衷其袘服,以戏于朝。"杜预注:"袘服,近身衣。"也作"袘"①。《阅微草堂笔记·姑妄听之二》:"妻感之,鬻及袘衣,无怨言。"②

汗衫,是一种吸汗的贴身短衣,又名"中单"。《中华古今注·汗衫》中说:"汗衫,盖三代之衬衣也。《礼》曰:'中单。'汉高祖与楚交战,归帐中,汗透,遂改名汗衫。"③还有一种"厕腧",与汗衫形制相似,或可视作同类。《汉书·石奋传》:"取亲中裙厕腧。"颜师古注:"厕腧者,近身之小衫,若今汗衫也。"④

抱腹,《释名疏证补》:"抱腹,上下有带,裹其腹上,无裆者也。"⑤可知这是一种只有前片而无后片的内衣,仅以上下两处带子系住。

抹胸,是一种穿在胸间的贴身小衣,有前片而无后片,上可覆乳,下可遮肚,用纽扣或带子系结。这种内衣的特点在于肩部没有系带。徐珂《清稗类钞·服饰·抹胸》有这样的记载:"抹胸,胸间小衣也,一名袜腹,又名袜肚,以方尺之布为之,紧束前胸,以防风之内侵者。"⑥

---

① 《十三经注疏·春秋左传正义》卷二二《宣公九年》,第1874页。
② 〔清〕纪昀:《阅微草堂笔记》卷一六《姑妄听之二》,天津市古籍书店1988年版,第514页。
③ 《中华古今注》卷中《汗衫》,第107页。
④ 〔汉〕班固:《汉书》卷四六《石奋传》,中华书局1964年版,第2195—2196页。
⑤ 《释名疏证补》卷五《释衣服》,第172页。
⑥ 〔清〕徐珂:《清稗类钞·服饰类》,中华书局1984年版,第6200页。

抹胸发展到清代时，出现了两种款式，一种是短小贴身的，缚于胸腹之间，俗称"肚兜"；另一种是束于腰腹之间的，称为"抹胸肚"。

（三）宗教类服装

道服与袈裟是古代女性皈依宗教后穿着的衣服。《西堂杂俎》中描述道服为"幅巾深衣"①。《酒边词》在描写郭小娘的道服时说："乌纱巧制巾。"②也就是说，女道服的特征之一在于头上佩戴的巾。关于袈裟，《奁史》中收录的内容并不多，比较有意思的是其中一条引自《晋书》的内容："（林邑国）女嫁之时，着迦盘衣，横幅合缝如井栏。"③林邑是位于中南半岛东部的古国名，又作"临邑"，据《晋书》记载："林邑国本汉时象林县，则马援铸柱之处也，去南海三千里。"④此后《宋书》《南齐书》《梁书》《南史》《旧唐书》均有关于林邑国政治、风俗及其与中原王朝往来的记载，如《南史》中就有林邑国国王"着法服，加璎珞，如佛像之饰。出则乘象，吹螺击鼓，罩古贝伞，以古贝为幡旗"⑤的记载，又"国不设刑法，有罪者使象蹴杀之。其大姓号婆罗门，嫁娶必用八月"⑥，可知林邑国举国信仰佛教，其民俗以迦盘衣为嫁衣。

（四）锦上更添花：衣饰类

领，《奁史》中记载的领的款式有夹领、圆领、方领之分，其中引人注目的有两处，其一是引自《女红余志》的"承云领"："承

---

① 《奁史》卷六三《衣裳门二》引《西堂杂俎》，第147页。
② 《奁史》卷六三《衣裳门二》引《酒边集》，第147页。
③ 〔唐〕房玄龄：《晋书》卷九七《林邑国》，中华书局1974年版，第2545页。
④ 《晋书》卷九七《林邑国》，第2545页。
⑤ 〔唐〕李延寿：《南史》卷七八《夷貊上》，中华书局1975年版，第1949页。
⑥ 《南史》卷七八《夷貊上》，第1949页。

图 22 清代云肩（何志华藏）　　图 23 清代绣人物及动物花卉风景纹云肩

云，衣领也。昔姚梦兰赠东阳以领边绣、脚下履，领边绣即承云也。"[1] 可知承云是一种有着精美刺绣的装饰性衣领。其二是张率《日出东南隅行》中所描述的"方领备虫彩"[2]，金虫是一种绿色的蜂，阳光照耀下会闪现金光，古代妇女往往取之以佐钗钏之饰。从这条记录可以看出，金虫还可用来装饰在衣领处。

云肩，俗名"披肩"，也称作"诃梨"，是古代妇女置于肩部的一种装饰织物。云肩最初用于保持领口和肩部的清洁，《闲情偶寄》中赞其"以护衣领，不使沾油，制之最善者也"[3]。后来逐渐演变为一种装饰物，多以彩锦绣制而成，如雨后云霞映日，十分华美。《元史·舆服志》："云肩，制如四垂云，青缘，黄罗五色，嵌金为之。"[4]

纽，衣服上用于联结两边衣襟的系结物，有闭合服装开襟的作用。在我国，纽的出现时间较晚，至清代方才发展成熟。《奁史》中记载了各式纽，如"黄金双蝶纽""青组纽""梵字纽"等；在纽的具体使用上，有"用数重纽扣"，也有"纱衫缓纽"；此外，还有

---

[1]《奁史》卷六三《衣裳门二》引《女红余志》，第148页。
[2]《奁史》卷六三《衣裳门二》引《诗林广记》，第148页。
[3]〔清〕李渔撰，单锦珩校点：《闲情偶寄》卷三《声容部·治服第三·衣衫》，浙江古籍出版社1985年版，第125页。
[4]〔明〕宋濂：《元史》卷七八《舆服志》，中华书局1976年版，第1940页。

在纽扣上加以装饰的,《香雪词钞·兰陵王》云:"爱扣缀通犀,鞋绣文雀。"①通犀是一种犀角,《汉书·西域传赞》:"明珠、文甲、通犀、翠羽之珍盈于后宫。"如淳注:"通犀,中央色白,通两头。"②

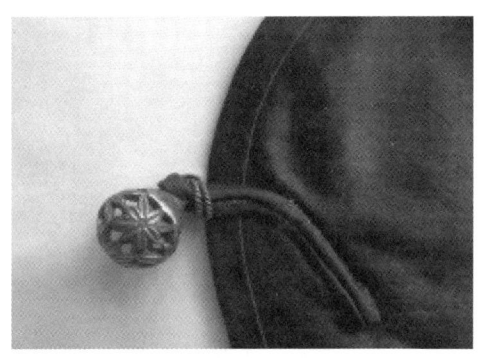

图 24 清代纽扣式样

带,是古人用来束衣的条状物。《诗·卫风·有狐》:"心之忧矣,之子无带。"毛传:"带,所以申束衣。"③一般来说,带可以分为两类,一类以丝帛制成,称作"大带"或"丝绦";一类以皮革制成,称作"鞶带"。古代女性腰带大多为前者,且多织绣寓意吉祥的纹饰。

二、制芰荷以为衣兮——上衣的材料

(一)纺织类面料

1. 丝类织物

丝类织物因其质地精美、外观高雅、舒适柔软的特点,成为我国传统服饰常用的材料。《奁史》所见主要有以下几类:

绢,是一种平纹类织物,以生丝织成,具有色白质轻的显著特点。《释名·释彩帛》:"绢,絸也,其丝絸厚而疏也。"毕沅疏证:"今本絸皆作䋏,讹。段云:絸,古坚字。"④《说文》:"绢,谓粗厚之丝为之。"⑤庄绰《鸡肋篇》还记载了一种特殊的绢:"鄢陵有一

---

① 〔清〕王策、王时翔撰,段晓华、戴伊璇校点:《香雪词钞·小山诗余》卷下,华东师范大学出版社 2014 年版,第 91 页。
② 《汉书》卷九六《西域传》,第 3928—3929 页。
③ 《十三经注疏·毛诗正义》卷三《卫风·有狐》,第 314 页。
④ 《释名疏证补》卷四《释彩帛》,第 149 页。
⑤ 《十三经注疏·尚书正义》卷六《禹贡》,第 148 页。

图 25 长沙马王堆出土西汉"长寿绣"绢

种绢,幅甚狭而光密,蚕出独早,旧尝端午充贡。泾州虽小儿皆能捻茸毛为线,织方胜花,一匹重只十四两者。"①

绡,原指生丝,后来也用以指生丝织成的薄绢或薄纱。《说文》:"绡,生丝也。"②《奁史》中载有许多以绡为材料的衣物,如"碧鸾朱绡半袖衫""黑生绡衬衫""芙蓉紫绡袿"等,其中有一种鲛绡,传说为海中鲛人所织,以之为服,入水不濡,《奁史》引《醒睡编》有这样的描写:"一幅鲛绡剪素罗,美人体态胜姮娥。"

缟,指未经染练的生帛,清任大椿言:"熟帛曰练,生帛曰缟。"③所谓"缟素",是指颜色鲜白的衣物,一般常作为丧服,如《奁史》引《霍小玉传》:"霍小玉为李生所负而死,既死,生乃为之缟素,旦夕哭泣,甚哀。"④

锦,是以彩色经、纬织出各式图案的织物,从《诗经》中屡见"贝锦""锦衣"等词语来看,锦的出现应不晚于周代。《释名·释彩帛》云:"锦,金也。作之用功重,其价如金,故其制字从锦与金也。"⑤

---

① 〔宋〕庄绰撰,李保民校点:《历代笔记小说大观:鸡肋篇 贵耳集》,上海古籍出版社 2012 年版,第 27 页。
② 《说文解字注》卷二五,第 643 页。
③ 〔清〕任大椿:《燕禧堂五种》,中华书局 2014 年版,第 306 页。
④ 《奁史》卷六三《衣裳门二》引《霍小玉传》,第 139 页。
⑤ 《释名疏证补》卷四《释彩帛》,第 150 页。

图 26 吐鲁番阿斯塔那出土唐代小团窠蜀锦　　图 27 吐鲁番阿斯塔那出土唐代红地花鸟纹锦

锦之贵重由此可见。锦织品用料讲究、工艺复杂，故其特点就在于色彩丰富且图案精美，例如隋唐时期盛行的"连珠团窠"，就是以团花为中心、中间饰以对禽或对兽、周边饰以连珠或花草纹的织锦纹样，观之花团锦簇、层次众多，甚为富丽。《西京杂记》中还记载了一种名为"织成"的锦："赵飞燕为皇后，其女弟在昭阳殿，《遗飞燕书》曰："……谨上襂三十五条……织成上襦……鸳鸯襦。"①相较于其他锦类，织成更显珍异，《中华古今注》中有这样的记述："唐天宝年中，西川贡五色织成背子，玄宗诏曰：观此一服，费用百金，其后金玉珍异并不许贡。"②据现代学者研究，织成所用工艺极为复杂讲究，它"采用局部多彩挖织的方法加以织制，并且是通梭与回纬相结合"③。

罗，是一种轻软透气的织物，《释名·释綵帛》："罗，文罗疏也。"④

---

① 〔晋〕葛洪：《西京杂记》卷一《赵昭仪遗飞燕书》，三秦出版社2006年版，第62页。

② 《中华古今注》卷中《衫子背子》，第103页。

③ 杜钰洲、缪良云主编：《中国衣经》，上海文化出版社2000年版，第238页。

④ 《释名疏证补》卷四《释彩帛》，第151页。

图 28 长沙马王堆汉墓出土素纱蝉衣　　图 29 元代红地妆金纱

《天工开物·乃服》描述其"中空小路以透风凉"[①],这就使罗成为深受人们青睐的制衣材料。大量考古资料表明,我国早在战国时期便大量使用罗织造衣物,可见罗之备受欢迎。《奁史》中记载有各色罗,如红罗、紫罗、黄罗、青罗、五色绣罗等,不难看出罗也是一种色彩丰富的织物,故而常用作外衣材料,如"赭黄罗银泥袄子"[②]、"绯罗蹙金飞凤背子"[③]等。

纱,是一种透孔类织物,与罗的区别在于"平过不空路而仍稀"[④]。纱的特点就在于轻、薄、透,出土实物如长沙马王堆汉墓的素纱蝉衣,薄如蝉翼,重量仅有四十九克。纵观《奁史》中的相关内容,纱织物不绣花纹时,常用作内衣,如"粉红纱抹胸""素纱中单"等;绣以花纹或饰有各色羽毛时,则用作外衣,如元明以后的妆花纱等。

2. 麻类织物

我国使用麻织物的历史十分悠久,在浙江余姚河姆渡新石器遗址中就出现了距今七千余年的双股麻线。《奁史》中主要加载了如下两类麻:

---

① 〔明〕宋应星著,钟广言注释:《天工开物》卷二《乃服》,广东人民出版社2013年版,第90页。
② 《奁史》卷六三《衣裳门二》引《唐则天实录》,第142页。
③ 《中华古今注》卷中《衫子背子》,第103页。
④ 《天工开物》卷二《乃服》,第90页。

葛，《说文》："葛，絺绤草也。"① 葛织成的布称葛布，因其多用以制夏天的衣物，又名"夏布"。韩愈《原道》云："夏葛而冬裘。"② 作为我国古代最为普及的麻类织物，葛制成的衣服透气吸汗、易洗快干，令人穿而不厌。《诗经·周南·葛覃》中就说："维叶莫莫，是刈是濩。为絺为绤，服之无斁。"③

蕉布，是以芭蕉纤维织成的布。清李调元《南越笔记·葛布》中说："（蕉麻）本蕉也，而曰蕉麻，以其为用如麻故。"④ 蕉布织成的衣裳称"蕉衣"或"蕉衫"，因其简素粗劣，常为平民所穿用，如《奁史》引《白沙集》："江村妇女蕉衫窄。"⑤

3. 毛类织物

动物的兽毛、羽毛具有良好的弹性、柔软性和保暖性，是早期人们用以御寒的主要服装材料。至元代，蒙古贵族大多使用毡罽，以至毛织品的生产较前代大有发展，宫廷中出现了专掌制毡的中尚监，民间也多用毛织物制作袍、衫等衣物，陶宗仪《南村辍耕录》即有记

图 30 唐代彩条毛织物

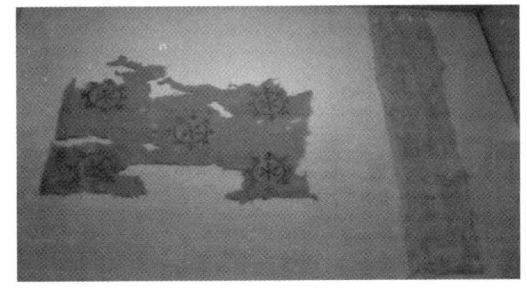

图 31 元代毛织物

---

① 《说文解字注》卷二，第 35 页。
② 《韩愈文集汇校笺注》卷一《原道》，第 13 页。
③ 《十三经注疏·毛诗正义》卷一《葛覃》，第 276 页。
④ 〔清〕李调元：《南越笔记》卷五《葛布》，广陵书社 2003 年版，第 123 页。
⑤ 《奁史》卷六三《衣裳门二》引《白沙集》，第 139 页。

载:"郑万户事母极孝,母诞日垂至,预市文绣毹段,制袍为寿。"①这里的"毹"就是一种毛织品,也称作"毛缎",是元代一种常见的制衣材料。

(二)非纺织类面料

1. 裘皮

裘皮是古人最早用作衣服的材料之一。《礼记·礼运》:"未有麻丝,衣其羽皮。"②《后汉书·舆服志》也说:"上古……衣毛而冒皮。"③动物皮毛厚实、保暖的特性也使裘成为冬季专属的衣物。一般来说,裘衣的原材料多来自虎、狼、羊等动物,或有讲究的用狐皮、貂皮、猞猁皮,《奁史》中却记载了一种极为罕见的裘皮——吉光裘。《西京杂记》曰:"武帝时,西域献吉光裘。入水不濡,上时服此裘以听朝。"④吉光,是传说中的神兽名,《抱朴子·对俗》曰:"腾黄之马,吉光之兽,皆寿三千岁。"⑤

2. 纸

纸是最为特殊、罕见的制衣面料。《奁史》中仅见一例,引自《戒庵老人漫笔·宫女护领》:"宫女衣皆以纸为护领,一日一换,欲其洁也。"⑥或许正是因为纸类面料具有阻隔污秽、便于更换的特点,古人才会取之作为衣饰以保证服装清洁。

---

① 《奁史》卷六三《衣裳门二》引《南村辍耕录》,第141页。
② 《十三经注疏·礼记正义》卷二一《礼运》,第1416页。
③ 〔南朝宋〕范晔:《后汉书》卷一二〇《舆服下》,中华书局1965年版,第3661页。
④ 《西京杂记》卷一《吉光裘》,第14页。
⑤ 〔晋〕葛洪:《抱朴子》卷三《对俗》,上海书店出版社1986年版,第9页。
⑥ 〔明〕李诩撰,魏连科点校:《戒庵老人漫笔》卷一《宫女护领》,中华书局1982年版,第3页。

三、望其章而知其势——上衣的用途

中国古代女性的服饰,除了其常见的遮蔽身体、保暖御寒等基本作用之外,还有许多特殊功用,以《奁史》所见为主,可以分为以下七类:

(一)作为身份等级的标识

服饰经过漫长的历史发展,衍生出"等上下而差贵贱"[①]的作用,成为身份等级的标识,是以汉代以来各正史大多附有《舆服志》或《车服志》,记录本朝不同身份之人在不同场合下的着装规范。

就女性群体而言,服饰首先区别了贵族阶层与平民阶层,纹饰繁复、色彩亮丽的服装为贵族女性专属,民间女子只可穿绣纹简单、颜色浅淡的服装。例如《明会典》中有如下规定:"皇后常服,诸色团衫,金绣龙凤文。皇妃金绣鸾凤文。命妇团衫以红罗为之,绣重雉为等。士庶妻服浅色团衫,用纻丝绫罗绸绢。"[②]又:"民间妇人袍衫止紫绿、桃红及诸浅淡颜色,不许用大红、鸦青、黄色。"[③]又如《奁史》引《崇俭书》:"士庶家妇人不许着织金妆花洒线补服。"[④]

其次,一些特殊的服装成为区别已婚与未婚女性的标志,例如披帛与帔,《奁史》引《二仪实录》:"士庶女子在室搭披帛,出适披帔子,以别出处之义。"[⑤]又如元代妇女的团衫,"服章有金素之别,处子不得衣也"[⑥]。

[①]〔汉〕贾谊著,吴云、李春台校注:《贾谊集校注》,天津古籍出版社2010年版,第50页。
[②]《奁史》卷六三《衣裳门二》引《明会典》,第138页。
[③]《奁史》卷六三《衣裳门二》引《明会典》,第141页。
[④]《奁史》卷六三《衣裳门二》引《崇俭书》,第137页。
[⑤]《奁史》卷六三《衣裳门二》引《二仪实录》,第139页。
[⑥]《奁史》卷六三《衣裳门二》引《南村辍耕录》,第141页。

（二）作为赏赐与进献之物

在古代的赏赐体系中，赏赐的物品除田宅、奴仆、牲畜以外，还常见赐以特定衣物，并形成了一套完整的赐服制度。以《奁史》为例，从赏赐对象来看，赐服主要有以下四类：

其一，赐予大臣。《旧唐书·舆服志》就有记载："则天内出绯紫单罗铭襟背衫，赐文武三品以上。"① 赐服大臣可以看作统治者的一种政治手段，用以明确和维护君臣尊卑关系。对于受赏者而言，能得到君主赐服是一种殊荣，是对其品格、才学的肯定与嘉奖。如《旧唐书·宋之问传》："则天幸洛阳龙门，令从官赋诗，左史东方虬诗先成，则天以锦袍赐之。及之问诗成，则天称其词愈高，夺虬锦袍以赏之。"② 又如《奁史》引《鸡跖集》："武后赐狄仁杰紫袍龟带，自制金字十二于袍，以旌其忠。"③

其二，赐予大臣父母。从伦理道德上来说，大臣的父母对其有养育之恩，统治者理应加以恩赏，以宽慰臣心，尤其是为江山社稷立下功劳的功臣，其父母更应得到特殊嘉赏。如王世贞《弇山堂别集》就有这样的记载："（万历）六年，上赐大学士居正母金嵌宝石头面一副，银八宝一百两，青红蟒衣四疋……慈圣皇太后金嵌宝石头面一副，珍珠环一双，青红蟒衣二套。"④ 这其中的青红蟒衣并非寻常之物，因为蟒衣与皇帝的龙袍款式相同，唯一的区别在于蟒有四爪，而龙为五爪，故又称"象龙之服"，由这六套蟒衣，可见想象，万历皇帝和慈圣皇太后对张居正母亲极为宠幸。此外，万历二年赐予张母的衣饰"玉花坠"，是明代命妇服制中最高品级的帔坠。朝廷对辅国大臣张

---

① 〔后晋〕刘昫：《旧唐书》卷四五《舆服志》，中华书局1975年版，第1953页。
② 《旧唐书》卷一九〇《宋之问传》，第5025页。
③ 《奁史》卷六三《衣裳门二》引《鸡跖集》，第140页。
④ 〔明〕王世贞撰，魏连科点校：《弇山堂别集》卷七七《赏赉考下·大臣父母妻子之赏》，中华书局1985年版，第1476页。

居正的倚重由此可见一斑。

其三，赐予宠幸亲近之人。皇帝将精美的衣物赐予后妃、宫人或近侍，往往是用以表达对后者的宠爱之情。如《中华古今注》有"汉文帝赐宫侍承恩者披袄子"[1]的记载，又如《云蕉馆纪谈》："陈氏……宫中有桑妃者，陈所至爱，海贾进金丝纽花袄、紫霞帐、水晶楼、凤箱皆以赐之。"[2]再如《集异记·集翠裘》记载："则天时，南海郡献集翠裘。珍丽异常。张昌宗侍侧，则天因以赐之。"[3]

其四，赐予异域王国或少数民族首领。我国自古便与周边各国、各民族有着频繁的贸易往来，形成了以中原王朝为核心的朝贡体系，统治者出于稳定边疆、维护朝贡体系的考虑，往往会遣调使者携带国书及各式珍贵货物，出使或回访他国及周边少数民族，这些货物中，就有用料考究、做工精致的衣物。王世贞《弇山堂别集·赏赉考下》中就有相关记述："正统二年，都指挥康能，指挥陈文、李全同、阿都赤，赍书及诸色金织彩绣蟒龙麒麟袭衣、彩币表里、金银、宝石、首饰、器皿、书籍等物，往赐鞑靼可汗及其妃并胪宁王脱欢等，仍以彩币酬其所贡马直各有差。"[4]《玉海》中也有相关记载："东女，垂拱二年赐瑞锦服。"[5]

除用作嘉赏外，衣物还常用作贡品进献给皇帝，主要有以下两种情况：

其一，由地方官府进贡中央朝廷。历代正史中设"地理志"者，多有记述某地土贡的。所谓土贡，就是地方需向中央交纳的贡物，一般为当地土产或珍异宝物，但也有些地方专精织造，因而以织成衣物

---

[1]《中华古今注》卷中《官人披袄子》，第104页。
[2]〔明〕孔迩述：《云蕉馆纪谈》，中华书局1985年版，第3页。
[3]〔唐〕薛用弱：《集异记》卷二《集翠裘》，中华书局1980年版，第7页。
[4]《弇山堂别集》卷七七《赏赉考下·北虏之赏》，第1481—1482页。
[5]〔宋〕王应麟：《玉海》卷八二《车服》，清光绪九年浙江书局刊本，第6168页。

为贡品,例如"蜀锦"的发源地四川一带,就在天宝年间进贡过一种"五色织成背子",其精美程度令玄宗感叹:"观此一服,费用百金。"①

其二,由诸国或少数民族进贡中原王朝。这类贡物由于原产地工艺水平发展不充分,而显得略微粗劣,不及中原织物精细。《尚书·禹贡》:"岛夷卉服。"郑玄注:"凡百草一名卉,知卉服是草服"②或有不贡以成品织物,而贡以当地特产衣料的,如《奁史》引《元氏掖庭记》:"琐里,夷名,产撒哈剌蒙茸。如毡毛毼,但轻薄耳,宜于秋时着之,有红绿二色。至元间进贡。"③

(三)作为赠答之物

古代女性常以小巧便携的衣饰,如绣领、领巾、衣带、纽扣等赠予他人,有时是基于民俗,譬如《粤述》中对清代壮族妇女"不落夫家"习俗的记述:"少妇春时三五为伴,于山椒水湄歌唱为乐。少妇群歌和之,竟日以衣带相赠答而去。"④有时是基于爱情,女子将存留着对意中人美好愿景的衣饰赠予对方,借以表达相思相恋之情,譬如《奁史》引《春梦录》:"吴氏女寄郑生绣领,云是十年工夫所绣者,极其精巧。郑作诗云:'领中垂绣蹙双鸾,幼小工夫此最难。日久罗襦香欲褪,多情拆寄郑郎看。'"⑤又如《奁史》引《娜嬛记》:"季女赠贤夫以黄金双蝶之钮,制极精巧。"⑥

(四)作为书写、绘画之物

绢帛布匹等作为书写之物由来已久,古代衣物大多以之为原材料,因而其质地自然也适宜书写文字。纵览《奁史》中的记载,古人

---

① 《古今中华注》卷中《衫子背子》,第103页。
② 《十三经注疏·尚书正义》卷六《禹贡》,第148页。
③ 《奁史》卷六三《衣裳门二》引《元氏掖庭记》,第137—138页。
④ 〔清〕闵叙辑:《粤述》,中华书局1985年版,第19页。
⑤ 《奁史》卷六三《衣裳门二》引《春梦录》,第148页。
⑥ 《奁史》卷六三《衣裳门二》引《娜嬛记》,第152页。

在衣物上挥毫泼墨，大多是有重要内涵的。其一，是为求文人骚客的墨宝，如《庚溪诗话》讲述了跟随苏轼的女妓李琪取领巾请他题诗的事①；其二，是为在将死之时托以遗志，如《奁史》引《钱氏私志》："（明节刘后）临终戒左右云：'我有遗嘱在领巾上，候我气绝，奏官家亲自来解。'"②又如《奁史》引《靖康拾遗录》，讲述汴京失守后，朱皇后被俘，不堪折辱而自缢身亡，在衣带上留诗明志："月堕花飞胡地杳，珠沉璧碎楚江深。"③除题写诗词外，还有以衣物作画布的，《奁史》引《青阳记》："关文衍为爱姬画《九华山图》于白绫半臂，号'九华半臂'。"④

（五）藏匿作用

古人穿着的衣物往往展幅宽大、部件繁复，且多含夹里，因此具备一定的藏匿作用，《三国志》中就有汉献帝藏密诏于衣带的记述。以《奁史》为例，按藏匿对象可以大致分为两种情况：其一为藏人，多是藏于袍服等长衣下，如《奁史》引《庚申外史》："伯颜奏答剌海谋为不轨，有诏捕之，答剌海匿皇后袍下，伯颜复奏曰：'岂有兄弟谋不轨，而姊妹可匿之乎？'并执皇后，亦绞于东门外。"⑤其二为藏物。有藏于衣内的，如《奁史》引《妇人集》："洞庭女子遭乱，自投汉阳江，流至寿昌，土人悯而瘗之，获寸帛于袺衣，油纸密固，展视为绝句十首。"⑥又如《奁史》引《孔氏六帖》："李密简骁勇数十人，衣妇人服，戴幂䍦，藏刀裙下，诈为婢妾，须臾变服出，据

---

① 〔宋〕陈严肖：《庚溪诗话》卷下，中华书局1985年版，第11页。
② 《奁史》卷六三《衣裳门二》引《钱氏私志》，第149页。
③ 《奁史》卷六三《衣裳门二》引《靖康拾遗录》，第151页。
④ 《奁史》卷六三《衣裳门二》引《青阳记》，第144页。
⑤ 《奁史》卷六三《衣裳门二》引《庚申外史》，第141页。
⑥ 〔清〕陈维崧著，〔清〕冒襄注：《妇人集》，商务印书馆1936年版，第60页。

其城。"① 还有藏于衣物夹里的，如《剑侠传·侠妇人》："母妻二子俱无恙，取袍示家人，缝绽处黄色隐然折，视之满，中皆箔金也。"②

（六）医药作用

据《奁史》记载，妇人衣物还可作为药物医治疾病。常见的使用方法是将衣物烧成灰，配以酒水服下，如引《本草纲目》："女人久垢汗衫治鬼气，烧灰酒服。"③ 引《三十六黄方》："妇人内衣，治房痨、黄病，烧灰酒服。"④ 又如引《外台秘要》："妇人中衣带，治金疮，烧灰水服。"⑤ 再如引《太白阴经注》："女人旧中衣治金疮，炙裆熨之。"⑥ 但这些说法无从考证，不可俱信。

（七）预示作用

1. 预示天下大事

《汉书·五行志》："风俗狂慢，变节易度，则为剽轻奇怪之服，故有服妖。"⑦ 服妖，指不合礼制的怪异服饰，在古人看来，这种奇装异服会预示天下大变。例如《桯史·宣和服妖》："宣和之际……妇人便服不施衿纽，束身短制，谓之不制衿。始自宫掖，未几而通国服之。明年……金虏乱华，卒于不能制也，斯亦服妖之比欤。"⑧ 这是将妇人服饰以"不施衿纽，束身短制"为时尚的社会现象，视作金人来犯的预兆。

---

① 《奁史》卷六三《衣裳门二》引《孔氏六帖》，第147页。
② 〔明〕王世贞：《剑侠传》卷四《侠妇人》，中华书局1985年版，第88页。
③ 《奁史》卷六三《衣裳门二》引《本草纲目》，第145页。
④ 《奁史》卷六三《衣裳门二》引《三十六黄方》，第145页。
⑤ 《奁史》卷六三《衣裳门二》引《外台秘要》，第152页。
⑥ 《奁史》卷六三《衣裳门二》引《太白阴经注》，第145页。
⑦ 《汉书》卷二七《五行志中之上》，第1353页。
⑧ 〔宋〕岳珂撰，吴敏霞校注：《桯史》卷五《宣和服妖》，三秦出版社2004年版，第123页。

2. 预示个人命运

女性服饰有时还能预示个人命运，例如《奁史》引《梦书》："妇人梦上襦得贤夫也。"① 又如《奁史》引《致虚杂俎》："天宝十三年，宫中下红雨，色若桃花。太真喜甚，命宫人各以碗杓承之，用染衣裙，天然鲜艳，惟襟上色不入处若一'马'字，心甚恶之。明年七月，遂有马嵬之变。血汗衣裙与红雨无二，上甚伤之。"②

但是，这一类说法颇有牵强附会甚或捏造之嫌，多是由"五行说"衍生而来，或为后人臆想之语。

四、服饰研究的文化意义

（一）服饰中体现礼法制度

《周易·系辞》曰："黄帝、尧、舜，垂衣裳而天下治。"③"垂衣裳"即定衣服之制，辨贵贱之别，示天下以礼。服饰制度作为我国古代典章制度的重要一环，历朝历代都有烦琐严格的规定，史书中的《舆服志》便可以直观地体现这一点。总的来看，女性着装主要围绕着刺绣纹样、制衣材料和使用色彩三点进行严格的等级划分。例如，《旧唐书·舆服志》中记载："皇后服有袆衣、鞠衣、钿钗礼衣三等……皇太子妃服，首饰花九树，褕翟，素纱中单。"④ 在绣纹上定制"（内外命妇服）翟衣青质，第一品……翟九等，第二品……翟八等，第三品……翟七等，第四品……翟六等，第五品……翟五等"⑤。宋代以后，霞帔也成为命妇身份等级的象征，《明史》中就有对于霞帔及帔坠的详细规定："（命妇）一品，衣金绣文霞帔，金珠翠妆饰，玉坠；二品，衣金绣云肩大杂花霞帔，金珠翠妆饰，金坠子；三品，衣金绣大杂花

---

① 《奁史》卷六三《衣裳门二》引《梦书》，第143页。
② 《奁史》卷六三《衣裳门二》引《致虚杂俎》，第151页。
③ 《十三经注疏·周易正义》卷八《系辞下》，第87页。
④ 《旧唐书》卷四五《舆服志》，第1955页。
⑤ 《旧唐书》卷四五《舆服志》，第1956页。

霞帔,珠翠妆饰,金坠子;四品,衣绣小杂花霞帔,翠妆饰,金坠子;五品,衣金绣大杂花霞帔,生色画绢起花妆饰,金坠子;六品、七品,衣销金小杂花霞帔,生色画绢起花妆饰,镀金银坠子;八品、九品,衣大红素罗霞帔,生色画绢妆饰,银坠子。"① 就使用色彩而言,饱和度高、光鲜明亮的大红、明黄等成为贵族女性的专用色,民间女子只可用紫、绿、桃红等浅淡颜色。古代女性必须严格遵守这些规定,否则便可谓之"僭越"或"失礼",轻则自身受到责罚,重则牵连家人。《太平御览·服章部》就有相关记载:"延安公主初以衣服奓制,驸马窦澣得罪。"②

(二)服饰中体现工艺水平

古代女性的锦衣华服离不开高度成熟的工艺技术,《奁史》所见主要有以下两类工艺:

其一为刺绣。有绣各色纹样的,如"金鸿戏藻""蟠龙麒麟"等;又有绣诗词对联的,如《奁史》引《诗史》:"汉南女子韩襄客《闺怨》诗云:'连理枝前同设誓,丁香树下共论心。'熙宁中,北方妇女刺此联于裹肚上。"③ 还有一种特殊的刺绣手法,称为"蹙金",是用贵重的金线绣花,并皱缩其线纹,使其紧密而匀贴,杜甫《丽人行》中描写有"蹙金孔雀银麒麟"④,和凝《山花子》中也写道:"蹙金开襜衬银泥。"⑤ 金银交错,间有繁复纹样,想来便觉光彩耀目、绚丽至极。

其二为铺翠,又作"点翠",谓以翠鸟的羽毛作装饰,以达到

---

① 《明史》卷六七《舆服志》,第1642页。
② 〔宋〕李昉等:《太平御览》卷六八九《服章部六》,中华书局1996年版,第3077页。
③ 《奁史》卷六三《衣裳门二》引《诗史》,第153页。
④ 〔唐〕杜甫著,〔清〕仇兆鳌详注:《杜诗详注》卷二《丽人行》,中华书局1979年版,第156页。
⑤ 〔后蜀〕赵崇祚编,李保民等注评:《花间集》,上海古籍出版社2002年版,第257页。

光华夺目的效果。北宋时曾出于"惠养万物"的目的，下诏禁铺翠，明清时则常用于地位崇高的宫廷女性，比如《明史》中就记载："皇后大衫霞帔……或绣或铺翠圈金。"①

除上述这些精湛的工艺技术以外，古代女子时常别出心裁，自制衣物，其成品之精致，丝毫不亚于作坊专职工匠所织之物，如《奁史》引《元氏掖庭记》："丽嫔张阿元制为飞琼流翠之袍，趋步之际，缥缈若月宫仙子。"②引《女红余志》："桓豁女，字女幼，制绿锦衣带，作竹叶样，远视之无二。"③

（三）服饰中体现中外交流

当语言与文字尚未相通时，原始的以物换物就成为异国之间沟通往来得直接手段，于是华夏大地上绵延横贯出三条"丝路"：西北丝路、海上丝路和蜀身毒道。之所以冠之以"丝"名，是因为丝绸绢帛在互易货物中占比极重。那么，以丝类织物为主要材料的服装，又是否曾作为无声的使者往来于中外呢？答案无疑是肯定的。朝贡体系下的中外往来自不必赘述，这种无声的交流反映在女性服饰上，则主要体现在以下两方面：

一方面是利用新型材料做传统形制的衣物。《奁史》所见外来制衣材料，其一曰"撒哈剌蒙茸"，是一种毛类织物，《元氏掖庭记》里这样描述："琐里，夷名，产撒哈剌蒙茸。如毡毛曷，但轻薄耳，宜于秋时着之，有红绿二色。至元间进贡，帝命工以金笼之，妆出鸾凤之形，制为十大衫。"④其二曰"西洋布"，明清之际传入我国，是一种色白如雪的细布，冒襄《影梅庵忆语》："时西先生毕今梁寄余夏西洋布一端，薄如蝉纱，洁比雪艳，以退红为里，为姬制轻衫，

---

① 《明史》卷六七《舆服志》，第 1642 页。
② 《奁史》卷六三《衣裳门二》引《元氏掖庭记》，第 141 页。
③ 《奁史》卷六三《衣裳门二》引《女红余志》，第 151 页。
④ 《奁史》卷六三《衣裳门二》引《元氏掖庭记》，第 137—138 页。

图 32 唐代穿翻领窄袖袍宫女

图 33 唐代周昉绘《挥扇仕女图》中穿圆领袍仕女

不减张丽华桂宫霓裳也。"[1] 小说《红楼梦》第四十回《史太君两宴大观园》也提到这种布:"手里拿着块西洋布手巾。"[2]

另一方面是整体服装形制的改变和衣着新风尚的兴起。最为典型的便是初唐、盛唐时期,当时的东西二都洛阳和长安有许多外商,李白《少年行》就有"笑入胡姬酒肆中"[3]的诗句。在这种多元文化氛围的影响下,唐代的女性服装悄然刮起了"胡风",以穿着胡服为时髦。据现今发掘的唐墓壁画来看,当时女性的胡服主要有两种式样,一为圆领小袖长衣,一为翻领小袖长衣,有时还在腰间佩以鞢𨏈带,而不用传统的丝帛带束衣。

我们可以从中看到一个明显的趋势:社会氛围越是开放、宽容,则中原女子服饰相较于传统文化的影响,往往受异域服饰文化影响越深。

---

[1] 〔清〕冒襄撰,李之亮点校:《影梅庵忆语》,岳麓书社 2016 年版,第 10 页。

[2] 〔清〕曹雪芹、高鹗:《红楼梦》,江西高校出版社 2008 年版,第 293 页。

[3] 〔唐〕李白著,瞿蜕园、朱金城校注:《李白集校注》卷六《乐府三十八首》,上海古籍出版社 1980 年版,第 436 页。

图 34 元代刘贯道绘《消夏图》中男女衣着形象

《礼记·郊特牲》中说:"妇人,从人者也,幼从父兄,嫁从夫,夫死从子。"[1] 中国古代女性作为男性附属品的地位显而易见,史家秉笔直书时,也往往着墨于战争、政治等以男性为中心的重大题材,女性则被几近彻底地边缘化了,她们的居家生活状态和社会活动成为一个谜题。万幸的是,服饰作为与她们日常生活联系最为紧密的存在,宛若一部无字的史书,为我们找回了这段缺失的历史记忆。本文通过对《兖史·衣裳门·衣》中所见上衣种类、材料及其用途的梳理、考证与探究,得出了以下三点结论:

第一,中原女性上衣在用以区别穿着者的身份等级时,往往强调从色彩、图案和材料质地这三个方面加以表现,在衣物形制上则无论尊卑大致趋同,即所谓"见其服而知贵贱,望其章而知其势"[2],这里的"章",就是指衣服上的图案。

第二,从性别史的角度来看,古代女性上衣秉承着"男女不通衣裳"[3] 的两性隔离观念,女性对于身体的遮蔽程度远高于男性,譬如元代刘贯道的《消夏图》中,袒露上身的男性形象和层层围裹上身的女性形象形成了鲜明对比,这大约是由于自古以来女性着装"长毋

---

[1] 《十三经注疏·礼记正义》卷二六《郊特牲》,第 1456 页。
[2] 《贾谊集校注》,第 50 页。
[3] 《十三经注疏·礼记正义》卷二七《内则》,第 1462 页。

图 35 唐代张萱绘《虢国夫人游春图》中穿男装的女性形象

图 36 唐永泰公主墓壁画所见袒胸女性形象

被土,短毋见肤"[1]的传统观念的束缚。但古代女性自有展现俏丽风情的方法,她们往往在上衣的花纹与色彩上下功夫,或添加其他衣物,如披帛等,以追求飘逸、灵动的美感。

第三,《奁史》中所见异域、异族女性的上衣往往大胆袒露,或饰以五彩凤羽,视觉效果上十分招摇显眼,例如《奁史》引《雍正广西通志》:"蛮女着青布衣,多缘绣,亦止及腰。内络花兜,敞襟露胸以示丽。"相对而言,中原女性上衣更显端庄含蓄,追求悬垂飘逸的线条美,不仅对胸部严加遮掩,且少见夸张、奇异的衣饰。

数尺绫罗绸缎,一袭锦绣华服。服饰装点着古代女性的曼妙身姿,将她们或关于友情、或陷于爱情、或激于国殇的丰富情感娓娓道来。衣袂飘摇间,我们看到的是古代女性浪漫美好的情感世界,是她们在繁缛规矩的桎梏下对自身"美"的意识的觉醒与坚持,这在热情奔放的唐代女性身上最为凸显:她们的上衣不仅薄、透,还出现了一种袒胸装,甚或常见穿着男装,呈现出包容开放的社会氛围下的女性自信、柔和、俊朗之美。

---

[1] 《十三经注疏·礼记正义》卷五八《深衣》,第1664页。

《衣裳门》所见下服研究

作者 远阳

《奁史·衣裳门》共有三卷，其中第六十四卷专讲下服，包含蔽膝、裈、袴、裳和裙，共记载了213条与古代妇女下服相关的文献资料，数量大，种类多，尚未得到系统的梳理与研究。本文从《奁史》文本入手，结合文献、图像及考古资料，对下服的种类进行梳理，对下服的材料进行分类分析，并试图总结下服的作用：除本身保暖与遮蔽身体的功能外，更有政治经济、军事文化、生活等方面的用途。通过对下服的研究，可以看到中国古代妇女的日常生活，看到各朝各代的工艺水平，看到中国和周边国家地区及其他民族的交流和世事变迁。

　　服饰关系着人们日常生活所必需"衣食住行"的"衣"，也是人们赖以生存的重要保障之一。但是在浩如烟海的古代史籍中，作为服饰文化缔造者和传承者之一的女性却没有得到应有的重视，与服饰文化有关的论著多以男性为侧重点，专门研究下服的论著极为少见。以《奁史·衣裳门·下服》所辑录的资料为主要研究对象，站在性别史和女性史的角度上系统梳理古代女子的下服，补充女性史研究方面的缺失，是本选题的一个主要依据。

一、闺阁新兴十幅裙——下服的种类

（一）袴花红石竹：裤装

1. 裈

　　裈古同"裤"。在古代，裤是指有裆的裤子，以区别于无裆的套裤。作为古代的"内裤"，裈有两种形制：一种像现代的三角内裤，做得比较短小，在古代被称作"犊鼻裈"；还有一种较为宽大一些，与"犊鼻裈"最明显的区别是有两条及膝的裤管。裈在古代属于亵衣，通常除了为了行动方便而需要穿裈的农夫、仆役或者军人等身份低微的人之外，基本不会有人直接穿裈出现在公共场所，这不合礼仪，所以很难见到女子着裈的实物及图像。《史记·司马相如列传》记载："相如身自着犊鼻裈,与保庸杂作,涤器于市中。"①司马相如故意在市场上穿着犊鼻裈涤器,就是为了显示自己的贫穷与地位低下,来令岳父卓王孙出丑。

2. 袴

袴指左右各一,可包裹两腿的套裤,以与满裆的裈作区分。《说文解字》

图1 元代赵孟𫖯绘《浴马图》中着"犊鼻裈"的人物造型

对其的解释为:"绔,胫衣也。"②后来开始写作"袴",与"裤"同。明代罗顾在其书《物原》中记载:"禹作襦袴。"③这是中国关于裤装来历的最早的一条记录。袴最早出现于周朝,甚至可能是在更早的商朝,据《中华古今注》云:"盖古之裳也,周武王以布为之。名曰褶。敬王以绘为之,名曰袴。但不缝口而已。"④这说明在周代袴就已经出现,而其形制甚至可能来源于更早的商代。

但在商周时期,裤出现之初,就只是两只可以裹在腿上的裤管,从膝盖包裹到足踝,因为穿着时需要套在胫上,故又称之为"胫衣",它的功能主要是御寒。遮羞功能主要是系在腰间的裳来完成的。裤是在胫衣的基础上逐渐加长,并将裤腰相连成为长裤,但还是开裆的。北方民族之裤为封裆,从汉代开始为中原人民所采用。为了便于区分,

---

① 〔汉〕司马迁:《史记》卷一一七《司马相如列传》,中华书局1959年版,第3000页。
② 〔汉〕许慎撰,〔宋〕徐铉校定:《说文解字》第十三上,中华书局2013年版,第276页。
③ 〔明〕罗顾辑著:《物原·衣原第十一》,商务印书馆1937年版,第27页。
④ 〔五代〕马缟:《中华古今注》卷中《袴》,中华书局1985年版,第23页。

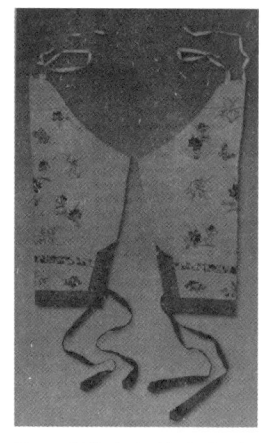

图 2 明黄色绸绣彩荷兰蝶纹镶品月色缎边单套裤

图 3 嘉峪关魏晋古墓出土彩砖上所画着裤褶的女子

人们将开裆的裤称为"袴",封裆的则称为"裈"。汉代有长裤和短裤。魏晋南北朝时期,随着北方民族南下,各民族文化习俗交流融合,裤子开始流行于中原地区。"此时裤的两个裤管,大多做得十分肥大,因形得名'大口裤'。和大口裤相配用的上衣通常做得比较紧身,名'褶',褶和长裤穿在一起,在当时被称为'裤褶'。这是魏晋南北朝最流行的一种服式。"①

但也有这样的说法:"古之大裤,是由裙蜕变而成。前后遮掩,两侧连接起来就是裙,如果前后开胯,后缝制成二股,即'裤'。"②沈从文在《中国古代服饰研究》中写道:"它和古时'行縢邪幅'等同源,应是最早、最简的护胫服装之一。"③而在之后的历史发展中,上述的那些部分都逐渐被加长,新的服装随之出现,如将胫衣向上拉长就变成了裤,再将裤封裆就变成了裈。

唐代妇女主要服装虽然是裙,但由于唐代社会风气开放,胡汉文

---

① 高春明:《中国服饰名物考》,上海文化出版社2001年版,第624页。

② 张文翰:《汉族裤装历史演变与创新应用》,江南大学硕士学位论文,2014年,第5页。

③ 沈从文:《中国古代服饰研究》,商务印书馆2011年版,第137页。

《衣裳门》所见下服研究

图 4 北魏彩绘陶俑（穿裤褶的男子和女子）

化交流融合，胡服在唐朝十分流行，所以长裤也为当时女子所喜欢，只是裤管相对比较紧窄，并将裤脚部分收缩了起来。

明清两代男女穿膝裤者很常见，其区别在于多采用锦缎来制作女子的膝裤。清代女子以长裤搭配襦袄穿着，既可以作为外衣，也可以像现在的打底裤一样将其穿在裙子里面。总之，在中国古代，出于活动和劳作的需要，主要是社会下层妇女才会经常性地穿着裤装。

（二）红裙妒杀石榴花：裙装

1. 裳

裳有两种含义，狭义的专指一种"围裳"，搭配胫衣而穿；广义的裳泛指一切下体之服，包括裤、裙和胫衣。

商周时期，裳是一种遮羞物，用以遮挡下体，外形比较像后来的裙子，但区别在于裙子只有一片，是围在腰间的，裳却需要做成两片，将前后同时遮起来，并用布带系在腰间。因为古代布帛的尺幅较窄，所以每制作一件裳，就需要将七幅布帛连缀拼接起来，多为前面三幅、后面四幅，还要注意在左右两侧留出缝隙，方便穿脱。

《释名·释衣服》："裳，障也，所以自障蔽也。"[①] 裳主要是用来障蔽遮羞的一种服饰。商周时期，因为服饰的形制还不够完善，那时的裤子只是一种胫衣，使用时将两个裤管分别套在双腿上，但没

---

① 〔汉〕刘熙：《释名》卷第五《释衣服》，中华书局 1985 年版，第 77 页。

97

图 5 甘肃嘉峪关出土砖画上的穿袍服、围裳的采桑妇女

有裤裆来遮挡隐私部位,所以必须用裳来遮蔽。而"最古老的下裳,由于受面料和缝制技术的限制,只起到遮盖和保护性器官的作用,长度近似现在的超短裙"①。到了汉代,有裆的裤子和裙子开始出现,裳的地位逐渐被二者所取代,但裳并没有消失于历史的长河中,反而与上衣搭配,组成"上衣下裳",成为一种礼服制度,并一直被沿用到清朝。

虽然裳的形制很简单,但它却是历史最为悠久的服装之一。

2. 裙

裙本字作"帬","其意有二:一指披肩;一指下裳。为了便于区别,着在下体的裙,又称之为'下裙'"②。

古代"群"与"裙"相通。东汉刘熙《释名·释衣服》曰:"裙,'群'也,连接群幅也。"③群者,多也。因为古代的布帛都比较窄小,所以想要制成一条裙子,必须要用多幅布帛拼接,故命名为"裙"。

我国裙子的历史源远流长。传说黄帝"垂衣裳而天下治"④,为穿裙之始。东周时期,深衣居多,郑玄注《礼记·深衣篇》有言:"名

---

① 戴争编著:《中国古代服饰简史》,轻工业出版社1988年版,第41页。
② 《中国服饰名物考》,第606页。
③ 《释名》卷第五《释衣服》,第80页。
④ 〔清〕阮元:《十三经注疏·周易正义》卷八《系辞》,中华书局1980年版,第87页。

图 6 湖南长沙陈家大山楚墓出土帛画（穿深衣的楚国妇女）

图 7 甘肃酒泉丁家闸古墓壁画《燕居行乐图》

曰深衣者,谓连衣裳而纯之采者。"① 即深衣同今日的连衣裙结构相似。两汉以降,裙子逐渐流行开来。

魏晋以后,裙子的形制、颜色和装饰越来越精细美观。十六国时期,一种以三种及三种以上颜色的布帛做成的裙子逐渐开始流行,被称为"间色裙"。这种裙子在甘肃酒泉丁家闸古墓壁画《燕居行乐图》②中可以看到。

唐代裙装多集六幅(六幅折今3米左右宽度)布帛而成,所以有"六幅罗裙窣地,微行曳碧波"③"裙拖六幅湘江水"④等诗句传世。"宋代在裙上施裥成褶,不仅使走动迈步更加方便,同时伴随步态之起伏,裥褶开合变化,极具节奏感和美感。"⑤ 例如福建福州南宋黄昇墓中

---

① 〔汉〕戴圣纂辑,《语文新课标必读丛书》编委会编:《礼记》,西安交通大学出版社2013年版,第265页。
② 张朋川:《酒泉丁家闸古墓壁画艺术》,载《文物》1979年第6期。
③ 〔清〕王初桐:《奁史》卷六四《衣裳门三》引《巩湖编玩》,《续修四库全书》,上海古籍出版社2002年版,第1252册,第161页。
④ 《奁史》卷六四《衣裳门三》引《文山集》,第161页。
⑤ 罗微:《古代汉族女性服饰研究》,中央民族大学博士学位论文,2003年,第24页。

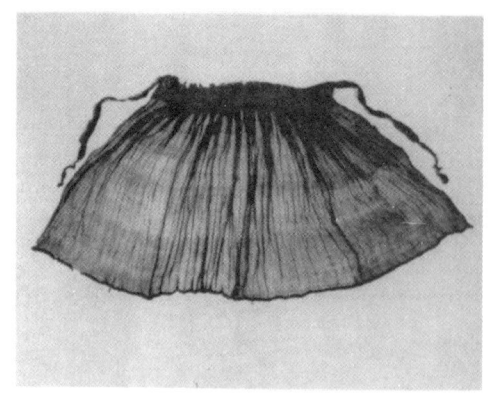

图 8 福州宋代黄昇墓出土褐色罗印花褶裥裙

发现了完整的裙子实物资料,出土一件褐色罗印花褶裥裙,"裙长 78 厘米、腰高 10.7 厘米、腰宽 69 厘米、下摆宽 158 厘米。裙身上窄下宽,下摆如扇状,上接横腰,两端系带。质地为二经绞罗,透明轻薄,裙身下半段印金小团花,保存较好,是具有时代特色的流行服饰"[1]。

元朝后期,盛行颜色较为素淡的裙子;明代又重新流行百褶长裙,以红色为主,例如《奁史》记载"命妇朱縠褾襈裙"[2]、"宫女红裙"[3]及"洪武三年,定皇后常服红罗长裙"[4]。到了清代,裙子的种类名目更为复杂繁多,例如《红楼梦》所提到的裙子名目就有杨妃色绣花绵裙、宝蓝盘锦镶花绵裙、白绫细褶裙、石榴裙等;发展到近现代,裙子款式就更加多样化了。

古代女子的裙子色彩艳丽丰富,尤以红裙最多。红裙有一别名"石榴裙",经常出现于诗词歌赋中,例如"芙蓉为带石榴裙"[5]"飘扬血色裙拖地,红裙妒杀石榴花"[6]等。此外,裙子的制作材料种类丰富,绸、缎、纱、罗皆有,但统称为"罗裙",还可以在裙上作画、刺绣,并点缀饰物。但一般来说,这样的裙子普通妇女根本穿不起,她们所着多为布裙,也没有什么装饰物。

---

[1] 苏佳:《浅析福州南宋黄昇墓出土的丝织品》,载《福建文博》2009 年第 4 期。
[2] 《奁史》卷六四《衣裳门三》引《明史》,第 158 页。
[3] 《奁史》卷六四《衣裳门三》引《春明梦余录》,第 158 页。
[4] 《奁史》卷六四《衣裳门三》引《大明会典》,第 158 页。
[5] 《奁史》卷六四《衣裳门三》,第 162 页。
[6] 《奁史》卷六四《衣裳门三》引《闲情偶寄》,第 159 页。

图 9 穿襦裙及半臂的初唐宫女

图 10 唐代周昉绘《簪花仕女图》中宫女所着裙装

总之,裙是中国古代女性的主要下服之一,发展到今天,裙甚至可以作为女性的性别符号来看待。

(三)仗官绣蔽膝:其他类服装

蔽膝,是我国古代中原地区汉族的一种男女通用的服饰。"在上古时代属于下体之衣,是遮盖大腿至膝部的服饰,是古代遮羞物的遗制,蔽膝与佩玉在先秦时都是尊卑等级的标志。"①

蔽膝最早也是上衣下裳的形式,后来只以裳的形式穿用。

在形制上,蔽膝主要分为两片,一片用来遮前,另一片用来掩后。汉代《释名·释衣服》中说:"裳,障也,所以自障蔽也。"②而"障"的含义是保护,"蔽"的含义则是遮掩。《方言》:"蔽膝,江淮之间谓之袆,或谓之袚,魏宋南楚之间谓之大巾,自关东西谓之蔽膝。"③《说文》:"袆,蔽膝也。"④《释名》:"韠,蔽也,所以蔽膝前

---

① 秦小宁:《性别视角下的中国女性内衣文化现象分析》,陕西师范大学硕士学位论文,2011 年,第 7 页。
② 《释名》卷第五《释衣服》,第 77 页。
③ 〔汉〕扬雄记,〔晋〕郭璞注:《方言》卷第四,中华书局 1985 年版,第 36 页。
④ 《说文解字》第八上,第 168 页。

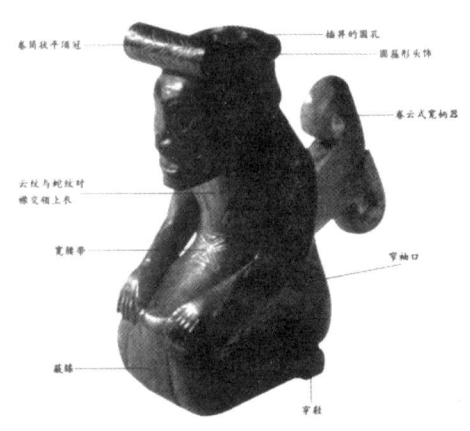

图 11 江苏苏州曹氏墓出土元代翟鸟纹蔽膝

图 12 河南安阳殷墟出土穿蔽膝的跪坐玉人

也,妇人蔽膝亦如之。齐人谓之巨巾,田家妇女出自田野以覆其头,故因以为名也。又曰跪襜,跪时襜襜然张也。"①

"蔽膝在秦汉时期十分盛行,并开始分化出各种等级。女用蔽膝的形式与短裙很相似,在边缘部位装饰有花边图案,并像方巾那样有里有面,一般都采用较厚的锦做面料。女用蔽膝的花色品种很多,就其上面绣花图案来说,有宝相花、缠枝花、独科花等。蔽膝在整套服装中的装饰作用很强,穿着时套在长裙的外面,深受贵族仕女以及普通妇女的喜爱。一般劳动妇女还可用蔽膝作为围裙使用,劳动时能避免污垢弄脏衣服,而且动作不受限制,十分方便、灵活,既美观又实用。"② 沈从文也注"蔽膝"为围裙,③ 但相对于围裙,蔽膝更加窄小一些,且长度要达到能遮挡到膝盖的地步,且在搭配礼服穿着时要求蔽膝要和帷裳的下缘齐平。

蔽膝再发展一步,就变得更为精致,形状就像斧头,斧刃向下,

---

① 《释名》卷第五《释衣服》,第 79 页。
② 卢乐山主编:《中国女性百科全书·社会生活卷》,东北大学出版社 1995 年版,第 240 页。
③ 《中国古代服饰研究》,第 17 页。

就叫作韍，也叫作市，《说文解字》中写道："市，韠也。"① 商代出土玉俑身上就可以看到韍，这是贵族阶层的装饰之一，此外贵族暗金套装还包括高巾帽、舄和华贵的宽腰带。"蔽膝后来一直是帝王百官及命妇祭服中一个组成部分，以'抚今怀昔'的心情，对上古服饰遗制的追忆，以示穿着者不忘古制。"②

总而言之，中国古代妇女下服可分为三类，裤装、裙装和其他类服装，其随着时代的发展不断发生变化，颜色更加丰富，款式更加多样，装饰更加美观，体现了我国古代劳动人民工艺水平的不断提高以及审美意趣的不断加深，但也并没有脱离礼制的范畴，并最终形成了"上衣下裳"的基本着装礼制。

二、集芙蓉以为裳——下服的材料

古往今来制作服饰的材料，大抵超不过丝、绢、绵、纱等范畴。通常女性会根据自己的经济情况和阶级地位，穿着相应的服饰。纵观《奁史》卷六十四《衣裳门·下服》的内容，提及的下服材料大致分为以下几种。

（一）天然原材料

天然原材料是指自然形成的，未经任何人工加工过的动植物原材料。

1. 丝

蚕吐出的丝线称为蚕丝。我国养蚕缫丝起源于有史以前，早在公元前两千多年就有了丝织品。根据传说，黄帝的元妃嫘祖是最早发明并推广养蚕技术的人。缫丝织绸技术是我国古代劳动人民智慧的结晶。"商代甲骨文出现了桑、蚕、丝、帛等字，还辟出从'桑'、从'纟'

---

① 《说文解字》第七下，第157页。
② 张文翰：《汉族裤装历史演变与创新应用》，江南大学硕士学位论文，2014年，第5页。

等与蚕丝有关的文字 100 多个。"① 公元前几个世纪，中国就已经开始向外输出蚕丝和丝织品了，丝绸之路也因此而得名。中国的丝绸不但种类繁多，而且绣工精巧，纺织技术高超，图案纹饰精美，一直享誉全世界。这也是古代中国被希腊人和罗马人称为丝国的原因。

《奁史》中提到的丝织品较少，只有"越女收野茧，缲之。梦神告云：'此茧壁鱼所化，丝织为裳，必有奇文。'织成，果如所梦"②、"陆游诗：'娉婷初试藕丝裳'"③ 两条内容。

2. 绵

绵通"棉"。棉，"有一年生和多年生两类，北方多是一年生长，南方则有多年生高至一丈左右的木棉树"④。其果实像桃，内有白色的纤维和黑褐色的种子。纤维供纺织及絮衣被用。我国使用棉类织物的历史，较麻织物、丝织物晚。"1978 年，福建省博物馆在崇安县武夷山岩墓船棺中发现的一块青灰色棉布，距今已三千多年"⑤，较为罕见。自汉代始，有关棉及棉布的记载和出土物渐多。明清时期，棉花种植几乎遍及全国。明代的邱浚在《大学衍义补》中记载："（棉花）至我朝，其种乃遍布于天下，地无南北皆宜之，人无贫富皆赖之，其利视丝枲盖百倍焉。"⑥ "棉织物传入中原地区后，开始因罕见，颇为珍贵，后终因难与精细、高雅的丝织品媲美，多为中下层人士所用。棉织物具有保暖、吸湿、柔软、透气、价廉等优点，明清以来，

---

① 钱玉林、黄丽丽主编：《中华古代文化辞典》第五部分《衣冠服饰》，齐鲁书社 1996 年版，第 64 页。
② 《奁史》卷六四《衣裳门三》引《天华山房秘藏玉杵白》，第 155 页。
③ 《奁史》卷六四《衣裳门三》引《放翁词》，第 156 页。
④ 《中国古代服饰简史》，第 17 页。
⑤ 高汉玉、王裕中：《崇安武夷山船棺出土纺织品的研究》，见中国民族学研究会编：《民族学研究》第四辑，民族出版社 1982 年版，第 192 页。
⑥ 〔明〕邱浚著，林冠群、周济夫校点：《大学衍义补》卷二二《制国用 贡赋之常》，京华出版社 1999 年版，第 213 页。

遂成为人们的大宗服用面料，广泛用于制作衣、裤、裙、巾、被等。"①

《奁史》中提到的棉织品较少，仅见"波斯国婚姻法，婿妇皆着金縺绵袴，戴天冠"②一条。

3. 毛

毛指动植物的皮上所生的丝状物、鸟类的羽毛等，是我国古代重要的纺织原料之一。"我国利用毛纤维的历史，也可以追溯至很遥远的时代。我国的许多地区，从石器时代起，随着狩猎技术的提高和畜牧业的发展，开始利用这一纤维。只不过使用的比例稍低于其他纤维。"③由于气候原因，毛织物不易保存，所以地下出土的毛织物极为罕见，只有新疆地区因为气候干燥，便于储存，才有较多毛织物出土，其中"1984和1985年分别在新疆扎滚鲁克墓和山普拉墓群出土了一批年代相当于西周末至东汉时期的毛织品"④。

图 13 新疆扎滚鲁克墓葬出土红地绛变体羊角毛织带

但《奁史》中所提到的毛织品较多，例如"安乐公主使尚方合百鸟毛织二裙。正视为一色，旁视为一色，日中为一色，影中为一色，而百鸟之状皆见，以其一献韦后"⑤和"打牙犵狫女人以青羊毛织为

---

① 缪良云主编：《中国衣经》材料篇，上海文化出版社2000年版，第253页。
② 《奁史》卷六四《衣裳门三》引《梁书》，第155页。
③ 《中国古代服饰简史》，第20页。
④ 贾应逸、陈元生、解玉林、熊樱菲、王秀兰：《新疆扎滚鲁克、山普拉墓群出土（西周至东汉）毛织品的鉴定》，载《文物保护与考古科学》2008年第1期。
⑤ 《奁史》卷六四《衣裳门三》引《五行志》，第157页。

长桶裙"① 等。

(二)经过加工的材料

1. 纱

纱亦作"沙"。"棉、毛、麻、化学纤维等将纤维拉长加捻纺成的细缕,通常用作织布的原材料。历代织品之一。经纬稀疏而轻薄,多以丝为之。周王后、夫人之服,以白沙縠为里,称素纱。"②长沙马王堆一号汉墓就曾出

图 14 长沙马王堆一号汉墓出土素纱蝉衣

土过素纱蝉衣。魏晋南北朝之后,纱的用途更加广泛,无论朝服公服,也无论冬服夏服,全部用纱制作。唐代用纱和罗作为衣料来制作女服,轻薄舒适。宋代以后亦指棉纱。

《奁史》中所提到的纱织品较多,例如"皇太子纳妃,有丹碧纱纹双裙、紫碧纱纹双裙、紫碧纱文绣缨双裙、紫碧纱縠双裙、丹碧杯文罗双裙"③等。

2. 锦

《释名·释彩帛》中载:"锦,金也。作之用功重,其价如金,故其制字帛与金也。"④"现代,锦为丝织物类名。即以斜纹、缎纹组织为主,采用无捻或加弱捻

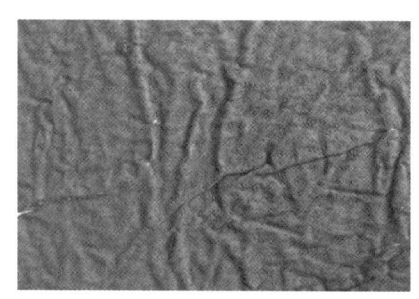

图 15 长沙马王堆汉墓出土绒圈锦

---

① 《奁史》卷六四《衣裳门三》引《贵州通志》,第159页。
② 《中华古代文化辞典》第五部分《衣冠服饰》,第66页。
③ 《奁史》卷六四《衣裳门三》引《东宫旧事》,第156页。
④ 《释名》卷第四《释彩帛》,第69页。

的经纬线，织成精致的多彩提花织物。主要用作女性棉袄、夹袄，以及少数民族大袍等。"① 锦类织物的特点是颜色繁多、图案精巧。锦织品在《奁史》中提及较多，例如"西河无蚕桑，妇女以外国异色锦为袴褶"等。②

3. 罗

罗是纹经类织物。《释名·释彩帛》："罗，文疏罗，罗也。"③织物表面有经纬组织显示的孔眼，这使得罗轻薄透气，具有较强的服用性能。我国生产罗织品的历史极为悠久，湖南长沙马王堆汉墓就出土了大量的菱纹罗。

图16 长沙马王堆汉墓出土烟色菱纹罗

"菱纹罗是汉代十分流行的一种高级丝织品，其地经是四经绞组织，织纹是由山地经和绞经脱节而形成的大孔眼。菱纹罗以粗细线条构成菱形图案，菱环相扣，大小套叠组成四周对称的图案；细花纹则工整精细，上下对称，图纹清晰可见，地部网孔雅致匀和，花地分明。"④ 到后来，虽没有孔眼，但有横向空路的织物亦称为罗，如横罗。罗还有生、熟之分，其丝练后而织的为熟罗，未练的为生罗。罗织品也较多地被提及，例如 "秦始皇宫人服五色花罗裙"⑤等。

4. 帛

《说文》："帛，缯也。从巾，白声，凡帛之属皆从帛。"⑥ "'帛'，丝织物总称。'缯'，汉至元代也作丝织物总称。并用时期，'帛'

---

① 《中国衣经》材料篇，第238页。
② 《奁史》卷六四《衣裳门三》引《西河记》，第155页。
③ 《释名》卷第四《释彩帛》，第70页。
④ 余斌霞：《华纹锦甲 巧夺天工：马王堆汉墓出土丝织品的织纹、染绣与印画》，载《收藏家》2014年第2期。
⑤ 《中华古今注》卷中《裙衬裙》，第20页。
⑥ 《说文解字》第七下，第157页。

多指纯丝织物,'缯'多称各种各样'杂帛'。"[1]帛在古时候还曾被作为实物货币使用。

帛织品在《奁史》中提及较少,仅有"《说文》:'蔑貉中女子无袴,以帛为缚衣',即裩也"[2]一条。

5. 绢

《说文》:"缯如麦稍,从糸,肙声。"[3] 绢的本义是指结构简单的轻薄丝织物,并成为这一类丝织物的总称。"绢不如丝绸贵重,但又与丝绸相似。所以,用绢之类制成的仿生物

图 17 长沙马王堆汉墓出土绢裙

品,因其不受季节、时间的限制,就受到人们欢迎。"[4]

绢织品也被提到多次,如"周文王时,令女人服裙,以绢为之"[5]。

6. 绫

绫是斜纹底暗花织物。《说文》:"绫,东齐谓布帛之细者曰绫,从糸,夌声。"[6]《释名·释彩帛》云:"绫,凌也,其文望之如冰凌之理也。"[7]织绫技艺复杂,史籍屡有记载。"汉代即有生产,六朝时绫与锦同样贵重。唐代尤为发达,名目繁多,公私衣服多用绫,

---

[1] 黄金贵:《古代文化词义集类辨考》,上海教育出版社1995年版,第650页。
[2] 《奁史》卷六四《衣裳门三》引《艺林伐山》,第154页。
[3] 《说文解字》第十三上,第274页。
[4] 郭海文、王霁钰:《形象史学视角下的〈奁史·钗钏门·首饰〉研究》,载《吉林大学社会科学学报》2017年第4期。
[5] 《奁史》卷六四《衣裳门三》引《中华古今注》,第156页。
[6] 《说文解字》第十三上,第274页。
[7] 《释名》卷第四《释彩帛》,第69—70页。

其丝织业以蜀中锦彩、吴越异样纹绫纱罗和河南河北纱绫为著。宋代罗绫则多以提花。元代有大绫、小绫。明代出土丝绸纹样中有落花流水纹。"①《奁史》中绫织品提及较多,例如:"皇太子纳妃,有绛纱复裙、绛碧结绫复裙。"②

7. 纻

纻是"苎麻纤维织成的布"③,多用作夏服。明代纺织业以三吴为最,纻与丝并重。清代以白纻与丝混织,号"兼丝布",亦为特产。《奁史》中所提及的纻织品仅"命妇常服长裙各色纻、丝、绫、罗、纱随用,随用横竖金绣缠枝花文"④一条。

8. 绮

绮是平纹底上显斜纹花的织物。《说文》:"绮,文缯也。"⑤《释名·释彩帛》云:"绮,欹也。其文欹邪不顺经纬之纵横也。"⑥湖南长沙马王堆汉墓出土有菱纹绮,深褐色底,朱红色菱纹。早期,绮类织物普遍

图 18 长沙马王堆汉墓出土菱纹绮

用作贵族妇女及舞女的衣裙。魏唐以后,见绫不见绮。《奁史》中绮织品提及较多,如:"《罗敷行》云:'湘绮为下裙。'"⑦

9. 素

素是平纹类织物,为白色无纹生绢。《说文解字》:"素,白

---

① 《中华古代文化辞典》第五部分《衣冠服饰》,第 65 页。
② 《奁史》卷六四《衣裳门三》引《东官旧事》,第 156 页。
③ 《中华古代文化辞典》第五部分《衣冠服饰》,第 67 页。
④ 《奁史》卷六四《衣裳门三》引《明会典》,第 159 页。
⑤ 《说文解字》第十三上,第 274 页。
⑥ 《释名》卷第四《释彩帛》,第 69 页。
⑦ 《奁史》卷六四《衣裳门三》引《乐府诗集》,第 160 页。

致缯也。"①《释名·释彩帛》:"素,言朴素也。已织则供用,不复加饰也,又物不加饰皆目之为素,此色然也。"②素"色白,多用作衣料和书写。有匹素、丹素、皓素等种类"③。《奁史》中素织品提及较少,如:"傅元《艳歌行》:'白素为下裙。'"④

10. 缟

缟是细白的生绢,平纹类织物。《说文》:"缟,鲜色也。"⑤"传统缟类织物有鲁缟、阿缟,鲁缟为鲁地所产之素绢,阿缟为齐国所产的细软薄缯。"⑥《奁史》中缟织品提及也少,仅一条:"苏轼词:'青裙缟袂于潜女。'"⑦

本文以《奁史·衣裳门·下服》所涉及的下服材料为基础,以是否经过人工加工为标准将其分为天然原材料和经过加工的材料两类,但绝不仅仅局限于此。通过梳理可以发现,随着时代的发展和工艺水平的不断提高,可以用来制作服饰的材料也越来越多,且每个朝代服饰用料各有侧重,这与当时社会的政治、经济、文化、风俗习惯等息息相关。

三、极服妙采照四方——下服的用途

下服对于中国古代妇女来说,除了可以遮蔽身体和防寒保暖以外,还有很多特殊作用。

---

① 《说文解字》第十三上,第 279 页。
② 《释名》卷第四《释彩帛》,第 69 页。
③ 华夫主编:《中国古代名物大典》上卷《纺绩类·制品部·丝织品》,济南出版社 1993 年版,第 488 页。
④ 《奁史》卷六四《衣裳门三》引《傅鹑觚集》,第 160 页。
⑤ 《说文解字》第十三上,第 274 页。
⑥ 《中国衣经》材料篇,第 229 页。
⑦ 《奁史》卷六四《衣裳门三》引《东坡集》,第 160 页。

（一）政治经济方面

1. 彰显身份等级

古代妇女身份地位不同，所着衣物也大有差别，尤以后宫女子最为明显，如《奁史》引《大明会典》记载："皇后蔽膝随衣色，织翟为章三等，间以小轮花四。皇太子妃蔽膝随衣色，织翟为章二等，间以小轮花三。妃蔽膝随裳色，加文绣重雉为章二等。"[①] 此即以衣物彰显身份等级，必须严格遵守，稍有不慎，即为僭越，如《旧唐书·舆服志》记载："妇人宴服，准令各依夫色，上得兼下，下不得僭上。"[②]

2. 作为赏赐与进献之物

在古代赏赐体系中，除土地、房屋、金银外，布帛也占有很大比重，故赏赐衣物并不特殊。以《奁史·衣裳门·下服》为例，服饰作为赏赐与进献之物主要分为以下几种情况：

（1）皇帝赏赐后妃宫人

皇帝与后妃，是古代最常见的夫与妻、夫与妾之间的关系。在民间夫妻互赠礼物实属平常，但放到皇室，就要加上一个"赐"字，如《奁史》引《崔豹古今注》："隋炀帝制五色夹缬花罗裙，赐宫人及百官母妻。又制单丝罗花笼裙，常侍、供奉、宫人所服。"[③] 而宫人作为生活在深宫高墙里的女子，没有自由，且随时可能被皇帝召幸，成为后妃中的一员，故也归到此类。如《奁史》引《中华古今注》："魏文帝赐宫人绯交裆，即今之裩也。"[④]

（2）皇帝赏赐官员家眷

皇帝赏赐衣物给官员家眷，可以起到施恩于后宅女眷，借此拉近君臣关系的作用，还有表彰母亲教子有方、妻子为贤内助之意。如

---

① 《奁史》卷六四《衣裳门三》引《明会典》，第154页。
② 〔后晋〕刘昫：《旧唐书》卷四五《舆服》，中华书局1975年版，第1957页。
③ 《奁史》卷六四《衣裳门三》引《崔豹古今注》，第156页。
④ 《奁史》卷六四《衣裳门三》引《中华古今注》，第154页。

《奁史》引《中华古今注》记载:"汉章帝赐百官母妻罗文胜袴。"①引《陈书》:"简文以殷不害善事其亲,赐其母蔡氏锦裙襦。"②就是为了表彰殷不害的孝顺,所以施恩于其母亲,拉近君臣关系。

作为进献之物也可分为两种情况:一为地方政府进献中央。因为中央对地方的直接掌控,所以地方政府官员无论是为了完成贡赋还是为了仕途着想,都必须不时地向中央进献。《奁史》引《渊鉴类函》:"安乐公主初出降,益州献单丝碧罗笼裙,缕金为花鸟,细如丝发,大如黍米。"③当时安乐公主极受帝后宠爱,自身势力也不弱,所以地方为了其出嫁而进献是合乎情理的。二为少数民族及周边国家朝贡中原王朝。自古以来,无论是为了与中原王朝交好还是为了向中原王朝寻求庇护,少数民族及周边国家对中原王朝的进贡都是很常见的,如《奁史》记载:"俺答妻三娘子入贡,总督吴兑赠以红骨朵云裙,三娘子以此为兑尽力。"④

(二)军事文化方面

1. 作为书写之物

因为衣物材料的特殊性,有时可做书写之物使用。《奁史》引《挥尘余语》记载:"沈辽游京师,偶为倡优书淫冶之词于裙带,流传达于宫禁。近幸嫔御服之,遂尘乙览。"⑤引《南燕录》:"慕容公主适段丰,丰诛,将命改适。主归第,沐浴自缢,书其裙带曰:'死后埋我段氏侧。'"⑥引《大义集》:"随驾北狩内嫔某氏,有欲犯之者,乃书于裙带上,曰:'誓不辱国,誓不辱身。'遂自经。"⑦这些都

---

① 《奁史》卷六四《衣裳门三》引《中华古今注》,第154页。
② 《奁史》卷六四《衣裳门三》引《陈书》,第157页。
③ 《奁史》卷六四《衣裳门三》引《渊鉴类函》,第157页。
④ 《奁史》卷六四《衣裳门三》引《梅花渡异林》,第158—159页。
⑤ 《奁史》卷六四《衣裳门三》引《挥尘余语》,第162页。
⑥ 《奁史》卷六四《衣裳门三》引《南燕录》,第161页。
⑦ 《奁史》卷六四《衣裳门三》引《大义集》,第162页。

是以衣物作为书写材料。

2. 作为旗帜

这是衣物并不常见的作用,其作为旗帜使用应具有偶然性。《奁史》引《贵州通志》记载:"镇远人拾得一裙,呼为圣婆裙,一十二幅。每与苗战,即揭裙以为帜,苗见帜,即败去。"①

(三)日常生活方面

1. 藏匿作用

古代无论男女,日常服饰均较为宽大,这就为藏匿提供了很好的条件,可以藏人,也可以藏物,如《奁史》引《史记》记载:"晋屠岸贾攻赵氏,赵夫人遗腹生男,屠岸贾索之,夫人置儿袴中。及索,儿无声。"②还有引《后魏书》的记载:"平文皇后王氏生昭成,平文崩,昭成在襁褓。时国内有难,将害帝子,后匿帝于袴中,得免。"③还有引《齐书》记载:"丘围鱼复侯子响,密作启,藏妃王氏裙腰中,自明。"④

2. 医药作用

《奁史》中有以女子衣物入药的记载,如引《千金方》:"胞衣不下,以本妇裩覆井上。"⑤引《本草纲目》:"阴阳易病,取妇女中裩近阴处烧灰服。"⑥引《肘后方》:"令病不复,取女人裙带一尺,烧研米饮服。"⑦但其是否真有药用价值已不可考。

3. 特殊作用

此种用途多用于后宫皇后防备后妃时,如《奁史》引《汉书》记载:

---

① 《奁史》卷六四《衣裳门三》引《贵州通志》,第161页。
② 《奁史》卷六四《衣裳门三》引《史记》,第155页。
③ 《奁史》卷六四《衣裳门三》引《魏书》,第155页。
④ 《奁史》卷六四《衣裳门三》引《南史》,第161页。
⑤ 《奁史》卷六四《衣裳门三》引《千金方》,第154页。
⑥ 《奁史》卷六四《衣裳门三》引《本草纲目》,第154页。
⑦ 《奁史》卷六四《衣裳门三》引《肘后方》,第162页。

"上官皇后，霍光外孙也。光欲后擅宠有子，虽宫人使令皆为穷袴，多其带。注：穷袴，有前裆，不得交通。"① 以穷袴禁止后妃与皇帝交合，防止后妃生下孩子，威胁到皇后的地位。也用于古代丈夫防止妻子出轨，如《奁史》引《娱书堂诗话》："古乐府：'护惜安穷袴，堤防托守宫。'"② 穷袴、守宫皆防闲之具，丈夫让妻子穿上穷袴，用带子系牢，以防妻子出轨。

四、研究下服的意义

乍看之下，服饰似乎只关乎人们的日常穿戴，然而当我们对其研究逐渐深入后就会发现，服饰虽不言，却可以通过对其研究了解到各朝各代妇女们的日常生活以及当时社会的政治、经济、军事、文化、生活等各个方面，将古代女子社会生活的画卷呈现在我们眼前。

（一）服饰中体现礼法制度

"所谓礼，是中国古代社会长期存在的，旨在维护宗法血缘关系和宗法等级制度的一系列精神原则和言行规范的总称。"③ 我国自古就是礼仪之邦，人们的衣食住行无不受到礼法制度的制约，礼法制度又随着朝代的变迁而有所不同，历代史书中都对不同等级的女性在各种仪式场合中服饰的种类和规格作出了明确的规定，这也在《奁史·衣裳门》中对下服的资料记载中体现了出来。如《奁史》引《大明会典》记载："洪武三年定皇后常服红罗长裙"④、"歌章女乐，大红罗销金裙袄"⑤ 和 "命妇常服长裙各色纻、丝、绫、罗、纱随用，

---

① 《奁史》卷六四《衣裳门三》引《汉书》，第155页。
② 《奁史》卷六四《衣裳门三》引《娱书堂诗话》，第155页。
③ 徐凤侠、林嘉志、吴安新：《浅议我国古代礼法制度》，载《菏泽学院学报》2005年第3期。
④ 《奁史》卷六四《衣裳门三》引《明会典》，第158页。
⑤ 《奁史》卷六四《衣裳门三》引《明会典》，第158页。

随用横竖金绣缠枝花文"①等。

(二)服饰中体现工艺水平

服饰作为女子日常穿着,舒适和美观是很必要的,而能否做到舒适与美观则与当时社会的工艺水平息息相关。因此,通过考古资料、文化典籍和诗词中描写的服饰,我们也可以窥探当时的工艺水平。

通过《奁史》引《女红余志》"周昭王延娟以奇锦为裙,昼看成凤,夜看成龙,名'交龙斗凤裙'"②,引《渊鉴类函》"安乐公主初出降,益州献单丝碧罗笼裙,缕金为花鸟,细如丝发,大如黍米"③,引《五行志》"安乐公主使尚方合百鸟毛织二裙。正视为一色,旁视为一色,日中为一色,影中为一色,而百鸟之状皆见,以其一献韦后"④等记载,足见当时工艺水平之高妙。

(三)服饰中体现中外交流

中国是一个包容开放、兼收并蓄的国家,自汉代张骞出使西域,丝绸之路开通以来,中国一直和周边国家地区及其他民族保持着良好的交流。经济往来,文化融合,朝贡贸易,在服饰上也有所体现。如《奁史》引《西河记》记载:"西河无蚕桑,妇女以外国异色锦为袴褶"⑤,西河的妇女用外国的锦做袴褶;引《元氏掖庭记》:"凝香儿服玉河花蘂之裳,于阗国乌玉河生花蘂草,采其蘂织之为锦"⑥;引《飞燕外传》:"帝与赵后游太液池,帝御流波交縠无缝衫,后衣南越所贡云英紫裙,碧琼轻绡"⑦……这些皆说明了中外经济文化交流对服饰材料、形制等的影响。

---

① 《奁史》卷六四《衣裳门三》引《明会典》,第159页。
② 《奁史》卷六四《衣裳门三》引《女红余志》,第158页。
③ 《奁史》卷六四《衣裳门三》引《渊鉴类函》,第157页。
④ 《奁史》卷六四《衣裳门三》引《五行志》,第157页。
⑤ 《奁史》卷六四《衣裳门三》引《西河记》,第155页。
⑥ 《奁史》卷六四《衣裳门三》引《元氏掖庭记》,第155—156页。
⑦ 《奁史》卷六四《衣裳门三》引《飞燕外传》,第156页。

（四）服饰与女性史研究

在历史长河中，女性多是作为男性的从属、附庸而被记录，缺乏对女性日常生活、衣食住行等的记载。《奁史》作为收集汇总古代女性生产生活等各方面文献资料的女性研究大百科全书，补充了男权社会下历朝历代史书对于女性记载的缺失，其中尤以中下层女性为最。通过对《奁史》卷六四《衣裳门》的考证，我们从侧面窥视到古代女性生活的一小部分，了解到女子服饰的种类、材质和作用等，得以一探古代女子的日常生活图景。

《饮食门》引书考述及内容

作者 刘莹

《奁史》中"饮食"一门共分六卷，收录材料500余条，引书360余部，分别从饮、食、肴、菜、药等方面对中国古代典籍中有关女性的内容进行了尽可能完整的收录。作为女性专题类书，《饮食门》参阅众书之说，以"雅驯"为宗旨，极尽所能包罗万象，为我们研究古代妇女生活提供了丰富的材料。其中所征引材料多样，不仅涵盖正史等常见古籍当中的内容，还兼及许多流传于民间的传说故事；不仅记录女性自身的情况，更反映出古代女性与男性、女性与家庭、女性与社会之间一系列交往与联系。将有关女性与饮食的内容集中起来，可以帮助我们在相对较短的时间内找到所查检的资料。

古代饮食方面的著作虽数量繁多，但大多是着重描写男权社会的饮食实景，对于厨房中真正的主人——妇女之相关研究却难得一见。选择以《奁史》这部女性生活百科全书中的饮食部分为切入点，观察和探究古代饮食文化的特点及饮食与社会的关系，应是一个较为新颖的角度，能够对现有的研究成果进行补充和加深，其中有关女性饮食起居的内容，也有助于丰富现代女性史乃至整个古代社会生活史的研究。《饮食门》所收录诗词文集，有杜甫、陆游这样的文学大家的作品，也有平民、小吏、僧人的寄情诗作。更可贵的是，它还征引了很多古代女性的作品，其中既有女文人、闺阁小姐、后宫妃嫔的歌赋，也有宫人、歌女、娼妓等下层女性的诗文。这些匠心独运的文学作品可使我们一窥古代女性的文化素养和精神世界，为文学研究提供了丰富的素材。

本文以《续修四库全书》所收清嘉庆二年伊江阿刻本《奁史》中的《饮食门》为研究对象，拟从《奁史·饮食门》的引书状况及征引条目特点等方面对该部分内容进行整理，并对征引材料之内容进行分析，找出其中所反映的饮食文化及与古代社会之间的关系，分析《饮食门》的价值和不足，为中国古文献的整理和研究添砖加瓦。

一、引书及征引条目的特点

《奁史·饮食门》六卷下分九个细目，依次为卷七八"饮食"、卷七九"饮"、卷八〇"食"、卷八一"肴""食之异"、卷八二"菜""果""烟"、卷八三"药"。每一细目按照其题名收录相关材料，共收505条，辑录了从汉到清朝初期与女性饮食内容相关的各类古代典籍360余种，其中包括正史、女性经典、传奇小说、诗词集和其他类书等。《奁史》的编排方式基本沿袭了古代类书的一贯手法，如撰者王初桐在"凡例"中所言："撰述体例莫不善于《六帖》，惟《太平御览》《玉海》庶为可法，是编模范二书而通变之。"① 在每一子目集中收集与其内容相关的材料，体现了"以类相从"的编排原则。例如卷七九"饮"目，按照水、茶、酒的顺序分别对与这三种饮品有关的资料进行辑录，便于查找书中辑录某一事物的全部内容，免去零散遗失之误。

（一）《饮食门》征引资料及类别

《饮食门》引书多达360余部，据古代常用的四部分类法将其分类。四部分类法中的细目分类又非完全固定，很多书在不同目录书中常被归在不同的类别之中，如宋代贾昌朝所著《国朝时令集解》一书，《宋史·艺文志》将其归在子部农家类，《直斋书录解题》则归于时令类。为了防止这种重复著录的情况发生，本文将以《四库全书总目提要》（以下简称《提要》）中的分类为准，对《饮食门》所引书籍进行归类。对于未见于《提要》著录者则单列于后。

---

① 〔清〕王初桐：《奁史》凡例，《续修四库全书》，上海古籍出版社2002年版，第1251册，第307页。

表1 《奁史·饮食门》引书分类表

部	类	引书举例	《饮食门》引此部书总数
经部	易类	《汉上丛谈》	1
史部	正史类	《隋书》	52
	别史类	《东观汉记》	
	杂史类	《弇山堂别集》	
	传记类	《古列女传》	
	载记类	《南唐书》	
	地理类	《南方草木状》	
	目录类	《郡斋读书志》	
子部	农家类	《时令集解》	213
	医家类	《本草纲目》	
	艺术类	《宣和画谱》	
	谱录类	《酒谱》	
	杂家类	《云烟过眼录》	
	类书类	《酒中玄》	
	小说家类	《搜神记》	
	释家类	《法苑珠林》	
	道家类	《道教灵验记》	
集部	总集类	《玉台新咏》	33
	诗文评类	《诗话类编》	
	词曲类	《林下词选》	
	别集类	《剑南诗稿》	

由上表可以看出，《饮食门》所引诸书中经部古籍仅有一部，即宋朱震撰《汉上易传》。① 引自史部的材料较经部有明显增加，主要集中于正史类、别史类、杂史类、传记类、载记类、地理类和目录类，引书约52部。子部是《饮食门》引书最多的部分，农家类、医家类、艺术类、谱录类、杂家类、类书类、小说家类、释家类、道家类均有涉及，共计引书213部。另外，《饮食门》于集部别集类、总集类、

---

① 见《奁史》卷八〇《饮食门三》第一条。原注该条出自《汉上丛谈》，考历代未见《丛谈》一书，而经部易类《汉上易传》卷四记有此条，《易传》又有"丛说"一卷，故疑"丛谈"应为"丛说"之误，原文出自《汉上易传》。

诗文评类和词曲类亦均有引用，共计 33 部。整个《饮食门》中能够明确分类的引书共计约 319 部。①

将上述内容与《四库全书》和其他古籍结合来看，可得到以下两点信息：其一，引书今存数量。《奁史》一书写于清乾隆年间，成书时间距今并不算久远，因此王初桐在纂著时所引之书大多今天仍然可见，所引之书流传至今仍可得见者大约 319 部。第二，所引书籍除今存者外，又有部分亡佚之书，可分为两类：其一原书亡佚已久，仅见基本信息或零星条目于各书目；其二原书虽亡佚，但前人已有辑本（如《黄氏逸书考》所辑师觉授《孝子传》，《说郛》所辑荀伯子《临川记》等）。撰者王初桐在序文中已经讲到，《奁史》一书引子史多而经集少。这一点在《饮食门》中表现尤为突出。这种引书部类的不均衡主要是由《奁史》的女性主题决定的。经部包含的内容主要是十三经及其注疏，涉及女性者绝少，于是可引之书也极少；史部常记有关女性的种种史事，故时有收录；集部所收诗词作品中亦多见与女性有关的内容，所以材料也较为丰富；子部内容最贴近古代女性的社会生活，因此引书最多。

除了以上所记可见于《提要》的诸书外，《饮食门》中还有部分书目未见于《提要》。原因大致有二：一是《四库全书》在编纂时有严格的收书原则，这些书并不符合收录条件，故未能收录；二是编定《四库全书》时可能未见这一部分书，所以没有收录。《饮食门》所引古籍中未见于《提要》著录者约 41 部。这些书从其他文献资料提供的信息来看，多数亡佚已久，仅存数条于《太平御览》等书中，故推测王初桐并未见到这些原书，而仅以《太平御览》之类书中所记引之。另有个别不见诸书记载，故不能断定《奁史》从何处引得这些书。

---

① 《奁史·饮食门》引书书名杂乱无章，有书名、篇名、卷名等不同形式，在计算引书时，凡遇到以篇名、卷名等冠为书名者，皆以其书所在的部类分之。有早前亡佚而收录后世之辑本者，则以辑本或收录辑本的丛书（如《黄氏逸书考》《说郛》等）所在的部类分之。

对于这些难以查证的引书,笔者限于学力,暂不做研究。

(二)《饮食门》征引材料特点及考辨

《奁史·饮食门》征引材料共计505条,依照内容被分为饮食、饮、食、肴、菜、药等6卷。每卷据卷首所列主题分别收录相关材料。《饮食门》在征引材料时有以下两个特点:

1. 材料征引庞杂

《饮食门》所引诸多材料中,上自先秦,下讫清代,史志传记、典章制度、小说神话、文章辞赋,凡是与"女性和饮食"相关的内容几乎无所不及;同时又不仅仅局限于收录经史子集各部内容,许多流传于民间的传说亦予以整理收录,因此书中辑录有许多稀见材料。如卷七九"饮"部第17条:"女仙晓晕能酿游仙酒。饮之而卧,梦遇王母飞琼之属,采芝为车,驱龙为马,偏历蓬莱赤水。"①《饮食门》记此条出自玄虚子《仙志》一书,但该书在史志当中几乎未见记载,仅有数条存于《太平御览》等书中,故能在《饮食门》中得见此书之内容实属难得。类似的还有董小宛所编女性诗词汇编《奁艳》等书中内容,均在《饮食门》中有所收录。

《饮食门》收录材料并不苛求其真实性和出处。即使是出自伪书、俗书亦可以善加利用。对原书已经亡佚而仅存散见于他书的零星条目亦可依照原样收录,如此那些遗文旧事便能托类书得以保存,断玑残璧尤为可贵。志怪小说或是谈及神鬼之作虽虚妄者甚多,但是只要其中"间有一典半实从未见于他书者亦摘取之","稗官野记有其事不确而慧可解颐,奇可醒世,丽可为词章之助者亦选用之",诡诞之书"稍近雅实者量载之"。② 即使这些材料中所包含的信息并非完全可信,有些材料还出处不明,也"明知是不可信者",但因为可从中一窥当时社会生活实态,并吸收有用的信息帮助研究而仍被王初桐收入

---

① 《奁史》卷七九《饮食门二》引《元虚子仙志》,第296页。
② 《奁史》凡例,第115页。

书中。

王初桐征引材料除了旁征博引之外，还参考了前代类书的著录，并从中找出与"女性和饮食"内容相关的材料记入《奁史》。例如卷七九"饮"部第 60 条所记：

> 吴清妻杨氏号监真，君头痛，自春及夏，静坐，忽不见。四月十七日见杨氏坐屋上，称先日有同行伴煎茶汤相待。汴州姓吕名德真，姓张名仙真，益州姓马名辨真，宋州姓王名信真，及还，有女冠赋诗相别。（《逸史》）①

《逸史》一书为唐卢肇所作，历代史志仅著录书名卷数，只有部分内容被《太平广记》等书收录，原书早已亡佚。《奁史》中所引该条应出自《太平广记》卷六七"吴清妻"条。又如卷八一"肴"部第 22 条"市处者，婢妾脍炙而食"，引自《鲁连子》。②鲁连是春秋战国时期诸子之一，又有鲁仲连、鲁连子等名，《史记·鲁仲连邹阳列传》记其事迹。③鲁连尝作《鲁连子》十四篇，原文至清代早已散失，仅存数条散见于各类书中。经查，《太平御览》《天中记》等前代类书皆记有此条，故此条应该是王初桐从这些类书中转引而来，并非引自《鲁连子》原书。

《饮食门》中与以上两条情况类似的材料还有很多，大都是原书早已不存，仅有部分条目散见于各类书中，故王初桐从这些仅见于前代类书的材料中择选有用内容收入《奁史》，在保存史料的同时也丰富了《奁史》的内容。该书所征引的材料类型多样，不拘泥于传世古籍，尽可能完整地呈现出古代社会妇女生活和饮食文化的实景。

2. 材料改动颇多

在征引材料的过程中，由于作者只截取与主题相关的内容收录，

---

① 《奁史》卷七九《饮食门二》引《逸史》，第 297 页。
② 《奁史》卷八一《饮食门四》引《鲁连子》，第 303 页。
③ 见于《史记》卷八三。

因此导致所引材料不全,失去了前文后续而变得难以理解。为了解决这个问题,撰者王初桐常常对所征引的材料进行增删和改动,有时是更换引文中的个别字词,以求材料通俗易懂;有时在引文中增加字句,以求文意更加清晰;有时则对引文删削冗赘,以求引文更为简洁流畅。这些局部的改动和增删,在不改变文意的情况下并无大碍。但是有些材料在改动之后文意也发生了改变,这就对我们使用书中所引的材料造成了不便,若不与原文对照使用则极容易出错,难以为据。

以下针对《饮食门》在征引过程中对材料进行的改动进行分类论述。

(1)衍文

在征引材料的过程中对于原书文句进行增补而形成的衍文,有些并未改变征引材料的原意,例如卷七八"饮食"部第35条记:"宫本杂剧段数有《三姐醉还醒》。"① 此条出自《武林旧事》卷一〇上,② 本是原书"宫本杂剧段数"一节后所列的诸多剧目之一。因本卷内容与饮酒有关,故仅选取《三姐醉还醒》一部录之。若仅征引"三姐醉还醒"几个字,则让人摸不着头脑,不知所指为何。故王初桐在剧名前加以解释说明,便于读者理解的同时也保留了原文的文意。

除了上述保留原意的情况外,还有在对征引原文进行增补时对文意进行了改动,导致原文与《饮食门》中的引文意思有所出入的条目。如卷七九"饮"部第98条记:"姜诗妻事姑至孝。姑好饮江水,妻常鸡鸣泝流而汲。舍侧忽有涌泉,味如江水。"③ 实际《华阳国志》卷一〇中所记原文为:

> 姜诗,字士游,雒人也。事母至孝,母欲江水及鲤鱼脍,又不能独食,须邻母共之,诗尝供备。子汲江溺死,秘言遣学,

---

① 《奁史》卷七八《饮食门一》引《武林旧事》,第291页。
② 〔宋〕周密撰,裴效维选注:《武林旧事》卷一〇上,学苑出版社2001年版,第233页。
③ 《奁史》卷七九《饮食门二》引《华阳国志》,第299页。

不使母知。于是有涌泉出于舍侧，有江水之香，朝朝出鲤鱼二头，供二母之膳。①

经过对比可以看到，《饮食门》所记该条不仅对原文进行了增补，而且增补后文意也发生了改变：原文中所述对母亲至孝者乃是姜诗本人，而《饮食门》所记却成了姜诗的妻子。又如卷八〇"食"部第63条记："宫中有娠，赐物有豌豆一斗，黑豆一斗。"②据考此条出自《武林旧事》卷八，原文截取如下：

> 宫中凡合分有娠，……取赐银绢等物如后：罗二百匹、绢四千六百七十四匹……生菜一合、生艾一斤、生母姜二斤、黑豆一斗、无灰酒二瓶、米醋二瓶……③

从原文中并没有找到有关《饮食门》所引"豌豆一斗"的记录，由此可知"豌豆"之说是王初桐增入的，并非《武林旧事》原文所有。加入之后与原文所表达的意思有所出入，故此处增加有误。

（2）脱文

材料征引过程中对所引材料进行删减和提炼而形成的脱文，在《饮食门》中时常可见，例如卷七八"饮食"部第5条记："郅元义妻侍姑甚谨，姑憎之，幽闭空室，节其饮食。"④此条原出自《太平御览》卷八四七，原文如下：

> 后汉郅元义，父伯考，为尚书仆射。元义还乡里，妻留事姑甚谨。姑憎之，幽闭空室，节其饮食，日羸困妻，终无怨言。⑤

---

① 〔晋〕常璩撰，刘琳校注：《华阳国志校注》卷一〇中，巴蜀书社1984年版，第755页。
② 《奁史》卷八〇《饮食门三》引《武林旧事》，第302页。
③ 王国平主编：《西湖文献集成》第二册《宋代史志西湖文献·武林旧事》，杭州出版社2004年版，第387—388页。
④ 《奁史》卷七八《饮食门一》，第289页。
⑤ 〔宋〕李昉等：《太平御览》卷八四七《饮食部五》，上海古籍出版社2008年版，第1267页。

两条对比可知，此处《奁史·饮食门》虽对原文进行了删减，但是文意并未有大的改变，经过删减之后的材料反而更为简洁清晰，既保留原文提供的有用信息，同时还便于我们快速查找和使用。需要说明的是，《饮食门》中的衍文和脱文多是作者为了征引之便而对材料进行的有意识的改动和增删，这与传统校勘学中对衍文和脱文的定义有所不同。

（3）误记

撰者王初桐在征引材料过程中，或是由于传抄有误，或是由于记忆偏差，导致部分条目出现误记情况。如卷八〇"食"部第60条记："燕昭王饴旋娟、提嫫以甘泉之粟。"① 此条原出自晋王嘉撰《拾遗记》卷四，原文为：

> 燕昭王即位二年，广延国来献善舞者二人。一名旋娟，一名提嫫，并玉质凝肤，体轻气馥，绰约而窈窕，绝古无伦。或行无迹影，或积年不饥，昭王处以单绡华幄，饮以瑶珉之膏，饴以丹泉之粟……②

与原文对比可知，《饮食门》在引用此条时不仅删减了许多内容，并且将"丹泉"误录为"甘泉"。实际上在古代神话传说中，丹泉是一处仙泉，有饮其泉水而不死之神效。晋人郭璞《游仙》诗："丹泉漂朱沫，黑水鼓玄涛。""始整丹泉术，终觊紫芳心。"③ 吕向注："丹泉，丹峦之泉，饮之不死。"④ 原文是用"丹泉之粟"来表示燕昭王对舞者旋娟和提嫫的优待。这里可能是由于抄录过程中形成的误字，导致《饮食门》的著录有误。

---

① 《奁史》卷八〇《饮食门三》，第302页。
② 〔晋〕王嘉撰，〔梁〕萧绮录，齐治平校注：《拾遗记》卷四《燕昭王》，中华书局1981年版，第91页。
③ 〔南朝梁〕萧统：《文选·江淹〈杂体诗·效谢庄郊游〉》，上海古籍出版社1998年版，第137页。
④ 华夫主编：《中国古代名物大典》（上），济南出版社1992年版，第1171页。

还有卷七八"饮食"部第 82 条:"宫中有娠,赐吃食十合。"[①]及卷八二"菜"部第 23 条:"宫中有娠,赐物有生母姜二片。"[②]这两条都出自周密撰《武林旧事》卷八,原文分别记为"吃食十口"[③]和"生母姜两斤"[④],应是《饮食门》在征引时因为字形相近而造成的误字。

（4）错记

错记的情况与误记很类似,两者的不同在于误记多是无心之失,在传抄过程中所产生的笔误居多;而错记则多是因为征引时对材料的改动形成的。例如卷八一"肴"部第 51 条所记:"永乐十三年,赐宁国长公主海鱼二千斤。"(《弇山堂别集》)[⑤]对照发现此条所记"二千斤"原书记为"一千斤"。[⑥]同样引自《弇山堂别集》的卷八一"肴"部第 14 条记:"永乐十三年,赐宁国长公主腊羊二十只,腊猪二十只,计四篓。"[⑦]《弇山堂别集》原文记为"腊羊二十双,腊猪十口,计三篓"[⑧]。这两条所记的错误主要是材料中所记数字错误。又如卷八二"菜"部第 13 条记:"刘殷母王氏盛冬思堇,殷恸哭,堇生。"(《十六国春秋》)[⑨]原文记为:"刘殷……曾祖母王氏盛冬思芹……殷时年九岁,乃诣泽中恸哭……于是忽若有人云止止声,殷收泪视地,见有芹生。"[⑩]对比可知,《饮食门》所引误将"曾祖母"记为"祖

[①]《弇史》卷七八《饮食门一》引《武林旧事》,第 294 页。
[②]《弇史》卷八二《饮食门五》引《武林旧事》,第 308 页。
[③]《武林旧事》卷八,第 172 页。
[④]《武林旧事》卷八,第 172 页。
[⑤]《弇史》卷八一《饮食门四》引《弇山堂别集》,第 305 页。
[⑥]〔明〕王世贞:《弇山堂别集》卷六七,中华书局 1985 年版,第 1268 页。
[⑦]《弇史》卷八一《饮食门四》,第 303 页。
[⑧]《弇山堂别集》卷六七,第 1267—1268 页。
[⑨]《弇史》卷八二《饮食门五》,第 307 页。
[⑩]〔清〕汤球:《十六国春秋辑补》卷一《前赵录》,商务印书馆 1958 年版,第 152 页。

母"。另，原文所讲刘殷的曾祖母"盛冬思芹"而非"盛冬思堇"，故此为征引错误。

综上所述，王初桐在著书时对引文有颇多改动。这些改动既有可能是出于帮助理解方面的考虑，也有可能是他在撰写过程中仅凭记忆记个大概就收录书中，并没有依照原文著录（古人著书引说常见此举）。在不改变文意的前提下，这些改动无伤大雅，还有可能帮助我们更好地理解材料。但改动过的材料也存在很多问题，若不与原文对照就直接使用极容易出错，难以为据。因此我们在阅读和使用《饮食门》中所引材料时，除了要尽量查找原书，仔细核对原文外，还得加以分析和判断，以免引用错误的材料。即使是改动后文意大体上没有发生变化的引文，在使用时也应该尽量以原文为依据。在需要直接使用《饮食门》中所引材料时务必小心谨慎，力求减少错误和疏漏。

二、《饮食门》所反映的饮食文化

西汉著名历史学家司马迁曾言："王者以民人为天，而民人以食为天"[①]，寥寥数语道出了饮食的重要性。中国幅员辽阔，民族众多，不同的自然环境、民风民俗所催生出的饮食文化内容广博、特色鲜明，是中国传统文化的重要内容之一。正因为饮食在古代社会中居于如此重要的地位，诸多古籍中才会屡屡出现与饮食文化相关的论述，进而被《奁史》之类的类书收录。就《饮食门》而言，其中所见中国古代饮食文化主要表现在以下几个方面：

（一）饮食种类丰富

1. 饮

饮在人们的日常生活中居于十分重要的地位，清代学者朱彝尊在其所著饮食书《食宪鸿秘·饮之属》中讲道："从来称饮必先于食，

---

① 〔汉〕司马迁：《史记》卷九七《郦生陆贾列传》，中华书局1959年版，第2694页。

盖以水生于天，谷成于地。天一生水，地二成之，之义也。"① 把饮与天相提并论，足见饮的重要性。《饮食门》中所见饮品主要种类如下：

（1）水

我国水资源丰富，饮用水种类繁多，仅在《饮食门》中可见的就有以下几种：

①江河水：作为自然界中的天然水源，江河水是古人日常生活中最容易获得、也最常饮用的水源。《饮食门》"饮"部第103条记：

> 榆次县一贫妇善事姑。凡姑饮食，非河水不食，而河去家四五里。每晨，妇必往汲供之，无间寒暑。如是者数年，后一日取水，妇半途为尘沙所污，复往汲，有一老人问之，妇以告。老人叹曰："孝哉！妇也！吾有一皮鞭，可置缸底提起一二寸水。"即至，妇试之，果然。姑疑妇之不汲而得水也，潜伺其状。缸底有鞭，取而弃之。时妇方栉沐，水忽涌至，妇坐缸上不止，竟溺水死。邑人立庙祀之，称为"水母娘娘"。②

康熙帝在《庭训格言》中讲道："我等时居塞外，常饮河水。"③ 可见古代江河水的饮用较为普遍，即使是贵为皇室，在行至野外之时，也需饮用河水解渴。

②山泉水：山泉水也属于较容易获取的天然水源，且比江河之水更加干净卫生，口感也更甘甜爽口，因此古人很早就开始饮用山泉水。"饮食"部第70条：

> 有老母袖中出一瓢，令李筌取水。筌携往涧中，其瓢

---

① 〔清〕朱彝尊撰，邱庞同注释：《食宪鸿秘》，中国商业出版社1985年版，第7页。
② 《奁史》卷七九《饮食门二》引《迩言》，第299页。
③ 〔清〕康熙撰，查洪德注译：《庭训格言》，中州古籍出版社1994年版，第74页。

忽重百余斤,力不能举,便沉。(《黄帝阴符经后序》)①

又白居易诗《山泉煎茶有怀》云:"坐酌泠泠水,看煎瑟瑟尘。无由持一碗,寄与爱茶人。"②想必定是因为用山泉水煮出来的茶更加清甜怡人,所以白居易才用其烹茶并寄予爱茶之人的。

③井水:在人类社会发展的早期,由于技术和条件的限制,人们的饮水大多依赖于自然界中的天然水源,即以上所述江河泉水等。随着文明的发展,人们逐渐学会人工取水,钻井获取地下水就是古代人工取水的重要途径之一。"饮"部第 101 条记:"大同一妇,分娩后不食不言,痴坐井上,汲水饮之,三日不下百桶而鲸吸不已。"(《湖海搜奇》)③《晋书·桓温传》载:"温焚舟步退,自东燕出仓垣,经陈留,凿井而饮,行七百余里。"④井水的出现,表明先民们很大程度上摆脱了自然对生存区域的限制,同时丰富了古人饮水的类型。

古人所饮用的水不仅类型众多,而且不同的水还有高低优劣之分,亦各有其用处。清人朱彝尊就认为:"第一江湖长流宿水,煮饭、烹调以江湖水最宜;山泉雨水为第二,适宜烹茶和酿酒;井花水为第三,常常以煮粥、洗脸,且以'澄蓄一夜,精华上升'的清晨第一汲为最好。"⑤

(2)茶

饮茶之俗起源于中国,已在我国流传了数千年。西汉时,辞赋家王褒所作《僮约》中,规定僮奴的工作有两项,分别是"烹茶尽具,酺已盖藏"和"武阳买茶"⑥。王褒是西汉宣帝时人,武阳属于今天

---

① 《奁史》卷七八《饮食门一》,第 293 页。
② 〔唐〕白居易:《白氏长庆集》,四部丛刊景印本翻宋大字本,第 189 页。
③ 《奁史》卷七九《饮食门二》,第 299 页。
④ 〔唐〕房玄龄等:《晋书》卷九八《桓温传》,中华书局 1998 年版,第 2576 页。
⑤ 《食宪鸿秘》,第 8—10 页。
⑥ 〔宋〕祝穆:《古今事文类聚》后集卷一七,《文渊阁四库全书》子部第十一,第 311 页。

的四川彭山。故可见西汉时，四川人已有饮茶的习惯。到了唐代，饮茶之风开始在全国盛行，社会各个阶层无论王公贵族、文人雅士或平民百姓，都将茶视作日常生活中的重要饮品之一。元曲《玉壶春》中更是唱道："早晨起来七件事，柴、米、油、盐、酱、醋、茶。"[①]足见茶在当时人们日常生活中的重要性。

《饮食门》中所见除了普通的煎茶、茶汤之外，还有许多有趣的茶叶种类。

①以茶叶之产地命名者，如"饮"部第73条记："潘璋妾有仙术，璋思建溪新茶，妾即拈块土置掌内，揉碎嘘呵，付外碾细沦之，真奇品也。"（《夷坚志》）[②] 此条所记"建溪新茶"即为建溪出产的茶叶，这种茶叶在"饮"部84条中也有描述："许妹宫词：绛罗袄裹建溪茶。"（《朝鲜采风录》）[③] 类似的以产地命名的茶种还有祁门红茶、西湖龙井、普洱茶等，统称为地名茶。

②以茶叶之形色命名者，如"饮"部第68条记："密云龙，茶名。东坡令朝云藏之。"（《词品》）[④] 还有第61条："同昌公主下降广化里。上每赐御馔汤物，其茶有绿华、紫英之号。"（《杜阳杂编》）[⑤]

以上所记密云龙、绿华、紫英等茶均是以茶叶的形状或颜色来命名的。这种命名方法既突出了茶叶的特色，又为饮茶增加了许多趣味。类似的还有因形似瓜子壳而得名的瓜片茶以及颜色灰绿、卷曲如螺的碧螺春等茶种。

（3）酒

我国酿酒、饮酒的历史，最早可以追溯到先秦时期。考古遗址

[①] 赵义山选注：《元曲选》第二册，上海古籍出版社2008年版，第474页。
[②] 《夷史》卷七九《饮食门二》，第298页。
[③] 《夷史》卷七九《饮食门二》，第298页。
[④] 《夷史》卷七九《饮食门二》，第298页。
[⑤] 《夷史》卷七九《饮食门二》，第297页。

中发现的饮酒用的青铜爵、青铜觚,足以证明我国至迟在商周时期就有了饮酒之俗。到了隋唐五代,饮酒之风愈演愈烈。唐德宗贞元二年(786),政府规定"天下置肆以酤者,斗钱百五十,免其徭役"①。以开始征收赋税为标志,表明此时酿酒及酒肆行业已经壮大并得到政府的肯定,从此得以长足发展。无论婚丧嫁娶、节庆祭祀,都少不了酒的身影。尤其是在一些宴席之上,酒更是充当了绝佳的助兴工具,在《饮食门》卷七八"饮食"部中所记的"钱龙宴""双珠宴""探春之宴""浇红之宴"②等大大小小的宴会中,都能看到有关于酒的描述。古人所饮之酒主要分为两类:

①以米、粟等粮食作为原料酿的酒。作为传统的酿酒方式,不论是古代还是现代,在人们的日常生活中都最为常见,《饮食门》中亦多有提及。如"饮"部第 14 条:"琅琊吕母酿醇酒,少年来沽者,辄赊与之。"(《言鲭》)③

②用花果酿造的发酵酒,如《饮食门》"饮食"部所记第 44 条:"明皇与太真妃在沉香亭赏木芍药,以李白所进《清平调》词促李龟年歌之。太真妃持颇梨七宝杯酌西凉蒲萄酒,笑领歌意。"(《摭异记》)④"饮"部第 39 条:"崖州妇人以安石榴花着釜中,经旬成酒。"(《花史》)⑤此类酒均以花卉果蔬为主要原料经过发酵制成,酒精浓度较低,香气浓郁,故颇受女性喜爱。尤其是源于西凉的葡萄酒,自唐代中原地区开始自行酿造之后,产量大幅度提高。《全唐诗》卷三〇五记刘复《春游曲》有云:"细酌蒲桃酒,娇歌玉树花。"⑥足见这种果酒受到了人们的普遍喜爱和追捧。

---

① 〔宋〕欧阳修、宋祁等:《新唐书》卷五四《食货志四》,中华书局 1975 年版,第 1381 页。
② 《奁史》卷七八《饮食门一》,第 293 页。
③ 《奁史》卷七九《饮食门二》,第 296 页。
④ 《奁史》卷七八《饮食门一》,第 291 页。
⑤ 《奁史》卷七九《饮食门二》,第 297 页。
⑥ 〔清〕彭定求等编:《全唐诗》,中华书局 1999 年版,第 3469 页。

（4）汤类

《说文》讲："汤，热水也，从水从易。"① 早期的汤仅指热水，后来逐渐引申为烹煮之后的食物汁液。汤品种类多样，"饮"部第56条讲："右司命君游于长乐之乡，天女灌以平露金香八会之汤。"(《道教灵验记》)② 第57条："嘉平二十五日叔良宿醒未解，窈窕烹百和解醒汤进之，随饮而醒，后遂依法作汤，名'窈窕汤'。"(《钗小志》)③ 第58条："朱晦庵访壻蔡沈，其女出葱汤麦饭留之。"(《紫阳先生年谱》)④

以上汤类饮品应是在沸水中加入蔬果香料煎煮而成，可以佐餐，也可作日常的饮料饮用。

2. 食

食物对于人们的生存和发展具有十分重要的意义。中国人向来以爱吃、会吃著称，食物不仅提供给我们维持生命的热量，更衍生出丰富的食文化，为生活增添乐趣。

《饮食门》中所提到的食物主要有以下几类：

（1）主食

主食，顾名思义，就是指在人们日常食物中作为主角的粮食作物。我国古代早期粮食作物以粟、稻为代表，两者均起源于我国，或为饭，或为粥，均以"粒食"为主。后来由西亚传入的小麦很快在南北各地大面积种植，更成为北方人民的主要粮食，可以做面、饼和各种干粮。《饮食门》中所见主食有：

①稻：我国种植稻的历史可以追溯至史前时期。春秋战国以来，随着农具的改进和播种技术的发展，稻的种植区域越来越大，产量也有所提高。

---

① 〔东汉〕许慎：《说文解字》，中华书局1963年版，第8页。
② 《查史》卷七九《饮食门二》，第297页。
③ 《查史》卷七九《饮食门二》，第297页。
④ 《查史》卷七九《饮食门二》，第297页。

唐代以前，以稻米做成的食物主要见于南方地区，北方的百姓由于气候条件及道路运输等条件的限制还很难吃到米食。《饮食门》"食"部第16条记："徐孝克母病，思粳米粥不能得。"（《陈书》）[1]徐孝克是南朝陈时的长安官员，《南史》有传。可见当时在朝为官之人都难食稻米，更不用说平民百姓了。

自隋唐统一南北之后，米制食品才逐渐被摆上了普通北方人的餐桌。《饮食门》中所提及的稻米有不同产地之分，如"食"部第49条记："吴兴米炊之甑香，白马豆食之齿碎。虢国夫人厨吏邓连，以此米捣为透花娥，以豆洗皮，作灵河臛以供翠鸳堂。"（《品物类聚记》）[2]又第53条："洋川者，汉戚夫人所生处也。夫人思慕本乡，追求洋川米。高帝为驿长安。"（《水经注》）[3]以上两条所提到的吴兴、洋川均为地名。吴兴即现在的浙江省湖州市，而洋川位于今陕西省西乡、镇巴等县一带。两地均为盛产稻米之地，尤其是属于古代三吴的吴兴地区，自古就有"鱼米之乡"的美称。由稻米制成的主食以饭为主，其他还有粥、糕等类型。

饭 将稻米或其他谷物整粒烹熟，即称为"饭"。一般以菜肴佐食。《全唐诗》卷六二九陆龟蒙《蔬食》写道："香稻熟来秋菜嫩，伴僧餐了听云和。"[4]古代饭的种类很多，除了现在常见的稻米饭外，还有杂以其他粮食作物所做出的饭，如"食"部第13条所记以小麦粒和红豆一起烹煮制成的饭："东坡作麦饭，杂小红豆。妻笑曰：'此新样，二红饭。'"（《食经》）[5]还有佐以植物烹煮者，"食"部第9条记："宋武帝节俭过人，张妃惟'桃花米饭'。"（《梁祖思

---

[1] 《奁史》卷八〇《饮食门三》，第300页。
[2] 《奁史》卷八〇《饮食门三》，第302页。
[3] 《奁史》卷八〇《饮食门三》，第302页。
[4] 《全唐诗》，第7271页。
[5] 《奁史》卷八〇《饮食门三》，第300页。

政事疏》)① 桃花米饭即是把米用桃花花瓣染成粉红色后烹制而成。又"食"部第14条："苗妇以荷叶包饭，涧水浇而食之。"（《滇行纪程》)② 荷叶包饭在古代多流行于我国岭南等地。屈大均在《广东新语》中对其有所考释："香粳杂鱼肉诸味包荷，蒸之，表里透香，名曰'荷包饭'。"③

粥 煮粥是稻米除饭之外的另外一种主要的食用方式。《全唐诗》卷四二九白居易《闲居》讲道："空腹一盏粥，饥食有余味。"④《饮食门》"食"部第16条记："徐孝克母病，思粳米粥不能得。"（《陈书》)⑤ 事实上，由于稻米产量较小，当时人们所食用的粥确有如上所述以纯米煮成的，但更多的则是与其他杂粮果蔬混煮而成的。例如宋代诗人苏轼就有《食豆粥颂》一首："道人亲煮豆粥，大众齐念《般若》。老夫试挑一口，已觉西家作马。"⑥ 可见像这样混合豆类煮成的粥品在当时更为常见，并早已被大众所接受。

②小麦：小麦自西亚传入我国后，逐渐取代粟米的地位，成为人们生活中重要的粮食作物之一，并很快就被大家广泛种植于各地。利用小麦制成的主食主要有：

饼类 《释名》谓："溲麦屑蒸之曰饼，溲米屑蒸之曰饵。"⑦《因话录》卷五提到唐代"世重饼啖"⑧，表明此时的饼食已经成为人们生活中常见的食物之一。"食"部第26条记："第五伦为市掾，有

---

① 《庶史》卷八〇《饮食门三》，第300页。
② 《庶史》卷八〇《饮食门三》，第300页。
③ 〔清〕屈大均：《广东新语》卷一四《食语》，中华书局1985年版，第380页。
④ 《全唐诗》，第4737页。
⑤ 《庶史》卷八〇《饮食门三》，第300页。
⑥ 〔宋〕苏轼撰，孔凡礼点校：《苏轼文集》，中华书局1986年版，第594页。
⑦ 〔汉〕刘熙：《释名疏证补》，中华书局2008年版，第47页。
⑧ 〔唐〕赵璘：《因话录》卷五，上海古籍出版社1979年版，第109页。

人遗其母一筒饼,知从外来,夺之,母遂探口饼出之。"(《东观汉记》)① 普通的面饼主要以菜肴佐食,《白居易全集》卷三六《晚起闲行》就说道:"午斋何俭洁,饼与蔬而已。"② 除此之外,还有肉饼、糖饼、髓饼等,均是以馅料或制作工艺的不同而各自命名的,食用的方式也更为多样。另有名为不托、汤饼者,实际是指与现在的汤面片类似的煮制面食,"食"部第 37 条记《五代史·李茂贞传》:"朕与宫人一日食粥,一日食不托。不托当作馎饦字。"(《猗觉寮杂缀》)③

馒头 "食"部第 41 条:"永嘉项氏有怪曰太公,凡有所求呼太公,则物随至。项妻有孕,思斋馒头食,呼太公一声,即捧以甑蒸馒头来,蒸气尚暖。"(《异闻总录》)④ 最初的馒头有带馅和不带馅的两种,不带馅的常称为"蒸饼",后来逐渐演变为我们今天所说的馒头;带馅的则与现在的包子相类。"食"部第 42 条记:"宫中诞庆,制包子均分。"(《宫词注》)⑤

③杂粮:这里所说的"杂粮"是指除"稻""麦"以外的粮食作物,有些在稻、麦普及前的很长一段时间内充当主食的角色,如古代被称为五谷之长的粟米,长期以来作为北方人民的主要粮食作物而存在。随着小麦的传入和广泛种植,口感更好、产量更高的小麦很快取代了粟的地位,成为中国北方最主要的粮食作物,之后粟就仅作为辅助的粮食作物出现,故在此将其划入杂粮之列。《饮食门》"食"部第 61 条记:"魏哀王赐曲大夫之妻粟三十钟。"(《列女传》)⑥

除粟之外,《饮食门》中所记古人所食杂粮还有豆类、薏苡仁等。

---

① 《奁史》卷八〇《饮食门三》,第 301 页。
② 张春林编:《白居易全集》卷六九,中国文史出版社 1999 年版,第 669 页。
③ 《奁史》卷八〇《饮食门三》,第 301 页。
④ 《奁史》卷八〇《饮食门三》,第 301 页。
⑤ 《奁史》卷八〇《饮食门三》,第 301 页。
⑥ 《奁史》卷八〇《饮食门三》,第 302 页。

（2）菜肴

菜肴是用来下饭和佐餐的所有食品的总称。

古代的菜和肴有所区分。《说文解字》讲："肴，啖也。凡熟馈可啖之肉，折俎，豆实皆是。"① 一般来讲，肴指的是肉食，菜则指蔬菜类食物。

①菜类：李时珍在《本草纲目》中对菜做了明确的定义："草木之可茹者谓之菜。"② 植物中凡是可以食用的都可称为"菜"。古人所食用的菜品种类相当丰富，仅《饮食门》中多次提及的蔬菜就有：

韭 《诗经·豳风·七月》有"献羔祭韭"③ 的说法，又《饮食门》"菜"部第12条记："北齐太上后宫女，寒月尽食韭芽。"（《三国典略》）④ 可见韭菜作为一种蔬菜在我国有着悠久的食用历史。其一年四季皆可割食，鲜美可口，因此常为人食。

堇 《说文解字》谓："堇，堇草也。根如荠，叶如细柳，蒸食之甘。"⑤ "菜"部第13条记："刘殷母王氏盛冬思堇，殷恸哭，堇生。"（《十六国春秋》）⑥ 堇菜在古人的饮食中较为常见，但因为堇菜多野生，后世并未进行大范围的人工培育，故逐渐退居野菜之列，如今已不再作为常见蔬菜出现在人们的餐桌上。

葵 《说文解字》谓："葵，菜也。"⑦ "菜"部第15条记："宋玉《讽赋》：主人女，为臣烹露葵之羹，来劝臣食。"（《古文苑》）⑧

---

① 《说文解字》，第197页。
② 〔明〕李时珍著，李若溪等编：《本草纲目》，重庆大学出版社1995年版，第256页。
③ 〔清〕阮元校刻：《十三经注疏》之《毛诗正义》卷八，上海古籍出版社2007年版，第392页。
④ 《奁史》卷八二《饮食门五》，第307页。
⑤ 《说文解字》，第175页。
⑥ 《奁史》卷八二《饮食门五》，第307页。
⑦ 《说文解字》，第173页。
⑧ 《奁史》卷八二《饮食门五》，第307页。

《诗经·七月》："七月烹葵及菽。"①表明在西周时葵已经成为人们生活中的常见蔬菜。

另外，苤、笋、葱、榆、菌类等蔬菜也在《饮食门》中各有所述，足见古人所食蔬菜种类之多。《旧唐书》卷五四《窦建德传》中说："常食唯有菜蔬、脱粟之饭。"②可知蔬菜早已成为人们餐桌上的常客。

②肉类：古代农业社会的中国并未将畜牧业作为主业，因此肉类的产量十分有限。又《资治通鉴》卷二四六记唐武宗诏云："牛，嫁穑之资，中人禁屠宰；羊，中国所鲜，出于北边杂虏，国家未尝科调。"③国家诏令的干预使得可食用的肉类愈发稀少。作为古人食物结构中的一个组成部分，肉类多供于社会上层或富裕之家，平民很少能够吃到肉。

《饮食门》中古人所食用的肉类主要有：

羊肉 《全唐诗》卷五九二曹邺《贵宅》诗云："此地日烹羊，无异我食菜。自是愁人眼，见之若奢泰。"④羊肉在古代是难得一见的奢侈食材。因此才有"肴"部第8条所记："郭思谟母尝忆羊肉，忽有慈乌衔肉至。"（《柳南随笔》）⑤

牛肉 牛肉口感嫩滑，深受人们的喜爱。《全唐诗》卷一四○王昌龄《留别岑参兄弟》诗云："何必念钟鼎，所在烹肥牛。"⑥若有牛肉可食，连做官都不再挂念，可见牛肉吸引力之大。第15条："梁传昭子妇尝得家饷牛肉以进。"（《桯史》）⑦上文引《资治通鉴》语虽言国家诏令规定不得多杀牛，但在实际生活中仍有偷杀盗屠的情

---

① 《十三经注疏》之《毛诗正义》卷八，第391页。
② 〔后晋〕刘昫等：《旧唐书》卷五四，中华书局1975年版，第2238页。
③ 〔宋〕司马光等：《资治通鉴》卷二四六，中华书局2008年版，第7962页。
④ 《全唐诗》，第6925页。
⑤ 《奁史》卷八一《饮食门四》，第303页。
⑥ 《全唐诗》，第1428页。
⑦ 《奁史》卷八一《饮食门四》，第303页。

况发生，故仍有人得食牛肉。

猪肉 猪肉的食用在古代较为常见。《酉阳杂俎》前集卷一记："安禄山恩宠莫比，其赐膳品，月有野猪鲊。"①《饮食门》"肴"部第9条记："石崇崔亮母疾，日赐清酒、粳米、猪羊肉。"(《太康起居注》)②

除以上几种之外，《饮食门》中还提到了鸡肉、鱼肉等常见的肉类。另有一些不太常见的肉食种类，如马肉、猫肉、猩猩肉等等。这些肉类极少出现在人们的日常餐桌上，主要用于治病。

古代肉类产量相对较少，且由于古代的冷藏技术不发达，肉类极容易腐烂变质，故常常选用腌、炙、鲊、脍等烹调方式再辅以大量的调味料进行烹调，在保持肉的风味的同时最大限度地延长肉类的保存时间。

③调味料：作为烹调食品必不可少的调料，《饮食门》中有与之相关的记述，主要包括：

盐 是从古至今烹饪中的首味调料，古代有海盐、井盐、池盐之分。《饮食门》中征引多条关于盐的材料，例如"菜"部第32条："永乐十三年赐宁国长公主海外番盐三块。"(《弇山堂别集》)③

醋 在醋出现之前，古人多使用梅来调制酸味食物。早期的醋称为"酢""醯""苦酒"等。《说文解字》谓："醯"，酸也，亦称"酢"。④"菜"部第34条记："宫中有娠，赐米醋二瓶。"(《武林旧事》)⑤

蜂蜜 "蜜者，小蜂采花药酿之而成"⑥。《北户录》记："辩

---

① 〔唐〕段成式撰，方南生点校：《酉阳杂俎》，中华书局1981年版，第1页。
② 《兖史》卷八一《饮食门四》，第303页。
③ 《兖史》卷八二《饮食门五》，第308页。
④ 《说文解字》，第99页。
⑤ 《兖史》卷八二《饮食门五》，第308页。
⑥ 宗福邦、陈世铙、肖海波主编：《故训汇纂》，商务印书馆2003年版，第2019页。

州以蜜渍益智子食之，亦甚美。"① 可见蜂蜜在古代更多地用于给食品调味。"饮"部第54条记："西王母上药有中华紫蜜、云山朱蜜。"(《汉武故事》)② 因其在古代产量较少，十分珍贵，故在此条中将珍贵的蜂蜜列为西王母的仙药。又第55条："董姬酿花为露，经年颜色不变，香艳异常。最骄者为秋海棠露，酒后出以解醒。"(《影梅庵忆语》)③ 此条所记董姬酿造的"露"，应该就是指花蜜。由于蜂蜜含糖量高，本身具有抗菌作用，所以可以经年不坏。且口感香甜醇厚，故常用来调制蜂蜜水用以解酒。

另有胡椒、姜、酱等调料在《饮食门》中也有相关记述。

（3）水果

水果一直以其酸甜多汁的口感和丰富的营养而受到人们的普遍重视和喜爱。古人种植果树较为普遍，《全唐诗》卷一五九孟浩然《田园作》一诗中写道："卜邻近三径，植果盈千树。"④ 作为日常饮食的必要补充，《饮食门》中也保存了很多与水果有关的内容。

桃 在我国种植历史悠久，《诗经·国风·桃夭》中就有"桃之夭夭"之句。"菜"部第57条："华林园有冬桃，一名王母桃。"(《酉阳杂俎》)⑤ 宋代朱弁所撰《曲洧旧闻》中讲道："果中易生者，莫如桃。而结实迟者，莫如橘。谚云：头有二毛好种桃，立不逾膝好种橘。盖言桃可待，橘不可待。"⑥ 正是由于桃树栽培难度低，且较早结实，所以才会得到较大范围的种植，成为从古至今人们日常生活中较为常见的水果之一。

枣 《诗经·豳风·七月》谓"八月剥枣"⑦，可见我国食枣历

---

① 〔唐〕段公路：《北户录》，《古今说海》本，第116页。
② 《奁史》卷七九《饮食门二》，第297页。
③ 《奁史》卷七九《饮食门二》，第297页。
④ 《全唐诗》，第1632页。
⑤ 《奁史》卷八二《饮食门五》，第309页。
⑥ 〔宋〕朱弁：《曲洧旧闻》卷三，中华书局1985年版，第25页。
⑦ 《十三经注疏》，第391页。

史之悠久。北魏农学家贾思勰在《齐民要术》中讲道:"阜劳之地,不任嫁穑者,历落种枣则任矣。"① 说明枣树的适应能力强,耐贫瘠之地。"菜"部第 81 条记:"真妃手中握三枚色如干枣而形长大,内无核。"(《真诰》)② 在古代,枣还是吉祥美好的象征。人们在结婚时常常将枣连同花生、桂圆、莲子等物一同撒在新房内,取"早生贵子"之意。

荔枝 "菜"部第 101 条:"杨贵妃好食荔枝,南海所生尤胜,故飞驰以进。"(《常侍旨言》)③《全唐文》卷二八三记张九龄《荔枝赋》:"南海郡出荔枝焉,每至季夏,其实乃熟,状甚环诡,味特甘滋,百果之中,无一可比。"④ 足见人们对荔枝的喜爱之情。除南海之外,巴蜀之地也是我国从古至今重要的荔枝产地之一,但从大小、色泽乃至口感都稍逊于前者。

另有樱桃、梨、石榴、葡萄、橘、槟榔等各色水果,亦在《饮食门》中各有所述。

(4) 小吃

小吃是相对于主食而言的,是指人们在正餐之外所食用的一些点心或零食。

《饮食门》中所征引的小吃有作为包馅面食出现的馄饨,如"食"部第 43 条所记:"张谷山嫂除夕制馄饨祀先。"(《池北偶谈》)⑤ 另有第 40 条:"宫中端午节,造粉圆角黍贮于金盘中。以小角弓子架箭射盘中粉圆,中者得食。"(《时令集解》)⑥ 角黍,即我们今天所说的粽子。它是一种典型的节令食品,原用来祭奠屈原,《全唐诗》

---

① 〔北魏〕贾思勰著,缪启愉校释:《齐民要术校释》,农业出版社 1982 年版,第 183 页。
② 《奁史》卷八二《饮食门五》,第 310 页。
③ 《奁史》卷八二《饮食门五》,第 311 页。
④ 〔清〕董诰等编:《全唐文》第四册,中华书局 1983 年版,第 2869 页。
⑤ 《奁史》卷八〇《饮食门三》,第 301 页。
⑥ 《奁史》卷八〇《饮食门三》,第 301 页。

卷三七七孟郊《旅次湘沅有怀灵均》就讲道："悠哉风土人，角黍投川隅。相传历千祀，哀悼延八区。"① 如今则成为每年农历五月五日端阳节的代表食物。

其他小吃还有专门在七夕节食用的"巧果"，用糯米包裹红枣制成的"枣浮圆儿"等。

（5）药

《饮食门》中所述的药以汤药、丸药等为主。如《奁史》卷八三"药"部第11条记："女人每朝宜进平补血海药一服。"（《通天论》）② 此处"平补血海药"即为一种煎服的汤药。而"药"部第15条："杜兰香降张硕，硕问祷祠何如。兰香曰：'消摩自可愈疾，淫祀何益。'兰香谓丸药为消摩。"（《杜兰香传》）③ 其中所述的药就是一种经过研磨用以愈疾的丸药。

《饮食门》中所涉及的饮食种类多样，特色鲜明。正如《黄帝内经·素问》中所讲："五谷为养，五果为助，五畜为益，五菜为充。"④ 古人的饮食结构强调以粮食为主食，以水果来帮助维护健康，以肉类为佐养之益品，以蔬菜辅佐补充，甚至煮酒烹茶都对所使用的水有特殊要求，可谓面面俱到，无所不包，足以证明我国古代饮食文化之博大精深。

（二）饮食功用多样

从上古时期生食草木果实到后来播种耕耘、烹饪熟食，古人的饮食传统和饮食观念日趋成熟，对于饮食这一日常活动的认识和发展也愈发深入。饮食的功用在古人生活中的多个方面都有所体现，仅在《饮食门》中所见者就有以下几种：

---

① 《全唐诗》卷三七七，第4241页。
② 《奁史》卷八三《饮食门六》，第314页。
③ 《奁史》卷八三《饮食门三》，第315页。
④ 〔唐〕王冰订补：《黄帝内经·素问》卷七《藏气法时论》，商务印书馆1931年版，第130页。

1. 果腹

这是饮食最基础、最重要的功能。《饮食门》"食"部第10条记:"卢眉娘在宫中,每日但食'胡麻饭'二三合。"(《杜阳杂编》)[①] "食"部第18条:"李搔妹幼出家为尼,后遭时俭,施糜粥于路。"(《后魏书》)[②] 不论是以"胡麻饭"果腹的卢眉娘,还是"施糜粥于路"的李搔妹,都是为了使自己或他人填饱肚子,不受饥饿之苦。

2. 解馋

除了提供充足能量的正餐外,我国古代饮食系统中还有许多特色菜肴,它们做工精细、滋味鲜美,常常使人食欲大增,欲罢不能。人们对它们的热衷不仅仅出于解决温饱问题的需要,而且希望从中获得味觉和精神的极大满足。"肴"部第46条说道:"临江王妃江无畏好食鲫鱼头,日进鲫鱼三百。"(《宛委余编》)[③] 对于喜欢的食物大快朵颐,这已不只是为了吃饱,更重要的是为了满足自己的口腹之欲。又如"肴"部第40条记:"齐孝宣陈皇后性嗜笋鸭卵。永明九年,诏太庙祭后荐笋鸭卵。"(《笋谱》)[④] 陈皇后喜欢吃笋鸭卵这道菜,故后人就以笋鸭卵祭拜她,希望她在死后仍能一饱口福,这也是出于解馋的目的。

3. 食疗

我国自古就有"医食同源""药膳同功"的说法。在古人的观念里,许多食物本身就有治病疗疾的作用。反映在《饮食门》中,如"食"部第64条记:"七月七日女子吞赤豆二七颗,竟年无病。"(《韦氏月录》)[⑤] 另有"肴"部第80条记:"昔有女忽嗜河中污泥,日

---

① 《奁史》卷八一《饮食门三》,第300页。
② 《奁史》卷八一《饮食门三》,第300页。
③ 《奁史》卷八一《饮食门四》,第305页。
④ 《奁史》卷八一《饮食门四》,第304页。
⑤ 《奁史》卷八〇《饮食门三》,第302页。

食数盘。玉田隐者以壁间败土调水，饮之遂愈。"(《本草纲目》)①这样的记述虽难免有夸大不实之处，但我们仍能从中一窥当时人们对于用饮食疗治病的热衷。

许多食物本来就在中国传统中医体系中作为药材使用，具有治病疗疾的功效。正因为人们看重食物所包含的疗疾作用，在日常生活中才对饮食赋予了更为丰富的文化含义。

在我国传统观念中，对于子嗣的重视程度自不需赘言。人们把儿孙满堂、子嗣连绵看作生活幸福的重要标志之一。因此在饮食文化中也催生出了许多象征求子和生育的食物，它们寓意平安吉祥，表达人们期盼早生贵子和多子多福的迫切愿望。②这一点在以女性为主题的类书《奁史》中表现得尤为明显。如《饮食门》"菜"部第88条就说道："齐鲁之俗，娶妇必用枣栗。谚曰：早利子也。"(《池北偶谈》)③利用"枣""栗"的谐音来表达对于早日怀孕生子的美好希冀，使原本普通的食物被赋予了更加丰富的内涵。除此之外，针对产妇的饮食和保健也有许多论述，如"肴"部第13条记："山羊肉利产妇。"(《日用本草》)④又"肴"部第36条："新产妇以黑雌鸡一只治净，和五味炒香，投二升酒中，封一宿饮，令人肥白。"(《食疗本草》)⑤"菜"部第14条："妊妇食葵菜，胎滑易生。"(《图经本草》)⑥

以上三条所述均为特定的食物对产妇在生产时及生产后保养的种种好处，由此可见，在古人的观念中，饮食能够帮助女性进行产后恢复，强健体魄。

---

① 《奁史》卷八一《饮食门四》，第306页。

② 孙金荣：《中国饮食的主要文化特征》，载《山东农业大学学报》(社会科学版)2007年第3期。

③ 《奁史》卷八二《饮食门五》，第311页。

④ 《奁史》卷八一《饮食门四》，第303页。

⑤ 《奁史》卷八一《饮食门四》，第304页。

⑥ 《奁史》卷八二《饮食门五》，第307页。

4. 美容

对于古人，特别是古代爱美的女性来说，通过饮食使得青春常驻、容颜不老并非遥不可及的神话。人们相信在食物中存在某些能量能够保养容颜，又因为利用日常饮食来美容取材方便，简便易行，故始终孜孜不倦地尝试寻找通过饮食来美容的方法。《饮食门》"菜"部第52条讲道："立夏食李能令色美。故是日，妇女作'李会'，取李汁和酒饮之，谓之'驻色酒'。"（《元池说林》）[1] 此条所述以李子为原料所酿制的果酒对于女性养颜美容有很好的效果，虽真实性有待考证，但是由此可以想见古人对于利用饮食养颜还是十分推崇的。类似的记录还有明人高濂著《遵生八笺》中所引《本草图经》之说："五月收杏去核，自朝蒸之，至午而止，以微火烘之收贮。少加糖霜可食。驻颜，故有杏金丹之说，不宜多食。"[2]

在今天我们仍然能够见到许多食疗养颜的方子，如银耳燕窝能使皮肤光滑细嫩，薏苡仁煮水可以美白除湿等，这都与自古以来的饮食养颜观念有着一定的传承关系。

5. 节庆

我国古代的节庆种类繁多，人们在庆祝这些节日的过程中，逐渐衍生出了丰富多彩的节日食品。沿用至今的有春节的饺子、元宵节的汤圆、中秋节的月饼等等。

《饮食门》"食"部第40条记："宫中端午节，造粉圆角黍贮于金盘中。以小角弓子架箭射盘中粉圆，中者得食。"（《时令集解》）[3] 关于"粉圆"，讲道："端午作水团，又名白团。或杂五色人兽花果之状，最精者名滴粉圆，或加蜜香。"[4] 由此可知所谓的"粉圆"类似于今天的汤圆。"角黍"，即粽子。传说为缅怀五月五日投汨罗江

---

[1] 《奁史》卷八二《饮食门五》，第309页。
[2] 〔明〕高濂：《遵生八笺》，巴蜀书社1988年版，第146页。
[3] 《奁史》卷八〇《饮食门三》，第301页。
[4] 〔宋〕陈元靓编：《岁时广记》卷二一"造白团"引，第237页。

而死的大诗人屈原而有端午节食角黍之俗,这一习俗一直流传至今。又"食"部第44条记:"七夕宫中食巧果,小宫姬对银河拜。"(《北京岁华记》)① "七夕",即每年农历七月七日。最初的七夕是作为女性乞巧求福的节日出现的,所以又称为"乞巧节"。在古代传说中,七夕是牛郎织女在银河相会的日子。牛郎织女的记载最早见于《诗经·小雅·大东》:"维天有汉,监亦有光。跂彼织女,终日七襄。虽则七襄,不成报章。睆彼牵牛,不以服箱。"② 此时的牛郎织女还仅指星宿,并未演化成传说故事中的男女主人公。后人逐渐将牛郎和织女拟人化,想象出凄美的神话爱情故事。由此"七夕"也就衍生出青年男女表达爱意、寄托对爱情的美好憧憬之意。此条说到宫人们在"七夕"当天制作一些名叫"巧果"的面食点心,用以祭拜牛郎织女,祈求幸福平安。

除了固定的时令节气外,古人遇到喜事庆典也常有特定的饮食助兴,最常见的是妊娠生子的庆祝。古人十分重视生育,如遇弄璋、弄瓦之喜,则时常会制作一些特殊的食物用以表达喜悦和祝贺。"食"部第24条记:"宫中有娠,赐物有糕。"(《武林旧事》)③ 不仅在皇室内部,普通百姓人家在诞下后代之时也会用饮食庆祝。"食"部第12条记:"岭南俗,妇产三日洗儿,作'团油饭'。"(《北户录》)④ 此处所述"团油饭"是指将油脂包裹在糯米中蒸制而成的一种食物,既可以做主食,也可以当小吃,寄托了对新生儿平安健康、家庭和睦团圆的美好愿望。

6. 祭祀

"礼祭神灵和祖先,是史前时代起创立的传统。"⑤ 古代民间的

---

① 《奁史》卷八〇《饮食门三》,第301页。
② 周振甫译注:《诗经译注》,中华书局2002年版,第330页。
③ 《奁史》卷七八《饮食门三》,第300页。
④ 《奁史》卷八〇《饮食门三》,第300页。
⑤ 王仁湘:《饮食与中国文化》,人民出版社1993年版,第471页。

祭祀多用酒肉，盖因其珍贵稀少，故用以祭祀神明祖先，以示尊敬重视。但也有例外者，如"食"部第17条："张成夜见一妇人，曰：'我蚕神也。明日正月半，宜作白膏粥祭我，当令君蚕桑百倍。'如言作粥祭之，大得蚕。今世人正月半作膏糜像此。"（《续齐谐记》）[①]此处张成为祭祀蚕神所准备的祭品是白膏粥，也就是用碾碎的粳米加入素油煮成的粥。还有用其他食物祭祀者，如第43条："张谷山嫂除夕制馄饨祀先。"（《池北偶谈》）[②]一般来讲，这样的祭祀对象多是家人祖先，或是民间小神。在大型的正式祭典上，所使用的祭品仍以酒肉为主。

7. 社交

《礼记·乐记》中讲道："食飨之礼，非致味也。"[③]对于古人来说，举办宴会，邀请客人宴饮的目的并不只是为了吃饭喝酒，更重要的是通过各种宴饮活动增进感情，密切联系，利用饮食来调和人与人之间的关系，并在饮宴中获得乐趣。"饮食"部第15条记："正月半后，士女每为'探春之宴'。"（《开元天宝遗事》）[④]宴会的中心并不是吃饭喝酒，而是在饮宴的过程中与亲友促膝谈心，增进感情。古人设宴名目众多，"烧尾宴""曲江宴""钱龙宴"等都是大家耳熟能详的经典宴会。整个宴会的过程充满乐趣，常有行酒令、斗烹茶等活动。"饮食"部第25条记："薛涛有姿色，尤工诗翰，高骈镇蜀。尝开宴，改一字令曰：'口，有似没量斗。'涛曰：'川，有似三条椽。'千里曰'奈何一条曲？'涛曰：'相公尚使没量斗，穷酒佐。三条椽有一条曲，又何足怪？'"（《洪度集附录》）[⑤]文人们在宴会中各展才华，构思出精巧有趣的各式酒令，在切磋才艺的

[①]《兔史》卷八〇《饮食门三》，第300页。
[②]《兔史》卷八〇《饮食门三》，第301页。
[③]《十三经注疏》，第1528页。
[④]《兔史》卷七八《饮食门一》，第289页。
[⑤]《兔史》卷七八《饮食门一》，第290页。

同时也为宴饮增加了不少乐趣。更重要的是，以饮食为媒介，人们在觥筹交错间相互交流，彼此互动，这才是饮宴最重要的目的所在。

（三）饮食差异明显

1. 地域差异

我国幅员辽阔，民族众多。不同地区、不同民族的风俗习惯大抵都有差别，饮食习惯也不例外。清人徐珂在《清稗类钞》中说道："食品之有专嗜者，食性不同，由于习尚也。兹举其尤，则北人嗜葱蒜，滇、黔、湘、蜀人嗜辛辣品，粤人嗜淡食，苏人嗜糖。"[①]民间也素有"南甜北咸，东辣西酸"之说。可以说饮食的地域化差异是由多种因素共同作用形成的。

（1）不同地区所产作物不同

不同地域所种植的作物和拥有的自然资源各有不同，一地产出的作物决定了当地饮食的主要趋向。正如张师正《倦游杂录》中所述："南方无好羊涪面，惟鱼稻为嘉，故南人嗜之。北方鱼稻不多，而肉面嘉，故北人嗜之。易地则皆然，不必相非笑也。"[②]我国西北地区草原面积广阔，农业相对落后，但畜牧业较为发达，故日常饮食中多见牛羊肉和乳制品。但也有个别例外的情况，如《饮食门》"果"部第101条所记："杨贵妃好食荔枝，南海所生尤胜。故飞驰以进。"（《常侍旨言》）[③]久居长安的杨贵妃喜食荔枝，因其颇得玄宗宠爱，故有了"一骑红尘妃子笑，无人知是荔枝来"的传奇故事，这需要拥有雄厚的经济实力和优越的运输条件作支撑，普通百姓的饮食基本仍是以当地物产为主。总的来说，中国古代社会各地饮食均以当地产出的作物为基础，形成具有地区差异性的饮食习惯。

---

① 〔清〕徐珂：《清稗类钞》，中华书局1984年版，第6238—6239页。
② 〔宋〕张师正撰，傅成、李裕民校点：《括异志 倦游杂录》，上海古籍出版社2012年版，第107页。
③ 《奁史》卷八二《饮食门五》，第311页。

（2）不同地区人们对饮食的偏好不同

造成不同地区居民饮食喜好不同的原因有很多，其中以不同地域的气候差异影响最为明显。例如"饮"部第43条讲道："番女皆嗜酒。"（《稗海纪游》）[①]"番"在过去是我国西部边境少数民族和外国的代称，由于当地气候较为寒冷，故常常需要饮酒取暖，妇女也不例外。西南地区湿气重，冬季阴冷潮湿，故当地人多食辣味食物以驱寒除湿。饮食习惯的地域差异并不严格依据行政区域而定，且具有一定的历史传承性。不同地域的饮食习惯都依托于当地的历史文化传统，并伴随着当地社会的整体发展而发展。地域之间并没绝对的界限，尤其在南北方、东西方交界的地方，常常表现出多地饮食习惯交融发展的状况。

（3）少数民族地区的特色饮食

在漫长的历史演进中，我国境内衍出生了众多的民族，相应地形成了许多独具特色的民族习惯，饮食习惯也包括其中，简单地说就是：差异不小，特色鲜明。如"食"部第14条记："苗妇以荷叶包饭，涧水浇而食之。"（《滇行纪程》）[②]少数民族聚居区有其独特的文化传统和宗教信仰，故在饮食上也与其他地域有所差异。此条所述"荷叶饭"就是西南地区苗族人民的一种传统食品，具有浓厚的地域特色。

2. 等级差异

在我国古代封建社会的大环境中，人与人之间具有明显的等级差别。贵族处于社会上层，故在饮食的方方面面都更为考究。相较而言，平民百姓的饮食就显得较为普通。如在饮食所用的器物方面，"饮食"部第51条记："文宗以酺饮为娱。嫔御别造黄金盏，以全莲荷菱芰为玦束盘。其实中空，盏满则可潜引入盘中。人初不知也，

---

① 《奁史》卷七九《饮食门二》，第297页。
② 《奁史》卷八〇《饮食门三》，第300页。

遂有'神明盏''了事盏'之号。"(《浃雪堂漫录》)① 第93条："秦嘉妇与嘉书曰：'今奉金错碗一枚，可以盛书水。琉璃碗一枚，可以服药酒。'"(《太平御览》)② 皇室贵族所使用的器物，不仅花样繁多，制作精巧，而且功能细化，使用过程也更为复杂而富有情趣，这是平民日常饮食难以企及的。即使是使用同一类型的器物，贵族与平民间的差异也十分明显，"饮食"部第70条记："有老母袖中出一瓢，令李筌取水。筌携往涧中，其瓢忽重百余斤，力不能举，便沉。"(《黄帝阴符经后序》)③ 紧接着第71条说道："安南国进皇后方物状，有金瓢一口。"(《天南行记》)④ 同样是舀水用的瓢，平民所用仅是普通的水瓢，而皇室所用则为金制，足见差距之大。

除了饮食所用器物的差异，王公贵族与平常百姓所食用的食物也有差距。"食"部第56条记："公主岁米一千五百石，亲王女岁米一千石，郡王女县主岁米五百石。"(《弇山堂别集》)⑤ "食"部第16条："徐孝克母病，思粳米粥，不能得。"(《陈书》)⑥ 对于平民来说即使生病也难得一见的粳米，在社会上层眼中却是再普通不过的粮食。相较而言，贵族大家的饮食制作更为精巧，且常有平常百姓餐桌上稀见的食物出现。如"肴"部第27条记："同昌公主下降广化里，上每赐御馔汤物，其馔有灵消炙、红虬脯。灵消炙，一羊之肉取之四两，虽经暑毒，终不见败。红虬脯，非虬也，但贮于盘中则健如虬。红丝高一尺，以箸抑之，无数分。"(《杜阳杂编》)⑦ 菜肴需要如此复杂的工序和如此精巧的制作，非皇室贵族恐怕也是无法承担的。

---

① 《奁史》卷七八《饮食门一》，第292页。
② 《奁史》卷七八《饮食门一》，第294页。
③ 《奁史》卷七八《饮食门一》，第293页。
④ 《奁史》卷七八《饮食门一》，第293页。
⑤ 《奁史》卷八〇《饮食门三》，第302页。
⑥ 《奁史》卷八〇《饮食门三》，第300页。
⑦ 《奁史》卷八一《饮食门四》，第304页。

饮食的差异不仅表现在统治阶层与平民之间，在统治上层内部亦表现出等级差异，如"肴"部第 48 条："秦会之夫人常入禁中。显仁太后言：'近日子鱼大者绝少。'夫人对曰：'妾家有之，当以百尾进。'归告会之，咎其失言，乃进青鱼百尾。显仁抚掌笑曰：'我道这婆子村，果然。'"（《语林》）① 第 50 条："至和间，皇后好食糟淮白鱼。吕文靖夫人欲献十奁。公曰：'两奁可耳。'夫人曰：'以备玉食，何惜也？'公曰：'玉食所无之物，人臣之家安得有十奁也？'"（《闻见前录》）②

虽然同样身处贵族之列，但是皇室与臣子之间仍然存在鲜明的等级界限。反映在饮食上就如以上两条所讲，皇室的食物等级始终要比臣子高，皇帝吃不到的东西，臣子们理应也吃不到。若是为人臣者比君主的饮食更高级，则属僭越，被视为大不敬。

综上所述，古代饮食文化中存在着明显的等级差异。社会地位高、经济实力雄厚者所享用的食物更为精巧贵重，且多有常人所不得见者。相对的，平民百姓的饮食则更为普通。社会上层内部也存在明显的界限，人们的地位高低常能通过饮食窥得一二。以上所述情状，虽然常人都略知一二，但是通过分析《奁史》中这些集中而丰富的史料，人们的这一认识会得到更加具体而深刻的印证。

三、《饮食门》所见古代女性形象

《奁史》一书以"雅驯"为宗旨，希望借由书中所征引的材料劝导女性不断完善自身，满足家庭和社会对她们的期望。《奁史·饮食门》从饮食的角度使我们得以一窥清人眼中理想的女性形象。

在长期奉行"男主外，女主内"这一社会分工模式的古代社会，女性一生中绝大多数的时间都在家庭中度过，较少参与社会活动，也

---

① 《奁史》卷八一《饮食门四》，第 305 页。
② 《奁史》卷八一《饮食门四》，第 305 页。

很少独立生活。尤其是嫁作人妇之后，除了肩负侍奉公婆、贞顺丈夫、生育教养子女的重任之外，还需持家有方，为家庭的兴旺发达发挥作用。这些成为评价一个女人是否合格的最重要的标准。作为中国古代社会厨房里绝对主角的女性，如何料理家庭中的饮食事务成为考察她们德行的一个重要方面。

（一）饮食中的"孝女"形象

虽然女性在一生中需要扮演多重角色，但是不论她们身处人生的哪一个阶段，都要恪尽孝道。《奁史·饮食门》中多处提及妇女如何从饮食上孝敬父母舅姑，具体来看，主要表现在尽力满足长辈在饮食上的需求，恭敬侍奉长辈饮食，以及饮食过程中的尊卑长幼有序等方面。未出阁的姑娘，理应孝顺自己的父母。例如卷八一"肴"部第45条："禹城县崔氏女孝。母卧病，隆冬思食鱼。女曰：'王祥卧冰得鱼，岂女子独不能耶？'乃往河中卧冰。凡十日，果得十鱼，鳞鬣稍异，食母而愈。人问女曰：'若卧冰如何？'女曰：'以身试冰，殊不寒也。'"（《女世说》）①《说文解字》卷八上《老部》云："孝，善事父母者。"②《孝经·纪孝行》也讲道："孝子之事亲也，居则致其敬，养则致其乐，病则致其忧，丧则致其哀，祭则致其严。五者备矣，然后能事亲。"③对于父母要体贴入微，尽心侍奉，如此才能谓之"孝"。

嫁作人妇后，也要对公婆尽孝，并以此获得夫家的肯定，这也是对自己父母孝顺的一种表现。《礼记正义》卷二七《内则》说道："妇事舅姑，如事父母，鸡初鸣，咸盥漱……及所，下气怡声，问衣燠寒，疾痛苛痒，而敬抑搔之……问所欲而敬进之，柔色以温之。"④如此详细地规定身为子女、媳妇应该如何侍奉长辈，足见古人对于孝道的

---

① 《奁史》卷八一《饮食门四》，第305页。
② 《说文解字》，第173页。
③ 《十三经注疏》，第2555页。
④ 《十三经注疏》，第1461页。

重视程度。尤其是在伺候父母长辈日常饮食方面，更是要尽心尽力，无微不至。卷七九"饮"部第98条："姜诗妻事姑甚孝。姑好饮江水，妻常鸡鸣溯流而汲。舍侧忽有涌泉，味如江水。"（《华阳国志》）①卷八〇"食"部第58条："焦花女事姑甚孝。姑病，值冬月，思新麦燎食之焦，恸苦求之河滨。忽得生麦穗焦，取归供姑。"（《莱州府志》）②对于父母公婆在饮食上的需要，不论多么困难，身为人女人媳，也应该尽最大的努力予以满足，以此体现对长辈的孝敬之心。在这一点上，即使贵为皇室成员也不例外。卷七八"饮食"部第80条："霍皇后五日一朝太后，于长乐宫亲奉案上食。"（《汉书》）③无论身份尊卑贵贱，尽孝既是儒家传统伦理的基本要求，也是所有人都应奉行的道德准则，对于女性来讲尤其如此。即使是不必亲自料理饮食的皇后，也要对待长辈谦逊有礼，按时亲携食案进奉饮食，以表孝敬之心。

出于教化女性的目的，《奁史》中还提到孝顺长辈的女性最终会获得福报。如卷八二"菜"部第72条记："郑邯母冬日病，或言啖杏实可愈。其妻杨氏求之邻郡，忽见杏实取归，姑喜食之，病渐瘳。明年夏，忽一日雷风甚劲，有二金龙长数尺，蟠绕杨氏左右臂，龙顶上有字曰：赐杨氏。"（《宣室志》）④古人对于因果报应之事向来笃信，《饮食门》正是利用这种报应故事，达到教化妇女尽心孝顺长辈的目的。

（二）饮食中的"贤妻"形象

在家庭关系中，夫妻关系是核心。《周易·序卦》说："有天地，然后有万物；有万物，然后有男女；有男女，然后有夫妇；有夫妇，

---

① 《奁史》卷七九《饮食门二》，第299页。
② 《奁史》卷八〇《饮食门三》，第302页。
③ 《奁史》卷七八《饮食门一》，第293页。
④ 《奁史》卷八二《饮食门五》，第310页。

然后有父子；有父子，然后有君臣；有君臣，然后有上下；有上下，然后礼义有所错。"① 嫁作人妇的女性既要照顾好丈夫的日常起居，又要为夫分忧，做好丈夫的大后方，扮演好"贤妻"的角色。在饮食方面表现为尽心照顾丈夫的身体健康，时时为夫着想。《饮食门》卷八二"菜"部第146条："兰香降张硕家，出薯蓣子三枚，大如鸡子。与硕云：'食此令君不畏风波，辟寒温。'"（《曹毗杜兰香传》）② 即使是下嫁凡人的仙女，也要恪守以夫为尊的原则，为丈夫的身体健康尽心料理饮食。

《饮食门》中还举出了许多对丈夫不敬顺的例子。如卷七八"饮食"部第19条："有掌兵官远戎，其妻宴客，竟夕笙歌。杜善甫赋诗云：'高烧银烛照云鬟，沸耳笙歌彻夜阑。不念征西人万里，玉关霜重铁衣寒。'"（《山书随笔》）③ 丈夫远在边关战场厮杀，身为人妻不仅不为丈夫担忧，反而夜夜笙歌，摆酒宴客，这在古人看来是难以忍受的恶劣行径，应当予以严厉的谴责。故此条借宋人杜善甫的诗表明对为人妻者此种行为的讽刺与不满。

古代社会女性嫁作人妇之后，除了料理家务、侍奉家人的饮食起居之外，还肩负着和睦家庭关系、打理家中大小事务的重任。卷八〇"食"部第19条说道："杨诚斋夫人罗氏，每寒月，黎明即起，作粥一釜，遍享奴婢，然后服役。"（《鹤林玉露》）④ 作为家庭的女主人，尤其是官宦家庭的女主人，在照顾家人之外，家庭内部事无巨细都需经手打理，对待下人也要恩威并施，通过为奴婢制作粥饭饮食来安抚人心，从而确保家庭生活的正常运转，不让在外忙碌的丈夫因为家事烦心，这也是身为"贤妻"的重要职责之一。

还有通过经商贴补家用者，如宋五嫂。卷八一"肴"部第63条：

---

① 《十三经注疏》，第96页。
② 《奁史》卷八二《饮食门五》，第313页。
③ 《奁史》卷七八《饮食门一》，第289页。
④ 《奁史》卷八〇《饮食门三》，第300页。

"宋五嫂鱼羹，尝经御赏，人所共趋。遂成富媪。"（《武林旧事》）[1]擅长烹调饮食的宋五嫂，因其制作的鱼羹味美而得到皇帝的嘉奖，引得人们争相前来品尝，从而获得了丰厚的经济收益。凭借自身的高超手艺，帮助增加家庭收入，提高家人的生活质量，为整个家庭的兴旺发达做出贡献，这也是"贤妻"为夫分忧的一个表现。

（三）饮食中的"慈母"形象

古代社会中男性主要忙于外务，家庭中的大小事务基本由女性操持，其中就包括对于子女的抚育和教养。在古代对孩子进行早期教育的主要是母亲，母亲对子女的教育，道德管教多于文化教育。即使子女进入学堂或是长大成人之后，母亲仍然有端正其品行，对其进行教育训导的责任。唐代女教名著《女论语》讲："训诲之权，实专于母。"[2]《女孝经》中讲到母亲要承担的教习幼子的内容有"男子六岁，教之数与方名；七岁男女不同席，不共食；八岁习之小学；十岁从师焉，出必告，返必面"，"女子七岁教之以'四德'，其母仪之道如此"。[3]《女学言行录》专门设有"训子之言"章，把"训子以德"列为妇德的重要内容。[4]《饮食门》中，常有母亲以食物教子的例子。卷八一"肴"部第65条："孟宗为监鱼池司马，取鱼作鲊寄母，母还之。"（《晋书》）[5]儿子借职务之便为母谋取福利，而母亲却退还不受。孟宗之母正是以此举教导其子勤俭为官的道理。即使是地位崇高的皇室贵族，在抚育孩子的问题上也时常需要亲力亲为，如卷八二"菜"部第159条："沈太后尝削瓜哺德宗，伤左拇指。"（《唐书》）[6]对于孩子的抚育和

---

[1] 《奁史》卷八一《饮食门四》，第306页。
[2] 〔唐〕宋若华：《女论语》卷八，光绪二十九年柏经堂刻本。
[3] 〔唐〕郑氏：《女孝经》，景印文渊阁四库全书本。
[4] 孙理兴：《中国古代妇女伦理模式述论》，载《道德与文明》2000年第3期。
[5] 《奁史》卷八一《饮食门四》，第306页。
[6] 《奁史》卷八二《饮食门五》，第313页。

教导，是每个身为人母的女性必须肩负的责任，不论社会地位高低、自身条件优劣，子女能够德才兼备，获得众人的嘉奖和褒扬，才是对为人母者的最大肯定。

（四）饮食中的"女仙"形象

中国古代的神仙之说起源于人们对于自然界和人类社会的粗浅认识。先民们将自然界和人类社会发展过程中种种无法解释、难以控制的现象想象成由一种常人所不具备的、神秘的力量所为。而这种力量的所有者，就是先民口中的神仙。

女性神仙是整个古代神仙群体当中一个十分重要的组成部分。《奁史·饮食门》作为一部古代女性专题类书，其中自然也收录了许多与女仙饮食有关的内容，我们可以从中一窥古人对于女仙乃至整个神仙群体的认识。需要说明的是，神仙信仰既是道教体系中的核心内容，也是民间信仰的重要组成部分。由于两者关系密切，相互融合，有时很难完全区分何为道教神仙信仰，何为民间神仙信仰，故笔者在本章只讨论《奁史·饮食门》所见女仙的具体形象，而不涉及其归属于道教体系或民间信仰体系的问题。

1. 世俗性的女仙

古代的神仙形象本就是由先民们想象出来的，所以在产生之初自然就带有凡人的部分特征。特别是在发展成为神仙信仰之后，为了能够拉近与民众的距离，尽可能扩大信众范围，加深其在民众当中的影响，对于神仙形象的描述表现出更多的世俗性色彩。这种世俗性在《饮食门》所收录地对女仙饮食的诸多描述中多有体现。如《饮食门》卷八二"菜"部第27条讲："临安七姑祠，其像乃七妇人。有王大光家清早启户，卖豆乳者来，七妇从宅出，就买，谓之曰：'汝少须于此，当持钱以还。'久而不出，阍卒以告大光。骇甚，往视七姑祠，豆乳正在香几上。"(《夷坚志》)① 贵为女仙的七姑,因为禁不住美食的诱惑,为了品尝人间的"豆乳"(即今天的豆浆),不惜化身民妇向凡人赊买。又如卷八〇"食"部第17条:"张成夜见一妇人,曰:'我蚕神也。明日正月半,宜作白膏粥祭我,当令君蚕桑百倍。'如言作粥祭之,大得蚕。今世人正月半作膏糜像此。"(《续齐谐记》)② 蚕神在要求张成祭祀她时,提出要用白膏粥作祭品。白膏粥是用白米经过长时间熬煮之后再在其上覆以素油的粥品。③ "不食人间烟火"的女仙们对于类似豆乳、白膏粥这样的平民食品也颇为钟爱,这充分表现出女仙的世俗性特征,拉近了人与仙之间的距离,使得神仙的形象不再那么遥不可及,而是呈现出与俗人有着相似性的仙人模样。

所谓三界五行之外者,神仙也。最初的神仙形象明显异于常人,以古代神仙体系中最为常见的女仙——西王母为例,《山海经·大荒西经》中讲道:"西海之南,流沙之滨,赤水之后,黑水之前,有大山,名曰昆仑之丘。有神,人面虎身,有文有尾,皆白处之。其下有弱水之渊环之,其外有炎火之山,投物辄然。有人,戴胜,虎齿,有豹尾,穴处,名曰西王母。"④ 从上文对西王母的描述中我们可以看到,此时西王母的形象还是半人半兽的骇人模样,具有很强的神秘色彩。到后来《汉武帝内传》的记述中,作者在谈到西王母时,称她"视之可年三十许,修短得中,天姿掩蔼,容颜绝世,真灵人也"⑤。俨然从最初的恐怖形象化身为一位端庄美丽的女神。也就是说,女仙形象在自身演变和发展的过程中,人性化的特征在不断加深。在饮食方面,则表现出与凡人有相似的饮食习惯、饮食喜好。

---

① 《奁史》卷八二《饮食门五》,第308页。
② 《奁史》卷八〇《饮食门三》,第300页。
③ 金桂云、钱英、丁伯慧:《世说撷英:长江流域的掌故》,武汉出版社2006年版,第363页。
④ 袁珂校注:《山海经校注》卷一一《大荒西经》,上海古籍出版社1980年版,第407页。
⑤ 《道藏》第五册,上海书店1995年版,第48页。

2. 特殊的女仙

在饮食上表现出与凡人有一定相似性的同时，《饮食门》中所述女仙也有其特殊性，主要表现在女仙拥有许多常人所不具备的特殊能力：

（1）不食

女仙们的饮食中少见荤腥五谷，而多以花草蔬果代之，有些神仙甚至完全不进任何饮食。如卷七九"饮"部第72条讲："子仙姑得道不食，李逸老见之问曰：'欲献茶一杯，可乎？'姑曰：'不食茶久矣，今勉强一啜。'既食，少顷，垂两手出，玉雪如也。须臾，所食之茶从十指甲出，凝于地，色犹未变，香气如故。"（《懒真子录》）[1] 子仙姑在成仙之后，不仅不食荤腥五谷，甚至连茶汤酒水也一概不进。《淮南子·人间训》中也有这样不食五谷以修养身心的例子："单豹倍世离俗，岩居谷饮，不衣丝麻，不食五谷，行年七十，犹有童子之颜色。"[2]

造成这种人仙之间饮食差异的原因在于古人认为神仙在修炼的过程中要尽量避免污浊之气，保持身体的洁净清香，并且戒除凡世的一切欲望，最终才能羽化升仙。而荤腥五谷会在体内产生浊气，影响修炼，所以应该尽量避免食用。正如卷八一"肴"部第2条记："麻姑降蔡经家名进行厨，皆金盘玉杯，肴膳多是花果，而香气达于内外。"（《神仙传》）[3]

神仙们的理想饮食当如葛洪所推崇的："餐朝霞之沆瀣，吸玄黄之醇精，饮则玉醴金浆，食则翠芝朱英。"[4] 因此女仙们的食物多

---

[1] 《奁史》卷七九《饮食门二》，第298页。
[2] 何宁：《淮南子集释》卷一八《人间训》，中华书局1998年版，第1298页。
[3] 《奁史》卷八一《饮食门四》，第303页。
[4] 王明：《抱朴子内篇校释》卷三《对俗》，中华书局1985年版，第52页。

是清香淡雅的蔬果或酒类,而少见荤腥五谷,以此达到洁净身体、延年益寿之功效。

（2）长生

元明间道人张三丰在《大道论》中说:"仙道者,长生之道也。"①修仙练道的根本就是修炼长生之道。在古人的神仙信仰中,女性仙人不仅能够长生不死,还能青春永驻。如《饮食门》卷八二"菜"部第133条记:"昌容,商王女也,食蓬蔂根二百余年,而颜色如二十许人。"(《女仙传》)②通过服食特殊的食物,女性能够永葆青春,这是凡间饮食无论如何也做不到的,以此来突出女仙与凡人的不同,表明女仙的特殊能力。

（3）仙术

在古人对于神仙的描写中,神仙们大多拥有凡人所不具备的仙术,女仙们也不例外。《饮食门》中所述女仙们所具备的仙术主要有:

以物易物:所欲之物能够凭借手边之物转换而来,几乎不费吹灰之力,这正是古人眼中神仙之术最吸引人的地方。《饮食门》卷七九"饮"部第73条记:"潘璋妾有仙术,璋思建溪新茶,妾即拈块土置掌内,揉碎嘘呵,付外碾细沦之,真奇品也。"(《夷坚志》)③潘璋妾为夫以土易茶,转瞬之间即得,表现出女仙仙术的强大。

授药:女仙的仙术在《饮食门》中还表现在授人以神药这方面。如卷八三"药"部第10条:"有江叟登白鹤山,忽有两女子出授神药,云服此当为水仙。女子盖龙女也。"(《岳州府志》)④

又《饮食门》卷八三"药"部第2条:"姑射谪女曰:命莲华

---

① 蒋元庭等:《道藏辑要:毕集·张三丰先生全集·大道论上》,巴蜀书社1995年版,第3页。
② 《奁史》卷八二《饮食门五》,第312页。
③ 《奁史》卷七九《饮食门二》,第298页。
④ 《奁史》卷八三《饮食门六》,第314页。

童子以朱洞琼泉进九天先生,盖长生上药也。"(《修真录》)①

不论所授是成仙之药还是长生之药,这都是非神仙所不能及的神奇能力,所授之药正因为有了女仙仙术的作用才会产生这些神奇的效果。由此可见女仙能力之强。正是因为女仙具备这些特殊的能力,才使得长期以来人们热衷于神仙信仰和修炼成仙之术,期盼通过自身修炼最终得道成仙,拥有非凡的能力。

经过翻检《奁史·饮食门》,我们对古代社会女性在家庭中所扮演的各种角色,由女儿到媳妇、妻子再到母亲,如何具体实践儒家所标榜的"妇德",有了一个较为全面的了解。除了这些传统的女性形象外,《饮食门》还为我们提供了许多描述女仙形象的材料。这些材料经过以王初桐为代表的士大夫们的选择和梳理之后,《奁史·饮食门》中欲表现的古代女性理想形象就跃然纸上了。

---

① 《奁史》卷八三《饮食门六》,第314页。

《井臼门》里的古代妇女劳作

作者 陶阳

《夜史》卷四二"井臼"门共一卷,只有"操作"一个子目,收录有关古代女性操作生活的内容110条,引书99部。学界至今没有对《井臼门》做系统的整理与研究,专注于古代妇女家庭劳动内容的论著也甚为缺少。

高世瑜的《中国古代妇女生活》[①]中有"劳动篇",它从妇职的角度,即蚕桑纺织、手工劳作、农业与劳役、商业和其他职业5个方面对古代妇女劳动内容做了系统的记录。另有一些相关论文散见于对某一朝代的妇女家庭生活的研究,如《汉代平民妇女家庭生活研究》[②]《宋代平民妇女家庭生活研究》[③]《北朝妇女家庭生活研究》[④]等。基于这样的现状,本文在点校整理的基础上,将《夜史·井臼门·操作》中所见妇女劳动内容分为三大类:家庭劳作、采集之事、田间劳动,尝试对古代妇女劳动的具体内容进行深入挖掘与探索。

一、《井臼门·操作》:妇女家庭劳作

井,《玉篇·井部》:"井,穿地取水也。"[⑤]臼,《说文·臼部》:"舂也。古者掘地为臼,其后穿木石。象形。中,米也。"[⑥]井臼,即取水舂米,泛指操持家务。操,《说文·手部》:"操,把持也。"[⑦]段玉裁注:"把者,握也。"本义是拿,握在手里。操作,指劳动。宋李纲有诗曰:"儿童玉立形骨清,挈笠携筐助操作。"《后汉书·逸

---

① 高世瑜:《中国古代妇女生活》,商务印书馆1996年版。
② 邵爱玲:《汉代平民妇女家庭生活研究》,曲阜师范大学硕士学位论文,2017年。
③ 马玉凤:《宋代平民妇女家庭生活研究》,兰州大学硕士学位论文,2013年。
④ 张菊芳:《北朝妇女家庭生活研究》,西北师范大学硕士学位论文,2012年。
⑤ 〔宋〕陈彭年:《重修玉篇》卷二〇,清文渊阁四库全书本,第193页。
⑥ 〔汉〕许慎:《说文解字》,中华书局2013年版,第145页。
⑦ 《说文解字》,第252页。

民列传第七十三·梁鸿》："鸿曰：'吾欲裘褐之人，可与俱隐深山者尔。今乃衣绮缟，傅粉墨，岂鸿所愿哉？'妻曰：'以观夫子之志耳。妾自有隐居之服。'乃更为椎髻，着布衣，操作而前。鸿大喜曰：'此真梁鸿妻也。能奉我矣！'"

早在原始社会时期，男女分工已经产生。男子在外，作战、打猎、捕鱼、制作工具，获得食物来源；妇女管家、采集、做饭、缝纫，自然地成了"家庭的主人"。从历史的发展过程看，无论家庭形态和家庭功能怎样变化，女性始终是家庭劳动的主要承担者。《奁史》引《小名录》："恭王妻郭昌，号郭主，好节俭，手常操作。"① 又引刘珍《东观汉记》："冯衍妻任氏悍，忌不蓄媵妾，常自操井臼。"② 再引《岳阳风土记》："江西妇人皆习操作，衣服之上，以帛为带，交结胸前后，富者至用锦绣，其实便操作也。"③ 可见，上自贵族名士，下至普通百姓，家庭劳动已经成为妇女劳动的主要内容。妇女也为社会文明的发展做出了贡献，然而"由于以往的传统史学研究并不重视妇女，妇女史的资料极为零散，既缺乏系统性，更难于查找，而《奁史》一书则为研究者研究某一问题集中了较为系统的史料"④。研究妇女在日常生活中从事的家庭劳动，可以帮助我们认识古代妇女的社会贡献和精神风貌，对促进妇女史和社会史研究都有积极意义。以下，笔者将《奁史·井臼门》中所见妇女的家庭劳动内容分门别类，加以论述。

（一）汲水

《说文·水部》："汲，引水于井也。"⑤《广雅·释诂》中对

---

① 〔清〕王初桐：《奁史》卷四二《井臼门》引《小名录》，《续修四库全书》，上海古籍出版社2002年版，第1251册，第624页。
② 《奁史》卷四二《井臼门》引《东观汉记》，第624页。
③ 《奁史》卷四二《井臼门》引《岳阳风土记》，第624页。
④ 臧健：《奁史——古代妇女生活的百科全书》，载《中国典籍与文化》1994年第3期。
⑤ 《说文解字》，第236页。

汲的解释为:"取水于井谓之汲。"汲水,指从井里取水,也可指打水。

《奁史》中所见妇人取水的途径有两种:

第一是汲井。《奁史》引《世说新语》:"王汝南少无婚,自求郝普女。既婚,果有令姿淑德。生东海,遂为王氏母仪。或问汝南何以知之,曰:'尝见井上汲水,容止不失常,以此知之。'"①此外从《渊类集》中记载钱舜举有《张丽华侍女汲井图》,也可知汲水于井是妇人取水的常见途径。首都博物馆藏有一明器绿釉陶井,井沿上有汲水用的小水罐,生动地再现了东汉人汲水的场景。

图 1 绿釉陶井

第二是外出汲水。《奁史》引《尚书大传》:"伊尹母方孕,行汲,化为枯桑。其夫寻至水滨,见桑穴中有儿,乃收养之。"②又引《睽车志》:"蜀中有小吏山行,日将暮,见道傍一妇人携汲器立溪侧,小吏就丐饮,且挑狎之。妇人初无难色,吏引手扪其胸臆间,毛长数寸,冷如冰。惊呼而走,妇人大笑,挈汲器徐步而去。"③可见,妇人外出汲水,多至河流溪水旁。

上条材料中提及"汲器",即取水时所用的器具,除了汲水罐之外,《奁史·井臼门》收录材料中所见的汲器还有瓮、木盆等。

瓮,《说文·瓦部》:"瓮,罂也。"④本义为盛东西的陶器,一般口小腹大,多用来盛水、酒。《庄子·天地》中言:"子贡南游

---

① 《奁史》卷四二《井臼门》引《世说新语》,第624页。
② 《奁史》卷四二《井臼门》引《尚书大传》,第624页。
③ 《奁史》卷四二《井臼门》引《睽车志》,第624页。
④ 《说文解字》,第269页。

于楚,反于晋,过汉阴,见一丈人方将为圃畦,凿隧而入井,抱瓮而出灌。"①《夵史》中引《太平广记》:"唐僧圆泽,见妇人锦裆,负瓮而汲,曰:'此吾托身之所也。'至暮泽亡,而妇乳。"②瓮,因其小口、腹鼓、平底和重量适中的特性,成为常见的汲水工具。

木盎,《夵史》引《入蜀记》:"峡中妇人汲水,皆负木盎于背。"③盎,古代的一种盆。《说文·皿部》:"盎,盆也。"④《急就篇》:"缶、盆、盎一类耳。缶即盎也,大腹而敛口;盆则敛口而宽上。"⑤盆、盎略有差别。

(二)舂米

舂,《说文·臼部》:"舂,捣粟也。从廾,持杵临臼上。"⑥即把稻谷等粮食放进臼中,用杵捣去谷皮。《夵史》中收录舂米使用的器具有臼、杵、碓。例如引《太平广记》:"齐州刘十郎穷贱,与妻佣舂自给。忽一宵舂杵中折,凌旦,有新杵在臼旁,夫妇惊喜。自是穿地,得隐伏之货,家累千金。以碓杵为神赐,宝藏之。"⑦

碓,创始于秦汉之际,是由木、石组合而成的舂米工具。它的结构是用柱子架起一根木杠,杠的一端装一块圆形的石头,用脚连续踏另一端,石头就连续起落,去掉下面石臼中的糙米的皮。操作石碓时,

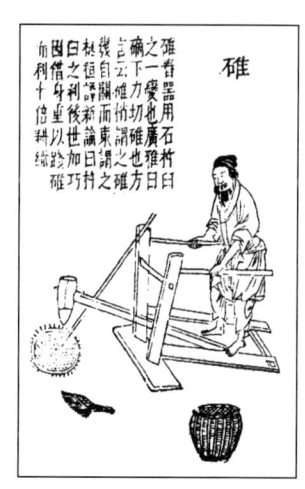

图2 碓

---

① 〔战国〕庄周:《庄子》,中华书局2010年版,第177页。
② 《夵史》卷四二《井臼门》引《太平广记》,第624页。
③ 《夵史》卷四二《井臼门》引《入蜀记》,第624页。
④ 《说文解字》,第99页。
⑤ 〔汉〕史游:《急就篇》,四部丛刊本,第17页。
⑥ 《说文解字》,第145页。
⑦ 《夵史》卷四二《井臼门》引《太平广记》,第625页。

图 3 舂米画像砖

图 4 五彩耕织图瓶（局部）

利用了杠杆原理，既节省了人力，又提高了生产效率。1955 年，在四川省彭山县出土了一块东汉时期的舂米画像砖。此砖上部是一个干栏式粮仓，左下部有两人正在踏碓舂谷，右下部有一人正在持桶倾倒已舂完的谷，另一人持双扇扬风除糠。此画像砖中使用的足碓舂米的方法，即是利用了杠杆原理。

故宫博物院收藏有清康熙"五彩耕织图瓶"，瓶身以五彩绘养蚕、碓米两组主题纹饰，并且题有《舂碓诗》："娟娟过月墙，簌簌风吹叶。田家当此时，村舂响相答。行闻炊玉香，会见流匙滑。更须水转轮，地碓劳蹴踏。"真实生动地向我们展示了人们足碓舂米的劳动方式。

舂米，对普通人家的女性来说只是繁复家务劳动中的一项。但在宫廷之中，它却被当作一种刑罚。如《奁史》引《汉书》记载"吕后囚戚夫人于永巷，髡钳衣褚，令舂"和"江都王宫人，有过者，令以铅杵舂"[①]。

（三）柴火

柴与火，对于古代人们日常生活尤为重要，无论是哪个阶层的女性，添置柴火都是一项重要的家务劳动。《奁史》中记《女世说》：

---

① 《奁史》卷四二《井臼门》引《汉书》，第 624 页。

"王良为大司徒，司徒史鲍恢过候其家，见良妻布裙曳柴从田归。"①柴火甚至可以作为重要的赏赐之物。《奁史》收辑《弇山堂别集》条目记载："永乐八年，赐宁国长公主柴、炭各三万斤。"②不仅如此，人们对于柴炭的木质也有要求，比如宫中烧柴炭，用的是像鸽羽一样青黑色的优质木炭。

吹火，《奁史》中收录妇人吹火做饭的材料只有两条。一是引《盘洲集》："有夫自外归，见妇吹火，赠诗曰：'吹火朱唇动，添薪玉腕斜。遥看烟里面，一似雾中花。'"③二是引《三元延寿书》："有妇吹火，筒中蜈蚣入腹，刺猪羊血灌之，即吐出。"④由此可知，妇人生火不易，一边直接用嘴巴吹火，一边添柴，容易形成烟雾。而使用吹火工具筒，虽然可以助燃，但有时也会发生难以预料之事。

（四）烹饪

在汲水、舂米、打柴生火等准备工序完成之后，妇人就要进行厨房中最重要的工作——烹饪。"烹"就是煮的意思，"饪"，《说文》释为"大熟也"⑤，即将食物煮得烂熟。烹饪，即是烧煮食物。陆游有诗《食荠十韵》："采撷无阙日，烹饪有秘方。"据《奁史·井臼门》所引《文海披沙》："蔡姬所造馒头，有葱味而不见葱。其法，用葱不切入馅，而留馒头上一窍，候其熟，即拔去葱，而以面塞其窍。蔡姬，李沧溟侍儿也。"⑥记载了一种做馒头的秘方。

1. 烹饪方法与技能

《奁史》中还收录了古代妇女操作中常见的烹饪方法，如炒，《南史》："齐刘皇后尝归宁，共营祭食，后助炒胡麻，未及索火，火便

---

① 《奁史》卷四二《井臼门》引《女世说》，第625页。
② 《奁史》卷四二《井臼门》引《弇山堂别集》，第626页。
③ 《奁史》卷四二《井臼门》引《盘洲集》，第625页。
④ 《奁史》卷四二《井臼门》引《三元延寿书》，第625页。
⑤ 《说文解字》，第102页。
⑥ 《奁史》卷四二《井臼门》引《文海披沙》，第626页。

自然。"① 再如煮，杨万里诗："江妃有诀煮真珠，菰饭牛酥软不如。"② 三如调羹，《女红余志》记有龙辅诗："独谙郎食性，厨下自调羹。"③

但是，对于古代妇女来说，仅仅掌握常用的烹饪方法，还是不够的，比如在贵族家庭中，婢女还要掌握其他的特别厨艺，以便适应主人家的需求。《奁史》引《避暑录话》："梅圣俞有婢善斫鲙，欧阳公等每思食鲙，必提鱼往就圣俞家。"④ 中国国家博物馆中就收藏了一块北宋时期的妇女斫脍雕砖，生动地展现了妇女剖鱼做饭的场景。

又辑录《辍耕录》："铉翁欲求一容貌才艺兼全之妾，忽有以奚奴者至，姿色固美，问其艺，则曰：'能温酒。'左右皆笑，公漫尔留试之。及执事，初甚热，次略寒，三次微温，公方饮。既而每日并如初之第三次。公喜，遂纳焉。终公之身，未尝有过不及时。公死，囊橐⑤昔为所有，因而巨富。人称曰'奚娘子'者是也。"⑥ 可见，除了普通的烹饪方式，女子若能精于其他特殊的烹调手艺，将会为自己增添闪光点，甚至能改变自己的境

图 5　妇女斫脍雕砖

遇。厨艺精湛，对于古代女性生活发展的重要性不言而喻。所以在一

---

① 《奁史》卷四二《井臼门》引《南史》，第 626 页。
② 《奁史》卷四二《井臼门》引《诚斋集》，第 626 页。
③ 《奁史》卷四二《井臼门》引《女红余志》，第 626 页。
④ 《奁史》卷四二《井臼门》引《避暑录话》，第 626 页。
⑤ 囊橐：指行李财物。
⑥ 《奁史》卷四二《井臼门》引《辍耕录》，第 626 页。

些地方，人们不以女子针线缝纫为功，但以躬于厨庖为善。如《奁史》记《投荒杂录》："岭南人家教女，不以针缕绩纺为功，但躬庖厨为大好女，故争聘者相语曰：'吾女裁袍补袄都不会，治水蛇黄鳝即一条胜一条矣。'"①

图 6 庖厨画像砖

2. 烹饪时使用的炊具

妇女进行烹饪时，要使用各种炊具。中国国家博物馆收藏有一件宽 40 厘米、高 25 厘米的汉代庖厨画像砖，从中可以看出汉代肉食加工的方法主要是炙和蒸煮，炊具主要是灶、釜和甑。

《奁史》中提到的炊具可以分为两种。第一种是锅类，具体包括：

釜，《汉语大字典》释为"古炊器。敛口圆底，或有二耳。其用如鬲，置于灶，上置甑以蒸煮。盛行于汉代。有铁制的，也有铜制或陶制的"②。釜用途多样，可用来煎、炒、煮，是今天我们所用锅的"始祖"。但是《奁史》引《武林旧事》"宫中有娠，赐暖水釜五个"③中的"暖水釜"，与炊具"釜"不同。它是用来贮存热水的容器，安放在孕妇近处，以保证日夜供应热水，类似于今天的暖水瓶。

鬻，古代的饮食器具，形如大釜。《说文·鬲部》："鬻，大釜也。一曰鼎大上小下若甑曰鬻。"④ 经常与釜组合，例如《诗经·桧风·匪

---

① 《奁史》卷四二《井臼门》引《投荒杂录》，第 626 页。
② 汉语大字典编辑委员会编纂：《汉语大字典》（第二版），崇文书局 2010 年版，第 2187 页。
③ 《奁史》卷四二《井臼门》引《武林旧事》，第 627 页。
④ 《说文解字》，第 57 页上。

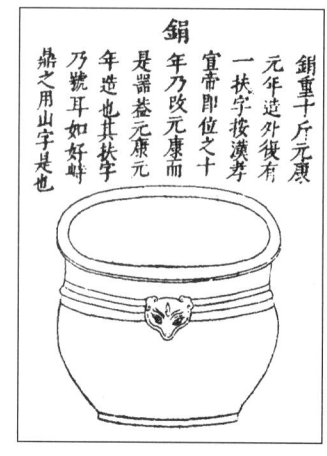

图 7 铜铫　　　　　　　图 8 鋗

风》:"谁能亨(烹)鱼？灌之釜鬵。谁将西归？怀之好音。"① 意思是:谁能给我烹调鱼啊，要刷洗好烹调的锅具。谁将要西归，带上我的佳音。

铫、鋗，《急就篇·卷三》:"铜钟鼎鋞鋗鍖铫。"② 颜师古注为温器。又《广雅·释器》中说"鋗，谓之铫。"③《奁史》引《梦书》:"梦得新铫鋗，取妇好也。"1990 年 5 月，陕西省兴平市南位镇张里村汉陵砖厂在取土时发现了一从葬坑，清理出了带有铭文的铜铫。

第二种是其他辅助类器具，有面杖、勺、笊篱。

面杖，亦作"擀面杖"，是一种用来压制面条、面皮的工具，多为木制。《奁史》中引《语林》:"(宋)太祖姊方在厨，引面杖击太祖。"④ 面杖，自古流传至今，是厨房中常见的工具。

笊篱，也是自古使用的烹饪工具。它是用竹篾、柳条、铅丝或铁丝等编成，形状酷似蜘蛛网。《奁史》引《留青日札》:"何仙姑

---

① 王秀梅译注:《诗经》，中华书局 2006 年版，第 203 页。
② 《急就篇》，第 17 页。
③ 〔三国魏〕张揖:《广雅》卷七，明刻本，第 23 页。
④ 《奁史》卷四二《井臼门》引《语林》，第 626 页。

为人饭姬,故肩掮筲篱。"①《齐民要术·饼法》记载:"拣取均者,熟蒸,曝干。须即汤煮,筲篱漉出,别作臛浇。"②由此可见,筲篱的用途就是在烹饪时捞取食物,使之与油或汤水分离。

二、妇女采集之事

"在人类的发展进化过程中,最初的物质资料的生产就是原始采集。采集活动在原始初民生活中的重要地位是现在人类无法想象的。"③

采集活动在旧石器时代前期就已经开始,主要由女子进行。它与由男子从事的狩猎活动一起,成为原始先民维持基本生存的重要手段。人类学研究指出:"人类历史发展过程中,大约90%的时期一直以小规模的狩猎采集群体而存在……据推测,公元前1万年左右,世界人口约1000万,全部为狩猎采集者……已经在地球上生活过的80亿人口中,大约90%的人以狩猎采集为生,6%的人从事农业,剩下的4%的人生活于工业社会中。"④《韩非子·五蠹》中言:"古者丈夫不耕,草木之实足食也;妇人不织,禽兽之皮足衣也。"⑤

随着社会生产力的发展,采集劳动不再是人们赖以生存的生产方式,而慢慢变为农业劳动的补充。这种补充,依然由妇女承担,并且成为她们家务劳动的一部分。《奁史·井臼门》收录有关采集的内容有14条,大体可分为植物类与动物类。

---

① 《奁史》卷四二《井臼门》引《留青日札》,第627页。
② 〔北魏〕贾思勰:《齐民要术》卷九,四部丛刊本,第117页。
③ 杨玲:《从〈诗经〉"草木兴起"看我国古代的植物崇拜》,载《中山大学学报论丛》2004年第2期。
④ 崔明昆:《论狩猎采集文化的生态适应》,载《思想战线》2002年第3期。
⑤ 〔清〕王先慎撰,钟哲点校:《韩非子集解》卷一九《五蠹》,中华书局1998年版,第443页。

（一）植物类

采，《说文·木部》："采，捋取也。从木，从爪。"① 罗振玉《增订殷虚书契考释》："象取果于木之形，故从爪、果，或省果从木。取果为采，引申而为樵采及凡采择。"② 所以，从"采"的本义来看，它与植物直接相关，采集的对象主要是植物。《奁史》所见妇女采集植物的种类较多，故笔者又将其细分为水生植物类与陆生植物类。

1. 水生植物类：莲（荷）、菱、莼、蘋、藻

莲，即荷，也称芙蕖、芙蓉、菡萏、水芙蓉等，是多年生草本植物，生于浅水之中。莲叶为圆形，花大，颜色呈淡红色或白色，具有极高的观赏价值。莲的地下茎叫藕，肥大而长，有节，可供食用。种子叫莲子，可供入药。

以此可见，采莲即是由于莲花的观赏价值和经济价值而产生的农事劳动。笔者前文已经提到，采集主要是由妇女承担的劳动，相比其他的采集劳动，采莲更具美感与活力。《奁史》引《宋史·乐志》："女弟子队有采

图 9 莲

莲队，衣红罗生色绰子，系晕裙，戴云鬟髻，乘彩船，执莲花。"③ 关于采莲，有学者指出："到了唐代，采莲具备了丰富的象征功能。采莲成为南方水乡最具特征性、代表性的场景；采莲活动是南方女子最日常的劳动；采莲女是江南女子的代名词。"④

---

① 《说文解字》，第 120 页上。
② 《汉语大字典》（第二版），第 2177 页。
③ 《奁史》卷四二《井臼门》引《宋史·乐志》，第 627 页。
④ 俞香顺：《中国文学中的采莲主题研究》，载《南京师范大学文学院学报》2002 年第 4 期。

《井臼门》里的古代妇女劳作

《奁史》所引《侍儿小名录拾遗》提道："杨爱爱，本钱塘倡家女。年十五，尚垂髫，性善歌舞。七月七日，泛舟西湖，采荷香，为金陵少年张逞所调，相携潜逃，旅于京师。逾年，逞为父捕去，爱爱留巷中，好事者百计图之不可得。后三年，念逞不置，感疾而死。爱爱死，小婢子锦儿，出其绣手籍、香囊、缅履数物，香皆郁然而新。"① 由此可见，男女情爱也是采莲所承载的特殊功能。

菱，一年生草本植物，果实即菱角，既可食用，也可入药。莼，多年生草本植物，叶子椭圆形而浮于水面，嫩叶可以食用。《奁史·井臼门》引《女世说补》记载："南宋寒门陈氏，有三女无男，父病母嫁，三女因年饥，自采菱莼，贸于养父。人争欲娶之，长女伤慨茕独，誓不肯行。"② 可见，在贫苦家庭中，采集也是家庭获得经济来源的有效方式之一。

图 10 菱

蘋、藻都是蕨类植物，除了食用之外，它们也被用于祭祀。《左传·隐公三年》："苟有明信，涧溪沼沚之毛，蘋蘩薀藻之菜，筐筥锜釜之器，潢污行潦之水，可荐于鬼神，可羞于王公。"③ 用蘋、藻来祭祀，是因为它们生长于水中，尤其是溪涧之中，洁净美好，用于祭祀宗庙神灵再适合不过。《奁史》引《异苑》就有"长山朱郭夫妻采藻涧滨，得二铜釜"④ 的记载。

---

① 《奁史》卷四二《井臼门》引《侍儿小名录拾遗》，第627页。
② 《奁史》卷四二《井臼门》引《女世说补》，第627页。
③ 〔周〕左丘明传，〔晋〕杜预注，〔唐〕孔颖达正义：《春秋左传正义》，北京大学出版社1999年版，第74—76页。
④ 《奁史》卷四二《井臼门》引《异苑》，第628页。

2. 陆生植物类：茶、薇、葛、茉荑、叶

茶，是我们的国之饮品。中国人喝茶历史悠久，范围广泛，上至帝王将相、文人墨客，下至平民百姓、挑夫小贩，于是人们常说"开门七件事，柴米油盐酱醋茶"，可见茶对于中国人的重要意义。因为好茶，采摘茶叶就成了一项重要的农事劳动；如何采茶、在何时采茶就变得十分讲究。《奁史》引《岭南杂记》："潮州灯节，饰采茶女十二人，手挈花篮而歌。余录其一首：'三月采茶向水滨，娘在房中绣手巾。两头绣出茶花朵，中央绣出采茶人。'"① 又引《闽海丛谈》："闽宫中有茶树二株，郁茂婆娑，宫人呼为'清人树'。春时，嫔嫱戏摘新芽，设倾筐会。"② 以上两则材料都描述了春季采茶的劳动场景，这主要是因为春季雨量充沛、温度适中，加上茶树经过冬季的休养生息，茶芽肥硕柔软，色泽翠绿，茶香醉人。人们一般将采摘越冬后的茶树第一次生长的茶芽称为春茶、头水茶、头帮茶。

薇，一年或二年生草本植物，叶子可食用。《本草纲目·菜部·薇》记："薇生麦田中，原泽亦有，故《诗》云'山有蕨、薇'，非水草也。即今野豌豆，蜀人谓之巢菜。蔓生，茎叶气味皆似豌豆，其藿作蔬、入羹皆宜。"③ 可见古人所谓的薇，其实是今天的野豌豆、大巢菜。在古代，薇菜多为贫苦者所食用。曹植《杂诗》中就记有"毛褐不掩形，薇藿常不充"④ 的情形。《奁史》引《楚辞章句》："昔有女子采薇，有所惊而走，北至回水之上，止而得鹿，家遂昌炽"⑤，反映了下层贫苦人民渴望摆脱艰辛生活，家庭兴旺昌盛的美好愿望。

葛，多年生草本植物，呈柔软的藤条状，其茎可编篮做绳，纤

---

① 《奁史》卷四二《井臼门》引《岭南杂记》，第627页。
② 《奁史》卷四二《井臼门》引《闽海丛谈》，第627页。
③ 〔明〕李时珍：《本草纲目》，人民卫生出版社1979年版，第1669页。
④ 〔三国魏〕曹植著，赵幼文校注：《曹植集校注》卷三，人民文学出版社1984年版，第393页。
⑤ 《奁史》卷四二《井臼门》引《楚辞章句》，第628页。

维可以织布。块根肥大，可以制为淀粉，也可以入药。采葛活动产生较早，《诗经》不仅记有表示采葛女子意象的作品，也有描述葛的生长环境的史料，如"葛之覃兮，施于中谷，维叶萋萋"①，以及"葛生蒙楚，蔹蔓于野"②，由此可见葛生长于山谷之中，生长在野外。《奁史》也记录一则姑嫂去山中采葛的故事："宋乾德间，象州傲氏女与嫂独孤氏赴天盖山采葛，皆坠泉中死。经月余，乃于空中呼父母曰：'吾仙女也，有过，谪人间，数满当还。'"③

图 11 葛根

茱萸，古有在农历九月初九重阳节佩戴茱萸驱邪避恶之俗。除了可以当作配饰之外，茱萸还有药用价值，《奁史》中收录《西乡县志》言："九日，妇女以口采茱萸，可治心痛之疾。"④可见茱萸可治心痛之症。

（二）动物类

采集的对象主要是植物，然而并非只有植物。《奁史》引《太平寰宇记》就记载了一则女子采螺的故事，"昔有贫女采螺，见众螺张口，啗其肉，贫女死，因葬水旁，其冢化为巨石，号'螺女石'。"⑤由此可知，妇女采集的对象除了植物外，还涉及动物昆虫。

---

① 《诗经》，第5页。
② 《诗经》，第162页。
③ 《奁史》卷四二《井臼门》引《广西通志》，第628页。
④ 《奁史》卷四二《井臼门》引《西乡县志》，第628页。
⑤ 《奁史》卷四二《井臼门》引《太平寰宇记》，第628页。

三、妇女田间劳动

"自古以来,中国一直是一个以农业经济占主导地位的国家,'男耕女织'即是对中国传统农业文明中男女分工的高度概括。其实,客观来说,'男耕女织'只是一个概括或术语而已,在特定的历史时段和特殊的社会环境中,广大妇女不仅从事纺织等手工业劳动,还积极参与到以田间劳作为代表的农业生产中去。"[1]除了炊爨、洒扫、采集、制衣等,妇女还广泛参与耕种、除草、收割等农业劳动。

(一)耕种

古语云:"仓廪实,天下安;稻谷欠,天下乱。"粮食,是历代国家治国安邦的根本,而耕种则是粮食生产的前提与保障。在中国古代,耕种对于个人家庭、社会国家尤为重要,因此,妇女从事田间劳动也就变成了一种生存和生活需要。《奁史》引《香祖笔记》中记载了一位年过百岁的老人仍在耕种的事迹:"汉中有老妪,年百二十岁,晨出田间栽种。"[2]又如引《宋史》:"仁宗曹皇后性慈俭,重稼穑,常于禁苑种谷。"[3]可见,除了普通身份的妇女之外,连母仪天下的皇后也会勤于耕种。

(二)除草

自古以来,杂草与农作物一直是相生相克。生于田地里的杂草,不仅会与农作物争夺土壤中的水分和生存空间,有时候还会严重影响作物的生长与收获。为了保证作物收成,古代人们一直都是以耕锄为手段来控制杂草的生长。而除草相较耕种而言,无须太大力气,更多的是需要耐心和仔细,故女性多参与其中。"夫耕于前,妻锄

---

[1] 房占红:《秦汉时期妇女在家庭中的经济地位研究》,载《中国社会经济史研究》2016年第1期。
[2]《奁史》卷四二《井臼门》引《香祖笔记》,第629页。
[3]《奁史》卷四二《井臼门》引《宋史》,第629页。

于后"是古代常见的农家劳动景象。《奁史·井臼门》引《三国典略》"梁萧栋与其妻执锄锄菜"①,就记载了梁萧栋与妻子一同拿着锄头除草。我们也可以从新疆克孜尔千佛洞壁画《西晋锄地图》中了解古人们的除草劳动。

图 12 西晋锄地图

(三) 其他劳动

妇女在广泛参与田间作业的同时,为了提高劳动效率,还要兼顾其他。《奁史》概录《番社②采风图考》:"番妇稼穑辛苦,常襁负子而犁。"③又有文章记载:"土著妇女育儿,以大布为襁褓。有事耕种,则系布于树,较枝桠相距远近,首尾结之若悬床,风动枝叶,儿酣睡其中,不颠不怖。饥则就乳,醒仍置之。"④可见妇女在耕种的时候,还要随身照顾孩子。《奁史》又引《入蜀记》:"峡中妇人足踏水车,手犹绩麻不置。"⑤以上都可以看出妇女劳作的艰辛。

(四) 馌饷

馌,《说文·食部》:"馌,饷田也。"⑥馌饷,即给田间耕作的人送饭。《诗经·七月》中记载了农夫和妻儿往田里送饭的场景:"同我妇子,馌彼南亩,田畯至喜。"⑦《奁史·井臼门》辑录《侯

---

① 《奁史》卷四二《井臼门》引《三国典略》,第 629 页。
② 番社:台湾少数民族的部落生活组织。番妇,即指台湾土著妇女。
③ 《奁史》卷四二《井臼门》引《番社采风图考》,第 629 页。
④ 乾隆《番社采风图考》,转引自刘正刚、曾繁花:《清代台湾土著妇女的日常》,载《西北民族大学学报》(哲学社会科学版) 2010 年第 2 期。
⑤ 《奁史》卷四二《井臼门》引《入蜀记》,第 629 页。
⑥ 《说文解字》,第 120 页上。
⑦ 《诗经》,第 215 页。

鲭录》："东坡在昌化，行歌田间，馌妇曰：'内翰昔日富贵，一场春梦。'坡然之。里人因呼为'春梦婆'。"① 又录《泉州府志》："官胜娘夫耨田，胜娘馌之。见一虎方攫其夫，胜娘奋挺击之，虎舍去，胜娘负夫归。"② 从这两则材料中可以看出，馌饷作为农夫田间劳作的体力补充，是妇女参与田间劳动的重要内容。

除此之外，妇女承担的劳动还有缝洗衣物、洒扫、钓鱼等。在一些少数民族区域，妇女还从事担负重物的劳动。《奁史》引《海槎余录》："黎俗，贸易，妇女担负接踵于路，男子则不出也。"③ 又引《岭南杂记》："惠州妇女挑盐肩水，往来如织。"④ 还辑录《老学庵笔记》中的一则资料："辰、沅、靖州，蛮妇人负物，皆束于背。"⑤ 一些少数民族生活的地区，妇女也承担着家中运输重物等劳动。

通过对《奁史·井臼门》一卷的整理研究，可见古代女性所从事的劳动，并不局限在家务和家内，她们参与的户外劳动同样充满意外和危险。《井臼门》收录女子劳作时不慎跌入沟壕深泉或有恶人调戏挟持等事情有十余处。女子和男子一起为家庭和社会创造社会财富，但在"男主外，女主内"的传统观念中，妇女做出的社会贡献往往被忽视，在浩如烟海的历史记载中也只是几笔带过。笔者希望本文多少能够引起人们对于《奁史》及其相关内容的研究兴趣，改变对古代妇女劳动单一化的刻板观念。

---

① 《奁史》卷四二《井臼门》引《侯鲭录》，第 629 页。
② 《奁史》卷四二《井臼门》引《泉州府志》，第 629 页。
③ 《奁史》卷四二《井臼门》引《海槎余录》，第 629 页。
④ 《奁史》卷四二《井臼门》引《岭南杂记》，第 629 页。
⑤ 《奁史》卷四二《井臼门》引《老学庵笔记》，第 629 页。

《技艺门》内外的女子技艺活动

作者 张平

中国古代女子参与的技艺活动大致可分为三种类型：智力与技巧型、观赏与娱乐型、运动与力量型。《奁史·技艺门》辑录了古代女子所参与的各项技艺活动，与现代意义上的体育概念有几分相似，但又不完全相同。这些活动除了强身健体和消遣外，有的是为祭祀活动或庆祝节日。所用器材不仅展现了中国古代的手工业水平，也展示了古代女子的聪明才智和当时丰富多彩的社会文化。

学术界对古代女子技艺缺乏必要的关注，只在女子体育活动的历史信息方面有一些研究成果，如林思桐的《试论我国古代女子体育的兴衰及其主要原因》[1]、高丽和张选惠的《中国古代女性观的嬗变与女子民间体育的历史回顾》[2]、樊六东的《汉代女性体育研究》[3]、柯昕和赵亮的《唐宋妇女体育分析》[4]、薛廷利和李金梅的《论唐代多元化女子体育》[5]等。本文在《奁史·技艺门》点校勘误的基础上，主要运用形象史学方法，借鉴现代考古研究成果和相关图像，对古代女子的技艺活动进行研究，既可以填补相关领域中的空白，又可以拓宽妇女史的研究范围。

一、智力与技巧型的女子技艺

智力与技巧型的女子技艺，包括弈棋和博戏。这种技艺因为占地面积小，多在宫廷或屋内举行，运动量不太大，主要靠智力取胜，因而颇受历代女子喜爱。

---

[1] 林思桐：《试论我国古代女子体育的兴衰及其主要原因》，载《体育科学》1982年第2期。

[2] 高丽、张选惠:《中国古代女性观的嬗变与女子民间体育的历史回顾》，载《武汉体育学院学报》2010年第3期。

[3] 樊六东：《汉代女性体育研究》，载《体育文化导刊》2010年第11期。

[4] 柯昕、赵亮：《唐宋妇女体育分析》，载《体育文化导刊》2009年第4期。

[5] 薛廷利、李金梅:《论唐代多元化女子体育》，载《北京体育大学学报》2010年第4期。

(一) 纤手执子巧棋艺：女子弈棋

1. 弈围棋

据《世本》记载，围棋为尧所创造，东晋《博物志》也提到古代围棋产生于尧舜时期。春秋战国时期的典籍就有关于围棋的记载，如《论语·阳货》："子曰：'饱食终日，无所用心，难矣哉！不有博弈者乎，为之犹贤乎已。'"朱熹注曰："博，局戏也。弈，围棋也。"[①]敦煌壁画中有《弈围棋图》。

图1 宋代《弈围棋图》

图2 五代《弈围棋图》

古代女子也参与下围棋。目前可查较早记录女子下围棋的是《西京杂记》："戚夫人侍高帝……八月四日，出雕房北户，竹下围棋。

---

① 〔宋〕朱熹：《四书章句集注·论语集注》卷九《阳货第一七》，中华书局1983年版，第181页。

胜者终年有福，负者终年疾病。"① 说的正是汉代后宫妃子陪侍皇帝下围棋，并与宫女们弈棋作乐，以输赢来占卜终年"有福"或"疾病"的故事。唐代张籍有《美人宫棋》："趁行移手巡收尽，数数看谁得最多。"② 王建亦有《夜看美人宫棋》："宫棋布局不依经，黑白分明子数停。"③《奁史·技艺门》有描写女子弈棋画面："纤指拈棋，踌躇不下，静观此态，尽足消魂。"④ 下围棋不仅是宫廷女子喜欢的技艺，平民女子也对下围棋情有独钟。《南史》记载女棋手娄逞："先是，东阳女子娄逞变服诈为丈夫，粗知围棋，解文义，遍游公卿，仕至扬州议曹从事。事发，明帝驱令还东。逞始作妇人服而去，叹曰：'如此之伎，还为老妪，岂不惜哉。'此人妖也。"⑤《南史》评娄逞其人为"人妖"，可见古代女子即使技艺高超，但依然因地位不高而难以施展技艺，受限颇多，着实令人感叹惋惜。《集异记》记载玄宗朝棋手王积薪学弈棋之事："寓宿于山中孤姥之家。……忽闻堂内姑谓妇曰：'良宵无以适兴，与子围棋一赌可乎？'……积薪一一密记。"⑥《奁史》记载"沈赛娘善棋"⑦，"徐幼芬七岁能与父奕"⑧，都是民间女子善围棋之事例。

现藏台北故宫博物院的《汉宫春晓图》、陕西甘泉县出土的金代墓壁画、唐代围棋仕女绢画、明姜隐所绘《芭蕉美人图》、明仇英所绘《仕女围棋图》、明代青花瓷器、清代五彩盖罐上描绘的都是女

---

① 〔晋〕葛洪：《西京杂记》卷三，中华书局1985年版，第19页。
② 〔唐〕张籍：《张籍诗集》，中华书局1959年版，第67页。
③ 〔唐〕王建：《王建诗集》，中华书局1959年版，第77页。
④ 〔清〕王初桐：《奁史》卷五二《技艺门》引《闲情偶记》，《续修四库全书》，上海古籍出版社2002年版，第1252册，第41页。
⑤ 〔唐〕李延寿：《南史》卷四五，中华书局1975年版，第1143页。
⑥ 〔宋〕李昉等编：《太平广记》卷二二八，中华书局1961年版，第1749页。
⑦ 《奁史》卷五二《技艺门》引《坦庵长短句》，第41页。
⑧ 《奁史》卷五二《技艺门》引《精华录》，第41页。

图 3 明代仇英绘《汉宫春晓图》局部

图 4 陕西甘泉县金代墓壁画中的博弈画面

图 5 明代姜隐绘《芭蕉美人图》

图 6 唐代围棋仕女绢画

图 7 明代仇英绘《仕女围棋图》

图8 明代宣德景德镇窑青花仕女图罐上的弈棋场景　图9 清代康熙五彩仕女图盖罐上的博弈场景

子弈围棋的场面。

由上可知，下围棋是一项颇受古代女子喜欢、靠智力取胜的技艺。

2. 下象棋

关于象棋的起源说法不一，主要流行六种说法：舜创始说、周武王创始说、先秦创始说、汉代创始说、韩信创始说、印度传来说。[①]《楚辞》中可见"箟蔽象棋，有六簙些"[②]的记载。发展到北周，有"象戏"一说，类似象棋的雏形。史书记载："五月己丑，帝制《象经》成，集百僚讲说。"[③]《象经》这部书在正史目录中也有收录，多被列于子部兵家类，现已失传。发展到唐代，由于统治者的推崇，象棋成为人们日常生活中比较流行的游艺。经过流传发展，到宋代象棋逐渐定型为今天可见的三十二子象棋。

女性也是这种活动的积极参加者。据《梁公九谏·第六谏》记载："则天睡至三更，又得一梦。梦与大罗天女对手着棋，局中有子，旋

---

① 王永平：《游戏、竞技与娱乐——中古社会生活透视》，中华书局2010年版，第236页。

② 王泗原校释：《楚辞校释·屈原·招魂》，中华书局2014年版，第147页。

③〔唐〕李延寿：《北史》卷一〇《周本纪下第十·高祖武帝》，中华书局1974年版，第355页。

被打将，频输天女。"到第二天武则天上朝时，狄仁杰为其解释这个梦的含义："陛下梦与大罗天女对手着棋……盖谓局中有子，不得其位，旋被打将，失其所主。今太子庐陵王贬房州千里，是谓局中有子，不得其位，遂感此梦。"① 众多学者认为此条记载的"棋"正是"象棋"。② 狄仁杰是借下象棋劝谏武则天召回被废黜的庐陵王。

《北狩见闻录》中记载，显仁后"尝用象戏局子，裹以黄罗，书康王字，贴于将上，焚香祷曰：'今三十子俱掷于局，若康王字入九宫者，主上必得天位。'一掷，其将果入九宫，他子皆不近，太后手加额喜甚。"③ 靖康之难发生后，显仁后不知赵构即位，遂取象棋棋子裹上黄色罗纱进行占卜。宋萧照为表现赵构即位之"上天祥应"而作的《中兴瑞应图》是此事件更为直观的描述。图中站在象棋桌前的可能正是显仁后，可见她抬手抛掷象棋子，身后还有几位后宫女子一同观之。亦有诗文咏此事："靖康字谶启金微，名罩黄罗局上飞。"④ 宋徽宗所作《宣和宫词》也体现着宫廷女子下象棋之乐："白檀象戏小盘平，牙子金书字更明。"⑤《吴友如画宝》中有女子下象棋图，

 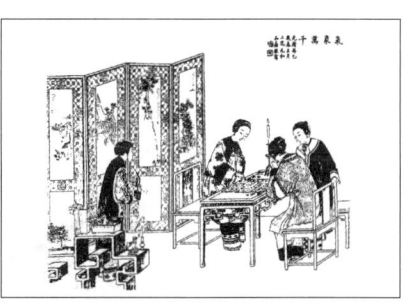

图10 宋代萧照绘《中兴瑞应图》局部　　图11 《吴友如画宝》中的下象棋图

---

① 〔宋〕佚名：《梁公九谏·第六谏》，士礼居丛书景旧抄本。
② 《游戏、竞技与娱乐——中古社会生活透视》，第238页。
③ 〔宋〕曹勋编次：《北狩见闻录》，中华书局1985年版，第5页。
④ 〔清〕厉鹗等撰，虞万里校点：《南宋杂事诗》卷二，浙江古籍出版社1987年版，第59页。
⑤ 〔明〕毛晋辑：《二家宫词·宋》卷上，中华书局1985年版，第2页。

名《气象万千》。图中女子坐立于棋桌之前,立者单手执子正欲落下,坐者聚精会神凝视棋盘,旁有他人围观。这幅图将女子下象棋的神形描绘得栩栩如生。

象棋在古代女子生活中不仅仅是娱乐的工具,也是一种精神寄托。

3. 玩弹棋

关于弹棋的起源,有很多流行的说法,如:"弹棋者,仙家之戏也。昔汉武帝平西域,得胡人善蹴鞠者,盖衒其便捷跳跃,帝好而为之。群臣不能谏,侍臣东方朔因以此艺进之,帝就舍蹴鞠,而上弹棋焉。"① 弹棋大致在西汉时期就已经出现,并且自宫中开始流行。再如《奁史》云:"弹棋,起自魏宫,妆奁戏也。"② 这是说弹棋起源于魏宫,是后宫女子用梳妆的镜匣等物来玩的一种棋类游戏。

关于弹棋的玩法,《后汉书》注引《艺经》记载:"弹棋,两人对局,白黑棋各六枚,先列棋相当,更先弹也。其局以石为之。"③ 从记载大

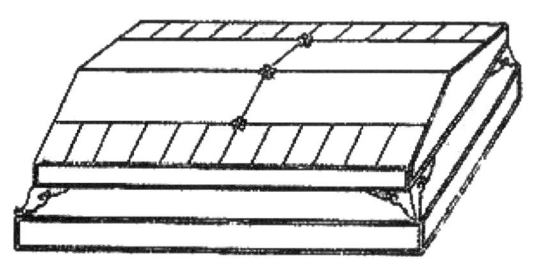

图 12 日本正仓院藏唐代弹棋盘图

致可知当时流行的弹棋是两个人的游戏,棋盘用石头做成,此类材质更易于棋子滚动。考古发现藏于日本正仓院的中国古代木质弹棋盘,可见棋盘中部竖向隆起,玩时应为横置,两边有格线,隆起倾斜有助于棋子的滚动,增加了棋子滚过中部凸起部分的难度。

---

① 〔清〕严可均校辑:《全上古三代秦汉三国六朝文·先唐文》,中华书局 1958 年版,第 8487 页。

② 《奁史》卷五二《技艺门》引《酉阳杂俎续集》,第 42 页。

③ 〔南朝宋〕范晔撰,〔唐〕李贤等注:《后汉书》卷三四,中华书局 1965 年版,第 1178 页。

据记载,中国古代宫廷女子很喜爱弹棋。《弹棋经》云:"建安中,宫人以金钗、玉梳,戏于妆奁之上。及魏文帝受禅,宫人更习弹棋焉。"①《晋书》记载十六国时期石遵与后庭女子玩弹棋,有人来抓他时"遵时方与妇人弹棋"②。"弹棋镜奁上,傅粉高楼中"③"弹棋玉指两参差,背局临虚斗着危"④,描绘的就是后宫女子弹棋的场景。非常可惜,这种娱乐活动已经失传,我们只能从古人的诗词里寻觅当时女子弹棋的身影了。

(二)忘忧清乐争博戏:女子博戏

"博"相比弈棋更具趣味性,古代女子也多有参与此类活动。《论语正义》提道:"盖弈但行棋,博以掷采而后行棋,后人不行棋而专掷采,遂称掷采为博。"⑤其所记载的博戏不似正式的弈棋类活动,多是一种掷骰行棋或掷骰为戏以争赌输赢的娱乐活动。诸多画像石或者壁画中有博戏图。其中大多没有细分到具体名目,故笼统地将其称为博戏图。如出土于魏晋壁画墓中的诸多砖画和汉画中的博戏图,均说明了古代博戏流传广泛。

除了壁画、画像砖之外,还有立体木雕俑也展现着古人博戏之形态。

对于女子博戏,《奁史·技艺门》的记载比较丰富,其形式多种多样,所提到的博戏名目众多。其中较为典型的有摴蒱、双陆等。

1. 摴蒱

摴蒱也作樗蒲,是古代女子有所参与的掷骰行棋的活动之一。

---

① 《奁史》卷五二《技艺门》引《弹棋经后序》,第42页。
② 〔唐〕房玄龄:《晋书》卷一〇七,中华书局1974年版,第2790页。
③ 〔南朝宋〕郭茂倩编:《乐府诗集》卷七六,中华书局1979年版,第1074页。
④ 《王建诗集》,第90页。
⑤ 〔清〕刘宝楠撰,高流水点校:《论语正义》卷二〇《阳货第十七·十九章》,中华书局1990年版,第706页。

图 13 《博戏图》彩绘画砖

图 14 《弈六博图》彩绘画砖

图 15 汉画《宴乐博戏图》

图 16 彩绘木雕博戏俑

由于摴蒲所用五个投子是用樗木而制成,故又称"五木"。摴蒲相传为老子所创,《纲鉴易知录》记载:"摴蒲,传系老子入胡作,今人掷之为戏。"[1] "秦汉时期非常流行的六博在其发展中越来越复杂,

---

[1] 〔清〕吴乘权等辑,施意周点校:《纲鉴易知录·东晋纪·安皇帝》,中华书局1960年版,第883页。

从而较为简单的摴蒲在人们的日常生活中流行开来。"①

摴蒲也出现在女子的日常生活中。《北史》云："祖孝征令诸姬掷摴蒱为娱。"②《晋书》中还有胡奋之女胡芳与晋武帝"摴蒲，争矢"③。女皇武则天也喜欢摴蒲，《旧唐书》："若内殿曲宴，则二张、诸武侍坐，樗蒱笑谑，赐与无算。"④讲述女皇武则天喜欢摴蒲，故而宠臣张易之等和武氏之人都陪着她玩摴蒲。另代国长公主也深谙摴蒲之戏，《唐代国公主碑》中记载："代国公主……摴蒱、弈棋，尽得微妙。"⑤《南唐书》中又记载："昭惠周后采戏、弈棋，靡不绝妙。"⑥可见皇室后宫中的女子颇喜爱妙趣横生的摴蒲之戏。故而也有宫词咏之，如岑参所作："红牙缕马对摴蒲，玉盘纤手撒作卢。"⑦《本事诗》云："季袭美令宛平，政暇，即与姬妾摴蒱。"⑧可见达官贵人之家的姬妾也会摴蒱，以消遣时光或陪侍夫君游戏。

2. 掷骰子

相对于摴蒲而言，玩法更为简单的是骰戏。骰戏是单纯掷骰为戏而不需行棋的游艺活动，也称作"采（彩）戏"或者"投琼"，在古代女子之中颇为流行。

宫廷女子之中，掷骰子较为流行。《清异录》记载开元时期后宫佳丽众多，侍寝的女子难以决断取舍，故"为彩局儿以定之：集

---

① 吴玉贵：《中国风俗通史·隋唐五代卷》，上海文艺出版社2001年版，803页。
② 《奁史》卷五二《技艺门》引《北史》，第42页。
③ 《晋书》，第962页。
④ 〔后晋〕刘昫等：《旧唐书》卷七八，中华书局1975年版，第2706页。
⑤ 〔明〕郭宗昌：《金石史》卷下《唐代国公主碑》，中华书局1991年版，第25页。
⑥ 〔宋〕陆游：《南唐书》卷六，中华书局1985年版，第40页。
⑦ 〔清〕徐珂编：《清稗类钞·赌博类·博时有妓陪侍》，中华书局2010年版，第4878页。
⑧ 《奁史》卷五二《技艺门》引《本事诗》，第42页。

宫嫔，用骰子掷，最胜一人乃得专夜。官珰私号骰子为剉角媒人"[1]。唐开元时期，后宫女子基本掌握了掷骰游戏的技巧。唐玄宗和杨贵妃经常掷骰作乐，玄宗大喜而"赐四绯"，所以才有后来骰子上红色的四点。"唐时投琼，惟么一点红，余五字皆黑，明皇与贵妃彩战将北，惟四可解……果成四，上悦，赐四绯，至今不易。"[2] 由此可见宫廷之中博戏掷彩的流行，且生动地展现了女子参与掷骰子的画面。南唐昭惠周后颇有才情技艺，也喜爱掷骰游戏，南唐后主李煜称赞之："采戏传能，弈棋逞妙。"[3]

3. 打双陆

双陆也作"双六"，其起源有不同说法。《资治通鉴》中有："陈思王制双六局，置骰子二。"[4] 这里的"陈思王"即曹植，可见双陆之戏在曹魏时期就已经出现。也有说双陆是由印度传来的舶来之戏。双陆在魏晋南北朝时期就已开始流行，发展到唐代更为盛行。双陆以木为棋盘，一般呈长方形，左右各六路。敦煌莫高窟唐代的壁画中有弈双陆图，唐墓中也出土了双陆棋盘。

图 17 唐代《弈双陆图》

双陆玩法较围棋更为简单有趣，故深受古代女子喜爱。《唐国

---

[1] 〔宋〕陶谷：《清异录》卷一，中华书局 1991 年版，第 14 页。
[2] 《奁史》卷五二《技艺门》引《文奇豹斑》，第 42 页。
[3] 〔清〕董诰等编：《全唐文》卷一二八《李煜·昭惠周后诔》，中华书局 1983 年版，第 1286 页。
[4] 〔宋〕司马光编著，〔元〕胡三省音注：《资治通鉴》卷一六二，中华书局 1956 年版，第 5006 页。

《技艺门》内外的女子技艺活动

史补》云:"天后梦双陆而不胜,召狄梁公说之。梁公对曰:'宫中无子之象是也。'"① "无子"在此一语双关。武则天因此事经过考虑又召回李显,立其为太子。唐中宗与韦后也颇爱双陆之戏。《旧唐书》中就有记载"武韦双陆"而中宗为之点筹的故事:"及得志,受上官昭容邪说,引武三思入宫中,升御床,与后双陆,帝为点筹,以为欢笑。"② 虽然此则无关佳话,但见唐代皇室后宫双陆流行之甚,女子通晓其艺。另《明皇杂录》记载:"上每与贵妃及诸王博戏,上稍不胜,左右呼雪衣娘,必飞入局中鼓舞,以乱其行列,或啄嫔御及诸王手,使不能争道。"③ 唐玄宗与贵妃等博戏将败之时,"雪衣娘"便将棋局扑乱。可见后宫女子也是比较精通双陆之技的。王建《宫词》描述了宫女们玩双陆的妙趣:"各把沉香双陆子,局中斗累阿谁高。"④

图18 唐代双陆木棋盘

图19 唐代周昉绘《内人双陆图》局部

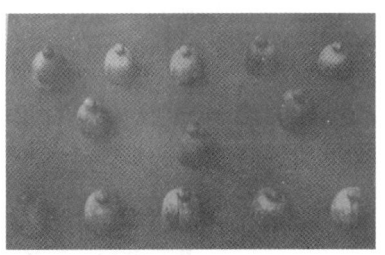

图20 唐代象牙雕双陆棋子

---

① 〔唐〕李肇:《唐国史补 因话录》卷下,上海古籍出版社1979年版,第61页。
② 《旧唐书》卷五一,第2172页。
③ 〔唐〕郑处诲、裴庭裕:《明皇杂录·逸文·雪衣娘》,中华书局1994年版,第58页。
④ 《王建诗集》,第90页。

唐代画家周昉作《内人双陆图》，描绘了唐代贵族女子下双陆棋的形态，图中二人对棋，二人观之，对棋之人纤手执子，凝神于棋盘。双陆棋子在今天也有发现，如由唐弘化公主墓出土的象牙所制的双陆棋子。皇族女性的随葬品中有双陆棋子出现，可知双陆在当时皇室女子成员中颇为流行。

（三）其他游艺

叶子戏可谓是中国古老的纸牌游戏，在古代女子的生活中也有出现。关于叶子戏的起源，文献记载多见于唐末。如《资治通鉴》云："唐末有叶子之戏。"① 关于叶子戏的起源，目前比较流行的说法是唐代女子叶茂莲与贺州刺史李郃共同创制此戏。② 如《文献通考》中记载："世传叶子，妇人名也，撰此戏。晚唐之时。"③

叶子戏自创制后，因道具获取方便，玩法简单，很快就流传开来，在宫廷女子之中比较流行。《杜阳杂编》中有关于同昌公主玩叶子戏的记载："同昌公主下嫁于韦氏，韦氏诸宗妃好为叶子戏，夜则以红琉璃盘盛夜光珠，光明如昼。"④ 又有南唐后主妃周氏也好叶子戏，并著有和叶子戏相关的书籍。《国史·经籍志》云："《击蒙小叶子格》一卷，李后主妃周

图 21 《吴友如画宝》中的叶子戏图

---

① 《资治通鉴》卷一六二，第 5006 页。
② 《太平广记》卷一三六，第 978 页。
③ 〔元〕马端临：《文献通考》卷二二九《经籍考·五十六·子·杂艺术》，中华书局 2011 年版，第 6285 页。
④ 〔唐〕苏鹗：《杜阳杂编》卷下，中华书局 1985 年版，第 27 页。

氏传。"① 除此之外，周氏还编订过《遍金叶子格》《新定遍金叶子格》等。② 这都是古代女子深谙叶子戏技艺的展现。《吴友如画宝》叶子戏一图中，摹绘了四位女子手拿叶子牌聚众行乐之态。

智力与技巧型技艺是中国古代社会女子生活中比较常见的活动，其中以皇室后宫中的女子为主体，她们或是消遣娱乐，或是修习技艺侍君侍主，有的游艺还带有独特的神秘色彩，诸多记载都展现着古代女子的智巧形态和蕙质兰心，令人赞叹。

二、观赏与娱乐型的女子技艺

观赏与娱乐型的女子技艺主要包括斗戏、猜射游戏、抛球戏、百戏等。这些技艺多半在户外举行，以玩耍为主，娱乐性质很浓，且有众多人观看。

（一）争奇斗艳参斗戏

1. 斗草

斗草是古代常见的娱乐活动，多为女子所喜爱。斗草分为"武斗"和"文斗"。③ "武斗"是比草的坚韧性，大致是二人各持一草交成十字状，用力互拉，先断者输；"文斗"主要是通过花草品种和数量来决定胜负，也有比花草的质量、花式品种的多寡优劣，以新奇少见、珍贵、寓意吉祥者为胜。南朝时宗懔《荆楚岁时记》记载："五月五日，谓之浴兰节。荆楚人并蹋百草。又有斗百草之戏。"④ 斗草游戏在魏晋南北朝时就在民间流行，可以说是从端午节人们外出郊游踏青中衍

---

① 〔明〕焦竑辑：《国史·经籍志三》卷四《子类》，商务印书馆1939年版，第231页。
② 〔宋〕郑樵：《通志》卷六九《艺文略》，商务印书馆1935年版，第810页。
③ 陈彦：《陕西关中斗草考略》，载《体育文化导刊》2012年第12期。
④ 〔南北梁〕宗懔著，姜彦稚辑校：《荆楚岁时记》，岳麓书社1986年版，第34页。

图 22 《斗草图》　　　　图 23 《斗草图》局部

生的,如《岁华纪丽》记载:"端午结庐蓄药,斗百草。"①

斗草的轻便和审美都比较符合女性柔美的特点,故而这种游戏在古代女子中的流传比较广泛,关于斗草的文献记载出现也较早。《奁史》中记载:"吴王与西施尝作斗百草之戏,故刘禹锡诗云:'若与吴王斗百草,不如应是欠西施。'"②春秋末期吴王和西施就已在宫中玩斗百草。"谢灵运鬓甚美,临刑,施为祇洹寺维摩诘鬓。"唐中宗女儿安乐公主为了在斗草中取胜,竟然"欲广其物色,令驰驿取之,又恐为他人所得,因剪弃其余"③。唐代宫廷女子对斗百草兴趣浓厚,多将其作为娱乐活动来消遣时光。和凝《宫词》"花下贪忙寻百草,不知遗却蹙金蝉"④,讲的是宫女为斗草而遗失物品却浑然不觉,可见其在宫女中颇受喜爱。

---

① 〔清〕翟灏撰,颜春峰点校:《通俗编·附直语补证》卷三〇《草木》,中华书局 2013 年版,第 424 页。
② 《奁史》卷五二《技艺门》引《词林海错》,第 40 页。
③ 《奁史》卷五二《技艺门》引《国史纂要》,第 40 页。
④ 〔清〕彭定求等编:《全唐诗》卷七二七,中华书局 1960 年版,第 8399 页。

女子斗草也流传于民间，《奁史》有相关记载："孙棨为福娘题诗窗左，如其自述云：'无端斗草输邻女，更被拈将玉步摇。'"①《三才图会》中亦有男子斗草图，可与女子斗草的文献记载比较来看。

古人除了斗草之外，还玩斗花。

斗花，实际属于斗草的一种。每至春时，万物复苏，奇花异草争奇斗艳。女子多喜爱花草，故有与花草相关的娱乐活动。斗花游戏方式简单，在宫廷风靡许久，亦流传于民间。"春日，妇女喜为斗草之戏，郑谷诗云：'何如斗百草，赌取凤凰钗。'"②女子斗花，不惜赌上自己的首饰。《花史》中记载"长安士女春时斗花，以奇花多者为胜，皆以千金市名花，植于庭，以备春时之斗"③，体现着女子们

图 24 《斗花图》

对春日斗花的重视。《清异录》中五代十国时期南汉君主"刘铄在国，春深，令宫人斗花，凌晨开后苑，各任采择，少顷敕还宫，锁花门……宫人出入，皆搜怀袖……法制甚严，时号花禁，负者献，要金要银买燕"④。从皇室后宫中人们对庭苑中百花的重视，足见当时宫廷女子对斗花游戏的热衷程度。

斗花时，女子各显其能，"戴插以奇花多者为胜"⑤。

---

① 《奁史》卷五二《技艺门》引《北里志》，第40页。
② 《奁史》卷五二《技艺门》引《五色线》，第40页。
③ 《奁史》卷五二《技艺门》引《花史》，第40页。
④ 〔北宋〕陶谷：《清异录》，中华书局1991年版，第14页。
⑤ 〔五代〕王仁裕撰，曾贻芬点校：《开元天宝遗事》卷下，中华书局2006年版，第49页。

2. 斗茶

斗茶又称"斗茗""茗战",是中国古代社会斗戏的一种,主要流行于上层女子及文人雅士之间,是饮茶品茶的一种风雅游戏。中国古代社会饮茶风气益盛,故而"品茗"逐渐盛行,"斗茶"应运而生。相比于茶农以茶好坏而斗的方式,女子"品茗"斗茶着实更为有趣。

较早的关于女子斗茶的记载有《梅妃传》:"明皇一日与梅妃斗茶,忽顾诸王戏曰:'此梅精也,斗茶又胜我矣。'"① 可见斗茶是当时宫廷中的娱乐游戏,参与者也有女性。《美人尝茶行》中"朱唇啜破绿云时,咽入香喉爽红玉"② 描绘了女子品茶的曼妙之态。北宋才女李清照也曾在《金石录·后序》中描写品茶往事:"余性偶强记,每饭罢,坐归来堂烹茶,指堆积书史,言某事在某书某卷第几叶第几行,以中否角胜负,为饮茶先后。中即举杯大笑,至茶倾覆怀中,反不得饮而起。"③ 李清照与丈夫赵明诚赌书斗茶的方式很是文雅别致。这种文雅的品茶斗戏不仅受到文人士大夫的喜爱,也得到了很多有才识的女子的青睐。

(二)扑朔迷离巧猜射

1. 藏钩

藏钩是一种古代女子也有参与的传统猜物游戏,多是宴会上玩的集体游戏和饮酒时的娱乐活动。藏钩之戏的起源与女子关系密切。《奁史》提道:"藏钩,俗呼为'行彄',盖妇人所作。"④

关于藏钩如何进行,《奁史》记载:"钩弋夫人少时,右手拳,帝披其手,得一玉钩,而手寻展,故因为'藏钩'之戏。"⑤ 大多情

---

① 《奁史》卷五二《技艺门》引《梅妃传》,第41页。
② 《全唐诗》卷五九一,第6857页。
③ 〔宋〕赵明诚著,刘晓东、崔燕南校点:《金石录》,齐鲁书社2009年版,第257页。
④ 《奁史》卷五二《技艺门》引周处《风土记》,第40页。
⑤ 《奁史》卷五二《技艺门》引《汉武故事》,第40页。

况下藏钩需要分组进行，一只玉钩在众女子之中传递。想要及时准确猜出流动于数十人手中的钩在谁之手，并非易事，因此该游戏妙趣横生，成为宫廷女子消遣时光或者宴饮助兴的流行游戏。《汉书》较为详细地记载了汉代后庭女子的藏钩之戏："孝武钩弋赵倢伃……女两手皆拳，上自披之，手即时伸。由是得幸，号曰'拳夫人'。"[1]《初学记》："辛氏《三秦记》云：'昭帝母钩弋夫人手拳而国色，今人学藏钩亦法此。'"[2] 这具有传奇色彩的故事，引得宫廷女子纷纷效仿游戏，自此藏钩甚为流行，并广泛传播于民间。《采兰杂志》记载，古人将每月十九日称为"下九"，并进行藏钩游戏："每月下九，置酒为妇女之欢，女子以是夜为藏钩之戏以待月明，至有忘寝而达曙者。"[3] 可见藏钩之戏也是一种平民女子的趣味活动。又有张说诗《赠崔二安平公乐世词》云："十五红妆侍绮楼，朝承握槊夜藏钩。"[4] 岑参《敦煌太守后庭歌》："醉坐藏钩红烛前，不知钩在若个边。"[5] 李白《宫中行乐词八首》中有："更怜花月夜，宫女笑藏钩。"[6] 藏钩之戏不论起源还是流传，都与中国古代女子息息相关，其体现的不仅是女子的丰富生活，更展现了她们的智巧之心。

2. 射覆

射覆也是一种有女子参与的猜射游戏，是把物体覆盖在器皿等

---

[1]〔汉〕班固撰，〔唐〕颜师古注：《汉书》卷九七《外戚传》，中华书局1962年版，第3956页。

[2]〔唐〕徐坚辑：《初学记》卷四《岁时部下·岁除第十四》，中华书局2004年版，第60085页。

[3]〔唐〕李商隐：《李商隐诗歌集解·未编年诗·拟意》，中华书局2004年版，第1920页。

[4]〔唐〕张说著，熊飞校注：《张说集校注》卷一〇，中华书局2013年版，第554页。

[5]〔唐〕岑参著，廖立笺注：《岑嘉州诗笺注》卷二，中华书局2004年版，第421页。

[6]〔唐〕李白著，〔清〕王琦注：《李太白全集》卷五《乐府四十四首·宫中行乐词八首·其六》，中华书局1977年版，第301页。

物之下让人猜。据记载，射覆起初并非凭空猜物，而是起卦而测之。射覆应该是从占卜演化而来的一种猜物游戏，有记载汉武帝身边的东方朔[1]实为射覆之高人，猜度其物极其准确。其中说射覆便提到《周易》，并且以卜卦而进行猜测的准确度极高。

射覆在后代也有流传，女子射覆也多有出现。《花史》云："陈慥家蓄数姬，每日晚，藏花一枝，使诸姬射覆，中者留宿，时号花媒。"[2]另外，女子射覆也有专人修习，如《武林旧事》记载："诸色伎艺人射覆，有女郎中。"[3]

（三）亦歌亦舞玩抛球

抛球戏作为一项深受欢迎的女子技艺，既具观赏性，也有娱乐性。此类抛球戏玩法大致与"抛绣球"相同，即多人在音乐伴奏下，用手互相抛接彩球。玩抛球戏的不仅有宫廷女子，也有民间女子参与。

抛球戏大多见于皇室后宫，游戏的过程中亦歌亦舞美轮美奂。李白《宫中行乐词》有云："素女鸣珠佩，天人弄彩球。"[4]《唐音癸签》云："《抛球乐》，酒筵中抛球为令，其所唱之词也。"[5]可见在当时的宴饮文化中就有抛球戏的存在。宫廷女子抛球戏的流传还有诸多记载，如《宋史》："女弟子队凡一百五十三人：……三曰抛球乐队，衣四色绣罗宽衫，系银带，奉绣球。"[6]《奁史》记载："乾道三年，皇后至球场看小内侍抛球。"[7]同样描写的是古代女子的抛球乐事。

抛球运动也见于平民女子中。《奁史》中记载："阿家解舞清平乐，

---

[1] 《汉书》卷六五《东方朔传》，第2843页。
[2] 《奁史》卷五二《技艺门》引《花史》，第40页。
[3] 《奁史》卷五二《技艺门》引《武林旧事》，第40页。
[4] 《李太白全集》卷五《乐府四十四首·宫中行乐词八首·其八》，第302页。
[5] 〔宋〕柳永著，薛瑞生校注：《乐章集校注》下编《不编年之什·抛球乐》，中华书局2012年版，第405页。
[6] 〔元〕脱脱等：《宋史》卷一四二，中华书局1985年版，第3350页。
[7] 《奁史》卷五二《技艺门》引《乾淳起居注》，第39页。

新妇能抛白木球。"① 又有记载云："金陵妓王看山……经球场,球师邀之,广涂请王娘登场,看山下车,风度萧洒,举趾蹁跹,众皆辟易叹赏,以为天人。"② 其技艺之精湛高超令人赞叹,如韦应物《寒食》云："彩绳拂花去,轻球度阁来。"③

(四)技艺高超演百戏

1. 竿伎表演

竿伎是中国古代社会中女子多有参与的百戏之一,极具观赏性。

竿伎起源较早。巢居时代的古人攀援树木以寻觅食物,久而久之,这成为一项基本的生存技能。随着社会的发展,竿伎慢慢成为一项观赏性技艺,即艺人借助木竿表演的高难度杂技。春秋战国时期即有相关记载,《国语·晋语》:"侏儒扶卢。"注曰:"扶,缘也。

图 25 唐代《歌舞竿技图》

图 26 五代《顶竿图》

卢,矛戟之秘,缘之以为戏。"④ 这是侏儒爬竿表演杂技的记载。在不断的发展中,竿伎的表演形式逐渐多样化,主要有爬竿表演和顶竿

---

① 《奁史》卷五二《技艺门》引《鉴戒录》,第39页。
② 《奁史》卷五二《技艺门》引《古今小说》,第39页。
③ 〔唐〕韦应物著,孙望编著:《韦应物诗集系年校笺》卷一〇《寒食》,中华书局2002年版,第502页。
④ 徐元诰撰,王树民、沈长云点校:《国语集解·晋语四第十·文公问于胥臣曰》,中华书局2002年版,第363页。

表演。如唐代《歌舞竿技图》所示，爬竿即艺人攀援竿木进行空中表演；顶竿则是一名艺人顶戴竿木，上部又有横木使得木竿整体为十字架形，竿上有艺人表演各种惊险杂技。

中国古代有不少女艺人参与竿伎表演，技艺精湛。她们的表演精彩纷呈，令人叹为观止。如《朝野佥载》记载："幽州人刘交戴长竿高七十尺，自擎上下。有女十二，甚端正，于竿上置定，跨盘独立。见者不忍，女无惧色。"① 戴竿就是顶竿表演。这名十二岁的女子在竿上进行惊险刺激的表演而毫无惧色，场面令人叹为观止。唐代盛大的百戏表演中多有竿伎表演，其中多女子身影。"时教坊有王大娘，善戴百尺竿，竿上施木山，状瀛州、方丈。令小儿持绛节，出入于其间，歌舞不辍。"② 可见技艺高超的女艺人表演的竿伎不仅是顶竿，而且在竿上还配有歌舞表演，可谓出神入化。刘晏受

图 27 清代《天津天后宫行会图》

命作诗称赞云："楼前百戏竞争新，唯有长竿妙入神。谁谓绮罗翻有力，犹自嫌轻更着人。"③ 后代有张祜《千秋乐》诗："八月平时花萼楼，万方同乐奏千秋。倾城人看长竿出，一伎初成赵解愁。"④ 此诗也是在说竿伎表演引人入胜之景。民间也多有精通竿伎表演的女子，如："范汉女大娘子亦是竿木家，开元二十一年出内。"⑤ "建中中，戴

---

① 〔唐〕张鷟：《朝野佥载》卷六，中华书局1979年版，第141页。
② 〔唐〕崔令钦著，任半塘笺订：《教坊记笺订·教坊制度与人事》，中华书局1962年版，第40页。
③ 《明皇杂录》卷上，第13页。
④ 《教坊记笺订·教坊制度与人事》，第43页。
⑤ 《教坊记笺订·教坊制度与人事》，第46页。

竿三原妇人王大娘,首戴二十八人而走。"① 她们都是表演竿伎十分出色的女子。"妓女石火胡,挈养女五人,才八九岁,于百尺竿上,张弓弦五条,令五女各居一条之上,衣五色衣,执戟持戈,舞《破阵乐曲》,俯仰来去……令诸女迭踏以至半空……歌呼抑扬,如履平地。"② 可见古代女子不仅参与竿伎表演,而且巧妙地糅合以歌舞,表演美轮美奂。

2. 绳伎表演

绳伎也是古代女子参与的百戏之一。竿伎借助竿木表演,绳伎则是杂耍艺人借助绳索来表演的杂技活动。绳伎也有高絙、走索等名称。《文献通考》记载:"梁三朝伎谓之高絙,或曰戏绳,今谓之踏索焉。"③ "高絙"就是利用高空绳索表演的百戏之一,一直延续至今。《隋书》和《旧唐书》的《音乐志》中均有记载:"四十五,设缘高絙伎。"④ "高絙伎,盖今之戏绳者是也。"⑤

古代女性也参与了惊险刺激的绳伎表演。《后汉书》记载:"以两大丝绳系两柱(中头)间,相去数丈,两倡女对舞,行于绳上,对面道逢,切肩不倾。"⑥ 两名女子在高空绳索上相对而舞,且毫不慌张,身体不倾,技艺精湛。《隋书·音乐志》中也有女子戏绳场景之描写:"又以绳系两柱,相去十丈,遣二倡女,对舞绳上,相逢切肩而过,歌舞不辍。"⑦ 古代社会女子参与绳伎表演者众多,《封氏闻见记》:"然

---

① 〔宋〕钱易撰,黄寿成点校:《南部新书·癸》,中华书局2002年版,第170页。
② 《杜阳杂编》卷中,第17页。
③ 《文献通考》卷一四七《乐考二十·散乐百戏》,第4421页。
④ 〔唐〕魏徵:《隋书》卷一三《志第八·音乐上》,中华书局1973年版,第303页。
⑤ 《旧唐书》卷二九《志第九·音乐二》,第1073页。
⑥ 《后汉书·志第五》,第3131页。
⑦ 《隋书》卷一五《志第十·音乐下》,第381页。

图 28 《清人风俗图》中的履索表演

后妓女自绳端蹑足而上，往来倏忽之间，望之如仙。"① 《在园杂志》："更有妇女走索者，梁名高絙。伎以两木架大绳，相去数丈，一女行其上，或二女各从一头上，对舞而前。"② 综上可见，历代女子都有参与绳伎表演，且将绳伎与歌舞结合，别出心裁者层出不穷，她们的表演异彩纷呈，丝毫不输男子，令人拍手叫绝。

观赏与娱乐型女子体育游艺是一种颇能体现女子智巧之心与爱美之情的技艺。参与这些活动的女子来自各个阶层，她们或是消遣时光、参加宴饮，或以技艺表演维持生计。研究这些记载，我们不得不为她们的高超技艺折服。

三、运动与力量型的女子游艺

运动与力量型的女子游艺指古代女子参与的室外技艺或借助巧力的游艺活动，主要有投壶和秋千。这类活动与前两者略有不同，需要较大的活动场地，在室外进行。古代女子通过参与此类游戏，可以展现出她们勇敢顽强、开朗自信的精神。

（一）巧力互竞玩投壶

投壶，也称射壶，在中国社会中出现较早，由古代射礼演变而来。

---

① 〔唐〕封演撰，赵贞信校注：《封氏闻见记校注》卷六《绳妓》，中华书局2005年版，第55页。

② 〔清〕刘廷玑撰，张守谦点校：《在园杂志》卷四，中华书局2005年版，第163页。

图 29 南阳出土的汉画像石《投壶图》

早在春秋战国时期，投壶就以一种寓礼于乐的趣味在宴饮游戏中出现，早期记载有："投壶者，主人与客燕饮讲论才艺之礼也。"① 此游艺延续至清，历史悠久。投壶因具礼节性，故相对于其他游艺更为正式。虽然后期投壶的礼节色彩淡化了，但它仍是一种较为高雅的游戏，且需要专门的器具。投壶即以矢投入壶中，一般为两人到多人进行，最初"矢以柘若棘，毋去其皮"②，投壶箭矢使用不去皮的"柘"或"棘"，壶底有小豆以防箭矢跳出。

在神话传说中就出现过女子投壶。《奁史》云"玉女投壶"百发百中，引得"天帝为之磬噱"③。另有记载："投壶玉女，为欢尽于百娇。"④ 李白也有诗曰："帝旁投壶多玉女，三时大笑开电光。"⑤ 这就要提到《神异经》的典故："……东王公居焉，与一玉女投壶，设有入不出者，天为之笑。"⑥ 虽然它记载的是神仙之事，但其反映的同样是现实生活中古代女子投壶技艺。另外，史书中对女子投壶也多有记载。如《奁史》引《壶史》："石崇有妓善投壶，隔屏风投之，

---

① 方向东：《大戴礼记汇校集解》卷一二《投壶第七十八》，中华书局 2008 年版，第 1233 页。
② 〔清〕孙希旦：《礼记集解》卷五六《投壶第四十》，中华书局 1989 年版，第 1395 页。
③ 《奁史》卷五二《技艺门》引《仙传拾遗》，第 40 页。
④ 《奁史》卷五二《技艺门》，第 40 页。
⑤ 《李太白全集》卷三《乐府三十首·梁甫吟》，第 171 页。
⑥ 〔唐〕杜甫著，〔清〕仇兆鳌注：《杜诗详注》卷一七《能画》，中华书局 1979 年版，第 1522 页。

图 30 清代任熊《玉女投壶图》

图 31 唐代《投壶图》

发无不中。"① 可见古代女子已掌握百发百中的投壶技艺。又据文献记载,唐代公主"吹管邀云,投壶笑电"②。有《宫词》记载云"挎捕冷澹学投壶"③,可见宫女对投壶的喜爱。

(二)英姿飒爽众蹴鞠

蹴鞠是中国古代女子有所参与的运动与力量型技艺之一。

鞠是指用皮毛做成的球,蹴鞠即用脚踢球。关于蹴鞠的起源,有黄帝始创的传说,如《奁史》援引刘向《别录》言:"蹴鞠,黄帝所造。"④但大多关于蹴鞠的文献记载基本出现于战国时期。经过历代发展,蹴鞠运动玩法多样,《奁史·技艺门》中有一条简单介绍了名为"白打"和"官场"的两种玩法:"'白打',蹴踘也。两人对踢为'白打'。三人角踢为'官场'。"⑤ 蹴鞠除有以一定规则运动传球的比较正式的玩法之外,还有两人或多人对踢的玩法,这种玩法更加轻松欢乐。有学者说唐代女性参与蹴鞠活动,由于马匹速度太快,于是便骑驴击

---

① 《奁史》卷五二《技艺门》引《壶史》,第 40 页。
② 〔清〕董诰:《全唐文》卷七八二《李商隐·韩城门丈请为子侄祭外姑公主文》,中华书局 1983 年版,第 8168 页。
③ 《全唐诗》卷七九八《花蕊夫人徐氏·宫词》,第 8977 页。
④ 〔汉〕刘向撰,〔清〕姚振宗辑录:《七略别录佚文》,见《续修四库全书》,上海古籍出版社 2002 年版,第 916 册,第 572 页。
⑤ 《奁史》卷五二《技艺门》引《齐云编》,第 39 页。

球,谓之驴鞠①。唐代女性以驴代马参与相关活动。

古代社会,蹴鞠活动多有女性参与,王建诗歌中所写的"寒食内人长白打,库中先散与金钱",说的是寒食节宫女流行白打。女子参与蹴鞠活动,不同于男子的团体竞技性,故而古人对她们的个人球技着墨颇多。《技艺门》:"王超见女子蹴鞠,接送高数丈。"②比起男子蹴鞠的竞技性而言,女子蹴鞠更具有娱乐性质。《奁史》:"彭云秀以女清芬挟蹴球技,游江湖,有解一十有六,詹同文赠以《袞弄行》。"③

图 32 明代杜堇绘《仕女图》中的女子蹴鞠

蹴鞠运动在民间女子中也广受欢迎,个人精湛的球技甚至可以作为一种艺术表演,具有别样的魅力,如:"金陵妓王看山,名宝奴。乘油壁车经球场,球师邀之广涂,请王娘登场。看山下车,风度萧洒,举趾蹁跹,众皆辟易叹赏,以为天人。"④

(三)顺畅身心荡秋千

荡秋千在古代女子中间颇为盛行。关于秋千的起源,有不同说法,有些与女子也颇有渊源。如有记载认为秋千是春秋时代北方的山戎民族所创:"秋千,北方山戎之戏,后中国女子学之。"⑤《事物纪原》

---

① 杜文玉:《唐长安大明宫娱乐性建筑考述》,载《陕西师范大学学报》(哲学社会科学版)2014 年第 5 期。
② 《奁史》卷五二《技艺门》引《戏谈录》,第 39 页。
③ 《奁史》卷五二《技艺门》引《太平清话》,第 39 页。
④ 《奁史》卷五二《技艺门》引《古今小说》,第 39 页。
⑤ 《奁史》卷五二《技艺门》引《古今艺术图》,第 38 页。

记载秋千"本山戎之戏也,自齐桓公北伐山戎,此戏始传中国"[①]。《奁史》记载又有其他说法,如"女子李芝兰始为秋千"[②]。《秋千赋序》提道:"鞦韆,古云千秋祝寿之词也,语讹转为'秋千',后人不本其意,乃造为'鞦韆'字。"[③] 宫中以"千秋"为祝寿之词,取"千秋万寿"之意,后将"千秋"两字误倒转为"秋千",此为秋千得名一种说法。

秋千玩法多样,较为简单且不费力,又颇具浪漫色彩,符合女子柔美的特性,故深受古代女子的喜爱。女子或站或立,随之摆动而上下起落,飘然而立。《荆楚岁时记》记载:"以彩绳悬木立架,士女炫服,坐立其上,推引之,名曰'秋千'。"[④]

古代女子荡秋千是非常多见的。《奁史》:"秋千,汉武帝后庭之戏也。"[⑤]《汉宫春晓图》更为直观地表现出后庭女子玩秋千的场景。《开元天宝遗事》:"寒食节……竞筑秋千,令宫嫔辈戏笑以为宴乐,帝呼为半仙之戏。"[⑥] 和凝《宫词》:"春宫相对画秋千。"[⑦] 宋代才女李清照对秋千也颇有兴趣,《浣溪纱》:"江梅已过柳生绵,黄昏疏雨湿秋千。"[⑧]《怨王孙》:"又是寒食也,秋千巷陌。"[⑨] 明代的《岁华纪胜图》中可见古代女子玩秋千之态。《奁史》:"'秋千旗下一春忙'……'隔墙遥见秋千侣'……予尝命画工作《寒食仕

[①]〔宋〕高承:《事物纪原》卷八《岁时风俗部》,中华书局1989年版,432页。

[②]《奁史》卷五二《技艺门》引《事原》,第38页。

[③]《奁史》卷五二《技艺门》引高无际《秋千赋序》,第38页。

[④]〔南北梁〕宗懔著,宋金龙校注:《荆楚岁时记》,山西人民出版社1987年版,第22页。

[⑤]《奁史》卷五二《技艺门》引《湘素杂记》,第38页。

[⑥]《开元天宝遗事》卷下《天宝下·半仙之戏》,第41页。

[⑦]《全唐诗》卷七三五《和凝·宫词百首》,第8395页。

[⑧]〔宋〕李清照著,黄墨谷辑校:《重辑李清照集》卷一《浣溪纱》,中华书局2009年版,第5页。

[⑨]《重辑李清照集》卷一《怨王孙》,中华书局2009年版,第3页。

图33 《秋千图》　　图34 清代周鲲等绘《汉宫春晓图》局部《秋千图》

女图》,秋千架作两绣旗……"① 又载:"南京乐籍蓝七娘善秋千,乱后为尼。"② 综上可见,古代女子喜爱秋千者很多,玩秋千时她们姿态曼妙优美,自然也就有许多文人墨客为之填词,画工为之作画。秋千给古代女子的生活增添了不少乐趣。

古代女子所参与的运动与力量型的体育游艺具有较为柔和的特点,参与这些活动的女子上至皇室后宫,下达平民百姓。有些活动给宴会增添乐趣,有些是在室外放松心情。古代女子参与这些活动,不仅是她们文娱生活的体现,更是她们精巧技艺的展示。

四、小结

综上可见,中国古代女性参与了诸多技艺,大多都在有限环境中进行,例如宫廷、内院等。总结本文中提到的三类女子游艺活动,有如下特点:

其一,参与古代技艺的主要是皇室后庭与达官贵人之家的女子,如前文提到的武则天、昭惠周后和显仁后等。这些女子不愁生计,闲暇时间较多,故而参与一些技艺来消遣时光,益于身心。民间女子参与一些技艺,其中原因可能是她们效仿宫廷贵族女子,或者是追求相

---

① 《奁史》卷五二《技艺门》引《词品》,第39页。
② 《奁史》卷五二《技艺门》引《本事诗》,第39页。

关诗作和画作中描绘的美妙姿态。另外也有个别技艺是民间女子精习较多的，如一些歌舞、杂技。这些歌舞伎人、杂技艺人参与技艺，是将其作为一种谋生手段。

其二，贵族女子是女子游艺的主要参与者，她们大多接受过比较好的家庭教育。例如琴棋书画中的棋艺，便是古代贵族女子在深闺中所要学习的智巧技艺。这些女子别具慧心，技艺高超。如上文中提到的昭惠周后，她不仅技艺超群，并且撰写了很多相关著作，如《击蒙小叶子格》《遍金叶子格》《新定遍金叶子格》等。又如《奁史》记载贾秋壑的侍女，小小年纪就擅长弈棋，"年十五，以棋童入侍"①，其精湛的棋艺令人赞叹，也是她聪明才智的体现。

其三，由古代女子参与技艺的记载可知，除了中原女子外，也有其他民族的女子参与活动。如《天南行记》中记载安南国进贡给皇后的物件有"木扢象骨棋盘一面，象牙棋子一具"②，之所以进贡棋盘、棋子，可能正是因后庭女子下围棋已广泛流传，故而投其所好。另外，出土的辽代双陆局说明双陆之戏也流传到了边陲地区。

《奁史》中记载："楚有施钩之戏，即秋千也。"③ 提到秋千是贵州地区流行的游戏："黔俗好秋千，灯夕尤盛。月中，妇女抛掷至晓。有立，有坐，有两人对抱，飘裾荡影，渺然云际。"④ 可知在少数民族女子中，荡秋千也十分流行。另有记载云："番女有'缈绵氏之戏'，即秋千也。"⑤ "番"为外族，"缈绵氏"在古代是台湾高山族的简称。另外，从《奁史》还可窥见不仅中原女子热衷抛球戏之趣，域外女子也喜爱抛球戏。《安南图说》云："安南男女，结五彩球，歌而抛之，

---

① 《奁史》卷五二《技艺门》引《幽怪录》，第41页。
② 《奁史》卷五二《技艺门》引《天南行记》，第41—42页。
③ 《奁史》卷五二《技艺门》引《香奁杂录》，第39页。
④ 《奁史》卷五二《技艺门》引《黔书》，第39页。
⑤ 《奁史》卷五二《技艺门》引《台海采风图》，第39页。

图 35 辽代涂漆木质双陆局

谓之'飞驰'。"① 以上技艺均是在边陲地区女子生活中流行的印证。

其四,古代女子参加技艺,除了消遣时光、强身健体之外,还有其他目的,比如将其作为节日的庆祝方式。古代社会有众多节日,在大部分节日期间,民众会开展一些技艺表演,这是他们日常生活的重要调节方式之一。在中国古代,女子平时不出来参与活动,但由于节日活动一般是万民同乐,故而不乏女子参与。因此,这类活动在女性群体中的普及性相较其他活动更为广泛。节日活动不断发展,形成了丰富多彩、各具特色的女子游艺活动。比较典型的如秋千戏,在相关记载中是与清明节、寒食节息息相关的,如杜甫《清明》云"万里秋千习俗同"②,寒食时节秋千戏盛行,几乎是全民同乐。多有唐代诗人咏寒食之秋千戏,如和凝《宫词百首》描写秋千后一句即"清明节日颁新火"③。在唐代,荡秋千活动还有驱魔避疾、祈祷幸福平安的寓意。④ 李清照在《怨王孙》中也写道:"又是寒食也。秋千巷陌人静,皎月初斜,浸梨花。"⑤ 除了秋千,上文中说到"下九"时古代女子玩的藏钩之戏,也是女子活动节令性的体现。古代女子的生

① 《奁史》卷五二《技艺门》引《安南图说》,第 39 页。
② 《杜诗详注》卷二二《清明二首·其二》,第 1970 页。
③ 《全唐诗》卷七三五《和凝·宫词百首》,第 8395 页。
④ 万健根:《唐代民俗体育活动——秋千考略》,载《兰台世界》2012 年第 34 期。
⑤ 〔宋〕李清照著,徐培均笺注:《李清照集笺注》卷一《词》,上海古籍出版社 2002 年版,第 18 页。

活圈较小,她们只能在寒食节等固定时间参与游艺活动,借此丰富她们的生活,扩大她们的人际交往范围。

其五,古代女子参与技艺所用的器物皆体现了古代的手工业水平,如木工。在各种棋类活动中,有唐墓出土的纵横交错的木围棋盘,宫廷之中也出现了较为大型、衔接精巧的木制秋千架,都十分精美。还有金属冶炼工艺,如精美的投壶,与唐代"宝应象戏"有关的金属宝应棋子,以及宋代铜象棋子等,这些器物做工精致。还有其他材质做工精良的器物,如隋代白瓷围棋盘和玛瑙围棋子等。以上这些器物无不体现着中国古代手工制造水平。

图 36 唐代木围棋盘

图 37 宋代铜象棋子

图 38 隋代白瓷围棋盘

图 39 隋代玛瑙围棋子

中国古代女性参与的技艺活动主要是自娱娱人,是女性生活中不可忽视的重要内容。她们参与这些活动或益智斗巧、娱乐身心,或强身健体,也有些用来占卜问事;同时,间接扩大了她们的人际交往范围,增强了古代女子之间的交流。通过诸多史料的分析,可见中古社会的女性不仅有深闺女子的含蓄矜持,更有丰富多彩的生活智趣,可谓闺中轻便技,智巧变幻奇,足令后人赞咏。

《文墨门》所见女性学术活动

作者　陈丽媛

《奁史·文墨门》共六卷，分别从学术、诗文、书法、画、笔墨纸砚五部分收录与女性相关的史料，反映出古代女性所学习的典籍、技艺和所用工具等，对我们研究古代女子的社会生活有很大帮助。目前对《奁史·文墨门》的整理主要有两个方面，一是原始文献的标点、注释及校对，二是针对内容的专门研究。涉及《奁史·文墨门》女性"学术部分"的著述和论文主要有曹大为的专著《中国古代女子教育》[1]和周英的论文《中国古代女性阅读史分期述略》[2]。胡文楷编著、张宏生等增订的《历代妇女著作考》[3]，是目前最为完备的女性著作目录书，也是研究古代女性著作不可或缺的著作。书中辑录了自汉魏六朝至清代共21卷古代女性著作，另有附编"现代女性著作考"，对相关研究有重要价值。

《奁史·文墨门·学术》部分共记载了95条与女性才学相关的史料，时间上跨度很广，从秦汉一直到清代都有记载，反映了中国古代女性的整体学术状况。所谓"学术"，这里是指古代女性在学问学识、读书著述以及学术才干方面的表现。

《奁史·文墨门》中女性的学术表现主要有三：一是读书内容，二是著作，三是学术才干。通过对其学术表现的分析概括，对古代女性的学术概况有一个基本了解，有助于我们进一步分析古代女性诗文、书画等状况。本文对学术女性的社会身份做了简单分析，拟从中探索女性能够拥有学术"资格"、完成"学术"作品的原因及社会影响。

一、学术女性的身份

《奁史·文墨门·学术》记载的95条史料中，出现了社会各个

---

[1] 曹大为：《中国古代女子教育》，北京师范大学出版社1996年版。
[2] 周英：《中国古代女性阅读史分期述略》，载《新世纪图书馆》2014年第8期。
[3] 胡文楷编著，张宏生等增订：《历代妇女著作考》，上海古籍出版社2008年版。

阶层的女性。这些女性拥有一定的学问，享有阅读的待遇，甚至因能写出独立的作品而名留青史，十分难得。其中大部分女性身份尊贵，在家中就享受着书香门第带给她们的良好教育，或者受到名门底蕴耳濡目染的影响；到了夫家与夫君相得，用才学为自己赢得了尊严。除此之外，也有一些有关女性仙佛人物的故事传说，展现了人们对有才学的女子的隐秘期待。

（一）宫廷女性

中国古代女子若论权势之大，除武则天之外，要数历朝历代的太后、皇后、妃嫔、公主等宫廷女子。这些女子与一般百姓有所不同，除了相夫教子、掌管中馈的能力之外，也可能参与政事、谏言献策，这就要求她们除了掌握妇女四德之外，在知识水平甚至参政能力上也要有所造诣。

宫廷女性种类很多，包括太后、皇后、妃嫔、公主等。她们读书勤奋，涉猎广博，为在政治上施展手段奠定了良好的基础。如引《冬夜笺记》："夏侯胜以《尚书》授太后，胜卒，太后为服百日。"[1] 夏侯胜其人，《汉书》有载："夏侯胜字长公。……胜少孤，好学，从始昌受《尚书》及《洪范五行传》，说灾异。后事蕑卿，又从欧阳氏问。为学精孰，所问非一师也。……太后省政，宜知经术，白令胜用《尚书》授太后。"[2] 夏侯胜精于《尚书》，为太后讲授《尚书》，使之对经学有所了解。这里的太后应该是汉昭帝的上官皇后，此时已被尊为太皇太后。《汉书》有载："孝昭上官皇后。祖父桀，陇西上邽人也。"[3] 又有引《宋史》："仁宗曹后博涉经史，多援以

---

[1]〔清〕王初桐：《奁史》卷四三《文墨门》引《冬夜笺记》，《续修四库全书》，上海古籍出版社2002年版，第1251册，第631页。

[2]〔汉〕班固撰，〔唐〕颜师古注：《汉书》卷七五《眭两夏侯京翼李传·夏侯胜》，中华书局1962年版，第3155页。

[3]《汉书》卷九七上《外戚传·孝昭上官皇后》，第3957页。

决事。"① 宋仁宗曹后,《宋史》记载:"慈圣光献曹皇后,真定人,枢密使周武惠王彬之孙也。明道二年,郭后废,诏聘入宫。景祐元年九月,册为皇后。性慈俭,重稼穑,常于禁苑种谷、亲蚕,善飞帛书。"② 宫廷女性的学术水平为其参与政事提供了良好的理论基础。

《女世说》:"郭暧妻昇平公主,有才学,尤喜诗人。暧盛集文士,主必坐视帘中,诗美者,赏以百缣。"③ 昇平公主其人,《新唐书》记载:"齐国昭懿公主,崔贵妃所生。始封升平。下嫁郭暧。"④ 昇平公主十分喜欢诗人,《旧唐书》记载:"时郭尚父少子暧尚代宗女昇平公主,贤明有才思,尤喜诗人,而端等十人,多在暧之门下。每宴集赋诗,公主坐视帘中,诗之美者,赏百缣。"⑤ 参与昇平公主文会的这些人,多是大历时颇有盛名的文士,其中尤以上文所载李端为代表的十才子为典型。段莹的《大历诗风向齐梁复归中的女性介入——以昇平公主为中心》详细论述了昇平公主对当时诗风转变的关键作用,"唐代宗第四女昇平公主以皇室女性的身份,对其驸马郭暧门下大历十才子的创作风气起到了积极的引导作用"⑥。这些女子利用才学扩大了自己的交际圈,或利用所学处理事务。地位崇高又手握权势的她们,在面对错综复杂的政治局势时能够指挥若定,甚至搅弄一番风云。地位相对低下的宫廷女性,则主要处于"学习者"的位置,如《东观汉记》载:"邓后以经传教授宫人,左右习诵,朝夕济济。"⑦

---

① 《奁史》卷四三《文墨门》引《宋史》,第 630 页。
② 〔元〕脱脱等:《宋史》卷二四二《后妃上·慈圣光献曹皇后》,中华书局 1985 年版,第 8620 页。
③ 《奁史》卷四三《文墨门》引《女世说》,第 630 页。
④ 〔宋〕欧阳修、宋祁:《新唐书》卷八三《诸帝公主·代宗十八女》,中华书局 1975 年版,第 3662 页。
⑤ 〔后晋〕刘昫等:《旧唐书》卷一六三《李虞仲传》,中华书局 1975 年版,第 4266 页。
⑥ 段莹:《大历诗风向齐梁复归中的女性介入——以升平公主为中心》,载《云梦学刊》2013 年第 6 期。
⑦ 《奁史》卷四三《文墨门》引《东观汉记》,第 634 页。

（二）名门之后、士人妻女

在《文墨门·学术》史料里，名门之后或者士人妻女也占了很大的比例。她们既可自娱自乐，享受知识带来的愉悦，又可与自己的丈夫讨论诗词，展现自己的才华。如《女世说》中李白妇在李白作诗时的巧思善言，展现了她的博闻强记："李白妇博学强记，白一日赋诗，末云：'不信妾肠断，归来看取明镜前。'妇曰：'君不闻武后诗乎？不信比来常下泪，开箱验取石榴裙。将毋类乎？'又一日，白自夸'草不谢荣于春风，木不怨落于秋天'之句，妇轻讽曰：'暄然而春，荣华者不谢；凄然而秋，凋零者不憾，非刘勰之言乎？'白深异之。"①

《经义考》中记载："赵凡夫妻陆卿子，学殖优于凡夫。"②《全明词》"陆卿子"条有云："长洲人，师道之女，太仓赵宧光之室。生卒年不详，约明万历中前后在世。"③对于这些士人妻子来说，出色的才学成为她们与丈夫交流的方式之一。《经籍会通》中还记载着这样一件趣事：

> 李易安与夫赵明诚并研究书史，每获一书，易安即日勘校装辑。得名画、彝器，亦摩玩舒卷，指摘疵病，尽一烛为率。故纸札精致，字画全整，冠于诸家。每饭罢，夫妇坐"归来堂"烹茶，指堆积书史，言某事在某书某卷第几页第几行，以中否胜负为饮茶先后。中，则举杯大笑，或至茶覆杯中，不得饮而起。④

李清照与赵明诚夫妇以是否猜中某事在书中位置决定饮茶先后，中者"举杯大笑"，结果茶都泼出来，反倒不能喝了，生活情趣跃然纸上。清代才子纳兰性德悼念亡妻，词中引赵明诚夫妇事："谁念

---

① 《奁史》卷四三《文墨门》引《女世说》，第630页。
② 《奁史》卷四三《文墨门》引《经义考》，第630页。
③ 饶宗颐初纂，张璋总纂：《全明词·陆卿子》，中华书局2004年版，第950页。
④ 《奁史》卷四三《文墨门》引《经籍会通》，第633页。

西风独自凉,萧萧黄叶闭疏窗。沉思往事立残阳。被酒莫惊春睡重,赌书消得泼茶香。当时只道是寻常。"[1]才学不仅成为女子自身掌握的一种能力,而且成为女子与丈夫交往的一座桥梁。

(三)婢女

婢女一般从事较为烦琐的工作,社会地位比较低下。在这种生活环境下,一些婢女在主家的需求中得到了接受教育的机会,从而成为有才学之人。

《挥麈后录》中载:"曾宏父……有双鬟小鬟者颇慧黠,宏父令诵东坡先生《赤壁》前后二赋,客至代讴,人多称之。……(郑)顾道教其小(郑)亦为此技,宏父顾郑笑曰:'此真所谓效颦也。'"[2]《宋才子传笺证》中考证:"曾惇,字宏父,南丰(今属江西)人。徽宗朝宰相曾布之孙,与曾协为从兄弟。"[3]当时曾宏父与郑顾道等人交好,时常往来:"后归上饶时,郑顾道、吕居仁、晁恭道俱为寓客,日夕往来,杯酒流行。"[4]郑顾道要自己的小奴也学习曾宏父婢女的行为,体现了婢女等人的受教育水平主要由主家的喜好和需要决定。这种学习不是主动的,而是由于主家整体知识水平的需要,他们被动地成为有才能、擅诗书的女子。这也说明,女子的地位和生活环境在一定程度上决定了女子掌握学术的情况。

(四)妓女

妓女的社会地位较为卑贱,但是特殊的身份却使她们能够一边处于社会底层,一边享受花天酒地、较为奢靡的生活。女性的才学

---

[1] 〔清〕纳兰性德撰,严迪昌选注:《纳兰词选》,中华书局2011年版,第41页。
[2] 〔宋〕王明清撰,王松清点校:《挥麈后录》卷一一,上海古籍出版社2012年版,第141页。
[3] 傅璇琮、王兆鹏主编:《宋才子传笺证词人卷·曾惇传》,辽海出版社2011年版,第466页。
[4] 《挥麈后录》卷一一,上海古籍出版社2012年版,第141页。

或许起初只为自娱,但生活所迫获得的"才学"逐渐与娱人相关联,成为一种生存手段。

妓女中不乏品行高洁、矢志读书之人。《青琐高议》中记载妓女温琬:"甘棠娼姓温者,名琬,字仲圭……本良家子。……六岁则明敏,训以诗书,暇日诵万卷,又能约通其大义。……故太守张公赠诗,其尾有'桂枝若许佳人折,应作甘棠女状元。'之句"①甘棠妓温琬的身世,《宋代传奇集》亦有载:"甘棠娼姓温者,名琬,字仲圭,本姓郝氏,小名室奴。本良家子,父逵,游商。"②温琬少有才学,热爱读书,领悟力极强:"琬情柔意闲雅,少不好嬉戏。六岁则明敏,训以诗书,则达旦不寐。从母授以丝枲,训笃甚严,琬欣然承。暇日诵千言,又能约通其大义。"③由于少年丧父,与其母无可谋生,只能自流为娼:

> 琬一女子,上既不能成功业,下又不能奉箕帚于良家,以活其亲,而复睠顾名之荣辱,使老母竟至于饥饿无死所,则琬虽感慨自杀,亦非能勇者也,复何面目见祖宗于地下耶?屡至洒涕,犹豫不能决。未几,会有赂贿母氏,求与琬合者,琬知情必不可免也,姑以前日之念,自是流为娼。④

妓女是一个比较特殊的群体,从业需求逼迫她们或主动或被动地接受技艺的训练,成为有才学的女子。即便如温琬一般本身热爱读书的,也只能以此作为娱人的手段。

(五)虚幻人物

虚幻人物在《文墨门·学术》中也有涉及,如女仙和传奇小说

---

① 〔宋〕刘斧撰,王友怀、王晓勇注:《青琐高议·后集》卷七《温琬》,三秦出版社2004年版,第223、226页。
② 李剑国辑校:《宋代传奇集·甘棠遗事》,中华书局2002年版,第201页。
③ 《宋代传奇集·甘棠遗事》,第201页。
④ 《宋代传奇集·甘棠遗事》,第201页。

中的女子。引《天上玉女记》："智琼尝注《易》七卷，有卦有象，可占凶吉。"① 神女成公智琼是《搜神记》中记载的一个女仙，她身世可怜，天地怜惜，令她下嫁给三国时期魏国人弦超。《全唐诗》记载"智琼"："姓成公，字智琼。东郡人。早失父母，天地哀其孤苦，令得下嫁。"②

又如《博异记》中记载："海龙王诸女及姨姊妹六七人，归过洞庭，宿于洪饶。间有许汉阳者为龙女所邀，龙女口诵《感怀》一章云：'海门连洞庭，每去三千里。十载一归来，辛苦潇湘水。'遂命青衣取诸卷兼笔砚，请汉阳录之。"③ 这些女子尽管是虚幻人物，却很有才华，显示了她们良好的教育素养。对虚幻人物教育状况的虚构，其实展现了时人对有才学、受教育的女性的隐秘期待。这些虚构的女性形象，在古代文人的笔下被赋予了智慧、贤惠的特征。

二、女性读书、著作与学术才干

女子在传统教育与社会环境的双重影响之下，身心皆被束缚在深深的庭院之中。在《文墨门》中发掘女性在学术上的表现，可以让我们对古代女性在学术上的真正价值与贡献有所了解。在"学术"记载的史料里，展现了女性不为人知的一面：既能读书增长见识，又能著述笔下生花。根据这部分原始史料的结构，可将其划分为三个部分：一是女性读书种类，二是女性著作内容，三是女性的学术才干。

在女性读书种类上，曹大为的《中国古代女子教育》将古代中世纪女教读本分为"以刘向《列女传》为代表的纪传行实类、以班昭《女诫》为代表的阐明义理类、以吕坤《闺范》为代表的论传综合类和以《女

---

① 《奁史》卷四三《文墨门》引《天上玉女记》，第631页。
② 〔清〕彭定求等编：《全唐诗》卷一二五《王维·鱼山神女祠歌》，中华书局1960年版，第1263页。
③ 《奁史》卷四三《文墨门》引《博异记》，第632页。

论语》为代表的仪则规范类"①。这四类基本涵盖了女性读书的常见书目种类。本文在经史子集分类的基础上，结合曹大为的分类方法，阐释相关史料的女性学术表现。

（一）女性读书种类与内容

为了更加清晰地了解《文墨门》女性的读书情况，笔者将此部分收录的史料作一简单的整理和列表。以出现具体书目或明确表明阅读书目为准，按照经史子集四部分类的方式，将女性读书情况展示如下表。

《奁史·文墨门》女性读书种类统计表

序号	人物	读书	部类	序号	人物	读书	部类
1	和熹邓后	五经传记《礼记·月令》《老子》《孟子》《法言》	经部子部	18	女童	《庄子·秋水》	子部
2	李白妇	《淮南子·言苑第五十四》武则天《如意娘》	子部集部	19	双鬟小鬟	东坡《赤壁赋》	集部
3	显宗皇后徒单氏	喜老庄学	子部	20	徐彩鸾	文天祥《六歌》	集部
4	刘妙才	《易经》	经部	21	贾姬	舜诛四凶等神鬼之事	子部
5	上官太后	《尚书》	经部	22	夏云英	《孝经》	经部
6	梁皇后	《孝经》《论语》《韩诗》	经部	23	宗定九母	《五经》《周礼》《孝经》《女孝经》《通鉴》《二十一代史》	经部史部子部
7	韦逞母宋氏	《周官音义》	经部	24	叶小鸾	《离骚》	集部

---

① 《中国古代女子教育》，第4页。

续表

序号	人物	读书	部类	序号	人物	读书	部类
8	忠懿王妃孙太真	《毛诗》《鲁论》	经部	25	叶纨纨	《长恨歌》	集部
9	洪亶妻文成县君	治《春秋》	经部	26	陈小怜	朱子《纲目》	子部
10	妇女（刘向时期）	《左氏》	经部	27	卢道虔妻元氏	老子《道德经》	经部
11	马后	《易经》《诗经》《论语》《春秋》《楚辞》	经部集部	28	眉州女僧	《无量寿经》	子部
12	宫人（宣帝太子时期）	《洞箫赋》	集部	29	廖愈达妻李氏	《女孝经》《女小学》	子部
13	和熹邓后	《诗经》《论语》	经部	30	谢道韫	《毛诗》	经部
14	蜀刘炎侍婢	《鲁灵光殿赋》	集部	31	紫竹	《李后主集》	集部
15	高祖窦后	《女戒》《列女》	史部子部	32	伏生女	《尚书》二十九篇	经部
16	牛肃女应贞	《左传》佛经	经部子部	33	班昭	《汉书》	史部
17	龙女	《感怀》	集部				

1. 以诗经等为代表的经部类

在《奁史·文墨门》中，《诗经》《礼记》《易经》《春秋》等是女性读书的重要内容。

《诗经》是最早的一部诗歌总集，记载了西周至春秋中期的风俗人情、天象祭祀、战争徭役等社会生活的方方面面。阅读《诗经》，是古代女性了解外界、增长见识的绝好窗口。《四库全书总目提要》云："《毛诗正义》四十卷（内府藏本）。汉毛亨传，郑玄笺，唐孔颖达疏。案《汉书·艺文志》：《毛诗》二十九卷，《毛诗故训传》三十卷。然但称毛公，不著其名。《后汉书·儒林传》始云：

'赵人毛长传《诗》,是为《毛诗》。'《隋书·经籍志》载《毛诗》二十卷,汉河间太守毛苌传,郑氏笺。"① 在《文墨门》中,引《东观汉记》:"马后幼诵《易经》,习《诗》《论》,尤好读《春秋》,略记大义。读《楚辞》,喜赋颂,疾其浮华,辄摘其要。"②《后汉书》记载:"明德马皇后讳某,伏波将军援之小女也。少丧父母。"③ 汉明帝的皇后马氏,正史还记载其"能诵《易》,好读《春秋》《楚辞》,尤善《周官》、《董仲舒书》"④。可见她确实对经部书籍阅读较多。《奁史》引《后汉书》:"和熹邓后六岁能读史书,十二通《诗》《论语》。母常非之曰:'汝不习女工,乃务学,欲举博士耶?'后重违母言。昼修妇业,暮诵经典,家人号曰'诸生'。"⑤ 和熹邓后,东汉和帝皇后,《后汉书》记载:"和熹邓皇后讳绥,太傅禹之孙也。父训,护羌校尉;母阴氏,光烈皇后从弟女也。"⑥《诗经》中涉及的宗庙祭祀、风俗人情等相关内容,对宫廷女性来说有很大的帮助。

《礼记》主要记述春秋战国时期的礼教学说和典章制度,对于女性来说更多了一层礼教束缚的意味。《四库全书总目提要》记载:"《礼记正义》六十三卷(内府藏本)。汉郑玄注,唐孔颖达疏。《隋书·经籍志》曰:'汉初,河间献王得仲尼弟子及后学者所记一百三十一篇献之,时无传之者。至刘向考校经籍,检得一百三十篇,第而叙之。'"⑦ 从古代社会对女性柔顺知礼、执掌中馈的期待来看,对《礼记》的阅读既是女性性情修养的自我要求,也是"男主外,女

---

① 〔清〕永瑢等:《四库全书总目提要》卷一五《经部·诗类》,中华书局1965年版,第119页。
② 《奁史》卷四三《文墨门》引《东观汉记》,第631页。
③ 〔南朝宋〕范晔撰,〔唐〕李贤等注:《后汉书》卷一〇《皇后纪·明德马皇后》,中华书局1965年版,第407页。
④ 《后汉书》卷一〇上《皇后纪·明德马皇后》,第409页。
⑤ 《奁史》卷四三《文墨门》引《后汉书》,第631—632页。
⑥ 《后汉书》卷一〇上《皇后纪·和熹邓皇后》,第418页。
⑦ 《四库全书总目提要》卷二一《经部·礼类》,第413页。

主内"的古代男权社会的需要。《文墨门》中记载了和熹邓后博览群书，其中就有《礼记·月令》。《月令》篇记载的是农历十二个月的时令、物候以及相关的事物，对于古代人按时令耕种收获的农业经济生活来说相当重要。和熹邓后对于《月令》篇的阅读，是自身所处政治地位了解农耕的需要。

《易经》是关于中国传统的自然哲学和人文实践的理论经典。《四库全书总目提要》记载："《周易正义》十卷（内府刊本）。魏王弼、晋韩康伯注，唐孔颖达疏。《易》本卜筮之书，故末派寝流于谶纬。王弼乘其极敝而攻之，遂能排击汉儒，自标新学。"[1] 女性对于《易经》的研读，是想要预测未来，对未知事物加强掌控。女性在传统社会中对于自身和周围环境的掌控能力是低于男性的，因此试图通过这种方式加强对于未来的推测把握。《文墨门》中提到刘妙才、汉明帝皇后马氏等人读《易经》，可见无论是身处高位的皇后，还是身份一般的平民，女性对于社会环境都是不够信任和掌控较弱的。

《春秋》是记载春秋时期各国重大事件的编年体史书。《四库全书总目提要》记载："《春秋左传正义》六十卷（内府藏本）。周左丘明传，晋杜预注，唐孔颖达疏。自刘向、刘歆、桓谭、班固皆以《春秋传》出左丘明，左丘明受《经》于孔子。魏晋以来儒者，更无异议。至唐赵匡，始谓左氏非丘明。"[2] 在《奁史·文墨门》中，读《春秋》以及《左传》的记载也比较多。从《奁史·文墨门》女性读书种类统计表可以看出，主要有洪萱妻文成县君、刘向时期的妇女、汉明帝皇后马氏、牛肃女牛应贞等人读《春秋》，这些人物既有来自上层社会的皇后、公主，也有来自普通阶层的汉代平民。"以古为镜，可以知兴替。"[3] 阅读《春秋》及《左传》等经典史书，对从上至下

---

[1] 《四库全书总目提要》卷一《经部·易类》，第 55 页。
[2] 《四库全书总目提要》卷一五《经部·春秋类》，第 679 页。
[3] 《旧唐书》卷七一《魏徵传》，第 2561 页。

各个社会阶层来说,都是出于提升个人修养、增长学识的需要。

女子对经部书目,除了自我学习,也会与他人谈论切磋学术。如引《前赵录》:"刘聪小刘后,殷小女也。童齿聪慧,昼营女工,夜诵书序。母每止之,敦笃弥甚,与诸兄弟论经义,理旨超然。"① 充分表明女子在教育过程中,会与他人讨论学术,切磋交流。不仅如此,学识出色的女子甚至还会面向男子授课。如《邺洛鼎峙记》记载:"卢道虔妻元氏,甚聪悟。尝升室讲老子《道德经》,道虔弟元朗隔纱帏以听之。"② 因此,与他人在学术上的论辩交流等也是女子在教育过程中不可缺少的活动之一,展现了女子接受教育方式的多样性。

2. 以《汉书》为代表的史部类

从"《奁史·文墨门》女性读书种类统计表"来看,史部类书籍也在女性读书范围之内,然而相对于经部书籍,《奁史》收录的女性阅读的史部书籍较少。

以《汉书》为代表,《四库全书总目提要》记载:"《汉书》一百二十卷(内府刊本)。汉班固撰,其妹班昭续成之。始末具《后汉书》本传。是书历代宝传,咸无异论。"③《汉书》记载了上起汉高祖、下至新莽王朝共200多年的史事。《奁史》引《群书考索》记载:"《汉书》始出,多未能通者。马融伏于阁下,从班昭受读,班昭教以读法。"④《汉书》中有:"四年,拜为校书郎中,诣东观典校秘书。是时邓太后临朝。"⑤ 马融曾在东观校勘典籍,《群书考索》中的记载很可能就发生在这个时期。班昭教授马融关于《汉书》的句读,说明对于《汉书》的理解,在当时班昭是领先于人的。

《通鉴》既可能指《资治通鉴》,也可能指《明通鉴》等,这

---

① 《奁史》卷四三《文墨门》引《前赵录》,第631页。
② 《奁史》卷四三《文墨门》引《邺洛鼎峙记》,第633页。
③ 《四库全书总目提要》卷四五《史部·正史类》,第400页。
④ 《奁史》卷四三《文墨门》引《群书考索》,第634页。
⑤ 《后汉书》卷六〇上《马融传》,第1954页。

些通鉴类史书,对于探究史事前因后果、了解事件源流发展较有帮助,是编年体史书中非常注意以古鉴今的史书类型。《奁史》引《今世说》云:"宗定九母,少娴家教,读《五经》《周礼》《孝经》《女孝经》诸书,兼通《通鉴》《二十一代史》,有《训子诗》六章。"[1]阅读《通鉴》,是女性读史明智、以史为鉴的体现。除此之外,对典章制度等书目的熟读,也使少数女性参与政事成为可能。《旧唐书》记载:"上官昭容,名婉儿,绰有文词,明习吏事,百司表奏多令参决。中宗即位,又令专掌制命。"[2]女子只有熟悉典章制度,才能在政治事务上有所进益。《红线传》中有:"薛嵩家有青衣红线者,通经史。嵩俾其掌笺表,号曰'内记室'。"[3]婢女红线通经史便能够协助处理文书。《山樵暇语》记载:"郝文珠,字昭文,貌不扬而多才艺。李宁远镇辽东,闻其名,召掌书记,凡奏牍悉以属焉。"[4]说明女子多才甚至可以成为男性在公事上的好帮手,而不是一定局限于钻研中馈营家之技。《卧月轩集跋》中记载,明末清初女诗人顾若璞常与妇人宴坐,经常涉及河漕、屯田、马政、边备等事务,十分有巾帼英气。[5]女子之间的互相交流不仅仅以操持家事为主题,经世济民甚至治国理政的道理,也会成为女子之间交流的主题。

3. 以老庄为代表的子部类

以老庄学说为代表的子部类书籍,也在古代女性阅读书目之列。阅读这些子部类书目,对女性了解学术发展、塑造女性的精神世界有很大作用。

---

[1] 《奁史》卷四三《文墨门》引《今世说》,第632—633页。
[2] 《奁史》卷四三《文墨门》引《唐书》,第634页。
[3] 《奁史》卷四三《文墨门》引《红线传》,第634页。
[4] 《奁史》卷四三《文墨门》引《弇山樵暇语》,第635页。
[5] 《卧月轩集跋》:"武陵黄夫人顾氏,名若璞,所著文集多经济大篇,有西京气格。常与妇女宴坐,则讲究河漕、屯田、马政、边备诸大计。副笄中乃有此等人,亦奇。"《奁史》卷四三《文墨门》引《卧月轩集跋》,第634页。

老子的《道德经》是先秦诸子的代表作之一，是道家哲学思想的重要来源。古代女性阅读《道德经》的记载，《奁史》引《邺洛鼎峙记》："卢道虔妻元氏甚聪悟，尝升室，讲老子《道德经》，道虔弟元朗隔纱帏以听之。"① 元氏对《道德经》的学习阅读，可以达到升室讲课的程度，足见读书之精。除老子《道德经》外，《纲目》《淮南子·言苑第五十四》《庄子·秋水》也在女性阅读的子部书目之列。

　　除了"《奁史·文墨门》女性读书种类统计表"统计的女性读书内容外，《奁史·文墨门》还收录了一些没有具体书目或者书目不明确的阅读内容。从这些书目的内容上说，女子阅读的内容主要分为女诫女训、儒释典籍、天文算术、礼制等种类，以子部书籍为主。

　　女诫女训书籍是女子接受女教的教科书，这些书籍规定了女子的言行举止，颂扬社会所期望的理想女子形象与故事。参考郭畑的《女训书在四部分类中目录归属的变化》，《列女传》一类女训书一般都归属史部的杂传、杂史或传记类，其他女训书的目录归属则数经变化，最终又回归到子部儒家类。② 这些书籍让女子对于自己的行为规范有更准确的认识，以便塑造男权社会所期许的女性形象。在这种社会要求下，女子往往循规蹈矩，认真学习这些对女子心理和行为多有束缚的典籍，以期通过满足男性期许的方式得到更高的社会地位。《唐书》有"高祖窦后读《女诫》《列女》等传，一过辄不忘"③。《吟堂博笑集》有载："周玉箫好谈古今节义事，尝采故列女懿可法佚、可戒者，各为诗一篇，比于彤管。"④ 社会风尚使然，学习女诫女训成为女子成长的必经之路。在男权社会中，女性在思想上的成长成熟也都受到男子的影响。男子所推崇的儒家经典，女子也跟随学习。除此之外，

---

① 《奁史》卷四三《文墨门》引《邺洛鼎峙记》，第633页。
② 郭畑：《女训书在四部分类中目录归属的变化》，载《国学》2017年第1期。
③ 《奁史》卷四三《文墨门》引《唐书》，第632页。
④ 《奁史》卷四三《文墨门》引《吟堂博笑集》，第634页。

女子也受到宗教的影响阅读佛经等,如《说储》中记载"崔浩妻郭氏好诵释典"[①]。

天文算术的学习可以说是古代农业经济发展的产物,对天时农时的计算和了解成为农业生产中的重要一环。女子作为持家理财的直接负责人,对天文算术的学习多是职责使然。

4. 以《楚辞》为代表的集部类

《楚辞》是一部充满了浪漫主义的诗歌总集。《奁史·文墨门》中提及的除了《楚辞》,还有其他的一些诗文篇目,如东汉文学家王延寿的《鲁灵光殿赋》、唐代诗人白居易的《长恨歌》等。对这些书目的阅读,极大地提升了女性的文学素养,为女性进一步写出文章华彩做了重要积累。

总体而言,从《文墨门·学术》部分来看,女子读书学习的内容范围较窄,领域也比较集中,女性读书的内容有一些比较明显的倾向。

经史子集的书籍虽然皆有涉猎,但偏重于经部典籍和子部女教类书籍。经部书籍和女教书籍出现的次数最多,如《尚书》《诗》《易》《论语》《孝经》和一些女训书籍,都是女子的常读书目。除此之外,还有其他儒释典籍、天文算术、礼制书籍等也在女性读书之列。经部书籍强调儒家伦理,这是男性希望女性多接触、多学习以至于奉为圭臬的典籍。史部书籍多为政治叙事,男性不希望女性过多地接触,因此史部书籍尽管有女性在阅读,但多是本身已处于政治圈上层的女性,从整体来看并不是女性阅读的重点书目。子部书籍尤其是许多女教女训类文献,透露了一种男性对女性的理想主义和行为规范,集部书籍很多则蕴含着男权社会的想象故事。男性不希望女性参与政治,而期盼她们像自己想象的那样活着,从女性阅读中可窥见一斑。

[①]《奁史》卷四三《文墨门》引《说储》,第632页。

（二）女性著作

《奁史·文墨门》女性著作统计表

序号	人物	朝代	著作	部类
1	班婕妤	西汉	《班婕妤集》	集部
2	班昭	东汉	《班昭集》、《女诫》、《补列女传》一卷、《幽通赋注》一卷、《列女传注》、《女孝经》	子部 集部
3	贾充妻李氏	曹魏至西晋时期	《女训》集一卷	子部 集部
4	赵妪		《列女传解》	子部
5	冯太后	北魏	《劝诫歌》《皇诰》	
6	刘令娴	南朝梁	《梁妇人刘令娴集》	集部
7	范靖妻	南朝梁	《沈满愿集》三卷	集部
8	晋武帝左贵嫔	西晋	《左贵嫔集》四卷	集部
9	司徒王浑妻	西晋	《钟夫人集》五卷	集部
10	都尉陶融妻	西晋	《陈窈集》一卷	集部
11	都水使者妻	西晋	《陈玢集》五卷	集部
12	海西令刘麟妻	西晋	《陈珍集》一卷	集部
13	刘柔妻	西晋	《王邵之集》十卷	集部
14	常侍傅伉妻	西晋	《辛萧集》一卷	集部
15	成公道贤妻	西晋	《庞馥集》一卷	集部
16	松阳令钮滔母	西晋	《孙琼集》二卷	集部
17	太守何殷妻	西晋	《徐氏集》一卷	集部
18	王凝之妻	东晋	《谢道韫集》二卷	集部
19	宋妇人牵氏	南朝宋	《牵氏集》一卷	集部

续表

序号	人物	朝代	著作	部类
20	后宫司仪	南朝齐	《韩兰英集》四卷	集部
21	梁武帝女	南朝梁	《临安公主集》三卷	集部
22	陈后主沈后	南朝陈	集十卷	集部
23	隋刘子政母祖氏	隋代	集九卷	集部
24	文德后长孙氏	隋代	《女则》	子部
25	唐武后	唐代	《垂拱集》一百卷 《金轮集》十卷 《列女传》一百卷 《古今内范》一百卷 《凤楼新诫》二十卷	史部 子部
26	上官昭容	唐代	文集一百卷	集部
27	孙夫人		《序赞》（《女训》十七家）	子部
28	宋若莘	唐代	《女论语》十篇	子部
29	宋若昭	唐代	为《女论语》做传释之	子部
30	王博妻杨氏	唐代	《女诫》一卷	子部

胡文楷编著、张宏生增订的《历代妇女著作考》（以下简称《著作考》）广泛搜罗了女性著作并加以考证，在此将《奁史·文墨门》的记载与其对照，如已被胡著收录，则不再做其他说明；如未收录，将附以简单考证。

（1）班婕妤的《班婕妤集》，集部，《著作考》已收录，已佚。

（2）《班昭集》、《女诫》、《补列女传》一卷、《幽通赋注》一卷、《列女传注》、《女孝经》。《班昭集》，集部，《著作考》以《曹大家集》之名收录，目前有张鹏一辑《关陇丛书》本。

《女诫》，子部（女教），《著作考》已收录，"后与仁孝文皇后《内训》二书合刻，颁示中外。前有神宗皇帝御制序文，其后与宋若昭之

《女论语》，王节妇刘氏之《女范捷录》合刻，为《闺阁女四书集注》有九经堂刊本、多文堂重镌本、《居家必备》明瞿佑九十八种本。"①载于《后汉书》卷八四《列女传·曹世叔妻》②中。

《补列女传》一卷，子部（女教），《著作考》已收录，胡文楷先生认为其"附于刘向《列女传》后"③。今本《列女传》多为明版汪道昆在刘向基础上编纂本。

《幽通赋注》一卷，集部，《著作考》已收录，载《文选》卷一四《班孟坚幽通赋一首》。

《列女传注》，《著作考》已收录，原书已佚，张鹏一辑本附于《曹大家集》中。

《女孝经》，《著作考》未收录，《奁史》引《经籍会通》记载："曹大家有《女孝经》，今所传《女孝经》乃唐人借名大家，曹书已亡逸矣。"④《汉书·艺文志》未见著录，《经籍会通》所言"唐人借名"，应是指唐代侯莫陈邈妻郑氏。《宋史·艺文志》中有："《女孝经》一卷。侯莫陈邈妻郑氏撰。"⑤

《四库全书总目提要》中有："唐郑氏撰。郑氏，朝散郎侯莫陈邈之妻。侯莫陈，三字复姓也。前载进书表，称侄女策为永王妃，因作此以戒。《唐书·艺文志》不载。《宋史·艺文志》始载之。《宣和画谱》载：孟昶时有石恪画《女孝经像》八，则五代时乃盛行于世也。其书仿《孝经》分十八章，章首皆假班大家以立言。进表所谓不敢自专，因以班大家为主，其文甚明。陈振孙《书录解题》直以为班昭所撰，误之甚矣。"⑥

---

① 《历代妇女著作考》，第4页。
② 《后汉书》卷八四《列女传·曹世叔妻》，第2786页。
③ 《历代妇女著作考》，第5页。
④ 《奁史》卷四三《文墨门》引《经籍会通》，第635—636页。
⑤ 〔元〕脱脱等：《宋史》卷二六〇《艺文志·子类》，中华书局1985年版，第5221页。
⑥ 《四库全书总目提要》卷九五《儒家类·女孝经一卷》，第801页。

关于曹大家《女孝经》的记载，在元代文人王恽的《题李龙眠画班昭女孝经图后》有："道义出乎天然，文章贵乎自得。昭以大家师范六宫，作《女诫》《孝经通》二十五篇。"① 其余皆无著录补充。因此认为曹大家无《女孝经》一书。

（3）贾充妻李氏的《女训》及《李扶集》一卷。《女训》，子部，《著作考》已收录，《晋书·贾充传》《世说新语·贤媛》有关于李氏较全面的记载。《李扶集》，集部，《著作考》已收录，《隋书·经籍志》有："晋太宰贾充妻《李扶集》一卷。"②

（4）赵姬的《列女传解》，子部，《著作考》以《列女传注》之名收录，皇甫谧《列女传》中认为赵姬是"桐乡令东郡虞韪妻"③。

（5）冯太后的《劝诫歌》《皇诰》。《劝诫歌》，《著作考》已收录，已佚。《魏书》记载："太后以高祖富于春秋，乃作《劝戒歌》三百余章，又作《皇诰》十八篇，文多不载。"④《皇诰》，《著作考》已著录，记载同上。

（6）刘令娴的《刘令娴集》，《著作考》已收录，《隋书·经籍志》："梁太子洗马徐悱妻《刘令娴》集三卷。"⑤ 已佚。有《答外》二首载于《玉台新咏》，⑥《和婕妤怨》、《赠答》等诗、《祭夫文》留存。⑦

（7）范靖妻《沈满愿集》三卷，《著作考》已收录，《隋书·经

---

① 〔元〕王恽著，杨亮、钟彦飞点校：《王恽全集汇校》卷七三《题跋·题李龙眠画班昭女孝经图后》，中华书局2013年版，第3081页。
② 〔唐〕魏徵：《隋书》卷三五《经籍志》，中华书局1973年版，第1071页。
③ 《历代妇女著作考》，第6页。
④ 〔北齐〕魏收：《魏书》卷一三《文成文明皇后冯氏》，中华书局1974年版，第329页。
⑤ 《隋书》卷三五《经籍志》，第1079页。
⑥ 〔南朝陈〕徐陵编，〔清〕吴兆宜注，程琰删补：《玉台新咏笺注》卷六《徐悱妻刘令娴·答外诗二首》，中华书局1985年版，第255页。
⑦ 《历代妇女著作考》，第14页。

籍志》著录:"梁征西记室范靖妻《沈满愿集》三卷。"①《旧唐书·经籍志》著录:"范靖妻《沈满愿集》五卷。"②《新唐书·艺文志》著录:"范靖妻沈满愿集三卷。"③ 卷数略有不同。

(8)左芬《左贵嫔集》四卷,《著作考》以《左九嫔集》之名收录。左贵嫔左芬其人其事,《晋书》有载:"左贵嫔名芬。兄思,别有传。"④《隋书·经籍志》中有:"晋武帝《左九嫔集》四卷。"⑤《著作考》未载,然《旧唐书·经籍志》尚有:"《左九嫔集》一卷。"⑥《新唐书·艺文志》记载同:"《左九嫔集》一卷。"⑦《晋书》则有:"秘书郎左思及世族子女并充三夫人九嫔之列。"⑧左芬是左思之妹。

(9)司徒王浑妻《钟夫人集》五卷,《著作考》已收录,《隋书·经籍志》著录为五卷,《旧唐书》为二卷。仍有《新唐书·艺文志》记载:"《钟夫人》集二卷。"⑨

(10)都尉陶融妻《陈窈集》一卷,《著作考》已收录,已佚。"《艺文类聚》《初学记》引有《筝赋》一篇。"⑩《隋书·经籍志》中有:"晋武平都尉陶融妻《陈窈集》一卷,晋都水使者妻《陈玢集》五卷,晋海西令刘臻妻《陈珍集》七卷,晋刘柔妻《王邵之集》十卷,晋散骑常侍傅伉妻《辛萧集》一卷,晋松阳令钮滔母《孙琼集》二卷,晋成公道贤妻《庞馥集》一卷,晋宣城太守何殷妻《徐氏集》一卷,

---

① 《隋书》卷三五《经籍志》,第1079页。
② 《旧唐书》卷四七《经籍志》,第2077页。
③ 《新唐书》卷六〇《艺文志》,第1597页。
④ 〔唐〕房玄龄等:《晋书》卷三一《后妃传·武悼杨皇后·左贵嫔》,中华书局1974年版,第957页。
⑤ 《隋书》卷三五《经籍志》,第1070页。
⑥ 《旧唐书》卷四七《经籍志》,第2077页。
⑦ 《新唐书》卷六〇《艺文志》,第1597页。
⑧ 《晋书》卷三一《后妃传·武元杨皇后》,第953页。
⑨ 《新唐书》卷六〇《艺文志》,第1597页。
⑩ 《历代妇女著作考》,第9页。

亡。"①

（11）都水使者妻《陈玢集》五卷，《著作考》已收录，《隋书·经籍志》著录同上。

（12）海西令刘麟妻《陈珍集》一卷，《著作考》已收录，《隋书·经籍志》著录同上。

（13）刘柔妻《王邵之集》十卷，《著作考》已收录，《隋书·经籍志》著录同上。

（14）常侍傅伉妻《辛萧集》一卷，《著作考》已收录，《隋书·经籍志》著录同上。"《艺文类聚》有《芍药颂》《菊花颂》《燕颂》，存三篇。"②

（15）成公道贤妻《庞馥集》一卷，《著作考》已收录，《隋书·经籍志》著录同上。

（16）松阳令钮滔母《孙琼集》二卷，《著作考》已收录，《隋书·经籍志》著录同上。

（17）太守何殷妻《徐氏集》一卷，《著作考》已收录，《隋书·经籍志》著录同上。

（18）王凝之妻《谢道韫集》二卷，《著作考》已收录，《晋书·列女传》"王凝之妻谢氏"③条记载谢道韫事。

（19）宋妇人《牵氏集》一卷，《著作考》已收录，《隋书·经籍志》记载："又有妇人《牵氏集》一卷。"④

从上述部分女性著作可以看出，女性著作亡佚较多，原因可能是女性著作的成书数量少于男性，且大多并不受到男权社会的重视，因此未能留存下来。其次，女性著作集中于别集类和女教类，这展现了有才女性的两大特质：一是女性的诗文才华崭露头角，一定程度上

---

① 《隋书》卷三五《经籍志》，第1071页。
② 《历代妇女著作考》，第8页。
③ 《晋书》卷九六《列女传·王凝之妻谢氏》，第2516页。
④ 《隋书》卷三五《经籍志》，第1075页。

受到了男性写史者和记录者的关注;二是女性在男权社会的要求下遵循男性订立的规则的同时,被这套规则所"训化",开始给自己的群体订立规则,书写一些女教女训书籍,这些女教类书籍成为女性自我约束的条例。

(三)其他学术才干

在《文墨门·学术》部分史料中,主要笔墨在于描写女子的读书才学史事,向我们展示了女子的许多才干与能力,归纳如下。

许多女性擅长诗文,除了写诗吟诵外,还能够对诗做出评论,显示了女子在诗词鉴赏方面也有所涉猎。《林下词选》:"徐小淑论诗独不喜子美,谓多俚语,易入学究。"① 另有《晋书》曰:"王凝之妻谢道韫,聪识有才辨。叔父安尝问《毛诗》何句最佳,答曰:'穆如清风。'安谓其雅人深致。"② 《女世说》:"女子紫竹工词,一日手《李后主集》。其父问曰:'后主词中何语最佳?'答曰:'问君能有几多愁,恰似一江春水向东流'耳。"③ 这几条史料都说明女子在"工诗文"的基础上还进一步发挥所学,评论诗词,在文学发展方面有所贡献。

95条史料中有一条女子作剧评的记载。《虞初新志》中说:"《吴吴山三妇合评〈牡丹亭〉》,其评无不一佳。"④ 清初文士吴吴山有三位擅长评剧的妻子:已聘未娶而殁的陈同、结婚三载病故的谈则、续娶的钱宜。这三位女子都很喜欢《牡丹亭》,并都对其进行了评注,钱宜决定将三人的评稿刻印出版。"《吴吴山三妇合评牡丹亭还魂记》以其清丽典雅的评语和独具一格的女性视角,鲜明地反映了当时闺阁

---

① 《奁史》卷四三《文墨门》引《林下词选》,第634页。
② 《奁史》卷四三《文墨门》引《晋书》,第634页。
③ 《奁史》卷四三《文墨门》引《女世说》,第634页。
④ 《奁史》卷四三《文墨门》引《虞初新志》,第634页。

妇女的文学艺术观念和生活观念。"① 有才学的女子也能获得更多社会认同。《挥麈后录》中记载钱忱妻瀛国夫人唐氏因为小学出色,对"受厘殿"的理解到位,受到了皇后的夸赞:"好人家儿女,终是别。"②《晋阳秋》中记载:"左芬为晋武贵嫔,姿陋体羸,常居薄室,然以才德见礼。帝每过之,言及文义,辞对清华。"③ 女子的容貌可能丑陋,但是才学出众可以弥补容貌的不足,受到应有的尊重。

女子才学出众,不仅代表接受过良好的教育,还可以自身的学识修养影响身边的人。《汉书》中有载:"伏生女代父授晁错《尚书》二十九篇。"④《后汉书》记载:"曹世叔妻班昭,博学多才,兄固著《汉书》八表,《天文志》未竟而卒。和帝诏,昭踵成之,数召入宫,令皇后诸贵人师焉,号曰'大家'。"⑤《东观汉记》记载:"邓后以经传教授宫人,左右习诵,朝夕济济。"⑥《群书考索》记载:"《汉书》始出,多未能通者。马融伏于阁下,从班昭受读,班昭教以读法。"⑦ 这些都是女性作为老师,教授他人的例子。

古代男女之间有防嫌礼,导致男女之间交往受到限制和约束。关于男女之防较为系统的规定在《礼记·内则》中:"七年,男女不同席,不共食。"⑧ 七岁基本可以算是不同席、不共食的开始,也就是男女之防的开始。《内则》中还有"男不言内,女不言外,非祭非丧,不相授器"⑨,男女之间的接触是有严格限制的。到了汉代,这种限

---

① 郭梅:《女儿笔底女儿心——〈吴吴山三妇合评牡丹亭还魂记〉》,载《文化艺术研究》2011年第2期。
② 《奁史》卷四三《文墨门》引《挥麈后录》,第630页。
③ 《奁史》卷四三《文墨门》引《晋阳秋》,第630页。
④ 《奁史》卷四三《文墨门》引《汉书》,第634页。
⑤ 《奁史》卷四三《文墨门》引《后汉书》,第630页。
⑥ 《奁史》卷四三《文墨门》引《东观汉记》,第634页。
⑦ 《奁史》卷四三《文墨门》引《群书考索》,第634页。
⑧ 〔清〕朱彬撰,饶钦农点校:《礼记训纂》卷一二《内则第十二》,中华书局1996年版,第440页。
⑨ 《礼记训纂》卷一二《内则第十二》,第419页。

制是削弱的。《奁史》引《邺洛鼎峙记》："卢道虔妻元氏甚聪悟，尝升室，讲老子《道德经》，道虔弟元朗隔纱帏以听之。"① 女性与男性中间要"隔纱帏"才能正常授课。女子学识如较为出色，不仅可以教授其他女子，甚至可以成为男子的老师。

受过良好教育的女子在自身的勤奋努力下，学识过人，受人尊敬，她们在教育子女方面也有了更多作为的可能。女子作为长辈尤其是母亲，自身的才学德行能够给予子女积极的影响。如引《十六国春秋》："韦逞母宋氏家世儒学，父授以《周官音义》，宋氏讽诵不辍。及徙山东，宋氏背负父所授书，以行教逞成名。"② 韦逞母亲的事迹是"言传身教"的典型例子。从这则史料中可以看出，在教育子女方面，母亲或者女性长辈较于言传更重身教。又如《野老记闻》中有载："杨直夫之妹通经学，嫁虞氏生集，为钜儒，其学无师，传于母氏也。"③ 杨直夫之妹的孩子虞集，最终成为儒家大学者，也是因为学问德行传承于母亲。

各时代对女性的教育还是以儒家女教为主，深受当时社会环境的影响。比如汉代儒家女子教育的特点，"对女性的总体要求是居家持正，尽到'主内'的职责，所以培养'理家持正'女性是儒家女子教育的根本所在"④。因此，女性在当时的社会环境下，并不一定愿意学习知识，成为一个有才学的女子。如《渭南集》中记载："孙夫人幼有淑质，李易安欲以其学传之，夫人谢曰：'才藻，非妇人事也。'"⑤

明清时期，传统封建礼教对女子教育的控制进一步强化，一方面表现为日益强化的贞节观念，另一方面对于女子的教育侧重于德教，

---

① 《奁史》卷四三《文墨门》引《邺洛鼎峙记》，第633页。
② 《奁史》卷四三《文墨门》引《十六国春秋》，第631页。
③ 《奁史》卷四三《文墨门》引《野老记闻》，第631页。
④ 杨毅：《汉代儒家女子教育思想研究》，西南大学硕士学位论文，2011年，第32页。
⑤ 《奁史》卷四三《文墨门》引《渭南集》，第630页。

出现重德行轻才学的女教观。① 在这种观念的影响下，女子对于才学的追求成为不被社会观念所认可的一种行为。在《奁史·文墨门·学术》涉及的女子史料中，女子学习和接受教育的动力很多来源于身边的男子。《意林》中记载，由于"刘子政最重《左氏》"，所以"妇女无不诵读"。② 这条史料一定程度上反映了在西汉男子的喜好影响下，女子也纷纷诵读《左氏》。又如《延州笔记》中有"宣帝太子令宫人皆诵王褒《洞箫赋》"③。《洞箫赋》是西汉时期王褒创作的以音乐为题材的作品。宣帝太子让宫人都去诵读，无疑表明上位者的喜爱，这也成为女子学习的动因之一。

女子读书的内容，以经史书目为主，在本章节所涉及的95条史料中，明确指出女子学习经史典籍或者思想的大约有36条，占到30%以上。而在教育过程中，明显缺乏系统性和全面性，主要是通过日常生活的耳濡目染去影响女子的思想和行为。虽然男权社会对于女子有隐秘期待，但是从女子接受教育的范围及女教的内容来看，对于女子教育的控制是男性限制女性行为和思想的重要方式。

古代女子的学术活动，不仅仅体现个人知识水平之高深和待人接物之有礼，更重要的是，她们的才学往往体现了社会主体男子的帮助，这在宫廷女子身上显得尤为突出。女子实现自我教育的价值，除了做一个贞节烈妇成全所谓的"清誉"、做一个贤妻良母主持中馈、传宗接代之外，其实并没有太多的社会空间。

---

① 刘佳佳:《明清女子教育初探》，山东师范大学硕士学位论文，2012年，第69页。
② 《奁史》卷四三《文墨门》引《意林》，第631页。
③ 《奁史》卷四三《文墨门》引《延州笔记》，第631页。

《文墨门》所见女性诗文研究

作者　陈丽媛

《奁史·文墨门·诗》和《奁史·文墨门·文》共同记载了与女性诗文创作相关的史料，对研究古代女性在中国诗文领域的生存状态有很高的参考价值。

民国时期，谢无量的《中国妇女文学史》对古代妇女文学不同时期的不同流派及其渊源做了详细介绍，主要集中在辞赋、诗词领域。[①]谭正璧的《中国女性的文学生活》将古代女性创作分为汉晋诗赋、六朝乐府、隋唐五代诗人、两宋词人、明清曲家几个部分，分别进行了详尽的介绍。[②]张明叶的《中国古代妇女文学简史》勾勒出了自上古先秦至清代古代妇女的文学创作、主要作者等情况[③]，对《文墨门》的研究都有很大的帮助。

一、文学女性的社会身份

本文探讨的文学女性主要指《奁史·文墨门》中录有诗文创作的女性，包括宫廷女性、名媛闺秀、姬妾妓女，还有人们笔下的女仙女鬼。其他的文学形式在原始文献中有所提及的也会适当探讨，但仍以诗文创作为主。这些文学女性各有特长，在文学创作上展露出天赋与才华，与男性希望女性以传统家庭为中心的要求不符。这些创作行为影响她们"为人妻，为人母，相夫教子，操持家务的时间与精力"，因此女子写诗作词往往遭受非议，"在传统性别秩序的要求下，女性应以贤德、贞静为尚，而写作唱和是女性失德的表现"[④]。在这种情况下，女性突破藩篱写出流传千古的浩荡诗词，更是值得关注的问题。

[①] 谢无量：《中国妇女文学史》，中州古籍出版社1992年版。
[②] 谭正璧：《中国女性的文学生活》，庄严出版社1982年版。
[③] 张明叶：《中国古代妇女文学简史》，辽宁教育出版社1993年版。
[④] 朱文文：《以才成德，以德达才：从孔璐华看清朝中期的女子教育》，曲阜师范大学硕士学位论文，2018年，第19页。

(一)宫廷女性

宫廷女性大多身处皇宫,或者有着较高的政治地位,因此在许多宫廷女性的诗文中总是掺杂着政治因素,尤以后妃、公主的诗文为典型。普通宫人则记载较少,即便有所流传,也不过寥寥数语。

花蕊夫人是后蜀后主的妃子,后蜀亡后,花蕊夫人入宋赵匡胤的后宫。《后山诗话》中有载:"花蕊夫人入宋见太祖,使陈所作,因诵其《亡国诗》云:'君王城上竖降旗,妾在深宫那得知。四十万人齐解甲,曾无一个是男儿。'太祖嘉赏之。"[1] 关于花蕊夫人其人,陈尚君先生的《花蕊夫人的迷宫》一文同意浦江清先生的观点,认为其是前蜀太祖王建贤妃徐氏,即后主王衍生母。[2] 先生的另一篇文章《"更无一个是男儿"考辨》则认为:"花蕊只是根据前蜀末王承旨之诗,略改数字以对宋太祖之问。"[3] 尽管如此,花蕊夫人身在深宫,后主孟昶出城降宋,花蕊夫人只能委身新主赵匡胤。其《亡国诗》较有讽刺意味,表现出一个深宫女子命不由己的无奈。辽代末朝皇帝天祚帝,国土半入于金朝,仍然出游如故。当时的萧文妃作诗歌:"可怜往代兮,秦天子犹向宫中兮,望太平。"[4] 天祚帝因此接受了萧文妃的劝谏。萧文妃的诗文在文献中流传下来的很少,从其《亡国诗》中可以看出其忧国忧民之情怀。

关于普通宫人的诗歌记载,史籍中大多不十分详尽。如《松亭行纪》记载:"鲇鱼池汤泉有石刻,明武宗宫人王氏诗。"[5]

---

[1] 〔清〕王初桐:《奁史》卷四四《文墨门》引《后山诗话》,《续修四库全书》,上海古籍出版社2002年版,第1251册,第639页。
[2] 陈尚君:《花蕊夫人的迷宫》,载《古典文学知识》2018年第4期。
[3] 陈尚君:《"更无一个是男儿"考辨》,载《东方早报》2013年8月25日。
[4] 《奁史》卷四四《文墨门二》引《女世说》,第642页。
[5] 《奁史》卷四四《文墨门》引《松亭行纪》,第647页。

（二）名媛闺秀

闺秀中有诗文者大有人在，尤其在明清之际，女性诗人文人在文学史上成就卓著，闺秀中不乏有能写出流传千古好文章的才女。名媛闺秀相对于普通女性见识较为广博，因此涉猎的题材也较多，表达的情感也比较复杂。

《今世说》中有："顾若璞尝于食顷，作《七夕诗》三十七首。"[①]关于顾若璞，《全浙诗话》中介绍："若璞，字和知，钱塘人。明上林丞友白女，少参黄汝亨长妇，副榜茂梧东生配。有《卧月轩稿》。"[②]与顾若璞同为武林女子的梁小玉，《秋谷杂编》记载其"七岁依韵赋《落花诗》，甚工。"[③]，可见其天赋。

《奁史》中也涉及一位异域女性。《朝鲜诗选》："许妹，状元许筠妹也，七岁能诗，号女神童，有《游仙曲》三百首。"[④]其中的"许妹"，据《列朝诗集》记载："许景樊，字兰雪，朝鲜人。其兄筠、箬，皆状元。八岁作《广寒殿玉楼上梁文》，才名出二兄之右。"[⑤]朝鲜人许景樊的诗集自传入即受到追捧，其《游仙曲》当如是。然而柳如是则认为："许妹氏诗，散华落藻，脍炙人口。然吾观其《游仙曲》'不过邀取小茅君，便是人间一万年'，曹唐之词也。"[⑥]认为"许妹"之诗不过尔尔。但不可否认，许景樊读书甚广，尤其对诗集较为熟悉，由此才可熟练运用，遣词造句，成为诗篇。

除此之外，名媛闺秀诗中也有游历风景之喜悦，如《隐居诗话》中有："王荆公妻吴国夫人亦能文，尝有词《约诸亲游西湖》云：'待

[①]《奁史》卷四四《文墨门》引《今世说》，第642页。
[②]〔清〕陶元藻辑：《全浙诗话》卷五一《清·闺秀·顾若璞》，中华书局2013年版，第1471页。
[③]《奁史》卷四四《文墨门》引《秋谷杂编》，第641页。
[④]《奁史》卷四四《文墨门》引吴子鱼《朝鲜诗选》，第641页。
[⑤]〔清〕钱谦益编：《列朝诗集·列朝诗集闰集第六·许妹氏》，中华书局2007年版，第6856页。
[⑥]《列朝诗集·列朝诗集闰集第六·许妹氏》，第6856页。

得明年重把酒，携手那知，无雨又无风。'脱洒可喜。"①也有凭吊古人之佳句，如《西皋外集》记载："闺诗有英气者，王秀重女《咏蔺相如》是也。"②女性甚至有以一文退一军、得保一方平安的大智慧。元末明初，周伯玉妻郭贞顺在明朝将领俞良辅兵至村头寨前，以一首《俞将军引》献之，使一寨免受战乱之苦。《名媛汇编》记载此事："郭贞顺，周伯玉妻。明初，俞良辅征诸寨，贞顺制长歌名《俞将军引》，献之麾下，良辅敛兵而回。"③

（三）姬妾妓女

创作诗文于妓女来说，是生存、发展的需要，因此创作诗文不仅需要有功底，而且要确有佳句才能广为流传，为自己提高身价。如果实在没有写文赋诗的天赋，也可以编罗一个市井喜闻乐见的故事。《鉴戒录》中记载名妓薛涛的故事云："薛涛为元稹所喜，酒后争令，以酒器掷伤公，犹子遂出幕，作《十离诗》以献，乃复留焉。"④

姬妾妓女地位相对较为低下，然而由于身份的特殊性，这些女性常常与名士相交。也有曾是大家女，由于身世零落辗转为姬妾，颇有才名的。《妇人集》中即有："陆姬孟珠，名燕燕，苏州人。或曰：'聊城大家女，曾为侯门宠伎。侯裁于法，姬流落江海间，凄然拥髻，有《东京梦华想制诗》一卷，自名'红衲道人。'"⑤

《静志居诗话》记载："景翩翩，字惊鸿，建昌妓，有《散花吟》。王伯穀题云：'关中有女最能诗，寄我一部散花词。虽然未见天女面，快语堪当食荔枝。'"⑥《唐语林》记载："官伎商玲珑、谢好好与

---

① 《奁史》卷四四《文墨门》引《隐居诗话》，第648页。
② 《奁史》卷四四《文墨门》引《樊榭山房集》，第641页。
③ 《奁史》卷四四《文墨门》引《名媛汇编》，第642页。
④ 《奁史》卷四四《文墨门》引《鉴戒录》，第638—639页。
⑤ 《奁史》卷四四《文墨门》引《妇人集》，第641页。
⑥ 《奁史》卷四四《文墨门》引《静志居诗话》，第640页。

元白酬唱,每以筒竹盛诗往来。"① 与名士交往能让妓女快速获得名气提高身价,以获得更多的实际利益。名士的欣赏左右了这些女性诗文的命运,同时也左右了这些女性自身的命运。正因此,许多妓女都有自己的"成名作品"。《宫闺诗选》中有:"张回,字观若,金陵妓,以《帆影诗》得名。"② 妓女为与名士相交,着力培养自己的诗文才学,以便更好地谋求生计。

(四)女仙女鬼

女仙女鬼虽然都是虚拟人物,但在传统社会中,她们的人生轨迹其实也是现实中时人生活的真实写照。对女仙女鬼等创作诗文的探究,有利于我们进一步了解当时女性真实的文学生活。值得注意的是,女仙女鬼的形象塑造及其创作的诗文,显然都迎合了男性文本话语的需求。"女仙""女鬼"从称呼、形象到整个人生轨迹都是由男性决定,因此,我们可以从中透析时人对文学女性的看法和社会期待。

《女仙传》中记载:"王纶女年十八岁,一日昼寝,忽魇声,父急问之,已起,谓父曰:'与汝有洞天之缘,降人间四百年矣,今又会此。'自是谓父曰:'清非生,自称"燕华君",初不识字,忽能诗。'每与清非生倡和,至百余篇。"③ 而《中山诗话》中则记载:"王纶女为鬼所凭,有《雪诗》云:'何事月娥欺不住,乱飘瑞叶向人间。'《说》云:'天上有瑞木,开花六出。'"④ 两处记载都展现了王纶女较高的诗才。《困学纪闻》则记载了另一个女鬼故事:"一女子为鬼所凭,作《金山诗》云:'涛头风滚雪,山脚石蟠蚪。'"⑤ 女鬼故事为女性突开神智、诗才飞扬做出了一定的解释。

而"女仙"的出现,却可能成为天赋诗才的女性不幸早逝的归途,

---

① 《奁史》卷四四《文墨门》引《唐语林》,第 648 页。
② 《奁史》卷四四《文墨门》引《宫闺诗选》,第 641 页。
③ 《奁史》卷四四《文墨门》引《女仙传》,第 646 页。
④ 《奁史》卷四四《文墨门》引《中山诗话》,第 639 页。
⑤ 《奁史》卷四四《文墨门》引《困学纪闻》,第 639 页。

其中可能寄寓着家人的美好祝愿。《绣余草继总女禅师序》载:"张学雅,字古什,母梦道人语曰:'上帝散花玉女,误碎御瓶,今谪汝家。'寤而生女,聪慧过人,嗜读书,能属文。作《月赋》,甚工。一日,其母又梦前道人来,曰:'玉女谪限满矣。'果于是日,端坐而逝。"[①]张学雅据传是清代人,未嫁而卒,其妹张学仪整理遗稿而成《绣余草》。其生平《全明词》有所提及:"字古什,太原人,明兵部职方张拱端之长女,年二十二,未嫁而卒。有《绣余草》。"[②]张学雅天资聪慧,然而寿数很短,她的家人只能以天降英才来获得心理安慰,认为她不是寿命不长,而是成为女仙回到天上去了。

二、女性诗文的内容

对于女性来说,诗文是她们打发闲暇生活的调剂品,应酬唱和,也是她们生活轨迹的一点缩影。女性诗文中所展现的空间是有限的,她们不像男性文人一样有消遣式的结社出游,很多生活足迹所到之处是跟随夫家不得不适应的各种环境。女性诗文即便不能全然反映出女性文学生活的空间轨迹和生命情态,所涉及的内容也能让我们从中感受到一丝丝女性的闪光与智慧。

(一)诗词的内容

《奁史·文墨门》囊括了各种类型的诗词题材,有闺情与闺怨类、羁旅行役及殷殷送别类、题画诗类、日常生活类等。

1. 闺情与闺怨类

闺情与闺怨这类诗词符合女性的情感体验,无论是对日常生活还是对四季的记录与感慨,都是"少女情怀总是诗"的绝佳体现,如孙宜康说:"所谓闺情诗词指的是诗人描写日常闺阁生活的乐趣以及

[①] 《奁史》卷四四《文墨门》引《后山诗话》,第639页。
[②] 饶宗颐初纂,张璋总纂:《全明词·张学雅》,中华书局2004年版,第3233页。

在闺阁中对春夏秋冬四季变迁所生发的感怀,其内容比较清浅单纯,符合女性尤其是少女的创作心理,具有典型的闺阁特征。"①闺怨诗"原本是女性抒发愁情怨绪的一种诗体,但是千百年来却让须眉男儿提刀代庖了。像萧纲及其意气相投的文人们,他们感兴趣的不是女子们的愁苦,而是把闺怨'作为矫情呻吟,附庸风雅的主体'。还有把闺怨诗当作一种'雅趣'加以摩挲赏玩的"②。

如果说闺情诗词大多描写了少女时期的天真烂漫,那么闺怨诗词则更多是女性对于自身命运、婚姻不幸、感伤离乱等的表达。闺情诗词如《陇蜀余闻》有:"刘暎度妻冯氏,诗甚清婉。《春日即事》云:'闲步小桥东,黄莺处处逢。梨花风雨后,人在绿杨中。'"③冯氏此诗,一派春日漫步、细雨梨花的悠闲景象,处处透露着春日的勃勃生机。闺怨诗词如《后汉书》记载:"蔡文姬归董祀后,感伤乱难,作《悲愤诗》。"④《韩愈文集》中记载了蔡文姬《悲愤诗》的部分内容:"存亡永乖隔,不忍与之辞。"⑤而《诗谱》中则称赞:"文姬诗真情极切,自然成文。"⑥这既是蔡文姬对世事艰难的慨叹,也是由于自身命途多舛而生的悲愤。闺怨诗词之外,宫怨诗词则成为宫廷女性的代表作品。如《诗品》记载:"班姬《团扇》,辞旨清捷,怨深文绮,得匹妇之致。"⑦宋代诗人刘克庄也评价班昭的《团扇诗》"怨而不伤"⑧,可说是对宫怨诗较高的评价了。

---

① 花宏艳:《近代女诗人研究》,暨南大学出版社2014年版,第164页。
② 郭海文:《唐五代女性诗歌研究》,陕西师范大学博士学位论文,2004年。
③ 《奁史》卷四四《文墨门》引《陇蜀余闻》,第641页。
④ 《奁史》卷四四《文墨门》引《后汉书》,第638页。
⑤ 〔唐〕韩愈:《韩愈文集汇校笺注》卷八《答渝州李方古使君书》,中华书局2010年版,第916页。
⑥ 《奁史》卷四四《文墨门》引《诗谱》,第638页。
⑦ 《奁史》卷四四《文墨门》引《诗品》,第638页。
⑧ 〔宋〕刘克庄:《刘克庄集笺校》卷一二八《书·戊子答真侍郎论选诗》,中华书局2011年版,第5222页。

从上文可以看出，对春夏秋冬四时变迁的感怀，成为女性诗词创作的重要感情来源。由于活动区域的有限性，女性在空间上得不到太多的诗才灵感，四时之景、四时之感给了女性诗人重要的灵感与启发。

2. 羁旅行役及殷殷送别类

古代女性的一生很多时候都在不断地送别，送别生命中的男性。她们无法像现代女性一样旅游、出差或者随便走走，与生命中男性角色的分别成为不可避免之事。《文墨门》中对女性送别诗词的收录，体现了古代女性生命中最珍贵的亲情体验。少数情况下，也有女性羁旅行役途中留下来的珍贵记载。

《唐宋遗史》记载了一个七岁女子作诗"应声而就"，表达了对兄长离开的依依不舍之情："如意中，女子七岁能诗，则天试之，皆应声而就。其《送兄诗》云：'别路云初起，离亭叶正稀。所嗟人异雁，不作一行飞。'"①《青琐集》则有："王元甫妻谢氏送别诗：'此去惟宜早早还，休教重起望夫山。君看湘水祠前竹，岂是男儿泪染斑？'"②谢氏送别远去做官的丈夫，其中竟有调侃之意，殷殷嘱咐丈夫早早回还，不要让自己化作望夫山：古有娥皇女英痛哭舜帝之死，你可不要让我也泪下成为竹斑，别离的辛酸中又有一丝豁达的笑容。《说诗乐趣》记载："陆女名涓，《代父送行》云：'津亭杨柳碧毵毵，人醉东风酒半酣。万点落花舟一叶，载将春色过江南。'"③陆涓此诗是写给长辈的送别诗，一改悲伤之气，充满了祝福，有着旅途一路顺风的期盼。

关于羁旅行役的诗词，《清波杂志》中记载："女郎张惠卿，《题常山店壁》云：'递递投前店，飕飕守破窗。一灯明复暗，顾影不成

---

① 《奁史》卷四四《文墨门》引《唐宋遗史》，第638页。
② 《奁史》卷四四《文墨门》引《青琐集》，第639页。
③ 《奁史》卷四四《文墨门》引《说诗乐趣》，第640页。

双。'"① 张惠卿在常山道的一家旅店中，羁旅寂寞，写下了这首诗，以表当时心情。

3. 题画诗类

题画诗作为历代文人雅士喜欢的题材，在《文墨门》中也有所体现。创作题画诗的女性，将自己对画作的情感体验与诗文相结合，达到"诗中有画、画中有诗"的奇妙境界，从中可见女性对诗词与书画都有所认识和研究。题画诗的创作，是女性文学和绘画综合素养的融合，也是女性艺术修养提高的表现。因此，对于《文墨门》中题画诗的进一步探究，有助于我们理解古代女性在文学艺术修养上的成就与贡献。

杨妹子，南宋宁宗皇后。《奁史》引《书史》记载："杨妹子《题马远画》，语关情思，人或讥之。"② 杨后其人，是一个传奇式的女性，她的题画诗是画史中不可或缺的部分。"世所传南宋画院马远、马麟的画迹中，常有宫人杨氏的题字……前代各家著录题跋每指称之为'杨妹子'，并且多说是宁宗皇后杨氏之妹，其名为'娃'。"③ 因此在很长的历史时期中都曾经有一个关于"杨妹子""杨后""杨娃"的谜题，即史料记载的这三种称呼的纠纷。启功先生《谈南宋院画上题字的"杨妹子"》④ 一文，梳理分析了书画文献中关于"杨妹子"的记载，对三种称呼的结论是：三者为一人，即南宋宁宗的杨皇后，"杨妹子"之称源自杨后题画之时引杨次山为兄以自重，自称"妹子"。"杨娃"之称源自对印章的误认："马远画水十二帧，现藏故宫博物院……印中'姓'字'生'旁笔划较繁，近似'圭'字，以致误为'娃'。按宋人号称某姓，米芾的题跋及印章每自称米姓，可以为证。"⑤

---

① 《奁史》卷四四《文墨门》引《清波杂志》，第647页。
② 《奁史》卷四四《文墨门》引《书史》，第640页。
③ 启功：《启功丛稿：论文卷》，中华书局1999年版，第148页。
④ 《启功丛稿：论文卷》，第148页。
⑤ 《启功丛稿：论文卷》，第151—153页。

胡莹的《谈文字与图像结合进程中宫廷艺术的作用——以南宋宁宗皇后杨妹子的题画诗为例》[1]一文中，对杨妹子自幼微贱、得到太后赏识、在兄长杨次山的协助下成为宋宁宗皇后的生平也做了说明。本文关注的是杨后在题画诗上的成就与造诣。《书史》记载，杨后喜爱画家马远的画作，经常在马远画作上题诗，甚至"语关情思"，因而受到讥笑。除此之外，杨后也有为其他画家题诗的记载，如《真迹实录》云："杨妹子有《题刘松年琴鹤图诗》。"[2]刘松年也是南宋画家，笔法俊逸，画风较为精致。现存其画作真迹较少，《真迹实录》中提及的这幅《琴鹤图》已无处觅踪迹。

宋代是历史上题画诗创造的一个高峰，其数量远远超过了之前所有朝代的总和。[3]女性的题画诗是我们不可忽视的一部分，关于杨后题画诗的这些记载就显得尤为珍贵。除了南宋杨后，《吟堂博笑集》记载管夫人的题画诗清新淡雅："管夫人奉中宫命，题所画梅诗云：'雪后琼枝嫩，霜中玉蕊寒。前林留不得，移入月中看。'"[4]倪仁吉擅长书画，在《池北偶谈》中也有题画诗留存："有《宫意图诗》云：'怨入苍梧斑竹枝，潇湘渺渺水云思。分明记得华清夜，疏雨银釭独坐时。'"[5]这些题画诗能够较为直观地展现出女性在诗文与绘画两个领域的高超水平。

4. 日常生活类

相比于男性文人，女性天生心思细腻，比较容易对所见所闻生出感慨。尤其是女性对家庭生活的看重，使得她们不仅仅在家庭中承

---

[1] 胡莹：《谈文字与图像结合进程中宫廷艺术的作用——以南宋宁宗皇后杨妹子的题画诗为例》，载《南京艺术学院学报》（美术与设计版）2009年第1期。

[2] 《奁史》卷四四《文墨门》引《真迹实录》，第640页。

[3] 叶林艳：《宋代题画诗研究》，中南民族大学硕士学位论文，2013年，第8页。

[4] 《奁史》卷四四《文墨门》引《吟堂博笑集》，第640页。

[5] 《奁史》卷四四《文墨门》引《池北偶谈》，第642页。

担着管理内务的职责,更由此生发出一些关于日常生活的感慨。她们有时在诗词中展现了一种夫妻情趣,是古代创作诗文的女性与丈夫情趣相投或者感情融洽的表现。

《南部新书》中记载:"李茂复内子甚妒,晚年有诗云:'近来不作癫狂事,免被冤家恶眼看。'"① 言语中透露出一种老夫老妻的淡淡温情。《渔隐丛话》中有:"杨朴妻送朴赴召诗:'更休落魄耽杯酒,且莫猖狂爱咏诗。今日捉将官里去,这回断送老头皮。'"② 这是一首送别诗,但同时也呈现出夫妻之间打趣调侃的情趣。

当然,古代女性的艳情逸事也总是吸引着男性文人的目光,因此留下了许多相关的诗文。如《香祖笔记》记载:"武林女子王倩玉,貌美工词,悦其中表沈生,而越礼焉,有寄沈《长相思》。"③ "越礼"的表现就是寄给沈生一首《长相思》,这种行为不被允许,因此得以流传记载,至于《长相思》的文采篇章,却不会引人注意。《拊掌录》记载:"许义方常出,经年始归,妻刘氏曰:'自君子出,闭门自守,时作小诗,以适情耳。'义方欣然取诗观之,首篇云:'月夜招邻僧闲话。'"④ 许义方外出好几年,妻子作诗自娱自乐,丈夫回家后从诗文中发现妻子有偷情的嫌疑。这是一个小故事,但呈现了两个人的悲哀,男性外出数年不回,女性无所依靠;女性在家偷情度日,男性一无所知。诗文可能是美好情感的记载,也可能是背德的证词,可见诗文只是一种工具,逃不开社会环境的影响。

5. 宗庙乐章

除上述几种常见的诗词内容外,古代女性也创作了一些祭祀所用的诗词乐章。《汉书》记载:"《安世房中乐》,高祖唐山夫人所

---

① 《奁史》卷四四《文墨门》引《南部新书》,第639页。
② 《奁史》卷四四《文墨门》引《渔隐丛话》,第639页。
③ 《奁史》卷四四《文墨门》引《香祖笔记》,第649页。
④ 《奁史》卷四四《文墨门》引《拊掌录》,第639页。

作。"①《困学纪闻》记载:"唐山夫人,唐山姓也,妇人能为祠祀乐章,非嘲风弄月之比。其后则戚夫人《暮春歌》、乌孙公主《悲愁歌》、文君《白头吟》、明妃《怨诗》,皆闻夫人风而起者,夫人之前,惟《麃虖》一歌,《垓下》数语而已。"②可见,唐山夫人的《安世房中乐》开启了女性作祭祀乐章之先河。关于唐山夫人《安世房中乐》的记载,《汉书·礼乐志》中说道,其"《房中祠乐》,高祖唐山夫人所作也。周有《房中乐》,至秦名曰《寿人》。凡乐,乐其所生,礼不忘本。高祖乐楚声,故《房中乐》楚声也。孝惠二年,使乐府令夏侯宽备其箫管,更名曰《安世乐》"③。

《房中祠乐》曾引起过学界的相关讨论。张哲俊的《房中与〈房中祠乐〉的性质》④认为,《房中祠乐》不是宗庙祭祀乐,是宗庙食举乐。鲁立智的《房中祠乐源流考》⑤认为,它最初是宫中举行"杂祭祀"时使用的音乐,其后为朝贺置酒使用,属于宴飨音乐,东汉时成为宗庙上的祭祀音乐。《后汉书·礼仪志》:"食举乐,王制谓'天子食举以乐',周官'王大食则令奏钟鼓'。"⑥从中可以看到,"食举乐"是周王进食时的钟鼓奏乐。王伯中的《汉代皇帝宗庙祭祀乐舞制度考述》说道:"汉代皇帝宗庙的食举乐,当是在宗庙祭神献飨礼毕,皇帝'就酒东厢'与宗室助祭者及执事臣僚聚宴时所奏之乐。"⑦从中可以看出宗庙乐章对于整个国家宗庙祭祀的重要性。随着时代的变

---

① 《奁史》卷四四《文墨门》引《汉书》,第642页。
② 《奁史》卷四四《文墨门》引《困学经闻》,第642—643页。
③ 〔汉〕班固撰,〔唐〕颜师古注:《汉书》卷二二《礼乐志》,中华书局1962年版,第1043页。
④ 张哲俊:《房中与〈房中祠乐〉的性质》,载《北京师范大学学报》(社会科学版)2017年第5期。
⑤ 鲁立智:《房中祠乐源流考》,载《求索》2012年第3期。
⑥ 〔南朝宋〕范晔撰,〔唐〕李贤等注:《后汉书·礼仪志·朝会》,中华书局1965年版,第3131页。
⑦ 王柏中:《汉代皇帝宗庙祭祀乐舞制度考述》,载《鞍山师范学院学报》(综合版)1997年第1期。

迁,从周代流传下来的古乐章已经不能适应汉朝统治者的需要,唐山夫人定下了所谓《安世房中乐》的乐词基调,终成适应汉代需要的宗庙乐章,展现了女性贴合时代变迁的诗词才华。

(二)女性韵文的内容

古代女性不仅仅能够撰写诗词,而且能够挥毫为文。相比诗词,创作文章对于女性来说显然需要更高和更全面的文学素养。从《文墨门》的史料来看,女性的韵文内容主要包括内宫规诫类、追思故亲类、应制帖括类等。女性创作的文章大多有实际需要,她们会回应"要求"而作文,是为事而作,为情而作,而不是为自己而作。

1. 内宫规诫类

这类文章主要来自宫廷女性群体,作文的主要目的是记录内宫女性之事,或者对内宫之人提出劝诫之语。这部分内容在上文女性著作的女教类部分有所论述,在此只将无书目名字的原始文献做一简单列举。

《新唐书》记载:"高祖窦后,工于篇章规诫,文有雅体。"[①]皇后作为一国一朝女性之表率,必须为天下女子之榜样。古代内宫的许多女性都写下过劝诫之言,这些女性的作品,是对同时代男权社会规范的妥协,也是女性求得生存的道德律令。

2. 追思故亲类

在古代,女性的情感与命运总是寄托在男性亲属的身上。在情感上,她们细腻真实,对自己的家人充满依赖,有着浓浓的亲情。富有才华的女性,将自己的各种情愫都写在了篇篇文章之中。在实际生活中,由于男尊女卑的社会现实,女性如果失去父、夫、兄等亲人,就失去了在古代社会赖以生存的依靠。由此,富有文采的女性们在双重动力的驱使下,写出了许多动人的篇章。

---

① 《奁史》卷四五《文墨门》引《唐书》,第1页。

《奁史》引《后汉书》记载："马伦妹芝,亦有才义。少丧亲,长而追感,作《申情赋》。"[①] 马芝是马伦的妹妹,也是东汉经学家马融的女儿,其姐是汝南人袁隗的妻子。由于《申情赋》已不传,只能从马芝因亲长去世而作文猜测《申情赋》的内容该是追思亲长、缅怀悼念。

　　《女世说》中记载："天官侍郎宋廷瑜左迁于外,妻魏氏随之。任中路作《南征赋》,词甚典美。魏氏心念张相说,少时为其父所重,乃作书与说,叙亡父畴昔之雅,为廷瑜申理,兼录《南征赋》寄说,说叹曰:'曹大家《东征》流也。'"[②] 魏氏家世,《旧唐书》有载:"宋庭瑜妻魏氏,定州鼓城人,隋著作郎彦泉之后也,世为山东士族。"[③] 夫宋廷瑜在则天朝任天官侍郎,被贬路上魏氏写下《南征赋》,宰相张说曾被魏氏的父亲看重,魏氏于是"作书与说",想为自己的丈夫申辩,并将《南征赋》一起寄给了张说,张说给予了很高的评价:"曹大家《东征》流也。"最终求助的结果在《旧唐书》中也有记载:"庭瑜寻转广州都督,道病卒。魏氏旬日亦殒,时人莫不伤之。"[④] 魏氏之文才佳作可见一斑。

　　从在魏氏的例子中我们可以看到,女性的荣辱甚至生死都寄托在丈夫身上,文章创作甚至有益于丈夫的仕途,休戚与共的命运在一篇文章中得到了淋漓尽致的体现。除魏氏的例子外,《奁史》中也记载着其他为夫作祭文的情况,如《四六法海》中有载:"徐悱卒,妻刘令娴为《祭夫文》,词甚凄怆,时悱父欲为哀章,见令娴文,遂阁笔。"[⑤]《太平御览》中有:"陈后主薨,沈后自为哀词,文甚酸楚。"[⑥]《晋

---

① 《奁史》卷四五《文墨门》引《后汉书》,第1页。
② 《奁史》卷四五《文墨门》引《女世说》,第1页。
③ 〔后晋〕刘昫等:《旧唐书》卷一九三《列女传·宋庭瑜妻魏氏》,中华书局1975年版,第5146页。
④ 《旧唐书》卷一九三《列女传·宋庭瑜妻魏氏》,第5146页。
⑤ 《奁史》卷四五《文墨门》引《四六法海》,第3页。
⑥ 《奁史》卷四五《文墨门》引《太平御览》,第3页。

江志》记载:"杨希闵死,妻汪氏自撰祭文,辞甚悲。"① 文学女性的情感输出比一般女性更加充沛饱满。因为她们掌握了写文叙事这样的能力,才使得我们今天能够从中了解一点点古代女性的内心世界。

《周宝镫传》中记载:"周炤父遇闯难,殉节,炤哀之,作《悼怀赋》,读者如听三闾大夫姊媭吟也。"② 周炤,清代人,字宝镫,嫁给了汉阳李以笃。因为父亲殉节写下《悼怀赋》,情感充沛,愤慨悲伤,好像是屈原之姊在悲吟,可见其伤痛。清人周寿昌的《宫闺文选》中曾记载周炤的《悼怀赋》:"俯江流之浩浩兮,吊祢衡与屈。平波填江而不溢兮,何以抒其愤。盈草参差而并生兮,孰辨其为杜蘅。鸟之嘤咿亦各有所谓兮,而人孰知其情。"③ 祢衡有代表作《鹦鹉赋》,是抒写才智之士生于乱世的不幸遭遇,周炤之父的情况与之如出一辙,借以慨叹父亲怀才却悲愤而死的境况,充分展现了周炤的才气。

3. 应制帖括类

科举制自隋代建立并不断发展完善,逐渐成为中国古代选拔官吏的制度。科举制度的建立,为男性士人打通了一条通过努力可以成为"人上人"的道路。在这条道路上,男性的终点是成为官吏,而女性无论成就如何都不可能到达终点。科举制的建立、完善和发展,为中国古代下层人士、寒门子弟争取了做官的权利,然而,这里面不包括女性。

《静志居诗话》记载:"孙文恪娶于杨,诸子登进士榜者四人,皆杨夫人教之,夫人精帖括,断绝不爽。"④ 明代忠臣孙燧的幼子孙升,谥"文恪",他的继室杨文俪精通帖括,精妙无差,教导四子,最终都能登第,实属罕见。无论杨夫人多么擅长科举帖括,也没有丝

---

① 《奁史》卷四五《文墨门》引《晋江志》,第3页。
② 《奁史》卷四五《文墨门》引《周宝镫传》,第2页。
③ 〔清〕周寿昌编,谭国清主编:《中华藏典·传世文选·宫闺文选》,西苑出版社2003年版,第9页。
④ 《奁史》卷四五《文墨门》引《静志居诗话》,第8页。

毫机会改变自己的社会地位，发挥所长。

《梅花草堂笔谈》中记载："会稽女子商婉人，能为制举文字，尝评沈涧芳文一卷，沈赠诗云：'细笔腥红绝妙辞，扫眉窗下拜名师。从来玉秤称才子，楼上昭容字婉儿。'"①"从来玉秤称才子"一句，已道尽女性在从政一途的不公平境遇。《居易录》记载："胡桢妻张氏通制举业，桢作文辄就之评骘。"②《谐铎》中有："线娘，夏邑士族女也，工于帖括。"③这些都是女性擅长科举的史料记载，但是这些女性不会有实际意义上的发挥空间。《别裁集》中还有："吴芳华，嘉兴女，制艺极工，近隆万人。"④吴芳华是明世宗时期嘉兴人，"制艺"指八股文，可见女性不仅擅长需要背诵默写的帖括，对于八股文等也有研究。

4. 其他类别

除了上述几类，《奁史·文墨门》中还提及女性其他的赋文内容，这些文章大多是有具体作用的，如上疏劝谏、唤醒神志等。

《女世说》记载："徐惠妃以太宗勤兵，又营缮相继，上疏谏曰：'珍珍玩伎巧，乃丧国之斧斤。珠玉锦绣，寔迷心之酖毒。作法于俭，犹恐其奢，作法于奢，何以制后。'"⑤

司马彪《续汉书》记载："明帝杨后有颠狂病，惟内傅孟姬为文，后每读之，颠狂辄醒。时人语曰：'孟文差颠狂。'"⑥

---

① 《奁史》卷四五《文墨门》引《梅花草堂笔谈》，第 8 页。
② 《奁史》卷四五《文墨门》引《居易录》，第 8 页。
③ 《奁史》卷四五《文墨门》引《谐铎》，第 8 页。
④ 《奁史》卷四五《文墨门》引《别裁集》，第 8 页。
⑤ 《奁史》卷四五《文墨门》引《女世说》，第 2 页。
⑥ 《奁史》卷四五《文墨门》引《续汉书》，第 1 页。

三、女性诗文的特点

（一）与宗教相关

女性的活动范围很小，以家（实际上是宅院覆盖面）为活动场所。大大限制了生存活动空间的女性在这个狭小的区域里，逐渐拓展出一个新的行为空间，即与佛道儒相关的宗教场所。一些文学女性因此创作了与宗教相关的诗文，来标榜自己的信仰生活。这是女性生活空间得到拓展的表现。

《池北偶谈》中记载："刘令娴盛有才名，《玉台新咏》载令娴诗《如光宅寺》云：'长廊欣目送，广殿悦逢迎。何当曲房里，幽隐无人声。'"[1] 光宅寺在今南京，刘令娴夫是南朝梁徐悱，《先秦汉魏晋南北朝诗》中有："悱，字敬业，勉第二子。起家著作佐郎，转太子舍人，掌书记之任，累迁洗马、中舍人。以足疾出为湘东王友，迁晋安内史。普通五年卒。"[2] 南朝梁都城建康，在今南京，徐悱在此任官，刘令娴拜访光宅寺也成为可能。光宅寺是在梁武帝的主持下修建的，史书记载："时武帝以三桥旧宅为光宅寺，敕兴嗣与陆倕各制寺碑，及成俱奏，帝用兴嗣所制。"[3]

《寺塔记》记载："奉慈寺，虢国夫人宅也。杨敬之小女年十三，题诗此寺，自称关西孔子二十七代孙，字德邻。"[4] 此事在《全唐诗》"题奉慈寺"条也有记载："寺本虢国夫人宅，后为驸马郭暧第。升平公主薨，追福置寺。德麟年十三，以六韵题之，今存警句二韵：

---

[1] 《奁史》卷四四《文墨门》引《池北偶谈》，第638页。
[2] 逯钦立辑校：《先秦汉魏晋南北朝诗·梁诗卷十二·徐悱》，中华书局1983年版，第1770页。
[3] 〔唐〕李延寿：《南史》卷七二《周兴嗣传》，中华书局1975年版，第1780页。
[4] 《奁史》卷四四《文墨门》引《寺塔记》，第639页。

'日月金轮动,旃檀碧树秋。塔分鸿雁翅,钟挂凤凰楼。'"①

《云迈淡墨》中有:"沈纫兰仲女双蕙,字柔嘉,髫年禅悦。有诗云:'迦陵可解西来意,又报人间梦不长。'年十六而卒。"②《全浙诗话》"黄双蕙"条云:"双蕙,字柔嘉,秀水人,参政黄承昊女。"③并引《檇李诗系》记载她"绝意家室,尝诵经"④,听见鸟叫,创作了《云迈淡墨》中记载的诗句,最终早逝。从这两句诗可以看出,黄双蕙心中充满禅意,且能够禅修入定,又没有凡尘杂念,悉心诵经,最终走入了向往的极乐世界。死亡于她而言,不是终结,而是开始;不是厄运,而是福报。

除了上述与佛家相关的史料,《奁史》中还收录了自称"广寒仙客"的明代才女袁彤芳的相关资料。《林下诗谈》记载:"袁彤芳年十四作《游仙诗》,自称'广寒仙客。'"⑤

关于袁彤芳的身世,有两种主要的说法。一种说法来自《明诗综》。袁彤芳是明代云南参政袁年之女,其父"字子寿,吴县人。万历庚辰进士,除南京兵部主事,历员外,郎中,出知青州府,迁江西按察副使,转云南参政。有《观槿斋集》"⑥。而袁彤芳"字履贞,吴县人。参政年女,自称广寒仙客"⑦。《明诗综》中认为袁彤芳字履贞,吴县人,是云南参政袁年之女。与《奁史》记载相同之处是"广寒仙客"之名。另一种说法来自《全明词》和《午梦堂集》。《全明词》中记载袁彤芳"字履贞,吴县人。文宪袁德门女,自号广寒仙客。早逝。有《广

---

① 〔清〕彭定求等编:《全唐诗》卷七九九《杨德麟·题奉慈寺》,中华书局1960年版,第8990页。
② 《奁史》卷四四《文墨门》引《云迈淡墨》,第641页。
③ 《全浙诗话》卷三七《明·闺秀·黄双蕙》,第1068页。
④ 《全浙诗话》卷三七《明·闺秀·黄双蕙》,第1068页。
⑤ 《奁史》卷四四《文墨门》引《林下诗谈》,第642页。
⑥ 〔清〕朱彝尊编:《明诗综》卷五三《袁年》,中华书局2007年版,第2700页。
⑦ 《明诗综》卷八六《袁彤芳》,第4166页。

寒词》"①。《午梦堂集》也无大差别:"字履贞,吴县人。文宪使袁德门女自号广寒仙客,早逝。有《广寒词》"②这两处认为袁彤芳字履贞,是袁德门之女,自称广寒仙客,二者说法一致。与《奁史》及《明诗综》不同之处就在于袁彤芳的父亲。《明诗综》是清代朱彝尊编纂,据今人考证,《明诗综》的编纂年代是康熙三十八年(1699)至四十四年(1705)间,材料搜集早于康熙三十八年(1699);《全明词》是饶宗颐、张璋编成,底稿是赵尊岳的《惜阴堂丛书》,时间较晚;《午梦堂集》是叶绍袁于崇祯九年(1636)编的一部诗文合集,就时间来看无疑更早。由于史料有限,我们暂且认为《午梦堂集》所记载的内容更可信些,袁彤芳的父亲是袁德门。

(二)与女性交游相关

在女性生命中,诗文偶尔也承担应酬和交际的功能。笔者对《文墨门》中关于女性集宴应制的诗文进行了收集,从中可以看到,交游酬和类诗文是女性结交朋友、抒发情感、表露品格的重要方式。

《景龙文馆记》记载:"唐中宗引名儒赐宴赋诗,婉儿常代帝及后、长宁、安乐二公主,众篇并作,而采藻益新。"③上官婉儿之才,从《景龙文馆记》的记载中可窥探一二。宫廷歌舞升平,使得宴集应制诗歌成为必要。应制诗不仅仅是文人诗才的体现,更是君臣相得的和谐关系的表达。上官婉儿在其中也担当了体现和睦关系的角色,同时这也是女性在政坛暂崭露头角的少数情况。

《名媛集》中有:"孙瑶华,字灵光,汪仲嘉有《代苏姬寄怨所懂诗词》,客属和盈帙,灵光诗一出,众皆搁笔。"④女性结交朋友、抒发情感,不仅仅要一种体面而委婉的方式——比如作诗,更需要男

---

① 《全明词·袁彤芳》,第 873 页。
② 〔明〕叶绍袁编,冀勤辑校:《午梦堂集·伊人思·袁彤芳》,中华书局 2015 年版,第 683 页。
③ 《奁史》卷四四《文墨门》引《景龙文馆记》,第 638 页。
④ 《奁史》卷四四《文墨门》引《名媛集》,第 641 页。

性的认同与欣赏，才能达成结交的目的。诗文更成为特殊女性如娼妓的扬名方式："朱无暇，字泰玉，桃叶渡边女子。工诗善书，己酉秦淮有社会，泰玉诗出，人皆自废。"①

诗文是一种表达情感、抒发志趣的文学方式，女性也将诗文作为自己闺中情思、闲暇乐趣的寄托。女性之间有时也使用诗歌来交往。诗歌从侧面展现了女性的人际交游，不仅仅局限在女性与士人之间。《妇人集》中记载："周羽步与吴蕊仙善，著有《比玉新声集》。"②周羽步和吴蕊仙二人同为清初风尘中人，一向友善，经常诗歌唱和往来。二人还曾"为六桥三竺之游"③。女性之间也有宴集请诗之举，《宋诗纪事》中："朱淑真同时有魏夫人者，曾子宣内子也，亦能诗。尝置酒邀淑真，命小鬟队舞，因索诗，以'飞雪满群山'为韵，淑真醉中援笔赋五绝句。"④置酒舞乐，觥筹交错，往来应和，与男性集会，无甚区别。不仅如此，文人之间往来应和之作，有时会汇而成集，女性诗人之间的往来也会如此。《学余堂文集》记载："黄皆令避兵播迁，有卞处士妻吴严子以诗名。假馆留数月为文字，交与诸大家名姝静女倡酬，有《越游集》。"⑤

很多时候，女性自身对于吟诗作对、舞文弄墨并不认同。这种态度来自男性父权社会的影响，文学对于女性来说从来不是必需品，不能夸耀甚至难以启齿。另外，在文学环境中女性是弱势的，女性文学家的数量远少于男性，女性文学的质量在某种程度上也无法与男性匹敌。因此，女性自身很难对自己的诗文创作产生认同感和自豪感。《唐诗纪事》中记载："乐昌孙氏，孟昌期妻也。工吟咏，代夫作《烛

---

① 《奁史》卷四四《文墨门》引《绣佛斋集》，第641页。
② 《奁史》卷四四《文墨门》引《妇人集》，第642页。
③ 〔清〕邓汉仪：《慎墨堂诗话》卷一二《吴琪》，中华书局2017年版，第477—478页。
④ 《奁史》卷四四《文墨门》引《宋诗纪事》，第645页。
⑤ 《奁史》卷四四《文墨门》引《学余堂文集》，第646页。

诗》《琴诗》《酒诗》。一日曰：'才思非妇人事也。'并焚其集。"①
男性反而因为没有身份地位的顾忌，可以对一些杰出女性的诗文大加
赞赏，不吝称颂。《全唐诗话》中有："刘长卿谓季兰为女中诗豪。"②
《风月堂诗话》记载，赵明诚妻李清照"善属文，于诗甚工"，诸如"夜
鹊三绕未能安"这样的诗句"颇脍炙人口"。③即便如此，因为女性"天
生"负责"主内"之事，文章再好，也会被看作是男性的"分内"事，
《野航史话》记载："殷保诲始举进士时，文章皆内子封夫人为之，
动合规式，中外皆知。"④

"由于'女子无才便是德'的观念在我国古代根深蒂固、深入人
心，男性往往认为吟诗作赋非良家女子所为。"⑤因此，女性的诗文
才气大多不为家人所认同。有诗才于男子来说多是幸事，而于女性来
说则是不幸，甚至是"福薄""早夭"的征兆。孙振《孙槎云传》中有：
"槎云姓张氏，杭州女子，有句云：'残风残雪断桥边。'其兄见之曰：
'我妹必以诗传，但福薄耳。'"⑥《续窈闻》中也有记载："叶小
鸾十岁与母初寒夜坐，母云：'桂寒清露湿'，即应云：'枫冷乱红凋'。
咸喜其敏捷，不知其夭征也。"⑦世人多认为女性是写不出好诗文来的，
即使有佳句，也必定来自男性。《双桥随笔》中有："董少玉嫁周元孚，
学诗既成，元孚欲序而行之，少玉笑曰：'妾幸为君妇，得稍知诗，
亦不幸为君妇，即有一二佳句，人必以为出君手也，何以诗为？'"⑧

女性许多难以宣之于口的话，可以通过诗文表达出来，诗文成

---

① 《奁史》卷四四《文墨门》引《唐诗纪事》，第 638 页。
② 《奁史》卷四四《文墨门》引《全唐诗话》，第 638 页。
③ 《奁史》卷四四《文墨门》引《风月堂诗话》，第 639 页。
④ 《奁史》卷四五《文墨门》引《野航史话》，第 1 页。
⑤ 马小明：《"苦节一生谁得似"——方维仪诗文管窥》，载《河套学院论坛》2018 年第 2 期。
⑥ 《奁史》卷四四《文墨门》引《孙振孙槎云传》，第 640 页。
⑦ 《奁史》卷四四《文墨门》引《续窈问》，第 645 页。
⑧ 《奁史》卷四四《文墨门》引《双桥随笔》，第 641 页。

为女性"第二张口"。《霞外尘谈》中记载:"新淦范氏妇早寡,召入禁中数年。一日,题《老妇母牛图》云:'贵妃泪溅马嵬坡,出塞昭君怨恨多。争似阿婆牛背隐,笛中吹出太平歌。'高后见之,曰:'彼不乐居此矣,封为夫人。'厚赍而遣归。"①女性社会地位较为低下,许多时候命运都掌握在男性手中。因此,她们通过写文作诗的方式传达自己的才气,表达自己的需求。《震泽纪闻》中记载:"铁铉死后,二女入教坊,数月,终不受辱。有铉同官至,二女为诗以献。文皇乃赦出之,皆适士人。"②

女性将诗文作为自己情感的寄托,把自己的一腔热情付诸笔端,甚至将自己的生命寄托在诗文中,寄托在与之来往的男性身上。"在明清女诗词中,最有力的召唤不是出自'女权主义'的声音,而是发自生命中的偶然感悟。是抒情的需求引导她们偶然超越了日常生活的局限性,洞察了生命的悲剧性。"③诗文因此成为女性表达坚贞不屈、誓死追随的一种方式。《居易录》记载:"曹邦杰卒,妻张氏作文告祭,而自经于柩侧。"④《林下词选》有载:"王娇鸾与周廷章善,往还诗词最多,后廷章负盟别娶,鸾遂自殉。"⑤《楚汉春秋》中记载,在项羽兵败后,虞姬有和:"汉兵已略地,四面楚歌声。大王意气尽,贱妾何聊生。"⑥然后自刎帐前。后流传至今,甚至广为称颂,编成戏曲等。这些女性的生命悲剧被不断地记录、转载,还被一些人颂扬、称道,是女性自身的悲剧,更是时代的不幸。史籍中还有记载,丈夫如果移情别恋,有才的女性尝试通过写诗诉说心声,挽回两人的感情。《女世说》中有这样一段故事:

---

① 《奁史》卷四四《文墨门》引《霞外尘谈》,第640页。
② 《奁史》卷四四《文墨门》引《震泽纪闻》,第640页。
③ 叶舒宪主编:《性别诗学》,社会科学文献出版社1999年版,第12页。
④ 《奁史》卷四五《文墨门》引《居易录》,第3页。
⑤ 《奁史》卷四四《文墨门》引《林下词选》,第641页。
⑥ 《奁史》卷四四《文墨门》引《汉春秋言》,第642页。

  安南将军窦滔之襄阳,恨妻苏若兰妒,不与偕。苏自伤,因织锦"回文锦",纵广八尺,题诗八百余言,纵横反复,皆为文章,名《璇玑图》,读者不能尽通。若兰笑谓人曰:"徘徊宛转,自成文章,非我佳人,莫之能解。"遂命苍头赍至襄阳,滔省览锦字,感其妙绝,因迎至,恩好甚重。①

  苏蕙的《璇玑图》十分出色,朱淑真的《璇玑图记》称之为"亘古以来所未有也"。据《居易录》记载:"苏蕙织锦回文诗,《则天记》云二百余首。杨文公读至五百余首。明僧起宗乃又分为七图,一百四十七段,得三、四、五、六、七言诗至三千七百首。"②苏蕙的《璇玑图》中,武则天记下200多首诗,北宋文学家杨大年从中读出了500多首诗,明代僧人起宗将此图分成了147段,一共得到三、四、五、六、七言诗共3700首。这样一位成功的女诗人,只能写下《璇玑图》来挽回有了宠妾的丈夫,令人扼腕。对于有了如意郎君的古代女性来说,创作诗文的动力来自寄托依靠的情感表达,她们缺乏独立的基础和环境,将自己的一切乃至生命寄托在情郎夫君的身上,这是古代女性生命不得自主的悲哀。

---

① 《奁史》卷四四《文墨门》引《女世说》,第643页。
② 〔清〕王士禛:《居易录》卷二六,齐鲁书社2007年版,第4190页。

《文墨门》所见女性书法与绘画

作者　陈丽媛

《奁史·文墨门》中涉及从上古至清代女性书法家73位，女性画家42位，不知时代者有9位，集中在明清时期，为我们探寻古代女性的艺术活动提供了难得的历史信息。本文尝试以这些女性书法家和画家为研究对象，展现中国古代女性的艺术造诣和审美情趣。

有关《奁史·文墨门》女性艺术生活的著述和论文很多，本文所涉女性的"艺术生活"以书法、绘画为主，可见主要著述有：柏世英的《唐代及以前的中国女性书法艺术探析》[1]，追溯了秦汉、魏晋、唐代三个阶段的女性书法家及其书法事迹并作了简介；陈江盟的《唐代女性书法成就探析》[2]，介绍唐代宫廷女性与民间女性的书法成就，总结唐代女性书法成就显著的主要原因；王新利的《唐代女性与书法》[3]，对唐代女性书法家取得的成就、原因及影响进行了探讨，有利于梳理对唐代书法文化整体风貌的认识；李旭琴的《女性书法的空间构成与审美特征》[4]，论述女性书法家"以'势'造形""以'线'构形""留白"的特点，展示了自然美、意象美、气韵美、和谐美以及意境美；陈凤珍的《女性主义文艺美学透视》[5]第二章和第三章，分别对女性绘画、女性书法的历史做了深度剖析，审视女性艺术在历史上的尴尬地位；常春、杨勇等的《中国古代女性书法文化史》[6]对从先秦两汉到清代的女性书法文化状况进行了综合研究；陶咏白和李湜的《失落的历史中国女性绘画史》[7]，对史前到清代女性绘画的滥

---

[1] 李旭琴：《女性书法的空间构成与审美特征》，载《文化学刊》2016年第12期。

[2] 陈江盟：《唐代女性书法成就探析》，载《乾陵文化研究》2015年。

[3] 王新利：《唐代女性与书法》，载《中国书法》2016年第8期。

[4] 李旭琴：《女性书法的空间构成与审美特征》，载《文化学刊》2016年第12期。

[5] 陈凤珍：《女性主义文艺美学透视》，光明日报出版社2009年版。

[6] 常春、杨勇等：《中国古代女性书法文化史》，上海书画出版社2018年版。

[7] 陶咏白、李湜：《失落的历史中国女性绘画史》，湖南美术出版社2000年版。

觞、发展及各时代女性绘画的特点、代表画家等做了详细考证，对本文所做研究有很大的帮助。

一、《文墨门》所见女性书法家的身份

不同时代对于女性的要求和期待有所不同。

魏晋南北朝时期，社会对于女性的形象期待大概可以从官方史书中窥得一二。《魏书·列女传》中有："夫妇人之事，存于织纴组紃、酒浆醯醢而已。"①但"明识列操，文辩兼该"②的女性也被称赏和赞颂，因而有了《列女传》的诞生。在这些才女中，擅长书法的女性在《中国古代女性书法文化史》中有详细的统计，作者也得出结论："魏晋南北朝的史书中，宫闱中善书女性的信息基本都来自正史，而名媛书法家的记载则主要来自书学著作。"③可见上层社会对于女性才智的认同。

但是，在现实生活中，书法对于女性主要是一种私密和自我的表达方式，在男主外、女主内的观念影响下，女性很难将书法艺术作为一种人生追求，最多是一种自我提升、自我欣赏的方式。许多女性书法家无论在书法上多有天赋，最终都逃不过以男性为主导的社会安排，书法艺术生活是她们难以成全的人生梦想。她们中的绝大多数人，或归于日常家庭内务，或归于婚姻生活，这就是一个女性在古代社会最好的归宿——不光男性这样认为，连闪耀着艺术光辉甚至可称伟大的女性艺术家也是这样认为的。通常，她们不以自己的艺术造诣为荣，反而为耻，不愿示人，更不以为自己追求的是崇高的艺术。

马宗霍《书林藻鉴》记载，中国书法史上最早的女性书法家是

---

① 〔北齐〕魏收：《魏书》卷九二《列女传》，中华书局1974年版，第1977页。
② 《魏书》卷九二《列女传》，第1978页。
③ 《中国古代女性书法文化史》，第21页。

先秦时期与孔子同乡的秋胡之妻。① 宋人的书籍中记载："虫书。鲁秋胡妻玩蚕,作虫书。"② "虫书"究竟何种模样,已无书可考。女性在书法史上的足迹绝不仅仅如此,《奁史·文墨门》中所涉及的古代女性书法事迹,可以展现女性在古代书法史上真实的面貌。

(一)宫廷女性

历代善书的宫廷女性在女性书法家群体中值得关注,正史对这些女性时有记载,因此我们可以期望从中管窥中国古代女性书法家在整个书法史进程中的作为。

宫廷女性大致可分为后妃、公主和宫女等。在宫廷女性书法家中,后妃可能因为才艺出众而被选入宫中,公主则一出生就接受皇家的精英教育,宫人作为服务整个皇宫运转的工作人员也必须学习各种文化技能。"在古代宫廷中,也是需要对宫中女性进行一定的文化教育,教育内容里也包括必要的书写训练。"③ 宫廷女性在《奁史》所见女性书法家群体中占据了重要地位,尤其是太后、皇后,关于她们工书的记载较多,体现了宫廷女性在书法上的高水平。

《奁史》引《北堂书钞》记载:"后汉窦皇后,六岁能书。"④《后汉书》"窦皇后纪"载:"章德窦皇后讳某,扶风平陵人……非臣妾容貌,年六岁能书,亲家皆奇之。"⑤ 史籍记载窦皇后早慧,容貌显贵,且六岁能书,这些既是由于皇后身份所带来的传奇色彩,又是自身聪颖的必然结果。《奁史》引《女世说》记载:"唐高祖窦后善书,

---

① 《中国古代女性书法文化史》,第 6 页。
② 〔宋〕叶廷珪,李之亮校点:《海录碎事》卷一九《文学部下·书札门》,中华书局 2002 年版,第 861 页。
③ 《中国古代女性书法文化史》,第 1 页。
④ 〔清〕王初桐:《奁史》卷四六《文墨门》引《北堂书钞》,《续修四库全书》,上海古籍出版社 2002 年版,第 1252 册,第 8 页。
⑤ 〔南朝宋〕范晔撰,〔唐〕李贤等注:《后汉书》卷一〇上《皇后纪·章德窦皇后》,中华书局 1965 年版,第 415 页。

与高祖书相杂，人不能辨。"①唐高祖窦后，是隋定州总管窦毅之女。窦毅的生平在《周书》中有记载："毅字天武。父岳，早卒。及毅着勋，追赠大将军、冀州刺史。毅深沉有器度，事亲以孝闻。"②在卓有成就的父亲的影响之下，窦后成长为一个德艺双全的女性，并自小显露出较为出色的书法天分。"建初二年，后与女弟俱以选例入见长乐宫，进止有序，风容甚盛。肃宗先闻后有才色，数以讯诸姬傅。"③窦皇后因为才色出众，最终成功入选宫中，女性的才能成为改变自身命运的敲门砖。

唐太宗的女儿临川公主，字孟姜，十分擅长书法。《奁史》引《墨池编》中记载："临川公主，唐太宗女也，下嫁周道务，工篆籀。"④而据《大唐故临川郡长公主墓志铭》记载："（临川公主）兼手缮写。圣皇览之，欣然以示元舅长孙无忌曰：'朕女年小，未多习学，词迹如此，足以慰人。朕闻王羲之女字孟姜，颇工书艺，慕之为字，庶可齐踪。'因字曰'孟姜'，大加恩赏。仍令宫官善书者侍书，兼遣女师侍读。寻封临川郡公主，食邑二千户。"⑤临川公主因少时书迹出色而得字"孟姜"，且受到皇帝的喜爱，得到更加优厚的待遇。

司膳内人，作为宫中的女官，也是宫廷女性的一种，专掌宫中饭食。《奁史》引《随隐漫录》记载："每日赐太子玉食批，司膳内人所书也。"⑥《霏雪录》中的记载则佐证了这一观点："宋故事：禁中御批，皆内夫人代书。"⑦《椒宫旧事》中有载："洪武壬子选

---

① 《奁史》卷四六《文墨门》引《女世说》，第9页。
② 〔唐〕令狐德棻等：《周书》卷三〇《窦毅传》，中华书局1971年版，第521页。
③ 《后汉书》卷一〇上《皇后纪·章德窦皇后》，第415页。
④ 《奁史》卷四六《文墨门》引《墨池编》，第12页。
⑤ 陈尚君辑校：《全唐文补编》卷一《郭正一·大唐故临川郡长公主墓志铭》，中华书局2005年版，第2087页。
⑥ 《奁史》卷四六《文墨门》引《随隐漫录》，第10页。
⑦ 《奁史》卷四六《文墨门》引《霏雪录》，第10页。

苏杭民间妇女通晓书数者入宫给事，得四十四人。比至试之，可任者才十四人，乃留之，赐金赡其家，余悉遣归。"① 这既说明宫人通晓书法是一种职业需求，也能看出女性在书法教育上的匮乏。宫人出于服务皇宫的需要，能够书写甚至有一定的书法造诣，就可能成为得到皇族信任和晋升的有效手段。

（二）女仙女鬼

女仙是女性书法家中极其耀眼的一部分，因为她们往往有极高的书法水平，并且名气极盛，为我们考察古代女性的书法留下了许多宝贵的文献资料。女仙的身份扑朔迷离，充满梦幻：究竟是男性社会对女性的期待造就了这些女性书法家，夸大了她们的书法水平和历史贡献，还是女性自身确有如此的成就以至男性不愿意相信她们的真实存在而以传说附会？真伪难辨，依照《奁史》文本所引，姑且信之。

吴彩鸾，《奁史》引《玉堂嘉话》云："女仙吴彩鸾，书龙鳞楷韵。天宝八年制，后有柳诚悬题云：'彩鸾，世传谪仙也，一夕书《广韵》一部，即鬻于市。'稔闻此说，罕见其书，数载勤求，方获斯本，观其神全气古，笔力遒劲，出于自然，非古今学人可及也。"② 关于吴彩鸾此人，《全唐诗》中有这样的记载：

> 钟陵西山馆，中秋游女甚盛。太和末，有书生文箫，睹一姝甚妙，相盼不去，复为山歌。歌罢，穿大松径，扪山险上升，生蹑其踪，姝相引至绝顶。忽风雨，有仙童持天判云："吴彩鸾私欲。谪为民妻一纪。"乃与生下山，归松陵。③

吴彩鸾与书生文箫的爱情故事，无疑为她覆上了一层传奇色彩。

---

① 《奁史》卷四六《文墨门》引《椒宫旧事》，第 10—11 页。
② 《奁史》卷四六《文墨门》引《玉堂嘉话》，第 9 页。
③ 〔清〕彭定求等编：《全唐诗》卷八六三《吴彩鸾·歌》，中华书局 1960 年版，第 9763 页。

对于彩鸾写韵一事，清人有过记录："唐人吴彩鸾，嫁文箫。文箫家贫不能自给，彩鸾每日写韵书一部，售以度日。居十年，夫妇各跨一虎升天。"① 而对于《广韵》之版本，人们在对《广韵》的书法较为认可而又无法得知其真正的书法家的时候，更愿意为这种美好的事物编造一个梦幻的故事。其中值得注意的是，将女性作为书法大家的化身，在传说中融入对女性书法的美好期望。但是，这些女仙最终是什么结果呢？结果就是女仙也逃不过世俗化的婚姻生活，无论期待多么美丽动人，男性认为女性的最终归宿不是成为一代书圣，而是归属于家庭。关于吴彩鸾的生平记载真假混淆，无法完全真实地反映出女性在书法上的水平，但是这种理想与真实的碰撞，正体现了男性在其中的决定作用。《丽情集》记载长安娼女曹文姬的书仙故事，同样印证了时人根据社会需求给女仙安排婚嫁的习惯：

> 曹文姬，本长安娼女，资质艳丽，尤工翰墨，为关中第一，时人号为书仙，长安豪士输金求为偶者无算，女曰："欲偶吾者，必先投诗，吾自择。"有任生投诗曰："玉皇殿上掌书仙，一染尘心谪九天。莫怪浓香薰骨腻，霞衣曾惹御炉烟。"女得诗大喜，曰："此真吾夫也！"遂以为偶，五岁后，忽曰："吾本上天书仙，以情谪居人寰二纪，吾欲归，子可偕行。"俄闻仙乐飘空，朱衣吏持一玉版，曰："李长吉新撰《白玉楼记》就，天帝召汝写碑。"女与生拜命，举步腾空而去。②

关于女仙的记载很多。许多女仙善书并不直接体现在所写的书法上，更多地体现在法符上。符咒的威力和道法的超然，暗含了女仙善书的事实。如《西王母传》中："王母使九天元女以符授黄帝，

---

① 〔清〕顾太清：《顾太清集校笺》卷五《诗五·庚子乡试子万举孝廉寄贺纫兰兼以经纶图赠之》，中华书局2012年版，第268页。
② 《夯史》卷四六《文墨门》引《丽情集》，第9—10页。

遂克蚩尤。"① 大禹治水的传说中也有女仙符咒的身影,《滇行纪程》:"大禹导江,神女授禹玉篆灵符。"②

相对于女仙,女鬼善书的记载较少。《遗史纪闻》记载:"王纶女为鬼所凭,遂善三十六体天篆,后数日如故,皆不能记矣。"③

(三)妓女

妓女书法家是古代女性书法家的重要组成部分。形成这种状况的原因,或许可以从以下几个方面寻找:一是女性书法教育的空间较小,二是妓女的形象定义使她们需要将琴棋书画等作为生存技能,三是妓女书法家与许多文人骚客保持着密切的往来,因此这些文人记载了许多关于妓女的文字,这是其他女性较少在史籍中留存的内容。

许多妓女书法家与当时文豪来往甚密,她们向这些书法家学习请教,最终有所成就。王英英和马盼就是以书法著称的妓女书法家。《奁史》引《隐居诗话》云:"官伎王英英善笔札,学颜鲁公体。蔡襄教以笔法,晚年作大字甚佳。"④ 蔡襄是"宋四家"之一,王英英受到大书法家的教育和引导,最终有所收获,"大字甚佳"。《女世说》云:"徐州伎马盼,甚慧丽,能学苏轼书,得其仿佛。轼尝书《黄鹤楼》未竟,盼窃效轼书'山川开合'四字,轼见而大笑,略为润色,不复易之,今碑中四字,盼笔也。"⑤ 马盼"学苏轼书"是得到了苏轼本人认可的,可见水平之高超、模仿之精妙。

二、女性书法的内容与特点

女性书法的重要内容之一是诗文作品,其中以摹写《兰亭》较

---

① 《奁史》卷四六《文墨门》引《西王母传》,第12页。
② 《奁史》卷四六《文墨门》引《滇行纪程》,第12页。
③ 《奁史》卷四六《文墨门》引《遗史纪闻》,第12页。
④ 《奁史》卷四六《文墨门》引《隐居诗话》,第10页。
⑤ 《奁史》卷四六《文墨门》引《女世说》,第10页。

为典型。

《奁史》引《妆楼记》记载："刘秦妹善临《兰亭》及《西安帖》，足夺真迹。"① 刘秦是唐时的一位翰林拓书人，他的妹妹也很善书，临的是书帖。临《兰亭》的还有北宋皇后，《奁史》引《兰亭考》记载："宪圣慈烈吴太后，居宫中时尝临《兰亭》。"② 《中兴小录》中也有记载此事："吴皇后所临《兰亭》帖，佚在人间。韩世忠得之，表献上，验玺文，知是宫中临本，命刊于石。"③ 除此之外，尚有许多对女性书写其他诗文的记载。如《西溪丛语》中有："王子敬年五岁，卫夫人书《大雅吟》赐之。"④《大雅吟》是西晋文学家石崇的一首四言诗。《叶小鸾传》中则有："叶小鸾绿窗静处，日临《洛神赋》《藏真帖》一遍。"⑤ 许多女性博览群书，又像叶小鸾一样勤奋努力，才能在男性的史书里占据一两句的闲散位置。

由于女性在古代受教育有种种限制，在有限的书籍中，字书、韵书也为女性书法家提供了良好的书法范品。吴彩鸾所书《广韵》，"观其神全气古，笔力遒劲，出于自然，非古今学人可及也"⑥，得到了很高的评价。《云烟过眼录》中记载她"书《切韵》一本，字画尤古"⑦。《研北杂志》则记载"宇文廷臣家有吴彩鸾《玉篇钞》书一先"⑧。可见，对字书韵书的临摹，是女性学习和练习书法的一种重要方式。关于吴彩鸾的书法及作品，《清儒学案》中有记载说："吴彩鸾手写本，

---

① 《奁史》卷四六《文墨门》引《妆楼记》，第9页。
② 《奁史》卷四六《文墨门》引《兰亭考》，第10页。
③ 《奁史》卷四六《文墨门》引《中兴小录》，第10页。
④ 《奁史》卷四六《文墨门》引《西溪丛语》，第8页。
⑤ 《奁史》卷四六《文墨门》引《叶小鸾传》，第11页。
⑥ 〔元〕王恽撰，杨晓春点校：《玉堂嘉话》卷二，中华书局2006年版，第68页。
⑦ 《奁史》卷四六《文墨门》引《云烟过眼录》，第9页。
⑧ 《奁史》卷四六《文墨门》引《研北杂志》，第9页。

见《魏鹤山集》。"① 另有记载:"遵王尝于沧苇处见吴彩鸾所书《切韵》真迹,逐叶翻看,辗转至末,仍合为一卷。"② 并不是所有人都赞颂吴彩鸾的书法作品。陆游的《老学庵笔记》中认为,吴彩鸾的写书水平一般:"永康军导江县迎祥寺有唐女真吴彩鸾书《佛本行经》六十卷。予尝取观之,字亦不甚工,然多阙唐讳。或谓真本,为好事者易去,此特唐经生书耳。"③

很多女性书法家的作品内容都与宗教尤其是佛家相关。《奁史》中引《珍席放谈》云:"迎祥寺有彩鸾书《佛本行经》六十卷。"④ 女性书法家为寺庙、书阁、居所等地题名、题额,如《奁史》引《吴地记》云:"龙兴寺,则天皇后置,有则天皇后御书额。"⑤

一些启蒙读物也是女性书法家书写的内容。《尧山堂外纪》中有:"元仁宗尝命管夫人书《千字文》,敕送秘书监,装池收藏,曰:'令后世知我朝有善书妇人。'"⑥ 这也与女性书法家本身可能是佛教或者道教的忠实信徒有关。唐代金仙公主去世后,其妹玉真公主为其书写墓志铭《大唐故金仙长公主志石铭并序》。这是唐代少见的由女性书写并留存至今的墓志,尤为珍贵。从图片可以看出,玉真公主的楷书清秀端正,让人赏心悦目。两位公主皆为女道士,书法内容因此与宗教有关。常春的《唐代公主书法艺术管窥》高度赞扬玉真公主所书墓志:"以实物形式真实展现了唐代以玉真公主为代表的善书女性的书法艺术水平,同时也开启了迄今所知女性书写墓志的先河,具有重

---

① 〔清〕徐世昌等编纂,沈芝盈、梁运华点校:《清儒学案》卷一六七《叔绩学案·邹先生汉勋·五均论下》,中华书局 2008 年版,第 6460 页。
② 徐珂编:《清稗类钞·鉴赏类·钱遵王藏书于述古堂》,中华书局 2010 年版,第 4216 页。
③ 〔宋〕陆游撰,李剑雄、刘德权点校:《老学庵笔记》卷五,中华书局 1979 年版,第 67 页。
④ 《奁史》卷四六《文墨门》引《珍席放谈》,第 9 页。
⑤ 《奁史》卷四六《文墨门》引《吴地记》,第 9 页。
⑥ 《奁史》卷四六《文墨门》引《尧山堂外纪》,第 10 页。

要的艺术价值和历史价值。"①

从上述记载来看,女性书法往往集中于启蒙读物、宗教书籍、诗文作品等较为基础常见的内容,缺乏创新性和独创性。这一方面显示了女性接受教育的程度有限,另一方面可能也表明女性书法家群体在史籍记载中出现较少。通过梳理,我们还是能发现女性书法家一些常见的书法特色:

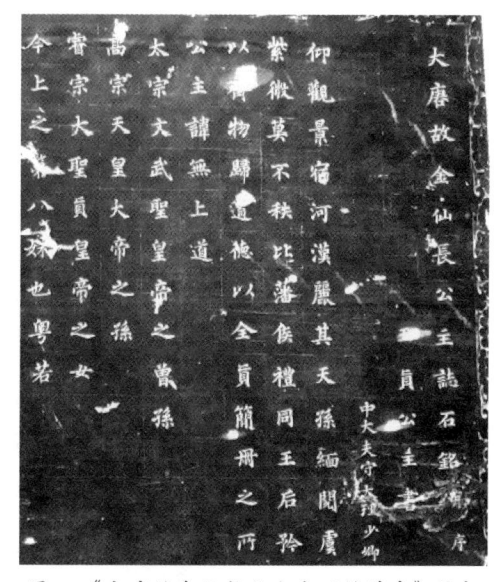

图 1 《大唐故金仙长公主志石铭并序》局部

其一,女性在学习书法时一般从临摹开始,常以练习当代男性书法家作品为主,因此早期往往呈现出与男性书法家较为相同的特点,甚至许多女性书法家是因为书法与其他男性书法家十分相像而留名于史。从《奁史》记载来看,女性临摹时多选用同时代较为著名的笔法和书风,如《隐居诗话》云:"官伎王英英善笔札,学颜鲁公体。蔡襄教以笔法,晚年作大字甚佳。"②女性书法家将著名男性书法作品作为自己临摹的对象,如《彤管新编》云:"马芷居,名闲卿,陈鲁南夫人,书法苏长公。"③

其二,女性书法家在书法的学习中,楷书、草书、行书、篆书各种书体都有涉猎,如《池北偶谈》中记载:"胶州宋方伯子妇姜淑斋,自号广平内史,善临《十七帖》,笔力矫劲。又高密单某妾,学右军

---

① 常春:《唐代公主书法艺术管窥》,载《陕西师范大学学报》(哲学社会科学版)2013 年第 3 期。
② 《奁史》卷四六《文墨门》引《隐居诗话》,第 10 页。
③ 《奁史》卷四六《文墨门》引《彤管新编》,第 11 页。

楷书，似《黄庭》《遗教》二经，二人皆髫龀女子也。"①《十七帖》是王羲之草书的代表作。《真迹日录》中也有女性精于篆隶书的记载："越国夫人王氏，篆隶有古法。"②与此同时，女性书法呈现出较为柔美的特点，是女性内心细腻温柔的写照。《奁史》引《金壶记》记载："卫夫人书如碎玉壶之冰烂，瑶台之月，宛然芳树，穆若清风。"③引《古今书评》："卫夫人书如插花舞女，低昂芙蓉。又若美女登台，仙娥弄影。又若红莲映水，碧沼浮霞。"④

女性书法中也有如男子一般的豪气，如《古今书评》记载："恒夫人书如快马入阵，屈伸随人。"⑤《后书品》中："谢道韫书雍容和雅，芬馥可玩。"⑥《静志居诗话》有："宛叔行楷特工，能于瘦硬中逞姿媚。"⑦这些都表明女性书法家尽管在书法学习中以临摹男性书法为起点，却将自己的性格特点、环境影响深深展现于个人作品中，刚柔并济，逐渐有了自己的风格。许多女性书法家技法高超，令人惊叹。《奁史》引《曲中志》云："翩翩字法遒媚，又能左右手正反双下。"⑧

书法在女性中有一种传承关系。这种传承大多以两种形式存在：一种是女性书法家作为老师，将自己的书法技巧和风格教授给男性，男性中的成功者则将女性的这种风格传扬天下，广为人知；另一种则限于亲属之间的传承，往往是父女相传。前一种传承与后一种又有共通之处，那就是师徒之间也往往是具有亲属关系的，女性书法的传承一定程度上仰赖这种亲缘关系。如《奁史》引《妆楼记》记载："蔡

---

① 《奁史》卷四六《文墨门》引《池北偶谈》，第11页。
② 《奁史》卷四六《文墨门》引《真迹日录》，第12页。
③ 《奁史》卷四六《文墨门》引《金壶记》，第8页。
④ 《奁史》卷四六《文墨门》引《古今书评》，第8页。
⑤ 《奁史》卷四六《文墨门》引《古今书评》，第9页。
⑥ 《奁史》卷四六《文墨门》引《后书品》，第9页。
⑦ 《奁史》卷四六《文墨门》引《静志居诗话》，第11页。
⑧ 《奁史》卷四六《文墨门》引《曲中志》，第10页。

邕受于神人,而传崔瑗及女文姬,文姬传钟繇、卫夫人。"①蔡文姬早年曾嫁给卫仲道,卫仲道所在的卫氏一支与卫铄祖上所在的一支同属河东卫氏,两支族中多有善书之人。蔡文姬、卫铄等人均属于对书法史有实质性贡献的女性。《书苑》记载:"蔡文姬言:'割程隶字八分,取二分;割李篆字二分,取八分。'于是为八分书。"②

社会角色的多重性使女性书法家很难从书法中攫取仕途利益,她们对书法的态度和价值观与男性截然不同。一些女性通过出色的书法为自己的婚嫁添上了重重的砝码。《奁史》引《曹州志》记载了这样一件逸事:

> 巨野县有穮芳亭,邑人秋成报祭所也。一日,乡耆谋立石,延士人王维翰书"穮芳亭"三字,未至,有伎谢天香以裙裾当笔,书"穮芳"二字,而维翰至,书"亭"字以完之,如出一手,王谢遂为夫妇。③

女性虽然不能如男性一般通过书法谋求仕途利益,但是她们在书法上的出色表现可以赢得更多的青睐,摆脱生活的困境,被德高望重的长辈看重,如《晋中兴书》记载:"王献之妻谢道韫,亦工书,甚为舅所重。"④

女性宫人书法家需要通过书写出色地完成工作。这种出色只能体现宫人杰出的工作能力,很难像男性那样转换为仕途利益。《野客丛书》:"唐时圣节,内人写金花红榜子,进凤凰衫。"⑤唐代自玄宗后将皇帝生日定为千秋节,也称为"圣节",宫人在殿上献上所写的札子为皇帝贺寿。王建的诗中也有相关记载:"圣人生日明朝是,

---

① 《奁史》卷四六《文墨门》引《妆楼记》,第8页。
② 《奁史》卷四六《文墨门》引《书苑》,第12页。
③ 《奁史》卷四六《文墨门》引《曹州志》,第10页。
④ 《奁史》卷四六《文墨门》引《晋中兴书》,第9页。
⑤ 《奁史》卷四六《文墨门》引《野客丛书》,第12页。

私地先须属内监。自写金花红榜子，前头先进凤凰衫。"① 宫人需要有一定的书法水平才能完成服务工作。

大部分史籍记载女性是用以男性为中心的描述方法，如"某某妻""某某女"等。《墨池编》有载："王洽妻荀氏、郗愔妻傅氏、王珉妻汪氏、孔琳妻谢氏，俱善书。"② 这样的记述在史籍中属于常态，女性没有完整的姓名，甚至被冠以夫家姓氏记录，充分证实了女性在社会大环境下依附于男性而不能独立存在的地位和处境。

少数出色的女性名留青史，让人钦佩，如《书断》记载："卫夫人名铄，字茂漪，廷尉展之女弟，恒之从女，汝南太守李矩之妻也，王右军师之。"③ 这里虽然仍侧重于卫夫人身边的男性亲属关系，但起码留下了卫夫人完整的姓名和零星的事迹。《笔阵图》中有："卫夫人曰：'学书者，执笔为先。真书者，一寸二分，行草书，去笔三寸一分，点、画、波、撇、屈、曲，皆须尽一身之力送之。'"④ 记录了卫夫人对于学书执笔方式的看法，可侧面反映卫夫人在书法方面造诣颇深。这样一位拥有甚至创造了属于个人的书法理论的女性，也不过在史书中留下了寥寥几笔。

还有部分史籍通过旁观者对女性书法作品的态度来评价女性的书法水平。《奁史》引《考槃余事》的记载："张天骏有厮养婢，善书，观者咄咄称赏。"⑤ 有些评价展现了深藏于文字之后对女性的歧视，如《奁史》引《女世说》："唐高祖窦后善书，与高祖书相杂，人不能辨。"⑥ 窦后善书，与高祖的书法放在一起，难以分辨，可见窦后的书法和高祖非常相像。《书史会要》也记载："宪圣慈烈皇后，

---

① 〔唐〕王建著，尹占华校注：《王建诗集校注》卷一〇《宫词一百首》，巴蜀书社 2006 年版，第 445—446 页。
② 《奁史》卷四六《文墨门》引《墨池编》，第 9 页。
③ 《奁史》卷四六《文墨门》引《书断》，第 8 页。
④ 《奁史》卷四六《文墨门》引《笔阵图》，第 8 页。
⑤ 《奁史》卷四六《文墨门》引《考槃余事》，第 11 页。
⑥ 《奁史》卷四六《文墨门》引《女世说》，第 9 页。

博习书史,妙于翰墨,帝尝书六经,赐国子监刊石,稍倦,即命后续书,人莫能辨。"①《太平清话》中的一段记载也说明了这个问题:"《耕织图》流传人间,逐段下有宪圣慈烈皇后题字,皇后姓吴,配高宗,书绝相似。"②对女性书法的评价要通过一个男性书法家的水平来比照,这本身就暗藏了女不如男的心理暗示。再如《奁史》引《集古录》记载云:"《唐安公美政颂》《石壁寺铁弥勒像颂》,皆房璘妻高氏书,其笔画遒丽,不类妇人所书。"③即使赞颂,也要通过"不类妇人所书""人不能辨"这样的话。女性的书法即便水平很高,也不过得到与某某男性相当、与某某男性相似的评价,说明时人于书法在性别上是有归属的,属于男性而不是女性。

三、《文墨门》所见女性画家的身份

《画史会要》中记载:"画嫘,舜妹也,画始于嫘,故曰'画嫘'。"④关于"画"的始祖,《世本》:"事物原始。封膜作画。"⑤"封膜"是因误读而凭空造出的一个周代画家人名,此事在黄苗子的《艺林一枝 古美术文编》中已阐释清楚:"(张)彦远误读郭璞注,并误'昼'(晝)为'画'(畫),又以动词之'封'误为姓,遂凭空产生一周穆王时画家封膜。"⑥称嫘为"画祖",见《玉台画史》引沈灏《画尘》:"造化在手,堪作画祖。"⑦

嫘,是传说中养蚕缫丝的创造者,舜帝的妹妹,其名曰"敤首",

---

① 《奁史》卷四六《文墨门》引《书史会要》,第10页。
② 《奁史》卷四六《文墨门》引《太平清话》,第10页。
③ 《奁史》卷四六《文墨门》引《集古录》,第9页。
④ 《奁史》卷四七《文墨门》引《画史会要》,第13页。
⑤ 〔汉〕宋衷注,〔清〕秦嘉谟等辑:《世本八种·张澍稡集补注本》,中华书局2008年版,第24页。
⑥ 黄苗子:《艺林一枝古美术文编》(增订版),生活·读书·新知三联书店2011年版,第247页。
⑦ 于安澜编:《玉台画史》,上海人民美术出版社1963年版,第1页。

"殿"或可写作"媒"。嫘为舜妹的说法在明代张萱《疑耀》"舜有兄妹"条、明代许自昌《樗斋漫录》中都有记载,并认为"嫘"和"媒"是一个人。舜妹掌握了自然之力成为"画祖",基本得到认可。绘画作为中国古代一项非常重要的艺术,创始人是神话时代的女性,那么,接下来的女性如何传承发扬这项艺术就成了一个重要话题。

(一)妓女

妓女是女性画家的重要成员之一。妓女的社会地位虽然不高,但是由于职业需要,绘画成为吸引客人的一种手段,因此妓女画家也成为女性画家的重要成员。据《奁史·文墨门》记载,妓女画家在明清两代较为多见,尤见于明代。赫俊红在《丹青奇葩——晚明清初的女性绘画》中指出:"明代是历史上娼妓业尤其是官妓兴盛发展的一个顶峰时期。明初朝廷在积极恢复宋代礼制,倡导推行女教的同时采取了鼓励官妓业发展的制度和措施……尽管这种情况到明代宣德时始有所禁止,但到嘉靖之后各地的娼妓已蔚然成风。"[①]《奁史》引《无声诗史》记载明代金陵妓:"徐翩翩,金陵伎,善写墨兰。"[②] 徐翩翩其人,《明诗综》中引《诗话》记载:"翩翩年十六时,名未起,学琴不能操缦,学曲不能按板,因舍而学诗。晚嫁江阴郁生,郁卒,还秣陵,开剃为尼。"[③] 徐翩翩年十六时,学琴学曲都未有所获,因此舍弃琴曲而学诗;后嫁于江阴郁生,郁死后回到秣陵为尼。其人乃至其物都颇为时人所倾心,明代梅鼎祚有诗一首《为泰符题徐翩翩画枕》:"含情为呪墨,着意缀兰茝。白云秋梦远,片石枕潇湘。"连画枕之上也有兰茝,更进一步印证徐翩翩与兰的密切联系。清代汴梁名妓李三随,画兰有逸气。李三随的事迹,《全明词》有记载:

---

① 赫俊红:《丹青奇葩——晚明清初的女性绘画》,文物出版社2008年版,第43—44页。
② 《奁史》卷四七《文墨门》引《无声诗史》,第14页。
③ 〔清〕朱彝尊选编:《明诗综》卷九八《徐翩翩》,中华书局2007年版,第4526页。

"字不染,汴梁妓。能诗善画,食英毓华。死于汴水。"① 严明的《中国名妓艺术史·历代名妓小传》中"李无尘"条:"明代汴梁名妓。字不染。能诗善画兰,风度飘逸欲仙,含英毓华,蜕尘袪汶,谈谑竟日,不涉俗俚。姿色艳丽,一代佳人。"②

"尽管妓女作为社会中的另类,其身份和地位卑微低下,但从另外一个角度看,她们受到的宗法礼制的束缚相对较小,这使得她们能有机会接触到社会各阶层的有闲男性,其中常与公卿举子相往还的诸妓,不论是主动迎合还是被动就范,多能表现出知诗书和能言善辩之才,而妓中负才者也颇为文人学士所倾心。"③ 妓女画家学习画技往往不是出于审美情趣的需要,在学习过程中,她们也培养出不逊于男性的审美观感。

(二)姬妾

姬妾作为古代夫妻制度的产物,一直为现代女性所诟病。在一些朝代,许多男性在妻子之外不断纳入妾侍。这种行为之所以一直让许多男性孜孜不倦,是因为很多时候妻子不是由他们自己做主选择的,而姬妾则给了男性更大的选择权和自主权。男性的这种行为受到了男权社会的认可,但也因此造就了妻子与姬妾的悲剧。

《奁史·文墨门》中姬侍、妾侍身份的女性画家基本上是在清代见于记载的。清代于迟煓妾善画,《画征录》中记载其夫之画皆出于其手。清代阎再彭姬侍姜姬,时常为阎再彭及其朋友助笔墨之兴。郭舜璞妾,善画水仙,得南宋画家赵孟坚白描之法,十分难得。这些女性身负才艺,为许多仕宦文士所青睐,因而被纳为姬侍,完成了从妓女身份到姬妾身份的转换,客观上提高了身份地位,也改善了她们

---

① 饶宗颐初纂,张璋总纂:《全明词·李无尘》,中华书局2004年版,第1370页。
② 严明:《中国名妓艺术史》,文津出版社1992年版,第333页。
③ 《丹青奇葩——晚明清初的女性绘画》,第42页。

的处境。

（三）闺秀

闺秀画家是女性画家中数量较多的一种。这些闺秀主要是由一些官宦士人的妻女组成，她们的妻女身份反映在绘画上，则体现了这些官宦士人对于她们的关注。这种关注主要以与她们诗画应和、为她们宣扬美名等为方式。

清代卞元文、朱柔则都是《奁史》中提及的典型闺秀画家。《全明词》记载："（卞元文）字符文，江宁人，吴岩子长女，刘峻度继室。有《绣阁遗稿》。"[1] 卞元文的绘画在她自己的诗中也有所展现，《湖楼》："一湖幽况送诗篇，画阁初晴暮卷帘。两岸烟岚飞鹤点，数声钟磬醒鸥眠。山从虚镜遗真影，塔向空天立自然。多少白云分片段，悠悠竟与远峰连。"[2] 画阁外，山水悠远，钟声杳杳，白云与远峰相互映衬，天水一色，融为一体。画阁外的美景，必然为卞元文的绘画提供了无数的灵感和可能。

另有前秦时期的女性苏蕙，用自己的聪明智慧与巧妙构思，在中国书画与刺绣史上留下了浓墨重彩的一笔。《晋书》记载："窦滔妻苏氏，始平人也，名蕙，字若兰。善属文。滔，苻坚时为秦州刺史。"[3]《先秦汉魏晋南北朝诗》中记载了苏蕙家世："前秦苻坚时，秦州刺史扶风窦滔妻苏氏，陈留令武功苏道贤第三女也。"[4] 苏蕙是陈留县令的第三女，嫁与窦滔为妻。苏蕙的《织锦回文诗》从今人的角度看不应该列入"画"的范畴，但苏蕙《织锦回文诗》的点、线、色彩、

---

[1] 《全明词·卞氏》，第 3028 页。
[2] 徐世昌辑：《晚晴簃诗汇》卷一八三，中国书店 1988 年版，第四册，第 532 页。
[3] 〔唐〕房玄龄等：《晋书》卷九六《列女传·窦滔妻苏氏》，中华书局 1974 年版，第 2523 页。
[4] 逯钦立辑校：《先秦汉魏晋南北朝诗晋诗》卷一五《苏若兰·璇玑图诗》，中华书局 1983 年版，第 955 页。

构图都有讲究，且刺绣本也包括在传统中国画的范围内。

官宦世家的女子也有许多在绘画上颇有建树。三国时期赵达之妹赵夫人，是"嫘"以后女画家第一人。《历代名画记》记载："吴王赵夫人，赵达之妹，善书画。"① 赵夫人是否为孙权夫人，事已不可考。"孙权尝叹魏蜀未平，思得善画者图山川地形，夫人乃进所写江湖九州山岳之势。"② 可见这位赵夫人绘画水平之高超，且必为写实一派画家。《画继》中记载："和国夫人王氏，显恭皇后妹也，善字画，能诗章，兼长翎毛。每赐御扇，即翻新意，仿成图轴，多称上旨。"③ 扇画较为典型的有两种：一种是宋代的团扇扇画，一种是明清时期的折扇扇画。和国夫人王氏生活在北宋时期，作团扇扇画的可能性更大。且据《画继》的记载，王氏所作的扇画受到好评。《蕉轩随录》"管夫人画卷"一条记载："宋三百年，宗室中惟赵仲辀妻和国夫人王氏与仲姬皆称书画名手。王氏真迹传者绝少，仲姬所传者亦只兰竹二种。"④ 将王氏与管夫人书画并称，并评价王夫人为"宋三百年宗室中"的书画能手，可谓推崇备至。

闺秀画家的画作大多很有造诣，她们的社会身份决定着她们的受教育环境和交往对象。如卞梦珏，她与母亲吴严子同为清代蕉园诗社的成员，二人都诗画双绝，才华横溢，一时传为佳话。

（四）宫廷女性

绘画在古代被文人雅士看作高雅艺术，因此有许多宫廷女性也擅长此道。如前蜀王衍的第二任皇后金氏，《十国春秋》中记载："皇

---

① 《奁史》卷四七《文墨门》引《历代名画记》，第13页。
② 〔清〕汤漱玉、汪远孙：《玉台画史》，浙江人民美术出版社2012年版，第196页。
③ 《奁史》卷四七《文墨门》引《画继》，第13页。
④ 〔清〕方濬师撰，盛冬铃点校：《蕉轩随录》卷一《管夫人画卷》，中华书局1995年版，第37页。

后金氏，名飞山，成都人也。父业农，家颇饶。"①虽然金氏父"业农"，然"家颇饶"，所以金氏才有机会学习绘画并最终被选入掖庭。宫廷女性画家一般出身高贵，她们从小接受良好的教育，并且家中提供了优渥的环境让她们学习书法绘画等，既是修身养性的需要，也是世家家风传承的体现。由于宫廷女性与其他男性的接触较少，绘画题材必然受到一定限制，缺少了其他女性画家的多样性，也缺少了与其他文士等的书画交流唱和，较为单一的题材成为宫廷女性画家的特征之一。

四、女性绘画的内容与特点

女性的画作由于种种原因大多未能保存下来。因此，《奁史·文墨门》所涉女画家的作品尤显珍贵，是我们了解古代女性艺术史的一个重要窗口。

（一）古代女性绘画的内容

《文墨门》中提到的42位女性画家中，大半生活于明清时期。她们所画内容十分丰富，以动植物为主，其中又以花鸟画占据了重要地位，还有一些描绘了宫廷生活场景、山水巍峨之势等等。

1. 花鸟画

花鸟是女性画家重要的绘画题材。在花鸟画门类之下，女性画家对花卉、草木、果蔬、鸟兽、虫蝶等内容都有涉猎。

（1）鸟兽

宋时已有女性画家绘制花鸟题材作品的记载。如《奁史》记载北宋徽宗显恭皇后的妹妹和国夫人王氏，"兼长翎毛，每赐御扇，即翻新意，仿成图轴，多称上旨"②。可见王氏非常擅长以鸟兽为主题

---

① 〔清〕吴任臣撰，徐敏霞、周莹点校：《十国春秋》卷三八《前蜀列传·皇后金氏》，中华书局2010年版，第562页。

② 《奁史》卷四七《文墨门》引《画继》，第13页。

的花鸟画，且可在御扇上作画，颇有造诣。

扇画的特点是篇幅较小，内容往往是画家们观察入微所得。但同时，扇画的题材比较广泛，除了王氏所展现的鸟兽外，山水，甚至社会生活等，都在一个小小的扇子上有所展现。而王氏所处的宋代，更是扇画发展的巅峰时期，出现了诸如徐崇矩、易元吉等出色的男性扇画家。即便如此，王氏的扇画仍然能够"多称上旨"，显示出王氏画艺之高超、心思之巧妙。

（2）草木花卉

花卉和草木也是女性画家青睐的题材。《奁史》引《荻楼杂抄》记载："姚月华笔札之暇，时及丹青，花卉翎毛世所鲜及。尝为杨生画芙蓉匹鸟，约略浓淡，生态逼真。杨喜不自持，觅银光纸裁书谢之。"① 姚月华是唐代人，她的绘画题材有花卉鸟兽等。并且在《荻楼杂抄》中可以看出，杨生对于姚月华所绘花卉鸟兽评价颇高，认为"世所鲜及"。她为杨生画的芙蓉和鸳鸯也是"生态逼真"。

草木中的梅兰竹，自古以来就是画家垂青的题材，于女性画家而言也是如此。《奁史》引《画继》中记载："陈晦叔子妇桐卢方氏，作梅竹极清远。"② 引《无声诗史》记载："徐翩翩，金陵妓，善写墨兰。"③ 梅、兰、竹之清雅高洁，是女性画家在画作中想要表达的人生志趣与追求。《明志轩杂志》中记载："李三随，字无尘，一字居贞，汴曲中人。能为诗画，兰有逸气。"④ 李三随是明末汴梁名妓，开封城陷落时，"殁于水"⑤。同时她也是画兰的好手，画出的兰花颇有超脱之意，十分难得。

---

① 《奁史》卷四七《文墨门》引《荻楼杂抄》，第13—14页。
② 《奁史》卷四七《文墨门》引《画继》，第14页。
③ 《奁史》卷四七《文墨门》引《无声诗史》，第14页。
④ 《奁史》卷四七《文墨门》引《明志轩杂志》，第14页。
⑤ 〔清〕纪昀，吴敢、韦如之校点：《阅微草堂笔记》，浙江古籍出版社1998年版，第287页。

(3)果蔬、虫蝶

果蔬、虫蝶等一类十分有生活气息的内容也在女性画家的画作中有所体现。

文淑(文俶)是明代颇负盛名的女性画家,许多题材的画作都很出色。《奁史》中记载其画作内容有花果写生册、本草等,她也是少有的有画作存世的女画家之一。如上海博物馆藏有其扇面作品《石榴花图》,故宫博物院藏《花蝶图》扇页和《花卉图》册。除此之外,文淑善用点染写生的技法,《奁史》引《本事诗》记载:"文俶有花果百蝶写生册,俶为赵凡夫媳,凡夫与妇陆卿子工于词章翰墨,偕隐

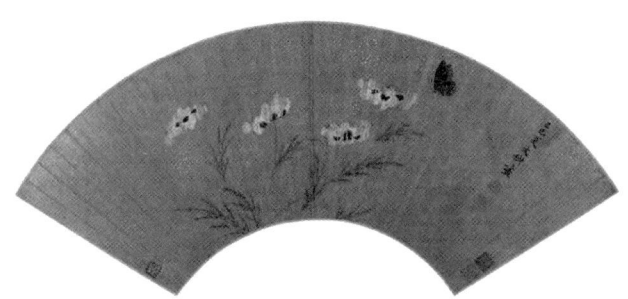

图 2 明代文淑绘《花蝶图》扇页

图 3 明代文淑绘《花卉图册》

寒山。俶又能点染写生，自出新意，画家以为三百年来独绝。"① 其画不仅技法娴熟，而且很有新意，被称为"三百年来独绝"，可谓很高的评价了。

女性画家的花鸟画充满灵趣，且常有新意，技法上按《奁史》所及，以"写生"为主。从现存少数女性画家作品来看，女画家的画作风格较为细腻，符合女性本身的性格特征。但是，也有一些女画家受主流社会推崇的绘画风格的影响，如明末清初诗人兼画家李因，是海宁光禄卿葛无奇的侍姬，《奁史》引《竹笑轩吟槁跋》："李因，葛无奇侍姬也。工花鸟，得陈白阳法，尝刻沈香为白阳像奉之，画多苍老，无闺阁气。"②陈白阳名淳，字道复，是明代的一位书画家。与之齐名的徐渭曾为陈白阳的书帖写过一篇跋文，其中提到："陈道复花卉豪一世，草书飞动似之。"③说明陈白阳花卉画的特点是豪放，而李因正是受此影响，风格较为雄健老练，同属豪放一派。

图 4 李因绘《芙蓉鸳鸯图轴》

从画作中可以明显看出，李因与文淑所画的花卉风格完全不同：文淑所画花卉枝干纤细娟秀，色泽雅致鲜丽；李因所画花卉枝干劲健挺拔，芙蓉淡淡勾勒，流畅肆意。

---

① 《奁史》卷四七《文墨门》引《本事诗》，第 14 页。
② 《奁史》卷四七《文墨门》引《竹笑轩吟汇跋》，第 14—15 页。
③ 〔清〕徐渭：《徐渭集》卷一六《跋陈白阳卷》，中华书局 1983 年版，第 977 页。

2. 人物画

除了上述种类齐全的花鸟画外，女性画家在人物画上也有所成就。

图 5 清代周恺绘《补衮图》

《奁史》引《池北偶谈》记载："江上女子周禧善画人物、花鸟，亦尝画楚词、九歌、九章，其妹与之颉颃。"[1]人物画也是女性作画的内容之一，仕女画、肖像画、风俗画都属于人物画的范畴。《奁史》中引《绘事备考》记载："尚衣夫人刘氏，画用奉华堂印。有《宫衣添线图》《枕卜图》《补衮图》《宫绣图》。"[2]尚衣夫人，掌管帝王衣服，她的绘画都与衣物联系十分紧密，而且这也是较为典型的宫廷生活作品。其中大部分展现的是宫廷女性富丽的生活画卷，人物的姿态、妆容、服饰、以及周围的场景都能体现人物的生活情态。清代画家周恺有同名《补衮图》，图中一名女性衣着素白，细手纤纤，坐在凳上专心致志地缝补。整个画面看起来清丽雅致，笔触纤细，展现了宫廷女性的生活日常。"补衮"一词，本有规诫劝谏、弥补帝王过失之意，然而此画更多描绘了女性人物宫廷生活的点滴。

---

[1]《奁史》卷四七《文墨门》引《池北偶谈》，第14页。
[2]《奁史》卷四七《文墨门》引《绘事备考》，第13页。

3. 山水画

山水画也在女性画家涉猎的题材中。《奁史》引《迦陵文集》："《望远图》，十三岁女子所绘。"① 可见女性的聪慧。引《无声诗史》记载："黄媛介画似吴仲圭，而简远过之。"② 吴仲圭，名吴镇，嘉兴人士，元代山水画四大家之一。现藏故宫博物院的画作《渔父图》，一叶小舟，渔翁自游于山水之间，是元代典型的文人山水画作品。黄媛介的画作也有传世，现藏故宫博物院的《山水图》扇页，展示出"简远"的特点。

三国时期赵夫人，《奁史》引《历代名画记》称其"善书画"③。"善"到何种程度呢？"孙权尝叹魏蜀未平，思得善画者图山川地形，夫人乃进所写江湖九州山岳之势。"④ 可见赵夫人是山水画写实派大家，绘画作品翔实、精准、细腻，甚至能向君王进献。当然，赵夫人的画作也从侧面表现了她是个经历丰富、观察细致的山水游人，更进一步证实女性在见识广博、视野开阔之后，在绘画水平上未必比不上男性画家。

图 6 吴镇《渔父图》

---

① 《奁史》卷四七《文墨门》引《迦陵文集》，第 13 页。
② 《奁史》卷四七《文墨门》引《无声诗史》，第 13 页。
③ 《奁史》卷四七《文墨门》引《历代名画记》，第 13 页。
④ 〔唐〕张彦远著，朱和平注译：《历代名画记》，中州古籍出版社 2016 年版，第 145 页。

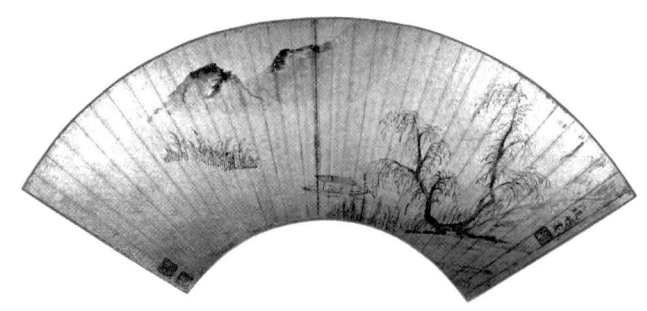

图 7 黄媛介绘《山水画》扇面

4. 刺绣

中国传统绘画从广义上来讲也包括了刺绣、锦画、石刻等带有中国传统色彩的艺术形式。《奁史》的编者王初桐在分类时也注意到了这一点,对一些涉及条目进行了摘录。如引《北窗炙輠录》:"苏蕙《织锦回文诗》所传旧矣,故少常沈公复传其画,由是若兰之才益著。"[1]苏蕙所作《织锦回文诗》,在《文选》中有这样的记载:"织锦回文诗序曰:'窦韬,秦州被徙沙漠。其妻苏氏,秦州临去别苏,誓不更娶。至沙漠,更娶妇。苏氏织锦端中,作此回文诗以赠之。'"[2]苏蕙为挽回丈夫窦滔赠以回文诗,表达自己的怨愤。《奁史》引《益州名画记》记载:"王美人有海图障子。"[3]也是描写女性在刺绣上的题材选择,不仅有花鸟画的隽秀之美,也有海图的波澜之景。

(二) 古代女性绘画的特点

绘画作为一种艺术,必须有一定的知识水平才能从事或者欣赏,因此只能成为少数古代女性所掌握的技能。绘画艺术不仅是人类审美水平的绝佳体现,更是人们交流沟通的高雅手段。学习绘画必然要有

---

[1] 《奁史》卷四七《文墨门》引《北窗炙輠录》,第13页。
[2] 〔清〕永瑢等:《四库全书总目提要》卷一四八《别集类·璇玑图诗读法一卷》,中华书局1965年版,第1274页。
[3] 《奁史》卷四七《文墨门》引《益州名画记》,第13页。

一定的财富支持，所以绘画多为富贵人家的专属技艺。女性学习绘画的条件更为苛刻，除了财富和知识，寻得一位合适的老师也并非易事。古代女性在如此艰难的环境下，仍然涌现出一批又一批杰出的画家，不管她们是何种身份，又出于何种缘由学习绘画，都为女性艺术发展做出了不可磨灭的贡献。

很多女性画作展现了她们的人生追求和向往，尤其是一些寓意美好的意象，都成为女性绘画的典型题材。比如妓女画家，善画兰梅竹木等可展现高洁性情的事物，身份地位越是低贱，越不被时人的道德风尚所接受，反而越能正视心中对于品行高洁、出淤泥而不染的事物的追求。

临摹男性画作也是女性画家的作画特点之一。《名媛诗纬》中记载："李因字今生，一字是菴，号龛山女史。画摹大小米，具体而微，所谓以烟云供养也。"[1]因此李因的画作特点跟大小米的画作特点类似，如"烟云"一般。对于男性画家的模仿，既可以是出于对于主流社会所认可的风尚的追随，也可以看作是女性对于前辈的学习和仿效。这都透露了一个事实，那就是女性画家古来数量便少，更少有被他人认可和推崇的，以至于无人可仿，且更进一步展示有记载的女性画家多么难能可贵、令人钦佩。

女性画作的内容还有竹掩朱门、翠色幽幽的庭院场景，仿佛集中在"一个庭院"中。擅长花鸟画的女画家非常之多，这与女性的活动空间十分有限密切相关。女性日常生活所接触的鸟兽虫鱼、花草树木，基本都集中于家庭内部的活动场所。女性中擅长画江河豪迈之势的毕竟还是少数。女性的画作若有实物可寄托，也必然与这些经常所见的事物有关。除了所见，所听所感也是女性作画的灵感伊始。李易安"图而画"白居易的《琵琶行》，明代文俶有《九歌》图，清代周禧及其妹有《九歌》《九章》图，这些女性所接触的诗文，也是她们抒发胸臆、

---

[1] 《奁史》卷四七《文墨门》引《名媛诗纬》，第13页。

挥就画作的重要灵感来源。

女画家的画作中除了能够展现女性化的内容，也有一些更显胸怀抱负的画作记载。如吴王赵夫人的"江湖九州山岳图"，进献于吴王孙权。可见女性尽管活动的范围很小，然而并非仅有自己的"小家"，更胸怀天下。

绘画不仅仅表达了女性内心的精神诉求，对女性生活环境也有一种隐晦的展现。从绘画题材来看，女性绘画以花鸟画为主；从技法来看，点染写生是主要的方式；从风格来看，则主要通过模仿一些著名的男性画家来形成自己的风格。这些都体现了女性见识囿于一方、学习途径较少的困境，并且一定程度上说明了女性需要付出远超于男性的努力，才能在历史长河中留下一点点印迹。

《文墨门》中女性文房之研究

作者 陈丽媛

作为文房四宝，笔墨纸砚（研）特指书写绘画的工具。笔墨纸砚的称呼是先于"文房四宝"出现的，并且各有其发展历史。迄今为止，学界涉及《奁史·文墨门》中女性"文房"的论述非常少见，只在一些专门研究古代文房的著述中稍有提及，如孙敦秀的《中国文房四宝》[1]，部分提及了女性的作用。涉及女性的，有刘超的《汉代女性印章初探》[2]，对发掘出土或传世的女性用印做了梳理考证。王丽娜和罗诗谦的《浅述汉代女性印章的历史研究价值》[3]，阐述汉代女性地位及其变化以验证汉代女官制度。本文从文献学角度系统地研究《奁史·文墨门》，追溯文房之源，对与女性相关的内容进行研究分析。

一、笔的释义与文化内涵

《说文解字》载："聿，所以书也。楚谓之聿，吴谓之不律，燕谓之弗。从聿，一声。凡聿之属，皆从聿。余律切。秦谓之笔，从聿从竹。徐锴曰：'笔尚便聿，故从聿。'"[4]《释名》中记载："笔，述也。述事而书之也。砚，研也。研墨使和濡也。墨，晦也。言似物晦黑也。纸，砥也。谓平滑如砥石也。"[5]由此可见，笔是一种记录的工具。

对"笔"的解释："秦谓之笔，从聿从竹。"《奁史》中记载女子对"笔"的认识，展现了女性知识通达、明智博物的一面。《文墨门·笔墨纸砚》中引《嫏嬛记》记载云："杨达赠姚月华以笔墨，

---

[1] 孙敦秀：《中国文房四宝》，漓江出版社 2014 年版。
[2] 刘超：《汉代女性印章初探》，载《徐州工程学院学报》（社会科学版）2009 年第 6 期。
[3] 王丽娜、罗诗谦：《浅述汉代女性印章的历史研究价值》，载《大众文艺》2017 年第 9 期。
[4] 〔汉〕许慎：《说文解字·聿部》，浙江古籍出版社 2016 年版，第 91 页。
[5] 〔汉〕刘熙撰，〔清〕毕沅疏证，〔清〕王先谦补：《释名疏证补》卷第六《释书契》，中华书局 2008 年版，第 200 页。

图 1 《三才图会》中的笔

书侧理云：'奉送不律谕糜。'有二女侍侧，问曰：'不律谕糜，何也？'姚曰：'楚谓之聿，吴谓之不律，燕谓之弗，皆笔名也。汉人有墨曰"谕糜"。'女子博物有如此者。"①"笔"之名，在秦以前各地名称各不相同。在秦以后，基本以"笔"为名。

（一）笔的基本释义与形制

本文中的"笔"主要指文房四宝中的毛笔，出现的时间可以追溯到新石器时期，金芷君的《文房四宝之一——笔》对此有较为详尽的论述。毛笔的雏形据说在新石器时代已经出现，战国时毛笔的使用已经比较普遍，随着秦汉时期纸的发明，毛笔的制作也在有所改进。到了魏晋隋唐时期，安徽宣城出产的以紫毫兔毛为原料的紫色笔逐渐为人所称道。南宋以后，浙江吴兴（今湖州）制笔业逐渐取代了宣州制笔业。湖笔原料取自白山羊毛。②

毛笔的出现很早。随着文字符号的出现，刀刻文字的演变，甚至书写载体的变化，毛笔应运而生。现存最早的毛笔出土于战国时期的楚墓之中。1954 年于长沙左家公山一座战国楚墓出土的毛笔，据吴铭生《长沙战国毛笔出土经过及相关问题》一文介绍："出土的毛笔，杆长 18.5 厘米、径 0.4 厘米、毛长 2.5 厘米、全长 21 厘米。此笔经长沙市制笔行业'老三和'技师的鉴定，认为是用上好的兔箭毛制作而成的，但制作方法与现代的有所不同，它是将笔毛围在杆的一端，然后用细小的丝线绕缠，外面施漆胶固而成，竹管即是当时的笔筒。"

---

① 〔清〕王初桐：《奁史》卷四八《文墨门》引《嫏嬛记》，《续修四库全书》，上海古籍出版社 2002 年版，第 1252 册，第 18 页。

② 金芷君：《文房四宝之一——笔》，载《中医药文化》2006 年第 3 期。

图 2 战国左家公山出土的毛笔和竹管

图 3 信阳楚墓出土的毛笔和笔管

此外，1957年在河南信阳长台关楚墓也出土了毛笔和笔管，白晨和吕静的《战国秦汉时期的书写工具——以出土文物为中心》一文认为，这支毛笔制作于战国早期，笔杆是竹制实心，笔毫围在笔管一端外围，然后丝线缠住，用漆固定。由这些考古发掘的文物可以发现，毛笔的形制在战国时期已经基本固定下来。毛笔在这一时期后成为人们书写的重要工具。

（二）笔的文化内涵

关于"笔"的女性特色，大概在于女性对于笔的制作、使用等都有与男性不同的地方。《笔阵图》的作者，唐代张彦远断定为东晋女书法家卫铄。卫铄是书法家卫恒的侄女，汝阴太守李矩的夫人，人称"卫夫人"。《笔阵图》中有这样的记载："笔取中山兔毫，锋齐腰强者。"[①] 对制笔之道，卫夫人颇有心得。对于笔毫的选取，要求是崇山绝壁中的兔毛，锋毫齐整，中部强硬有力。卫夫人对"笔"的个人心得，展现了女性细致入微的特征。除此之外，《酉阳杂俎》

---

① 《奁史》卷四八《文墨门》引《笔阵图》，第21页。

中有载:"南朝有姥善作笔,笔心用胎发。"① 用胎发做笔芯的习俗相传起源于三国时期,在唐代已得到流行。用婴儿胎发制作的毛笔寄予了父母很大的期望,离不开生育婴儿的母亲的参与。

《时镜新书》中记载:"魏武帝刘婕妤,以七月七日折琉璃笔。"② 关于中国琉璃制品的起源大概有两种说法,即起源于欧洲说和起源于中国说。③ 但无论如何,"琉璃"的稀少和珍贵都毋庸置疑。因此,琉璃制品也成为中国古代上层人士的专有之物。魏武帝刘婕妤在七月七日赏玩琉璃笔,将文房用具作为赏玩之物。七月七日乞巧节,《岁时广记》"乞聪明"一条引《岁时杂记》曰:"七夕,京师诸小儿各置笔砚纸墨于牵牛位前,书曰'某乞聪明'。诸女子致针线箱笴于织女位前,书曰'某乞巧'。"④ 可见古代对于男孩和女孩的社会期许是不同的,男孩就是笔墨纸砚,写好文章;女孩却是女红手巧,做好家务。

女性对于"笔"的认识,从名称到用法皆有所不同。很多女性作为笔墨的掌管者,甚至比男性更为直接地接触笔墨等用具,从而间接地使得男性成为"辅佐"女性的笔墨使用者。"彤管在古时为宫中女官执掌,专门记载宫中政令、后妃功过等事宜所用。"⑤ 史料中也有女性笔墨出色更胜男性的例子,如《无声诗史》中有载:"傅道坤善丹青,笔墨楮砚以四婢典之,时不停肘。其夫范君研膏拂笺,啧啧从臾而已。"⑥ 傅道坤是明代女画家,会稽人,自幼美貌而聪慧,善丹青,嫁给了同里的范太学。根据《无声诗史》的记载,傅道坤的四个婢女分别掌管笔墨纸砚,傅道坤在作画时,其夫在旁研墨展纸,

---

① 《奁史》卷四八《文墨门》引《酉阳杂俎》,第21页。
② 《奁史》卷四八《文墨门》引《时镜新书》,第21页。
③ 郑自海:《中国琉璃制品烧造的历史沿革》,载《东方收藏》2013年第4期。
④ 陈元靓编:《岁时广记》卷二七,中华书局1985年版,第309—310页。
⑤ 《中国文房四宝》,第9页。
⑥ 《奁史》卷四八《文墨门》引《无声诗史》,第18页。

啧啧称叹。傅道坤作为女性，能让其夫"辅佐"其书画，可见其才学过人的一面。

女性对于"笔"的需要，很多体现在与男性的交往中。包括笔在内的文房用具常被视为男性所有，不为女性所常用。《吴中往哲记》记载："陈孟贤有侍姬曰'梅花居士'，掌笔墨。"[①]一些男性将笔墨交给姬侍掌管，固然表明女性在一定程度上掌握了知识，受到了教育，但更表明女性在笔墨等文房用具的使用上是依附于男性的。《魏书》记载："甄后九岁喜用诸兄笔砚，兄曰：'当作女博士耶？'"[②]笔墨被世人默认为男性所用之物，女性由于不需要出仕等原因，对文房的使用也是较少的。

女性用笔，除了交往之必要，更有寄托情感、抒发胸臆之用。《时镜新书》记载："魏武帝刘婕妤，以七月七日折琉璃笔。"[③]关于这支琉璃笔，晋代陆云的《陆士龙集》等多种史籍中均有记载："一日案行，并视曹公器物……琉璃笔一枚，所希闻。景初三年七月，刘婕妤折之，见此期复使人怅然所有感处。"[④]七月七日是乞巧节，婕妤想到魏武帝心中怅然，将曹公遗物折之，将琉璃笔视为感情的寄托之物。

一些女性更将纸笔等作为实现抱负的政治工具。《侍儿小名录》中有载："贾后召愍怀太子入朝，置于别室，遣婢陈舞赐太子酒三升，强之使醉，又命小婢承福以纸笔授太子，使书之，字半不成，后补成之，废太子。"[⑤]贾后通过威胁强迫，借用纸笔完成了废太子的举动。上层社会的女性对笔墨的使用显得尤为精致，如《东观汉记》载："邓

---

① 《奁史》卷四八《文墨门》引《吴中往哲记》，第18页。
② 《奁史》卷四八《文墨门》引《魏书》，第18页。
③ 《奁史》卷四八《文墨门》引《时镜新书》，第21页。
④ 〔清〕陈继儒撰，印晓峰点校：《妮古录》卷一，华东师范大学出版社2011年版，第5页。
⑤ 《奁史》卷四八《文墨门》引《侍儿小名录》，第18页。

后临朝，禁绝贡献，岁时但贡纸墨。"① 纸墨于女性执政者而言，是掌控话语权的象征物。《辽史》记载："皇太后皇太妃笔砚局，有笔砚祇候郎君。"② 上层社会女性接触笔墨的机会要远高于普通女性，皇族更是如此，有专人伺候纸墨、掌管笔墨纸张等事物。

二、墨的基本释义、形制与文化内涵

（一）墨的基本释义与形制

《说文解字注》对"墨"的解释为："墨，书墨也，从土黑。"③ 金芷君的《文房四宝之二——墨》指出，最早的墨是天然石墨及矿物颜料，到了东汉，出现了墨模。汉代制墨业主要集中在陕西扶风、隃麋、延州一带；南北朝制墨中心在河北易水、山西潞州。唐末五代墨工到歙州谋生，南唐著名墨工奚超、奚廷珪父子，墨品出色，后被李后主赐姓。后来他们迁居安徽休宁，皖南歙县、休宁等地成为新的制墨中心。宋以后，墨从基本的书写绘画用具变成了文人雅士把玩之物。清代制墨则向多元化发展。④

墨一般呈长方形，便于研磨使用。也有一些墨呈圆形、椭圆形等，有赏玩之功用。马子恺的《兰麝凝珍 精光堪掇——品读中国墨》对墨的种类与外饰、墨的品质鉴别、徽墨派别与名家、墨的收藏与辨伪都进行了简要的阐述。在墨的品质类别上，概括了选墨要点：质细、胶轻、质坚、墨色黑亮、墨味香，并简单介绍了通过辨色、听音、观形三个方面来鉴别墨的优劣。⑤

---

① 《查史》卷四八《文墨门》引《东观汉记》，第18页。
② 《查史》卷四八《文墨门》引《辽史》，第18页。
③ 《说文解字·土部》，第454页。
④ 金芷君：《文房四宝之二——墨》，载《中医药文化》2006年第4期。
⑤ 马子恺：《兰麝凝珍精光堪掇——品读中国墨》，载《中国城市金融》2013年第3期。

图 4 北宋松烟墨　　　　图 5 清乾隆汪斗山款麝香月墨

（二）墨的文化内涵

关于"墨"的女性特色，主要集中于女性对墨的理解、墨的造型及意义与男性不同。《奁史·文墨门》对与女性有关的"墨"的记载十分丰富。女性有时仿佛是墨的化身，失去了墨，生命将变得毫无意义。明代李长祥的《天问阁文集》中有一篇李研斋写给其媵妾的《墨池传》：

> 予在金陵见墨竹数幅，问何人画，曰："锺山秀才也。"无何，大司马为予纳聘。及归，有媵名墨池，问之，则以为是侍作画者。每画，宜墨之淡，俾此女以口受笔退其墨，故名"墨池"。久之，予贫窭，秀才之奁物皆为予尽，则以墨池适于人。适之无几日，其家人来言，墨池死矣。死之先，墨池梦其母抚之曰："汝何离秀才？汝有墨禄，今绝之矣。"秀才闻之泪下。①

《觚胜》中也有记载："李研斋之继室曰'锺山秀才'，浮渲梳头，凝妆特妙。每一出游，则秦淮丽人争先窥仿。其婢墨池，性亦明慧。秀才常画兰竹，辄令墨池以口退墨。李诗云：'别有香在口，莫畏胭脂黑。'"②墨池就如她的名字一般，是墨给予了她生命力和活着的

---
① 《奁史》卷四八《文墨门》引《墨池传》，第21页。
② 《奁史》卷四八《文墨门》引《觚胜》，第21页。

意义。当墨池"以口受笔退其墨"时,她就是墨池的化身,如其母所说,享"有墨禄"。而当她离开秀才,离开墨之后,生命的意义已经失去了,于是肉体陨灭,因为精神已死。

墨作为一种文房用具,能让人才思敏捷。《墨苑》有载:"汉王肃居会稽东斋中,夜有女子从地出,称越王女,与肃语。晓别,赠墨一丸。肃方欲注《周易》,因此便觉,才思开悟。"[①]女性在此作为一种虚幻的人物,赠的"墨丸"可能具有神异的力量,让王肃思绪开朗,豁然醒悟。与女仙相关的还有《女世说》记载:"班女孟含墨一口喷纸,皆成文字,各有意义。"[②]关于女仙班孟的事迹,《神仙传》中有传云:"班孟者,不知何许人,或云女子也。能飞行终日。又能坐空虚之中与人言语。又能入地中。"[③]班孟含墨喷纸,不仅成文,而且竟有意义。女仙经由墨来展现她的神通广大,有身份的女性才有使用文房的可能。

在卫夫人的《笔阵图》中,阐释了女性对于制墨的理解:"墨取庐山之松烟,代郡之鹿胶,十年以上强如石者。"[④]在对制墨材料的要求上,女性和男性一样偏爱于枝干强劲有力、树胶坚韧的材料,但女性基于自身的性格和生理特征,赋予了墨特殊的含义。《奁史》中引《文房四谱》:"九子墨,祝婚者,多子之义也。祝曰:'九子之墨,藏于松烟。本性长生,子孙无边。'"[⑤]九子墨长生的记载也见于《东汉文纪》中的《郑氏婚礼谒文赞》:"九子之墨,藏于松烟。本性长生,子孙图边。"[⑥]九子墨出于象征长寿的青松之烟,因此有长生之义。"墨

[①]《奁史》卷四八《文墨门》引《墨苑》,第20页。
[②]《奁史》卷四八《文墨门》引《女世说》,第21页。
[③]〔晋〕葛洪撰,胡守为校译:《神仙传校释》卷四《班孟》,中华书局2010年版,第137页。
[④]《奁史》卷四八《文墨门》引《笔阵图》,第20页。
[⑤]《奁史》卷四八《文墨门》引《文房四谱》,第20页。
[⑥]〔唐〕徐坚:《初学记》卷二一《文部·墨第九》,中华书局2004年版,第520页。

象阴德，主滋养主生成。而古代以子孙繁多为家族兴旺的前提和标志。赠墨以祝多子多养，则是顺理成章的事了。"① 女性是生育的主要承担者，因此九子墨的"子孙无边"之期许实际上是通过女性不断妊娠来实现的。在古代社会，女性的地位较为低下，生育既是女性价值的体现，又是女性痛苦的根源。因此，九子墨既是整个社会对女性生育期许的体现，又展现了古代多子多福的大家族观念。

另则，墨也是古代女性产后出血的良药。王彦若《墨说》中记载："赵韩王子妇蓐中血运，以古墨研服，即愈。"②《武林旧事》中记载："宫中有娠，赐香墨十铤，红罗影金匣。"③ 墨不仅是一种书写绘画用具，更带有一种荣耀、赏识的意思，因而被作为宫中嫔妃有孕的赏赐之物。宫廷中把香墨作为赏赐之物，可见时人对墨的推崇。将香墨作为妊娠、诞育皇嗣的赏赐之物，体现了人们对"墨"之吉祥含义的认可。

《奁史》引《妇人集·汲太子妻李与夫书》云："致尚书墨十螺。"④ 关于"螺"这个量词，王学雷的《古笔考》中有较为详细的考证，引刘世儒的《魏晋南北朝量词研究》，说明"螺"作量词是由盛器借用来的。"螺"是指墨形似螺，且为个体量词。陆友《墨史》卷上《张遇》引叶少蕴云："两汉间称墨多言丸，魏晋后始称螺，取其上锐，必如今之挺形，而丸则其制不可解。"中国历史博物馆藏宁夏固原东汉墓所出松果纹墨锭，正是螺形。⑤ 以墨作为礼物赠送，也表明时人尚墨。

---

① 黄鹏：《书斋的瑰宝——笔墨纸砚》，文津出版社2013年版，第71页。
② 《奁史》卷四八《文墨门》引《墨说》，第20页。
③ 《奁史》卷四八《文墨门》引《武林旧事》，第21页。
④ 《奁史》卷四八《文墨门》引《妇人集》，第20页。
⑤ 王学雷编：《古笔考——汉唐古笔文献与文物》，苏州大学出版社2013年版，第143页。

三、纸的基本释义、形制与文化内涵

（一）纸的基本释义与形制

《说文解字》对"纸"的解释为："絮一苦也，从糸氏声。诸氏切。"①

1986年在甘肃天水放马滩的西汉墓葬中出土的纸，"是迄今为止唯一经过科学考古发掘出土于古墓葬的'西汉纸'"②。张克复的《西汉纸张与纸质档案述论》一文对西汉时期几种"纸"的发现做了翔实的综述，认为在西汉时期纸作为书写材料虽已被生产和使用，但尚不是书写材料的主体。东汉蔡伦尽管不是纸的发明人，却成功地改进造纸术，为推动书写材料的进步做出了巨大贡献。③

纸的出现无疑大大便利了人们的生活，古人对纸的发明和改进，主要体现在颜色、材质、用途等方面。关于纸的出现与发展，金芷君在《文房四宝之三——纸》中总结道，西汉纸出现，东汉蔡伦改进造纸术，降低了造纸成本。纸张在魏晋南北朝之际取代简帛而被广泛运用，形形色色的纸笺就是古代劳动人民创造的结果。除了颜色的不断创新外，古人对纸质也有所改进。比如宣纸，以皖南一带特产的青檀树皮为原料制成，经过唐代到清代的发展，质量有了很大的进步。④

（二）纸的文化内涵

关于"纸"的女性特色，卫夫人在《笔阵图》中说："纸取东阳鱼卵，虚柔滑净者。"⑤其实这并非女性用纸独有，用鱼卵做纸的原料在南宋诗人的《乞纸寄诸葛桂隐》中有所体现："翰墨膏肓二十年，才亲笔砚便垂涎。东阳鱼卵寒霜幅，嵊县溪藤妙雪笺。一日秃除千兔

---

① 《说文解字·糸部》，第438页。
② 李晓岑：《甘肃天水放马滩西汉墓出土纸的再研究》，载《考古》2016年第10期。
③ 张克复：《西汉纸张与纸质档案述论》，载《社科纵横》1994年第3期。
④ 金芷君：《文房四宝之三——纸》，载《中医药文化》2006年第5期。
⑤ 《奁史》卷四八《文墨门》引《笔阵图》，第19页。

颖,霎时磨尽万松烟。洛阳市上今无价,直欲昂头写碧天。"①

女性所使用的纸种类极多。就颜色来看,以彩笺为多。彩笺作为一种女性才能的承载物,很好地展现了女性细腻多思的性格特质。《笺纸谱》中记载:"张贵妃、孔贵嫔襞彩笺,制五言诗。"②彩笺也是女性寄托相思之情的物品,用彩色更显女性心思巧妙、注重细节的特点。如《北里志》记载:"颜令宾居南曲中,举止风流,好尚闲雅,颇为时贤所厚,歌诗留赠,五彩笺常满箱箧。"③唐时名妓颜令宾用歌诗与许多的文人名士交往,来往时常用五彩笺。

提到彩笺就不得不说薛涛。薛涛是唐代著名女诗人、歌妓,一直以来流传着薛涛制笺的故事,为纸在女性之间的流传使用覆上了传奇色彩。"薛涛笺"色彩大气而又明丽,尺寸较小,是一种深红色小笺。《蜀笺谱》中有载:"薛涛撰深红小彩笺,时谓之薛涛笺。"④薛涛与许多文人雅士交往频繁,其中不乏往来应和的诗作。唐代李商隐的文集中有诗《送崔珏往西川》:"年少因何有旅愁,欲为东下更西游。一条雪浪吼巫峡,千里火云烧益州。卜肆至今多寂寞,酒垆从古擅风流。浣花笺纸桃花色,好好题诗咏玉钩。"⑤其中"浣花笺纸"就是"薛涛纸"的另一种称呼。这种称呼也许出自《牧竖闲谈》中的记载:"薛涛居浣花溪,溪边人多造十色彩笺,涛别模新样,小幅松花笺寄献元微之,元即以其纸寄赠一篇,即'锦江滑腻峨眉秀,幻出文君与薛涛'也。"⑥薛涛住在浣花溪旁,笺纸就以"浣花笺"命名。李商隐诗中说的"浣花笺纸桃花色",与《蜀笺谱》中记载的"深红"不大相符。

---

① 〔宋〕白玉蟾著,盖建民辑校:《白玉蟾诗集新编》,社会科学文献出版社2013年版,第149页。
② 《奁史》卷四八《文墨门》引《笺纸谱》,第19页。
③ 《奁史》卷四八《文墨门》引《北里志》,第19页。
④ 《奁史》卷四八《文墨门》引《蜀笺谱》,第19页。
⑤ 刘学锴、余恕诚:《李商隐诗歌集解·编年诗·送崔珏往西川》,中华书局2004年版,第656页。
⑥ 《奁史》卷四八《文墨门》引《牧竖闲谈》,第19页。

关于这一点，李竞辉在其文章《片楮制成桃花色 着好妙墨挂玉钩——笺纸、笺谱的源流与传承》中写道："薛涛居住在成都的浣花溪旁，以溪水制笺，主要选用荷花和鸡冠花的花瓣加一些胶汁调匀，所以制成的笺纸底色多为淡红或深红色。"①

《文房四谱》中有关于"薛涛笺"尺寸大小的记载："元和初，薛涛尚松花笺，而好制小诗，惜其幅大，乃狭小为之，名曰'薛涛笺'。"②薛涛喜欢松花笺，又喜欢作短诗，于是就把松花笺裁成更小的纸，专门写短诗使用，一时成为风尚。

除了薛涛笺之外，《奁史》中还提到了许多与女性有关的笺纸种类。如《元散堂诗话》中记载："宗羡思桑娣，不见，徘徊川上，见一大鱼浮于水面，宗羡出诗，纳其口，鱼吞之，即跃去，桑娣闻叩门声，启户视之，惟见彤霞笺一幅，宗羡诗也。"③宗羡是元伊世珍撰的《琅嬛记》中的人物。彤霞笺也就是宋代的霞光笺，是以胭脂染色的笺纸。《诗话总龟》中有："韦贯梦至宫中，有妇人授以笺，曰：'此衍波笺，烦赋宫中晓寒。'"④《升庵诗话》记载："衍波笺，盖纸文如水文也。"⑤纸笺形制各异，寄托了相思离愁等种种思绪。

古代男女之间用纸笺相互赠诗唱和并非孤例。《笺纸谱》中记载："非烟授象碧苔笺诗，象剪乌丝阑为回缄。"⑥"苔笺"是以苔纸制成的笺纸，苔纸亦名侧理纸。"乌丝阑"本义是上下以乌丝织成栏，其间用朱墨界行的绢素，后亦指有墨线格子的笺纸。步非烟写给赵象的诗有史籍记载："无力严妆倚绣栊，暗题蝉锦思难穷。近来赢得伤

---

① 李竞辉：《片楮制成桃花色着好妙墨挂玉钩——笺纸、笺谱的源流与传承》，载《收藏家》2018年第5期。
② 《奁史》卷四八《文墨门》引《文房四谱》，第19页。
③ 《奁史》卷四八《文墨门》引《元散堂诗话》，第19页。
④ 《奁史》卷四八《文墨门》引《诗话总龟》，第20页。
⑤ 〔明〕杨慎：《升庵诗话新笺证》附录一《升庵诗话新辑·蠋字音义》，中华书局2008年版，第1154页。
⑥ 《奁史》卷四八《文墨门》引《笺纸谱》，第19页。

春病，柳弱花欹怯晓风。"① 另有《三水小牍》记载："步非烟、赵象以金凤笺、剡溪玉叶纸，题诗相赠答。"② 金凤笺、剡溪玉叶纸，都是以植物命名的笺纸。笺纸作为男女传情的信物，寄托了男女之间的情思。

女性对于笺纸，有独属于女性的特殊需求，而这些需求又与男性有千丝万缕的联系。除了前文中提到的贾后利用纸笔逼迫愍怀太子写下大逆不道之言，傅道坤笔墨纸砚时不停肘，其夫只能从旁啧啧称叹外，《汉书》记载："武发箧中有裹药二枚，赫蹏书，曰：'告伟能，努力饮此药。'"③ "赫蹏"的小注为"薄小纸也"④，女性通过文房用具来达成政治目的，展现自己的政治野心。在《春明退朝录》中对于后宫女子用纸品级有着详细的规定，纸也成了象征身份等级的物品：

> 凡官诰之制：后妃，销金云龙罗纸十七张，销金褾袋，宝装轴，红丝网，金粉楷；公主，销金大凤罗纸十七张，销金褾袋，瑇瑁轴，红丝网，涂金银粉楷；修仪、婉容、才人、贵人、美人，销金小凤罗纸七张，销金褾袋，瑇瑁轴，红丝网，涂金银粉楷；司言、司正、尚衣、尚食、典宝常使，金花罗纸七张，法锦褾袋；内降夫人、郡君，团窠罗纸七张，晕银褾袋；宗室妇常使，金花罗纸七张，法锦褾袋；宗室女，素罗纸七张，法锦褾袋；国夫人，锦金团窠，五色罗纸七张，晕锦褾袋；郡夫人常使，金花罗纸七张，法锦褾袋；以上至司言、司正等皆用瑇瑁、紫丝网粉楷。郡君、县太君、遥郡刺史、正郎以上妻，并销金；常使，罗纸七张；余命妇，

---

① 〔明〕袁宏道：《虞初志》，中国书店1986年版，第144页。
② 《奁史》卷四八《文墨门》引《三水小牍》，第19页。
③ 〔汉〕班固撰，〔唐〕颜师古注：《汉书》卷九七下《外戚传·孝成赵皇后》，中华书局1962年版，第3991页。
④ 目前尚不能确定"赫蹏"是"纸"还是"缣帛"。

并素罗纸七张。①

特殊的纸张于女性而言，除了作为身份等级的象征外，也是闲暇活动的必要之物，如《客燕杂记》中有"明宫妃写金字经多用瓷青纸"②的记录。"瓷青纸"是五代至宋一种染色加工纸，在明代被称为"瓷青纸"。关于明代宫妃用瓷青纸写佛经一事，《玉台书史》中也有记载："郑贵妃泥金书《观世音普门品经》一卷，在瓷青纸上，梵本刻丝锦装。卷首题云：'大明万历甲辰年十二月吉日，皇贵妃郑谨发诚心，沐手亲书金字《观世音菩萨普门品经》一卷，恭祝今上圣主，祈愿万寿洪福，永亨康泰，安裕吉祥。'"③郑贵妃是明神宗的宠妃，后妃礼佛、抄写佛经使用瓷青纸，既是女性宗教信仰在文具上的体现，又是女性精神生活需要文房用具来衬托的现实。一方面，文房的不断发展丰富了女性的精神文化生活；另一方面，女性在生活中对于文房的需求和巧思巧制变相促进了文房的发展进步。

四、砚的基本释义、形制与文化内涵

（一）砚的基本释义与形制

《说文解字》对"砚"的解释为："石滑也。从石见声。五甸切。"④砚，由于质地特殊，在文房四宝中属于容易保存的一种，因此也留下了许多文物遗存。

金芷君《文房四宝之四——砚》一文对砚的出现与发展做了总结。最初的砚是圆窝状的石臼（与炮制中药的研钵颇有几分相似），称作"研"。汉代的砚所取材料已十分丰富，有石砚、陶砚、瓦当砚、漆砚、

---

① 《奁史》卷四八《文墨门》引《春明退朝录》，第20页。
② 《奁史》卷四八《文墨门》引《客燕杂记》，第20页。
③ 〔清〕厉鹗撰，张裔校注：《玉台书史》，山西教育出版社2015年版，第171页。
④ 《说文解字·石部》，第313页。

铜砚等。魏晋南北朝时期，石砚较为盛行，伴随着制瓷业的兴起，出现了一种新的品种——瓷砚。据说晋代还曾用生铁制作过铁砚。总的来说，唐代以前使用较多的是瓦砚，其中尤以铜雀台瓦砚为翘楚。隋唐时，流行一种圆形多足的陶瓷砚。宋代

图 6 西汉石砚及研石

流行"抄手砚"，其造型朴素大方且实用，砚背部分被挖空，便于挪移时手的插入。明代时砚台的造型崇尚自然，出现了因材而制的随形砚，形式多样。明末至清，制砚逐渐趋向精雕细刻。①《洛阳宋代赵思温夫妇合葬墓发掘简报》中指出，2012 年，洛阳市文物考古研究院在邙山考古发掘的出土遗物中就有一件陶砚："细泥黑陶，砚面呈等腰梯形，砚堂呈斜坡状，砚底为抄手式底，堂面中部阴刻'翠微堂'三字。长 21.2 厘米、宽 3.8 厘米。"②

砚质地坚硬，种类和形制多样。《池北偶谈》中记载："谢氏道韫小砚有铭云：'丝红清石，墨光洪璧。资我文翰，玉砆坚质。'末有道韫字。"③因"丝红清石"四字，疑此砚为红丝石砚。《苏轼文集》中对红丝石砚有如此评价："唐彦猷以青州红丝石为甲，或云惟堪作骰盆。"④可见红丝石砚十分珍贵，受到了古代文人的追捧和喜爱。

---

① 金芷君：《文房四宝之四——砚》，载《中医药文化》2006 年第 6 期。
② 严辉、马占山、赵静等：《洛阳宋代赵思温夫妇合葬墓发掘简报》，载《洛阳考古》2014 年第 4 期。
③ 《奁史》卷四八《文墨门》引《池北偶谈》，第 21—22 页。
④ 〔宋〕苏轼撰，〔明〕茅维编，孔凡礼点校：《苏轼文集》卷七〇《笔砚题跋·书云庵红丝砚》，中华书局 1986 年版，第 2242 页。

《诚斋杂记》中记载着一种"碧玉砚":"龙女请许商书《江海赋》,用碧玉砚。"① 龙女使用的是一种用青玉制成的砚台。《耳谈》中有:"沈约女有工字砚"②。《西湖竹枝词》注中则记载:"士女曹妙清,号雪斋,有砚名'玉带袍'。"③ 曹妙清曾经写诗给杨维桢,杨维桢答之:"红牙管带紫狸毫,雪水初融玉带袍。写得薛涛萱草帖,西湖纸价可能高。"④ 其中也提到了曹妙清的这方砚台。

(二) 砚的文化内涵

砚,有时代表着女性坚强不屈、如石般坚韧的贞节观念。《铁网珊瑚》中有载:"《李伯牖女子研铭》:'既非牛渚望夫之石,又非上虞幼妇之碑。琢为海东节妇之研,坚润而含风漪。其以付伯牖之孤女,他日或能卫夫人之笔札,曹大家之文词。'"⑤ 李伯牖妻子在丈夫死后,抚养其女,这是黄庭坚为之写的砚铭,其中隐含着社会对于女性贞节的期许,"坚润而含风漪"既是指这块砚的品质出色,更隐喻女子应该坚韧不拔、具有守节观念。

砚,质地坚固,易于保存,因此也便于传承。《挥麈前录》有云:"晏元献夫人王氏,超之女也。元献壻富郑公,郑公壻冯简文,简文壻朱圣予,圣予女适滕子济,俱为执政。元献有古砚一,奇甚,王氏旧物也,诸女相授,号'传壻砚'。"⑥ "传壻砚"传递的不仅是夫妻情谊,更是一种良好的家风。

女性对于砚的喜爱,体现在生活中的点点滴滴。《本事诗》记载:"陆莱赠女史文英云:'琉璃砚匣镇随身。'"⑦ 文英是明代一位出

---

① 《奁史》卷四八《文墨门》引《诚斋杂记》,第22页。
② 《奁史》卷四八《文墨门》引《耳谈》,第22页。
③ 《奁史》卷四八《文墨门》引《西湖竹枝词》,第22页。
④ 王原祁等纂辑,孙霞整理:《佩文斋书画谱》第三册,文物出版社2013年版,第1599页。
⑤ 《奁史》卷四八《文墨门》引《铁网珊瑚》,第22页。
⑥ 《奁史》卷四八《文墨门》引《挥麈前录》,第22页。
⑦ 《奁史》卷四八《文墨门》引《本事诗》,第22页。

色的女画家，琉璃砚匣常不离身，可见喜爱之情，更可见文采飞扬。《西邕研史》记载："黄莘田妻月鹿夫人有研癖，曾以千金市十研。"①黄任与其妻子月鹿夫人都有砚癖，月鹿夫人不惜千金买砚，可见十分喜爱了。

五、印的基本释义、形制与文化内涵

（一）印的基本释义与形制

在秦以前，天子与他人的印玺没有明确区分，秦代天子印开始称"玺"。关于"印玺"的较早记载，《管子·君臣》中有："相画之，官守之；官画之，民役之。官既画之，人则役力以行其事。则又有符节、印玺、典法、筴籍以相揆也，符节印玺，所以示其信也。典法策籍，所以示之制也。凡此，可以考其真伪，定其是非，故曰'以相揆也。'"②印玺的基本作用是"示其信"，因此玺印就是一种印信，示之人以得到信任。

"玺"与"印"既有区别又有联系。

"玺"最初的意义是私人印信，后发展为皇权的象征。《史记·高祖本纪》中有云："秦王子婴素车白马，系颈以组，封皇帝玺符节，降轵道旁。"③司马贞索隐和张守节正义有：

"玺者，印信也。天子玺白玉螭虎钮。古者尊卑共之。《月令》曰'固封玺'，《左传》曰'季武子玺书追而与之'，此诸侯大夫印称玺也。"卫宏曰："秦以前，民皆以金玉为印，龙虎钮，唯其所好。秦以来，天子独以印称玺，又独以玉，群臣莫敢用。"崔浩云："李斯磨和璧作之，汉诸帝世传服之，

---

① 《奁史》卷四八《文墨门》引《西邕研史》，第 22 页。
② 黎翔凤撰，梁运华整理：《管子校注》卷第十《君臣上》，中华书局 2004 年版，第 553 页。
③ 〔汉〕司马迁撰，〔南朝宋〕裴骃集解，〔唐〕司马贞索隐，〔唐〕张守节正义：《史记》卷八《高祖本纪》，中华书局 1982 年版，第 362 页。

谓'传国玺'。"韦曜《吴书》云玺方四寸，上句，交五龙，文曰"受命于天既寿永昌"。①

玺印本身坚硬的特点使它能够长久流传，成为权力的象征，并世代相传。《宋书·孔琳之传》记载孔琳之向晋安帝建言云："夫玺印者，所以辩章官爵，立契符信。官莫大于皇帝，爵莫尊于公侯。而传国之玺，历代迭用，袭封之印，奕世相传，贵在仍旧，无取改作。"②从中可以获知，"玺印"是辨明官爵、约定之信物。玺印象征着至高无上的权力，传国玉玺传承于历代皇帝之间，封王爵之印也世代相传。由个人而推及国家，玺不仅在历代统治者之间传递，更象征王朝颠覆，政权更迭，称制改元，足可见其重要意义。《史记·秦始皇本纪》中有："长信侯毐作乱而觉，矫王御玺及太后玺以发县卒及卫卒、官骑、戎翟君公、舍人，将欲攻蕲年宫为乱。"③裴骃集解：

> 穆帝永和八年，石勒为慕容俊灭，濮阳太守戴施入邺，得玺，使何融送晋。传宋，宋传南齐，南齐传梁。梁传至天正二年，侯景破梁，至广陵，北齐将辛术定广陵，得玺，送北齐。至周建德六年正月，平北齐，玺入周。周传隋，隋传唐也。④

（二）印的文化内涵

玺印被人们赋予了政治意义。历史上，人们不仅赋予玺印以政治作用，也利用这种象征意义达成政治目的。《汉书·食货志》记载："宣帝始赐单于印玺，与天子同，而西南夷钩町称王。莽乃遣使易单于印，贬钩町王为侯。"⑤王莽将单于的"印玺"改换成"印"，就象征着

---

① 《史记》卷六《秦始皇本纪》，第228页。
② 〔南朝梁〕沈约：《宋书》卷五六《孔琳之传》，中华书局1974年版，第1561—1562页。
③ 《史记》卷六《秦始皇本纪》，第227页。
④ 《史记》卷六《秦始皇本纪》，第228页。
⑤ 《汉书》卷二四上《食货志》，第1143页。

将其从"王"的地位贬为"侯"的地位。

上述史料,结合《奁史·文墨门》关于"印"的记载,可以说明以下两点:其一,"印玺"与"印"象征着不同的政治身份与地位,且"印玺"高于"印";其二,女性用"印"不用"玺印",这是女性在政治象征上低于男性的表现。

《辽史拾遗》记载:"唐制,太后、皇后皆无印。凡封令书,太后用宫官印,皇后用内侍省印。"[①]《新唐书·车服志》记载:"太皇太后、皇太后、皇后、皇太子及妃,玺皆金为之,藏而不用。太皇太后、皇太后封令书以宫官印,皇后以内侍省印,皇太子以左春坊印,妃以内坊印。"[②]此条史料说明,非独皇帝印章才能称作"玺",《唐书》记载太皇太后、皇太后、皇后、皇太子及妃都有"玺",且由金制成,却"藏而不用"。关于"玺"藏而不用的原因,《文献通考》中解释为:"唐制,天子有传国玺及八玺,皆玉为之。神玺以镇中国,藏而不用。"[③]因此,"玺"作为最高权力地位的象征,其作用是维持安定。从中看出,太后、皇后等人拥有具有象征意义的"玺",然而没有专办政治事务的印章,一定程度上反映了女性是没有或者说少有政治权利的。

女性有私人用印,是一种身份的物化,更多出于自我娱情的需要。《野获编》记载:"秦淮妓有私印曰'同风月平章事'。"[④] "平章事"一词起于唐贞观年间:"贞观八年,仆射李靖以疾辞位,诏疾小瘳,三两日一至中书门下平章事,而'平章事'之名盖起于此。……永淳元年,以黄门侍郎郭待举、兵部侍郎岑长倩等同中书门下平章事,'平章事'入衔,自待举等始。自是以后,终唐之世不能改。"[⑤]后

[①]《奁史》卷四八《文墨门》引《辽史拾遗》,第22页。
[②]〔宋〕欧阳修、宋祁:《新唐书》卷二四《车服志》,中华书局1975年版,第524页。
[③]〔元〕马端临:《文献通考》卷一一五《王礼考·圭璧符节玺印》,中华书局2011年版,第3528页。
[④]《奁史》卷四八《文墨门》引《野获编》,第23页。
[⑤]《新唐书》卷四六《百官志》,第1182—1183页。

来"同平章事"就有了唐代官制选任官员共谋国是实担宰相之职的意味。《奁史》记载,秦淮妓女将品评风月事当作自己身份的印记,甚至刻于私印之上,可见印章尤其是私印成为女性身份的标识之一。

图 7 《马远画水卷》

《池北偶谈》中记载:"祥符人发一古冢,乃东汉马武妾葬处。中有香奁一具,脂粉宛然,奁底一小铜印,镌'妾莫如'三字。《急就篇》有解'莫如'之句注云:'汉有毛莫如。'"① 马武其人,《汉书》有载:"马武字子张,南阳湖阳人也。少时避仇,客居江夏。"② 小铜印上的印文"妾莫如"成为确认女性身份的唯一凭证。

前文绘画部分介绍过宋宁宗皇后杨妹子的题画诗,《文墨门·印》部分有载:"杨妹子题马远画,有'杨娃之章'一小方印。"③《马远画水卷》共十二段,这是其中一幅《层波叠浪》,

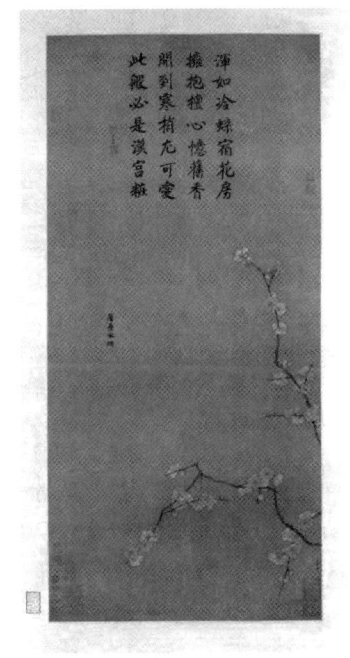

图 8 《马麟层叠冰绡图轴》

画题左侧的印章即为"壬癸贵妾杨姓之章"。另外,杨后也曾经为马麟画题诗用印,现藏故宫博物院的《马麟层叠冰绡图轴》,上面题诗

---

① 《奁史》卷四八《文墨门》引《池北偶谈》,第23页。
② 〔南朝宋〕范晔撰,〔唐〕李贤等注:《后汉书》卷二二《朱景王杜马刘傅坚马列传·马武》,中华书局1965年版,第784页。
③ 《奁史》卷四八《文墨门》引《呼桓日记》,第22页。

落款"赐王提举"下方印即为《奁史》所提到的"杨姓之章"印文。

总体来看,少数需要在政治身份上有所确认的女性是拥有自己的"官印"的,甚至一些女性拥有"藏而不用"的玺。大多数女性拥有的是私印,这些私印只是女性身份的印鉴,或者绘画等需要之私印。在表现政治权利这方面,女性的印章空有其表而无实质政治用途,是女性在政治史上不被认可为"正统"的表现。

通过以上珍贵的女性史料可以看出,只有地位较高或者特定身份的女性才能接触和使用文房用具。笔墨纸砚使用的多少在许多史籍中都有规定。当文房成为身份地位的象征后,只有地位较高的女性才能使用。许多官宦人家的婢女和需要才艺傍身的名妓,也成为可能使用笔墨纸砚的人。即便如此,能够用到笔墨纸砚的古代女性仍是少数。当然,在没有财力支撑的情况下,地位低下的男性使用文房的机会也很少,但是相对于不被期待"朝为读书郎,暮登天子堂"的女性,文房仿佛成为男性的专用物品。

从有限的史料中可以看出,女性在文房中大多处于从旁辅助的地位。如《香闺四友传》中有:"端溪陆氏姬人,职司磨墨,字曰'墨西'。"[1]《续补侍儿小名录》中有云:"王霞卿尝题唐安寺楼粉壁云:'光启三年二月,登于是阁。时有轻绡捧砚,小玉看题。'"[2]女性即使能够成为笔墨纸砚的使用者,也不过出于男性"红袖添香"的需要。尽管如此,古代女性中依然出现了许多有才之人。对笔墨纸砚的改进,更是女性对文房发展进步的不容忽视的贡献。引领一时风尚的薛涛,"养纸以芙蓉粉,借其色。"[3]。探寻古代女性使用的文房四宝,不只为了展示女性对于文房的伟大作用,更是为了以古喻今,警示女性不要失去"发声"的工具。

---

[1] 《奁史》卷四八《文墨门》引《香闺四友传》,第21页。
[2] 《奁史》卷四八《文墨门》引《续补侍儿小名录》,第22页。
[3] 《奁史》卷四八《文墨门》引《文房宝饰》,第19页。

《钗钏门》所见女性饰物考

作者 王霁钰

《奁史·钗钏门》包括"首饰插花""耳环""臂环指环"三卷，收录与女性钗钏相关的文献内容576条，反映出古代女性所佩戴的首饰、花草、耳环、臂环、指环的种类、材料、形制及其在社会生活中的功能与意义。

从文献学方面来说，《奁史·钗钏门》暂时没有专门的研究成果。对《奁史·钗钏门》进行细致的点校、注释等文献整理工作，可以看到此门内容中保存了许多散佚古籍中的资料，因而具有一定的辑佚价值。从社会学方面来说，《奁史·钗钏门》中收录大量与古代社会生活相关的内容，例如各阶层女性佩戴钗钏的严格规范，通过与钗钏有关的故事，提供和补充了社会分层、社会阶级、社会法律等各方面的材料。由于钗钏的材料大多采用金银等贵金属或玉石等宝石，从经济学方面来说，《奁史·钗钏门》中描述了各种钗钏的材料、造型及其制作过程中运用的工艺，可以管窥当时的手工业发展水平。钗钏是古代女性亲密贴身的物件，从妇女史方面来说，《钗钏门》不但展示了古代女性各式各样精美的饰物，也记录了众多与钗钏相关的女性故事，关乎古代女性日常生活的方方面面。研究《钗钏门》，不仅可以弥补正史和强调"妇德"的女性典籍记载的缺漏和片面性，也可以让我们更加深入具体地了解古代女性的生存状态，走进她们真实的生活。

学界当前对《奁史》的研究还比较少。综合研究中国古代女性饰物的专著有：黄能馥、苏婷婷的《珠翠光华：中国首饰图史》[1]，该书是一部中国首饰发展简史，以中国首饰文化的起源、形成、发展、演变等为线索，分发饰、耳饰、手饰、臂饰、冠饰、带饰、佩饰等九个类别，介绍了首饰的功用、材料、工艺、礼仪内涵等多方面情况；王苗的《珠光翠影：中国首饰史话》[2]，按照历史演进的顺序，以时

---

[1] 黄能馥、苏婷婷：《珠翠光华：中国首饰图史》，中华书局2010年版。
[2] 王苗：《珠光翠影：中国首饰史话》，金城出版社2016年版。

代为主脉细数首饰文化，从艺术的角度，细数历朝历代中原与域外的头饰、耳饰、颈饰、腰饰、手饰等男女饰物。

对于古代女性饰物的综合研究，大多包含在研究中国古代服饰的著作中，例如沈从文先生的《中国古代服饰研究》[①]、华梅的《服饰文化全览》[②]和高春明的《中国历代服饰艺术》[③]，详尽展示了中国服饰文化的发展历程与艺术风格。专门研究某一种或几种首饰的著作，有李芽的《耳畔流光：中国历代耳饰》[④]和王金华的《中国传统首饰：手镯、戒指、耳饰》[⑤]。相关论文非常多，例如《宋元时期首饰发展——以簪钗为例》[⑥]《像生花与簪花、供花》[⑦]《六朝女性簪花习俗杂谈》[⑧]《中国古代耳饰研究》[⑨]《读物小札：明代耳环与耳坠》[⑩]《〈步辇图〉宫女佩戴的臂饰考辨》[⑪]《中国古代戒指考略》[⑫]等。以制作材料作为女性饰物分类标准而进行研究的著作，有扬之水先生的《中国古代金银首饰》[⑬]。相关论文主要有《明清点翠饰品研

[①] 沈从文：《中国古代服饰研究》，商务印书馆2011年版。
[②] 华梅主编：《服饰文化全览》，天津古籍出版社2007年版。
[③] 高春明：《中国历代服饰艺术》，中国青年出版社2009年版。
[④] 李芽：《耳畔流光：中国历代耳饰》，中国纺织出版社2015年版。
[⑤] 王金华：《中国传统首饰：手镯、戒指、耳饰》，中国纺织出版社2014年版。
[⑥] 朱佳芳：《宋元时期首饰发展——以簪钗为例》，载《群文天地》2012年第11期。
[⑦] 陆锡兴：《像生花与簪花、供花》，载《南方文物》2011年第4期。
[⑧] 吕华亮：《六朝女性簪花习俗杂谈》，载《大众文艺》2013年第18期。
[⑨] 李芽：《中国古代耳饰研究》，上海戏剧学院博士学位论文，2013年。
[⑩] 扬之水：《读物小札：明代耳环与耳坠》，载《南方文物》2013年第2期。
[⑪] 王祺明：《〈步辇图〉宫女佩戴的臂饰考辨》，载《绍兴文理学院学报（自然科学）》2014年第1期。
[⑫] 曾垂超、谢超凡：《中国古代戒指考略》，载《贺州学院学报》2014年第1期。
[⑬] 扬之水：《中国古代金银首饰》，故宫出版社2014年版。

究》①《唐宋金银发钗探析》②《木质首饰设计研究》③《中国古代陶瓷首饰探源》④等,分别对不同材料制成的首饰进行了研究,侧重研究其制作工艺。以造型和纹样为女性饰物分类标准进行研究的论文,主要有《唐宋凤形簪钗研究》⑤《唐宋时期首饰设计中的花卉研究》⑥《花卉元素在首饰设计中的应用》⑦《建筑元素在首饰设计中的应用与表现》⑧等,侧重研究其文化内涵。以用途为首饰分类标准进行研究的论文,主要有《唐代簪钗的文化意蕴》⑨《定情首饰的造型语言》⑩《中国戏曲首饰的历史演变研究》⑪《中国婚庆文化之首饰研究》⑫等,以专作某一用途的首饰为研究对象,研究首饰在社会生活中的应用及其背后的文化意义。

近年来,学界对首饰的研究不仅数量多,而且呈多样化的趋势;

---

① 唐一苇:《明清点翠饰品研究》,中国地质大学硕士学位论文,2013年。
② 葛龙:《唐宋金银发钗探析》,郑州大学硕士学位论文,2013年5月。
③ 纪沁:《木质首饰设计研究》,南京林业大学硕士学位论文,2013年6月。
④ 孙谷藏:《中国古代陶瓷首饰探源》,载《浙江工艺美术》2008年第3期。
⑤ 邓莉丽、顾平:《唐宋凤形簪钗研究》,载《艺术工作》2016年第4期。
⑥ 刘也赫:《唐宋时期首饰设计中的花卉研究》,中国地质大学硕士学位论文,2016年。
⑦ 张潇月:《花卉元素在首饰设计中的应用》,中国地质大学硕士学位论文,2015年。
⑧ 韩厚:《建筑元素在首饰设计中的应用与表现》,中国地质大学硕士学位论文,2015年。
⑨ 谢南燕:《唐代簪钗的文化意蕴》,载《华夏文化》2002年第3期。
⑩ 张诗野、周怡:《定情首饰的造型语言》,载《珠宝与科技:中国珠宝首饰学术交流会论文集(2011)》,地质出版社2011年版,第432—435页。
⑪ 于帅:《中国戏曲首饰的历史演变研究》,中国地质大学硕士学位论文,2015年。
⑫ 王晓菌:《中国婚庆文化之首饰研究》,中国地质大学硕士学位论文,2009年。

但是，从文献学角度研究古代首饰的论著依旧少见，本文所做研究试图弥补这一缺憾。

一、鬓边华彩：头饰考

"钗钏"，即钗簪与臂镯，泛指妇人的饰物。①《奁史》卷六八至卷七〇以"钗钏"为名，专写女性饰物。本章结合传世图像、考古发现和其他相关文献，对《钗钏门》中所见的女性饰物进行初步的整理、考证与探析。

《奁史》卷六八分"首饰"与"插花"两部分。

"首饰"指诸如笄、钗、簪、梳、篦、钿、华胜、步摇、翠翘、媌子、络索等人工制作的头饰；"插花"泛指插戴在发间的鲜花、草木等天然头饰。我国自古便有"身体发肤，受之父母，不敢毁伤"的孝道观念，因而对头发的梳理和保护是十分重视的。头发生长于人的身体之"首"，位置最为引人注目，相对于身体其他部位，头发可以变换的造型花样最为丰富。可以说，头饰独占了古代女性饰物的半壁江山。《奁史》卷六八共收录"首饰"相关引文 367 条，"插花"引文 64 条，几乎是余下两卷引文条目数总和的 3 倍之多。

（一）首饰：人造头饰

1. 笄、簪、钗

笄、簪、钗皆为常见的绾发工具和头饰。黄金贵在《古代文化词义集类辨考》中阐释："'笄'是平匀的细长物，固发固冠"，"'簪'是一端装华丽饰物的妇女头饰，短于笄"，"'钗'是分叉的簪，比簪更为华丽"。②

（1）笄是一种细长、平直的棍状物。《释名·释首饰》："笄，

---

① 罗竹风：《汉语大词典》，汉语大词典出版社 1993 年版，第 16570 页。
② 黄金贵：《古代文化词义集类辨考》，上海教育出版社 1995 年版，第 691 页。

系也,所以系冠使不坠也。"①《公羊传·僖公九年》:"妇人许嫁,字而笄之。"何休注:"笄者,簪也,所以系持发。"笄应当有两种功用,即"系冠"和"系持发"。《仪礼·士冠礼》"设笄"贾公彦疏:"凡诸设笄有二种,一是紒内安发之笄,一是皮弁、爵弁及六冕固冠之笄。"前者"男子妇人皆有之",后者"唯男子有之"。②《礼记·内则》"咸盥漱栉縰笄总衣绅"朱彬训纂引朱子曰:"妇人不冠,则所谓笄,即为固发之用,亦名为簪。"③可见女性使用的笄,绝大多数是用于绾发。《奁史》记载:"古者女子榛木为笄以约发,居丧以桑木为笄,皆长尺有二寸,沿至夏后,以铜为笄。"④(《中华古今注》)"女娲之女以荆枝及竹为笄以贯发。至尧时,以铜为之,且横贯焉,此钗之始也。"(《二仪实录》)可见最原始的笄是用树枝、荆条制作的,随后工艺水平进步,制作笄的材料也在不断变化。由于木质难以保存,目前可见最原始的笄的实物大多是骨笄、石笄等。西安半坡遗址中就曾有700余件骨笄、石笄、陶笄出土。殷墟妇好墓

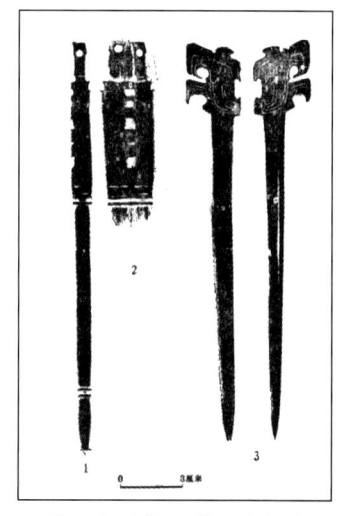

图1 殷墟妇好墓玉笄拓片

---

① 〔东汉〕刘熙撰,〔清〕毕沅疏证,〔清〕王先谦补,祝敏彻、孙玉文点校:《释名疏证补》,中华书局2008年版,第154页。
② 〔汉〕郑玄注,〔唐〕贾公彦疏:《仪礼注疏》,十三经注疏本卷二,北京大学出版社1999年版,第34页。
③ 〔汉〕郑玄注,〔唐〕孔颖达疏:《礼记正义》,十三经注疏本卷二八,北京大学出版社1999年版,第859页。
④ 〔清〕王初桐:《奁史》卷六八《钗钏门》引《中华古今注》,《续修四库全书》,上海古籍出版社2002年版,第1252册,第196页。

中有玉笄28件①，骨笄499件②。"笄"大抵是中国历史上最早出现的首饰，簪、钗等都是由笄发展而来的。

（2）簪是古代妇女用来绾定发髻的长针，是秦汉之后妇女最主要的首饰。《说文·先部》："先，首笄也。从人匕，象簪形。凡先之属皆从先。簪，俗先，从竹，从簪。"③从《说文》的解释上看，"簪"也算是"笄"的另一种称呼，或者说是笄发展的产物。"簪"这个称呼出现的时代没有确切的记载。《国语·晋语五》"折委笄"韦昭注："笄，簪也。"董增龄正义："古名笄，秦汉始名簪。"④但《韩非子》中有这样的描述："周主亡玉簪，令吏求之，三日不能得也。"⑤这可以证明，至少在春秋战国时期簪的称呼就已经被使用。簪也称"搔头"。《西京杂记》载："武帝过李夫人，就取玉簪搔头，自此后，宫人搔头皆用玉，玉价倍贵焉。"⑥大约是这一称呼的来历。

《奁史》中记载的簪种类较多，大多按制作材料划分，例如比较常见的金簪、银簪、铁簪、玛瑙簪、琉璃簪等。也有按其用途指称的，比如"爬耳簪"或"乞耳簪"。耳挖作为首饰，魏晋南北朝时就已经流行。关于乞耳簪，《奁史》中收录了《蚓庵琐语》中一段奇妙的人

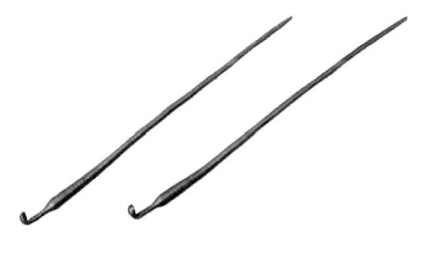

图2 金挖耳

---

① 中国社会科学院考古研究所编著：《殷墟妇好墓》，文物出版社1980年版，第174页。

② 《殷墟妇好墓》，第208页。

③ 〔汉〕许慎撰，〔宋〕徐铉校订：《说文解字》，中华书局1963年版，第177页。

④ 《国语》卷一一，上海古籍出版社1978年版，第401页。

⑤ 〔战国〕韩非著，陈奇猷校注：《韩非子新校注》卷九，上海古籍出版社2000年版，第567页。

⑥ 〔晋〕葛洪：《西京杂记》卷二，中华书局1985年版，第13页。

鬼之恋的故事：

  缪俊明往外，见桑林中一绝色少女，向地若有所觅。生问之，女云失金宅耳簪。生为觅得之。女笑谓生曰：与郎有缘，愿即以是簪赠。遂携生手入其家，合镜焉。自此生每夜一往。其父遣仆潜尾生后，见入一坟林中，随访坟邻，云此前村郭家有女名月英，未嫁而殁，新圹即所厝也。①

上海松江县诸纯臣夫妇墓的女性墓主人，发髻上即插着一支长6.5厘米的金挖耳。②

（3）钗，《释名·释首饰》中解释："钗，叉也，象叉之形，因名之也。"③《玉篇·金部》则曰："钗，妇人歧笄也。"④钗与笄的区别，就在于它是两股，有两脚。两脚中间的连接部分称为"钗梁"，钗梁与钗的两脚是一体的，有的则是可拆卸的。2013年扬州萧后墓中出土的铜钗内发现了距今1000多年的棉花和木销，证实了这一点。

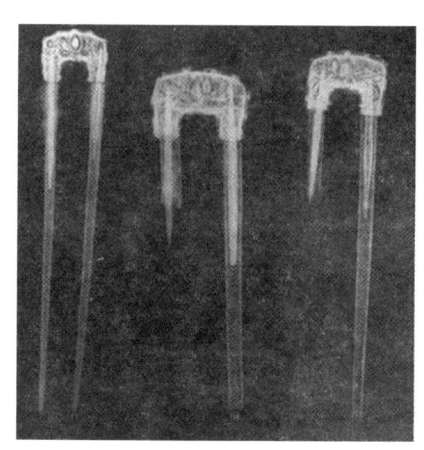

图3 发钗X光照片

  钗的出现大约晚于笄和簪，"钗子，盖古笄之遗象也"⑤。

  新石器时代精心制作的笄和簪已不鲜见，而骨钗，目前见到的

---

① 《奁史》卷六八《钗钏门》引《蚓庵琐语》，第204页。
② 上海市文物保管委员会：《上海市郊明墓清理简报》，载《文物》1963年第11期。
③ 《释名疏证补》，第162页。
④ 〔南朝梁〕顾野王撰，胡吉宣校释：《玉篇校释》，上海古籍出版社1989年版，第1917页。
⑤ 〔五代〕马缟：《中华古今注》卷中，中华书局2012年版，第101页。

早期实物已属春秋时期。① 钗的存在几乎贯穿了整个古代中国的历史，《钗钏门》辑录的关于钗的文献材料，上自传说时代与商周，下至明清，都有涉及。早期的钗大多光素无文，后来渐渐有了丰富的装饰。例如《奁史》中收录的李元膺《忆妆》云："钗梁冰玉刻蛟螭。"② 段成式《柔卿解籍戏呈飞卿》诗之三："出意桃鬟一尺长，金为钿鸟簇钗梁。"③

钗的插戴方式有三种。一是在发髻下一边插一支或者一对。庾肩吾《南苑还看人》："细腰宜窄衣，长钗巧挟鬟。"④ 这个"挟"字就体现出钗插在发髻两边的情态。一是将钗在云髻上插成一排。《奁史》中收录《槁简赘笔》言："古乐府《咏莫愁》云：头上金钗十二行。后人多误为金钗者十二行，不知一人插十二行金钗也。"⑤。"金钗十二行"描述的就是钗的这种插戴方式。还有一种钗插在鬟边，被称为"掠鬟"或"掩鬟"，多为云朵形。清人汪琬在《尧峰文钞》中提道："近时妇女首饰有金掠鬟。"⑥《三才图会》中有："两博鬓"，并绘有常见造型。

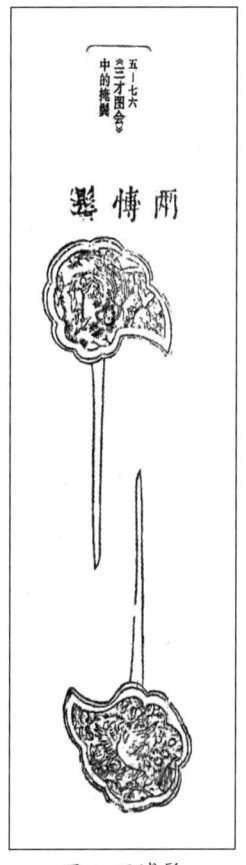

图 4　两博鬓

---

① 扬之水：《古诗文名物新证合编》，天津教育出版社 2012 年版，第 1 页。
② 〔宋〕张邦基撰，孔凡礼点校：《墨庄漫录》卷五《李元膺宫体十忆》，中华书局 2002 年版，第 142 页。
③ 〔清〕彭定求：《全唐诗》卷五八四，中华书局 1999 年版，第 6825 页。
④ 〔南朝陈〕徐陵编，〔清〕吴兆宜注，程琰删补，穆克宏点校：《玉台新咏笺注》卷八，中华书局 1985 年版，第 338 页。
⑤ 《奁史》卷六八《钗钏门》引《槁简赘笔》，第 199 页。
⑥ 〔清〕汪琬：《尧峰文钞》，四部丛刊本，第 277 页。

另有一种小钗,名为"镊"。萧子显《南齐书》中记载,文安皇后做太子妃时不受宠爱,太子命人为宫人做崭新光鲜的首饰与衣裳,而她却只有"钗镊十余枚"①。

2. 梳、篦

《说文·木部》:"梳,理发也。"②《说文·竹部》:"篦,导也,今俗谓之篦。"③梳与篦都是中国古代常见的理发工具,统称为"栉"。其中梳用于理顺头发,梳齿间的缝隙较大;篦则用于清除头发上的尘垢,篦齿间的缝隙较小。西晋文学家傅咸曾写过一篇《栉赋》,其中有这样的句子:"我嘉兹栉,恶乱好理。一发不顺,实以为耻。"④托物咏怀,表达对"恶乱好理"美好品德的赞颂,可见古人对梳理头发保持整洁的重视。

梳篦大多用木、竹、兽骨等材料制成,是古人生活必备的日用品。为了方便取用,女性群体中形成了将梳篦插在发髻中的风气,梳篦渐渐扩展出理发功能之外的装饰功能,梳篦的制作材料更加丰富珍贵,造型更加精美,装饰更加华丽,最终发展为一种独立的栉状的首饰。因而《玉篇·竹部》将"篦"解释为"篦,钗篦也"⑤。

《钗钏门》中大量引用了描述梳篦的唐宋诗词,如元稹的"玉梳钿朵香胶解"⑥,白居易的"钿头银篦击节碎"⑦,花蕊夫人的"斜插银篦慢裹头"⑧,等等。除此之外,温庭筠"小山重叠金明灭"中的"金

---

① 〔南朝梁〕萧子显:《南齐书》卷二〇,中华书局1972年版,第392页。
② 《说文解字》,第121页。
③ 《说文解字》,第99页。
④ 〔明〕张溥:《汉魏六朝百三家集》,吉林出版集团2005年版,第3705页。
⑤ 《玉篇校释》,第1075页。
⑥ 〔唐〕元稹:《元氏长庆集》,上海古籍出版社1994年版,第49页。
⑦ 〔唐〕白居易著,朱金城笺校:《白居易集笺注》,上海古籍出版社1988年版,第659页。
⑧ 花蕊夫人撰,徐式文笺注:《花蕊宫词笺注》,巴蜀书社1992年版,第81页。

明灭"指的也是金质的梳篦类发饰，"形象地描述了'玉梳钿朵'、'宝梳金钿筐'一类鬓饰'在头发间重叠闪烁情形'"①。在唐代著名绘画作品《宫乐图》中，我们可以清晰地看到几位宫廷女子的头发上都插戴着栉状的首饰。有专家认为，其中那位轻敲牙板的宫女头上插着的红色梳子，"可能就是吕胜己在《鹧鸪天》中所描写的'驼骨红纹小棹篦'"②。

图5 《宫乐图》局部

3. 钿、华胜、步摇

此三种皆为发鬓饰品，以下分述之。

（1）钿有两种含义，一是把金属、宝石等镶嵌在器物上做装饰，二是指古代一种嵌金花的首饰。前者例如《钗钏门》引《襄阳志》文："襄阳出玉石，碧色，谓之碧钿，妇女取以饰首饰。"③白居易在《琵琶行》中也写到"钿头云篦"④，即用钿装饰的篦。这一类"钿"通常以制作材料命名，称为金钿（用薄金片制作或镶嵌）、螺钿（用螺壳与海贝磨成薄片制作或镶嵌）、翠钿（用翠玉制作或镶嵌）等。后者则如《奁史·钗钏门》中所引徐陵的《玉台新咏》序："反插金钿，横抽宝树。"⑤岑参诗《敦煌太守后庭歌》中也有"美人红妆色正鲜，

---

① 王子今：《温庭筠词"小山重叠金明灭"图解》，见陕西历史博物馆编：《唐墓壁画国际学术研讨会论文集》，三秦出版社2006年版，第234页。
② 郑巨欣：《梳理的文明——关于梳篦的历史》，山东画报出版社2008年版，第44页。
③ 《奁史》卷六八《钗钏门》引《襄阳志》，第205页。
④ 《白居易集笺注》，第686页。
⑤ 《奁史》卷六八《钗钏门》引《徐仆射集》，第205页。

图 6　晋代有柄金钿　　　图 7　隋代团花金钿

侧垂高髻插金钿"①的句子。一个"插"字,明确了这种钿的使用方法,即插在髻上。《说文·金部》将"钿"解释为:"钿,金华也。"②"金华"即是"金花",钿的形状多成花状,所以又被称为"花钿"。通过对考古资料的观察研究可以发现,这种"钿"也可以细分为两种形制:一种如南京北郊东晋墓出土的金质花钿,形制与簪相类,花形饰物背后连接有柄,可以直接插戴。另一种如在陕西西安东郊一座隋舍利墓中出土的金钿,外形为八瓣朵形,花蕊的部分留有小孔。这种钿本身没有可供插戴的柄,但在使用时可以将簪、钗、发针一类首饰通过花蕊位置的小孔插入,再一起插入发髻间,组合成一件华美的首饰。

(2)华胜是一种装饰在发髻前的首饰。《释名·释首饰》解释:"华胜:华,象草木之华也;胜,言人形容正等,一人著之则胜,蔽发前为饰也。"③《艺文类聚》引用了这样的句子:"贾充《典戒》曰:人日造华胜相遗,像瑞图金胜之形,又像西王母戴胜也。"④所谓"瑞图金胜",是古代一种叫作"金胜"的祥瑞图案,长沙五里牌东汉墓中有金胜出土。而"西王母戴胜",指的是《山海经》中西王母"戴胜"

---

① 〔唐〕岑参著,陈铁民、侯忠义校注:《岑参集校注》,上海古籍出版社1981年版,第77页。
② 《说文解字》卷一四上,中华书局1963年版,第299页。
③ 《释名疏证补》,第161页。
④ 〔唐〕欧阳询:《艺文类聚》,中华书局1955年版,第60页。

图 8 汉代金胜　　　　　图 9 戴胜的西王母

的传说。[①] 在汉代画像石中，西王母就戴着这样的胜。综合以上文献资料，我们可以认为，华胜是一种类似金胜造型、插戴在发髻前的首饰。《钗钏门》引《岁华纪丽》云："华胜起自晋代贾充妻李夫人。"[②]《后汉书·舆服志》中就有"太皇太后、皇太后入庙服……簪以瑇瑁为擿，长一尺，端为华胜"[③] 的记载，可见至迟到汉代，华胜就已经出现了。

（3）步摇，《钗钏门》所引 26 条相关资料中，其实包含两种"步摇"，即"步摇冠"和"步摇（簪钗）"。

"步则摇也"[④] 是两种"步摇"的共同点，也是"步摇"二字直白呈现出的标志性特点。步摇或将金属拉细展薄，做出鸟羽、花叶、蝶翼等纤巧灵活的造型；或用流苏、珠串等装饰其上，当点缀于女子发间时，便随着女子的行动晃悠悠、颤巍巍，摇曳生姿，栩栩如生。"珠华萦翡翠，宝叶间金琼。剪荷不似制，为花自如生。低枝拂衣领，微步动瑶英。但令云髻插，蛾眉本易成。"[⑤] 通过南朝梁才女沈满愿的诗作《咏步摇花》，我们仿佛可以看到女子莲步轻移，发间步摇随之

---

① 袁珂校译：《山海经校译》，上海古籍出版社 1985 年版，第 31 页。
② 《奁史》卷六八《钗钏门》引《岁华纪丽》，第 209 页。
③ 〔南朝宋〕范晔撰，〔唐〕李贤等注：《后汉书》，中华书局 1965 年版，第 3676 页。
④ 《释名疏证补》，第 160 页。
⑤ 〔宋〕李昉：《太平御览》，中华书局 1959 年版，第 1223 页。

轻轻摇摆的美妙风姿。在《钗钏门》所引的宋玉《风赋》中,有"主人之女,垂珠步摇"①这样的句子,由此可见在宋玉生活的战国时代,步摇这种首饰就已经出现了。

所谓"步摇冠",指的是一种自带如上装饰的发冠。步摇冠更受北方民族的青睐,《奁史·钗钏门》所收的文献资料载:"慕容氏莫护跋始建国于棘城之北,时燕之后妃多冠步摇冠,莫护跋见而好之,乃敛发袭冠,诸部因呼之为'步摇'。其后音讹,遂为'慕容'焉。"②另一种"步摇"是有步摇状装饰的类似簪钗形制的首饰。《钗钏门》中引文:"盖以银丝宛转屈曲作花枝,插鬓后,随步辄摇,以增媌婧。故曰步摇。"③"明皇以紫磨金琢成步摇,亲为贵妃插鬓。"④可见这种步摇是直接插戴在发间的。陕西礼泉唐新城公主墓出土的系着料珠的铜花饰,该是步摇的残件。⑤

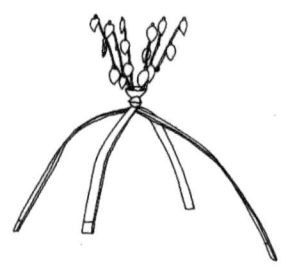

图10 步摇冠饰

图11 插步摇的贵妇

4. 翠翘、络索、媚子

这三种首饰,或因文献资料较少,或因暂无出土实物佐证,具体形制暂不可考。以下仅就现有资料进行分述浅析。

---

① 《奁史》卷六八《钗钏门》引《古文苑》,第207页。
② 《奁史》卷六八《钗钏门》引《前燕录》,第206页。
③ 《奁史》卷六八《钗钏门》引《采兰杂志》,第206页。
④ 《奁史》卷六八《钗钏门》引《太真外传》,第206页。
⑤ 陕西省考古研究所:《唐新城公主墓发掘报告》,科学出版社2005年版。

（1）翠翘："翠，青羽雀也。"①"翘，尾长毛也。"②从《说文·羽部》对"翠翘"二字的解释可以看出，所谓"翠翘"，就是翠鸟尾巴上的长羽毛。翠鸟的羽毛颜色青蓝，色泽艳丽，所以经常被古人用来点缀服饰，甚至衍生出专门叫作"点翠"的首饰制作工艺，即在金银首饰上镶嵌翠鸟羽毛做装饰。直到清代时，由于翠鸟羽毛越来越难以取得，点翠渐渐被烧蓝工艺所取代。

《钗钏门》中所说的"翠翘"，指的应该也是一种古代女性的首饰，大概是因为形似翠鸟尾上的长羽而得名，不过由于没有明确的出土实物为证，暂时不敢断言。《事物纪原》认为"文王又加翠翘"③，笔者以为不可信。通过古代诗词文章，可以看到至迟到唐代，翠翘就已经出现并在女性群体中流行起来。例如白居易的"花钿委地无人收，翠翘金雀玉搔头"（《长恨歌》）④；韦应物的 "丽人绮阁情飘摇，头上鸳钗双翠翘"（《长安道》）⑤；《太平广记》卷二五一《诙谐七》记载唐裴庆余的"满额蛾黄金缕衣，翠翘浮动玉钗垂。从教水溅罗裙湿，知道巫山行雨归"⑥；李渔的"终朝阿母梳云鬓，甚日檀郎整翠翘"（《蜃中楼·训女》）⑦。

《奁史·钗钏门》中还引用了晚唐传奇小说集《三水小牍》中一个有关翠翘的故事，文中的"金翘"应该指的是一种金质的翠翘：

许州严氏女曰阿珊，端丽妍莹，年十五矣。时清明节，

---

① 《说文解字》卷四上，第75页。
② 《说文解字》卷四上，第75页。
③ 〔宋〕高承撰，〔明〕李果订，金圆、许沛藻点校：《事物纪原》卷三，中华书局1989年版，第143页。
④ 《白居易集笺校》卷一二，第660页。
⑤ 〔唐〕韦应物著，陶敏、王友胜校注：《韦应物集校注》卷九，上海古籍出版社1998年版，第540页。
⑥ 《太平广记》卷二五一，第1520页。
⑦ 〔清〕李渔：《笠翁传奇十种》，见《李渔全集》第四卷，浙江古籍出版社1991年版，第216页。

严公令尽室登陉山。山有郑大王祠,乃令女于祠内纵观,日晚方归。旋风忽起,阿珊仆地,色变不能言。鬟上失双金翘。乃扶持而归,召巫者视之,译神言曰:"我郑大王也,今聘尔女为子妇。"其家至祠祈之,得金翘于神坐上。明日,阿珊殒。①

(2)络索:若以《汉语大词典》对"金络索"②和"一落索(一络索)"③的解释作为参考进行推测,大约是一种链状的装饰物,因其暂无实物出土,无法断言。《钗钏门》中提到了"金络索":"记得解侬金络索,系郎腰下玉连环。"④"珠络索":"杨基《寒食美人图》云'照水再簪珠络索'。"⑤可见络索有索链状和珠串状。"珠络索"前有一个"簪"字,较柔软易弯曲的珠串显然是不能"簪"在发髻上的,由此推断络索不是单独使用的首饰,而是要与簪钗类首饰搭配以作点缀。参考李渔在《闲情偶寄》中以"络索"为反例的审美标准:"既当约小其形,复宜精雅其制,切忌为古时络索之样。"⑥可以看出络索既不"小其形",制作也不"精雅",有可能不是单独一条链状饰物,而是几条攒聚纠缠在一起的繁复造型。

(3)媚子:通过庾信《镜赋》中"悬媚子于搔头"⑦一句推测,应该是一种悬挂在簪头的坠子类饰物,但因其暂无出土实物,文献较少,无法断言。《钗钏门》中收录了这样一条文献:"淳化中,京师妇装饰鱼腮中骨,号鱼媚子。"⑧事实上,这应是王初桐断章取义造

---

① 《奁史》卷六八《钗钏门》引《三水小牍》,第205—206页。
② 《汉语大词典》,第1168页。
③ 《汉语大词典》,第82页。
④ 《奁史》卷六八《钗钏门》,第206页。
⑤ 《奁史》卷六八《钗钏门》引《眉庵集》,第206页。
⑥ 〔清〕李渔:《闲情偶寄》,见《李渔全集》第三卷,浙江古籍出版社1991年版,第132页。
⑦ 〔北周〕庾信撰,〔清〕倪璠注,许逸民点校:《庾子山集注》,中华书局2010年版,第295页。
⑧ 《奁史》卷六八《钗钏门》引《宋史·五行志》,第207页。

成的错误。《宋史·五行志三》原文为："淳化三年，京师里巷妇人竞剪黑光纸团靥，又装镂鱼腮中骨，号'鱼媚子'以饰面。"[1]可见"鱼媚子"其实是一种面饰，并不是首饰，和"媚子"更是截然不同。

（二）插花：天然头饰

1. 鲜花

赏花的习俗古已有之，"最早出现在人类早期的采集活动之中，传说中的神农氏尝百草就反映了先民们对植物所进行的一种鉴赏活动"[2]。每到春花烂漫时，女子便纷纷走出家门，赏花游春，还要采摘鲜花插戴在发髻间："阳春百花生，摘插环髻前"，人花相映，分外妖娆。后来，簪花逐渐成为女性群体中经久不衰的流行风尚，四时百花总在女子鬓边开出朵朵娇妍。唐代著名画作《簪花仕女图》中，结伴游园的几位闲适的贵妇人，发髻间都插戴着娇艳夺目的鲜花。画面中最左一位仕女头上插着海棠花，居中那位戴着荷花，最右一位则是插了朵硕大的牡丹花在发髻间。"夜深饮散月初斜，无限宫嫔乱插花。"[3]插花的风气衍生出了"斗花"的习俗：长安春时，人们竞相选采奇花插戴在发间，"戴插以奇花多者为胜"[4]。富家甚至一掷千金购买名花养在自家院中，只为在春日盛大的"斗花"活动中拔得头筹。

古代女性插戴在发髻间的鲜花种类繁多，选择的理由也各不相同。有时是爱花的色彩艳丽、娇态动人，譬如"其花如蝶，每微风至，

---

[1] 〔元〕脱脱等：《宋史》，中华书局1977年版，第1429页。
[2] 王永平：《游戏、竞技与娱乐——中古社会生活透视》，中华书局2010年版，第295页。
[3] 〔后蜀〕花蕊夫人撰，徐式文笺注：《花蕊宫词笺注》，巴蜀书社1992年版，第131页。
[4] 〔五代〕王仁裕著，曾贻芬点校：《开元天宝遗事》卷下《斗花》，中华书局1989年版，第49页。

图 12 簪花仕女图

则摇荡如飞"[①]的金茎花,"状似玉簪,插入妇人髻中,孰真孰假几不能辨"的玉簪花,被帝王认为"此花尤能助娇态"而亲手折枝插在爱妃宝冠上的千叶桃花,与美人脸庞相映让陶溥公惊叹地称为"二花"的杏花,搭配在一起簪在髻上便显得尤为"妖袅可挹"的夹竹桃与白茉莉,等等。有时是爱花的气味芳香,譬如插在发间便可令人"竟体芳香"的茉莉花,因其"香特酷烈"而被女子用彩丝穿过花心绕在发髻上作为装饰的素馨花,"花之最香者"玫瑰花,插在发间"久而益香"的七里香,"香闻十步,经月不散"的赛兰香,等等。有时则是爱花所象征的美好寓意,譬如被誉为花中君子的梅花、兰花、菊花,还有寄托了多子多福的美好愿望的石榴花,等等。

2. 草木

草木与鲜花相比,未经加工过的显然不够漂亮,达不到作为装饰的标准,且在我国古代头上插草又是卖身的象征,女子为什么要插戴草木来做首饰呢?

(1) 象征美好寓意的草木:有些草木虽然其貌不扬,但因为寓意良好,有时会破格得到爱美的女性的青睐。萱草可以说是这类草木最为突出的代表。萱草又叫作"谖草","谖"就是"忘记"的意思,《毛传》训释《诗经·卫风·伯兮》中的"谖草"一词为:"萱草令

[①] 本段引文皆引自《奁史》,第212—214页。因所引资料较多,为免烦琐,不再于页脚一一列出。

人忘忧。"①萱草象征着忘忧。另外,萱草也叫"宜男",因为古人认为,妇人佩戴萱草,就一定能生男孩。既"忘忧"又"宜男",因而萱草得以在芸芸众草中脱颖而出,被女子选为插戴在髻间的装饰:"阶前折得宜男草,笑插黄金十二钗"②"斜插一枝萱草凤钗头"③。

(2)符合节俗要求的草木:《钗钏门》引文中插戴草木的情况大多与节俗有关。比如二月初二龙抬头要戴蓬叶,"蓬开先日草,带了春不老"④;三月初三花朝节要戴荠花和柳叶;五月初五端午节要戴艾枝;夏至日妇女要戴草麻叶和长命菜(就是马齿苋);立秋日妇女要把楸叶"剪如花样,插于鬓边,以应时序"⑤;等等。产生这样的节俗,在农业社会中,与生产和生活是分不开的。

(3)顺应时令新鲜可爱的草木:相比前文两种情境所具有的"象征性"和"仪式感",这种情况显得更为随性可爱。《钗钏门》引文中,有女子结伴游春时见到盛开的樱花,便"折得樱桃插髻红"⑥;有夏日荔枝初熟还未尝它甘美滋味,便"翠钗先取一枝悬"⑦;还有见杏子生得澄黄可怜,便"笑拈双杏子,连枝戴"⑧。透过这些灵动的文字,我们仿佛可以听到姐妹同游时的活泼嬉闹,看到少女折枝时的狡黠笑意,闻到女儿家鬓边的清甜果香,触摸到历史长河之畔一个个倩影鲜活的烂漫风姿。花草树木是大自然赐予女性最天然美好的饰物,得到了古代女子经久不衰的喜爱,无论人造头饰如何发展,草木饰物始终在女子鬓发间占据着一隅鲜活芬芳。

---

① 〔清〕马瑞辰主撰,陈金生点校:《毛诗传笺通释》,中华书局2006年版,第49页。
② 《奁史》卷六八《钗钏门》引《王岐公集》,第214页。
③ 《奁史》卷六八《钗钏门》引《遗山集》,第214页。
④ 《奁史》卷六八《钗钏门》引《熙朝乐事》,第214页。
⑤ 《奁史》卷六八《钗钏门》引《梦粱录》,第214页。
⑥ 《奁史》卷六八《钗钏门》引《珠玉词》,第214页。
⑦ 《奁史》卷六八《钗钏门》引《群芳谱》,第214页。
⑧ 《奁史》卷六八《钗钏门》引《具茨集》,第214页。

二、耳畔风情：耳饰考

《奁史》卷六九为"耳环"，专讲耳饰。从古至今，耳饰都是女性装扮的重要元素，它们点缀在面颊两侧，无论是简约玲珑还是繁复张扬，是典雅端庄还是摇曳生姿，无不为女儿家的娇美容颜增添别样的光彩。《钗钏门》共收录有关女性耳饰的内容 51 条，引史、子、集部书 40 余种，将耳饰分为耳珰、珥、耳环、耳坠、丁香等几大类。以下将依其造型与佩戴方式，逐一分述进行考证。

（一）耳珰

耳珰是一种收腰的圆柱体耳饰，两端粗而中间细。"玉珰摇素腰如束"[1]，宋人曹勋这句词便形象地描绘出了耳珰的造型。据考古资料显示，早在新石器时期，人们便已开始制作和使用耳珰了。目前发现的最早的耳珰，是于距今七千年的河姆渡遗址中出土的，材料为陶质。它们起先被认为是纺轮，但经学者研究，认为其"在腰部位置都有可辨别的穿戴使用后形成的光泽痕迹"，遂被认定为"耳栓"，也就是耳珰。在其他新石器时期遗址中，亦有骨耳珰、玉耳珰等出土，其中玉耳珰多出土自长江下游等级较高的新石器时期墓葬中，"由单一的装饰物转变为身份、地位和等级的象征"[2]。

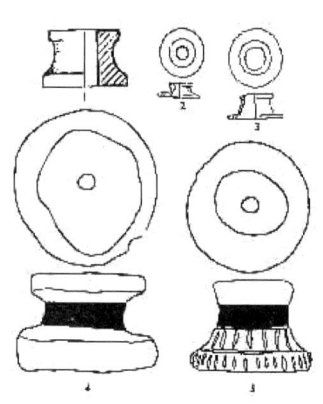

图 13 中国出土之陶耳栓

《释名·释首饰》将"珰"解释为"穿耳施珠"[3]。《钗钏门》

---

① 〔宋〕曹勋：《松隐集》，文物出版社 1982 年版，第 13 页。
② 费玲伢：《长江下游新石器时代玉耳珰初探》，载《东南文化》2010 年第 2 期。
③ 《释名疏证补》，第 162 页。

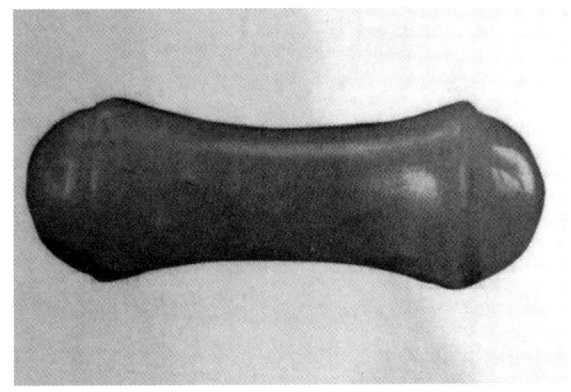 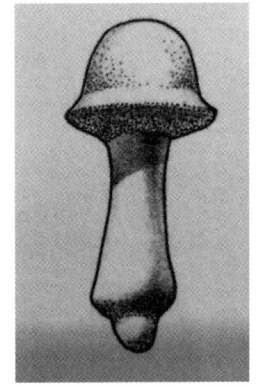

图 14 玉耳珰　　　　　　图 15 琉璃耳珰

亦收《太平御览》中引《风俗通》文"耳珠曰珰"[①]。耳珰的佩戴方式是插入耳垂上的孔。但据出土文物来看,耳珰显然不是"珠"形。那么,为什么将耳珰称为耳珠呢?有学者认为,是由于耳珰多为空心圆筒,常将珠玉宝石制成的珠玑穿系其上配合使用,将收腰圆筒部分插入耳垂,下垂的珠玑便成了最明显的视觉元素,因而将之称为耳珠。[②] 这种说法确有一定的道理,但笔者还有另外一种想法:除空心圆筒状的耳珰外,还有一部分耳珰是无穿孔的,如西安市北郊范南村西北医疗设备厂工地西汉墓 M13 出土的玉耳珰,以及现藏于加拿大安大略皇家博物馆的西汉琉璃耳珰等,两端是圆润的半球状。当耳珰插入耳垂上的孔时,半球形的顶端露在耳垂外,就视觉效果而言,亦非常像将圆珠嵌在耳孔中,因而古人形象地将其称为耳珠也不无可能。

诗词中常将耳珰称为"明珰""明月珰"之类,《奁史·钗钏门》所收与珰相关诗句共 5 条,皆是如此。譬如最著名的《焦仲卿妻》"耳

---

① 《太平御览》,第 3182 页。
② 《耳畔流光——中国历代耳饰》,第 57 页。

著明月珰"①、曹植《洛神赋》"献江南之明珰"②等。究其原因，乃是因为用以制作耳珰的，多是玉、玛瑙、琉璃等光华润泽的材料。这一点，出土文物也可以证实。亦有少量金银质的耳珰，《奁史·钗钏门》中引自《启祯野乘》"丐妇传"的一则故事，便提到少妇"耳垂银珰"③。

（二）珥

珥是一种挂饰，多为类圆珠状。《仓颉篇》中提道："珥，珠在耳也。"④证明了珥作为耳饰的身份。珥大多由珍珠、玉、琉璃、宝石等材料制成，它并不单独被用作耳饰，而是经常与其他首饰组合使用：

一是穿过空心的珰悬坠其下。《后汉书·舆服志》中明确将珥解释为"耳珰垂珠也"⑤，后世许多文献中也常有"珰珥"连用乃至"珰珥"混用的情况出现。前者如《太平御览》引《吴录》："袁博女于坏墙中得珰珥百枚。"⑥后者如《奁史·钗钏门》概录《西京杂记》："赵飞燕为皇后，其女弟在昭阳殿，遗飞燕书曰：'上襚三十五条，……内有合欢圆珰。'"⑦此处珰应指珥。亦有实物佐证，例如朝鲜

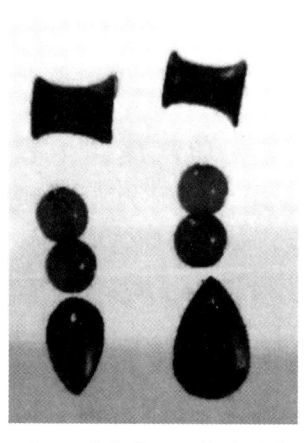

图 16 系有珠玑坠饰的耳珰

---

① 《玉台新咏笺注》，第 46 页。
② 〔魏〕曹植著，赵幼文校注：《曹植集校注》，人民文学出版社 1984 年版，第 284 页。
③ 〔清〕邹漪：《启祯野乘》，明崇祯刻清康熙重修本。
④ 〔清〕孙星衍：《仓颉篇》卷中，清岱南阁丛书本。
⑤ 《后汉书》，第 3676 页。
⑥ 《太平御览》，第 3183 页。
⑦ 〔晋〕葛洪：《西京杂记》，三秦出版社 2006 年版，第 62 页。

古乐浪汉墓出土的耳珰，下面便有水滴状的珥。

二是悬挂于簪头。《孝经》作为儒家重要的伦理学经典，自西汉以来便受到统治者的推崇，而"身体发肤，受之父母，不敢毁伤"乃是"孝之始也"①，因而在很长一段时间里，汉族女性普遍都没有穿耳的习惯。而将珥悬于簪头，垂在耳边，便达到了"孝"与"美"的巧妙平衡。此外，《说文·玉部》："珥，瑱也。"②何为瑱呢？《释名·释首饰》："瑱，镇也，悬当耳傍，不欲使人妄听，自镇重也。"③可见女子佩戴簪珥，也有警诫自己庄重的意义。"脱簪珥"则有谢罪的意思，例如《奁史·钗钏门》卷六八中引《汉书》中馆陶公主与董偃私情被汉武帝撞破时，"主乃下殿，去簪珥"④，向武帝叩首谢罪。

（三）耳环

耳环顾名思义，是一种环状的耳饰。由于穿过耳垂的脚部较细，所以主体部分多由延展性较好的金、银等金属制成。但也偶有例外，譬如《奁史·钗钏门》引《云烟过眼录》中记载，赵孟𫖯收藏有一对耳环，"并脚通碾皆白玉"⑤，非常精美。金属质地的主体之上，经常嵌有绿松石、玉石、红蓝宝石以及珍珠等作为装饰。

早在先秦时期，耳环就已经出现。在时代与商王朝大体相当的夏家店下层文化遗址中，出土有大量的铜耳环和少量的金耳环。⑥此时的耳环，男女均有佩戴。而进入秦汉之后，基于前文提到的"孝"的观念，汉族男女均不流行佩戴耳环。从传世文献和诗词来看，宋以

---

① 胡平生、陈美兰译注：《礼记·孝经》，中华书局2007年版，第221页。
② 《说文解字》，第11页。
③ 《释名疏证补》，第162页。
④ 〔汉〕班固撰，〔唐〕颜师古注：《汉书》卷六五《东方朔传》，中华书局1964年版，第2855页。
⑤ 《奁史》卷六九《钗钏门》引《云烟过眼录》，第216—217页。
⑥ 《耳畔流光——中国历代耳饰》，第36页。

前佩戴耳环的，大多是周边诸国及少数民族，且男女都有，例如《奁史·钗钏门》概录《新唐书》："南诏妇人耳缀珠贝、瑟瑟、虎魄等环。"①又有张籍《昆仑儿》："金环欲落曾穿耳。"昆仑，古代泛指中印半岛南部及南洋诸岛各国及其国人。②

早期的耳环大多是造型非常简约的金属圆环。到宋朝时，由于汉族女性佩戴耳饰普遍流行起来，耳环逐渐发展成为前为造型饰物、后为圆弧形或"S"形弯脚的类环形耳饰。对此，《三才图会》中有明确的图示。宋以后耳环的工艺比先前更加精细，造型也更加丰富多样。扬之水《中国古代金银首饰》一书中介绍，根据传世图画及出土实物可见，宋以后耳环的造型，大致有瓜果、花叶、灯笼、楼阁等形状，以及珠环（又分八珠、葫芦、一珠）和牌环。纹样则有飞仙、化生、人物、花草等，甚至有构图精巧的微缩图画。总体而言，与《奁史·钗钏门》所述基本吻合。

图 17 《三才图会》中的耳环

（四）耳坠

耳坠是在耳环的基础上发展和演化出来的一种耳饰。它的外观与耳环类似，也是环形或圆弧形的弯脚之下，悬挂各种造型的坠饰——这样的结构，又与前文所述的"珥"有着异曲同工之处。《钗钏门》中有这样一条概录自《广西通志》的记载："蛮女耳带大环，环下间坠小珥。"③这样的耳饰，应称为"耳坠"。

---

① 《奁史》卷六九《钗钏门》引《唐书》，第 216 页。
② 《汉语大词典》，第 4239 页。
③ 《奁史》卷六九《钗钏门》引《广西通志》，第 217 页。

不过耳坠与耳环也有着明显的不同之处。耳环前端的造型饰物与后方的弯脚是一体的,无法动摇;耳坠下方的坠饰则是另外悬挂在上方圆环或弯脚上的,因而可以随着佩戴者的行动而摇晃。相较之下,耳环更为"端庄",因而多用于正式场合,《钗钏门》本卷中概录自《明会典》的两条记载中,"皇后冠服""太子妃冠服""命妇冠服"的规范中都有提到耳环,其造型与材质都有着明确的规范,例如:"皇妃常服梅花环,命妇常服金脚珠翠佛面环,银脚珠翠佛面环。"① 耳坠则显得摇曳生姿,更为"活泼"。"耳饰在妇人,大曰'环',小曰'耳塞'。在女曰'坠'。"② 依《客座赘语》所述,耳坠多是由尚未出阁的少女佩戴。但也并非绝对,明后期至清朝以后,耳坠佩戴的限制被放宽,例如在明定陵皇后墓中便出土了一对非常精美的白玉兔耳坠。

图 18　明代白玉兔耳坠

耳坠的制作材料与耳环基本相同,都是以金银为主体,并经常镶嵌有宝石、琥珀、玛瑙等作为点缀。坠饰的造型与耳环也大致相仿。以记载明朝贪官严嵩被查抄家产的《天水冰山录》中的记载为例,有"金厢玉桃耳坠""金厢菊花二面宝石耳坠""金累丝灯笼耳坠""金摺丝楼阁耳坠"等,与上文相吻合。此外,《奁史·钗钏门》还引用了清《在园杂志》中一条非常特别的记载:

> 明宫中小葫芦耳坠,乃真葫芦结就者,取其轻也。内监于葫芦初有形时,即用金银打成两半边小葫芦形,将葫

---

① 《奁史》卷六九《钗钏门》引《明会典》,第 217 页。
② 〔明〕顾起元:《客座赘语》,中华书局 1987 年版,第 111 页。

芦夹住，缚好，不许长大。俟其结老，取其端正者，以珠翠饰之，上奉嫔妃。然百不得一二焉，因其难得，所以为贵也。①

葫芦谐音"福禄"，历来都被认为是吉祥的象征，葫芦耳饰也多受古代女子喜爱。然而寻常的葫芦耳坠都是将金、银等材料做成葫芦形，像这则材料中所提到的"真葫芦结就"的，则非常少见。这样耗时费力的制作方式，一般而言也只有皇家负担得起。这个"贵"，不仅指其价格昂贵，也指其背后所暗示的地位尊贵。

（五）丁香

丁香本是一种植物名，"花如细小丁，香而瓣柔"②。而此处讲的丁香，则是一种穿过耳孔固定在耳垂上的小型耳饰，其形制大致与今天的耳钉类似，区别在于背后并不像耳钉是一个笔直的针状脚，而是与耳环、耳坠相近的那种弯脚，使其不易脱落。

造型小巧精致是丁香最显著的特征。清李渔在《闲情偶寄》中曾有这样的叙述："饰耳之环，愈小愈佳，或珠一粒，或金银一点。此家常佩戴之物，俗名'丁香'，肖其形也。若配盛妆艳服，不得不略大其形，但勿过丁香之一倍二倍。"③这段文字不仅写出了"丁香"之名的由来，也明确提出了对"丁香"的审美标准——"愈小愈佳"。《醒世恒言·乔太守乱点鸳鸯谱》中提道："此乃女子平常日时所戴，爱轻巧的，也少不得戴对丁香儿。"④与耳环、耳坠等相比，丁香具有轻便简约的优势，成为女子居家日常喜爱的配饰。

《奁史·钗钏门》引《迦陵文集》中所述："江左呼妇人耳珰为'丁

---

① 〔清〕刘廷玑撰，张守谦点校：《在园杂志》，中华书局2005年版，第172页。
② 〔明〕王路纂修：《花史左编》卷四，明万历刻本。
③ 《闲情偶寄》卷三《声容部》，第132页。
④ 〔明〕冯梦龙：《醒世恒言》，中华书局2009年版，第102页。

香'。"① 从佩戴方式来看，耳珰与丁香确实是基本一致的，但二者的区别也非常明显。首先，从材质上看，耳珰以玉石琉璃为主，丁香则以金银为主。其次，从造型上看，耳珰前端大多是比较单调的半球

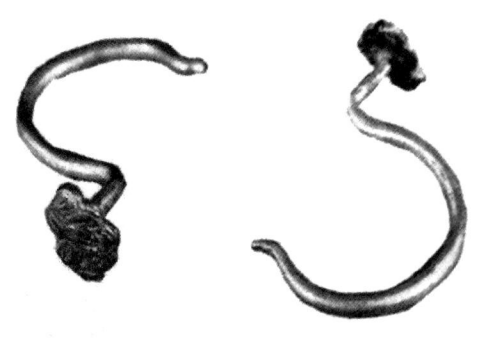

图 19 金兔纹丁香

形，丁香则有镶嵌珠宝的，以及刻有精致纹样的，例如南京中华门外邓府山出土的金兔纹丁香。最后，最明显的区别就在于二者的大小。与耳珰相比，丁香前端饰物显然要小巧得多，背后的弯脚也比耳珰的腰要细得多，对耳垂的伤害更小。

在古代女性配饰中，耳饰是一个非常重要的门类。李渔在《闲情偶寄》中言道："一簪一珥，便可相伴一生。"②体现了耳饰的特殊地位。可以说，耳饰如同一位漂亮而亲密的朋友，日日相随，陪伴与见证着女人的一生。

三、柔荑流光：手饰考

《奁史》卷七〇，包含"臂环"和"指环"两大类内容，本文将其统称为手饰。李渔在《闲情偶寄》中评说："双手十指，为一生巧拙之关，百岁荣枯所系，相女者首重在此。"③足以证明手在古代男性对女性的审美要求中的重要地位。《钗钏门》共收录镯（环、鐲、臂支、圈、腕阑）、钏（跳脱）、索（绳）等几类腕部（小臂）

---

① 《奁史》卷六九《钗钏门》引《迦陵文集》，第 217 页。
② 《闲情偶寄》卷三《声容部》，第 129 页。
③ 《闲情偶寄》卷三《声容部》，第 113 页。

饰品相关文献资料 66 条，以及指环相关文献资料 28 条，为研究中国古代女性手饰提供了较为清晰的线索。

（一）臂环

现代汉语中，"臂"指的是"胳膊，从肩到腕的部分"[1]，且在日常应用中，其意义更偏重于"上臂"。但在古汉语中，"臂"字的含义有所不同。《康熙字典》"肉部"释"臂"曰："臂，《说文》：手上也。《广韵》：肱也。《增韵》：腕也。《正字通》：今谓自肩至肘，曰臑。自肘至腕，曰臂。"[2] 由此可见，"臂环"指的其实是腕部（及小臂）的装饰品。

《奁史》卷七〇"臂环"部分，提到了钏、环、臂钗、鐲、镯、铃、跳脱、圈、绳、索等名目繁多的手饰，然而经过考证，可将其中同物异名的几项进行归纳整合，最终归为以下三类：

1. 镯（环、鐲、臂钗、圈、腕阑）

单层的环状，可以说是由古至今最常见的腕饰的形制。早在旧石器时代，就已经出现了利用大型动物骨骼或牙齿的天然管状结构进行切割制成的圆环状腕饰。[3] 打磨精细的玉制环形腕饰在新石器时代开始广泛出现。例如在浙江杭州余杭区瑶山良渚文化祭祀遗址出土的玉镯，内圈打磨光滑，镯面有兽面纹浮雕，非常精美。

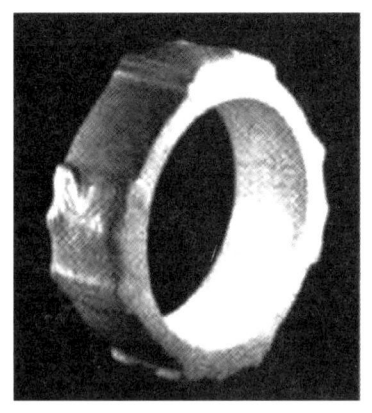

图 20 瑶山良渚文化玉镯

此种形制的腕饰在《奁史》中有"钏""镯""环""鐲""圈""腕阑"

---

① 《汉语大词典》，第 2273 页。
② 〔清〕张玉书编：《康熙字典》，上海书店出版社 1985 年版，第 1109 页。
③ 朱笛：《服饰史探微》，中国矿业大学出版社 2012 年版，第 48 页。

等不同的称呼。广义的"钏"在古文中乃是臂环的统称,在此抛开不谈。除此之外,历代文献中对这几种腕饰大多是互相解释的。譬如《事物异名》中有:"臂环,跳脱,缠臑,镯子。"① 明徐应秋《玉芝堂谈荟》有:"梳金简翠腕阑,似今之手镯。"《看云草堂集》中亦有:"钏,俗名'镯',亦曰'镮'。"《集韵》又言:"镮手谓之鐶。"② 镮,古同"环",泛指圆圈形物。《奁史》又引《梦溪笔谈》:"玉臂钗。两头施转关,可屈伸,令圆,近于无缝。"③ 由此看出,"臂钗"是这种环形饰物。可见这几种称呼确为异名同物。

这类环形腕饰可以大致分为两种。一种是浑然一体的完整环形,佩戴时将手直接套入环中。这可以说是此类腕饰的基本型。良渚文化遗址中就有这样的玉镯出现,如前文提过的瑶山良渚文化祭祀遗址出土的玉镯,再如浙江海宁金石墩遗址出土的一枚翠绿色玉镯,夹杂茶褐色沁痕,局部半透明状,内径口圆弧,宽镯,镯体两侧高低不一,外径 7.1 厘米、高 2.3~2.8 厘米。此后的几千年中,这样的腕饰一直

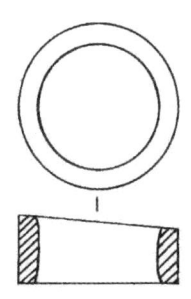

图 21 金石墩遗址出土玉镯

图 22 战国玛瑙手镯

图 23 清代翡翠手镯

---

① 〔明〕余庭璧著,杨绳信校注:《事物异名校注》,山西古籍出版社 1993 年版,第 196 页。
② 〔宋〕丁度:《集韵》,中国书店 1983 年版,第 1146 页。
③ 〔宋〕沈括撰,张富详译注:《梦溪笔谈》,中华书局 2009 年版,第 165 页。

在女子腕上熠熠生辉。四川青川县郝家坪战国墓葬群曾出土一枚玛瑙手镯,通体半透明,十分精美。厦门市翔安区清代苏养斋墓出土一枚素面抛光的翡翠手镯,环形的三分之一部分为翡,非常美观。这种造型简约美观,深受各个时代女子的喜爱,一直沿用至今。

另一种是有开口或有机关控制开合的环形,佩戴时将开口处拉开,将手腕置于其中再合拢。前者多为金属制,例如四川石棉永和墓地出土的铜手镯,系用铜条盘卷而成,内壁平整,外壁微向外凸,两端反卷成小钮状。后者则使用更为精巧的连接件,使其可以合成完整的环形。上文提到过的"臂钗"就属于这一类,"两头施转关,可屈伸,令圆,近于无缝","转关"指以转动控制开合的机轴。这样精妙的设计不多见,比较常见的则是类似于南京江宁将军山明代沐斌夫人梅氏墓中出土的金镯,由两个半圆形金片扣合而成,其中一端作活页式连接,另一端用一根插销连接。这种设计的腕饰,如今依然可以看到。

现今我们大多习惯将这种形制的腕饰统称为"镯",但其实"镯"字本义却与臂环无关。《说文·金部》将"镯"解释为:"钲也。从金,蜀声。军法司马执镯。"① 而"钲"乃是"铙也。似铃,柄中,上下通"②。可见"镯"最初指的是一种乐器。大约从宋元时期开始,

图 24 开口铜手镯

图 25 明沐斌夫人梅氏墓出土金手镯

---

① 《说文解字》,第 296 页。
② 《说文解字》,第 297 页。

"镯"被用于指代这种佩戴在手腕上的环状饰物。南宋白玉蟾有《张楼》诗云"瘦宽金镯可怜生"[①],通过女子腕上金镯渐宽,描绘出了女子满腹相思为伊憔悴的情态,凄切幽怨,惹人怜惜。

《奁史》所引相关文献资料中,此类腕饰大部分由金银和玉制成。金银制成的有"金环":"攘袖见素手,皓腕约金环"[②];有"金镯":"勿去腕上金镯"[③];有"金钏":"今致金钏一双"[④] 等。再如玉,亦有"玉环":"后卧疾……亲取之宗所赐琵琶及平时约臂玉环,为后主别"[⑤];有"玉钏":"女臂有玉钏"[⑥] 等。在考古发掘出的实物和壁画、传世画作中,也有大量金、银、玉腕饰出现。比如广西贵港马鞍岭梁君垌汉至南朝墓出土有5件银手镯。[⑦] 安徽当涂东晋墓中出土一副两件

图26 金錾花手镯

图27 《簪花仕女图》局部

① 〔宋〕白玉蟾撰,盖建民辑校:《白玉蟾诗集新编》,社会科学文献出版社2013年版,第211页。
② 《曹植集校注》,第384页。
③ 〔明〕王同轨撰,孙顺霖校注:《耳谈》,中州古籍出版社1990年版,第93页。
④ 《太平御览》,第3183页。
⑤ 〔清〕吴任臣撰,徐敏霞、周莹点校:《十国春秋》卷一八《南唐四》,中华书局1983年版,第265页。
⑥ 〔唐〕李延寿:《南史》卷一六《王玄谟列传》,中华书局1976年版,第468页。
⑦ 富霞、熊昭明、蒙长旺:《广西贵港马鞍岭梁君垌汉至南朝墓发掘报告》,载《考古学报》2014年第1期。

金质手镯,直径 6.2 厘米,錾花,光泽明亮。在库木吐拉第 46 窟壁画中也有手佩玉镯的乐工形象。① 著名的《簪花仕女图》中,最右一位贵妇腕上非常醒目地佩戴着那种联珠式的金镯。

传世文献及出土实物中,可以看到镯的制作材料还有铜、铁等其他金属,以及琥珀、象牙等,囿于篇幅在此不做详述。

2. 钏(跳脱)

所谓"钏",最早是臂环的统称。《说文·金部》"钏":"臂环也。从金,川声。"而在《梦粱录》卷二〇"嫁娶"一节中提道:"且论聘礼,富贵之家,当备三金送之。则金钏、金镯、金帔坠者是也。"② 由此可见,至迟到南宋时期,"钏"和"镯"的意义已经分离开来,分别指代两种不同的饰物。

此处的"钏",又名"跳脱",指的是多层环绕式的,类似弹簧形的腕饰。钏,"金"部,"川"或可像其多圈盘绕之形。辽宁省博物馆文物工作队在考古报告中称,在辽宁朝阳魏营子西周墓出土了一件由细而扁的金条旋绕制成的"跳脱式金臂钏"③,据描述金条只绕了大约两圈,与出土的其他后世的钏相比显得十分单薄,或可算是腕饰由单圈向多圈演化的一个尝试。形制趋于成熟的钏,大多用圆金属丝或扁金属条盘绕三圈以上,例如贵州平坝马场东晋南朝墓出土的银条脱,就是以银丝绕五圈制成。又如南京太平门外徐俌夫人王氏墓出土的金条脱,则是以扁金条绕成七圈。

今人常以为钏是佩戴在上臂的饰品,然而大量考古和图像证据表明,钏是一种腕饰。安徽南陵铁拐宋墓 M1 内棺墓主人手腕上佩戴着银钏,直观地证明了钏的佩戴位置。《簪花仕女图》中,右数第二位仕女腕上也明显佩戴这样的金钏。

---

① 周菁葆:《新疆石窟壁画中的乐器》,载《中国音乐》1985 年第 2 期。
② 〔宋〕吴自牧:《梦粱录》,商务印书馆 1939 年版,第 186 页。
③ 辽宁省博物馆文物工作队:《辽宁朝阳魏营子西周墓和古遗址》,载《考古》1977 年第 5 期。

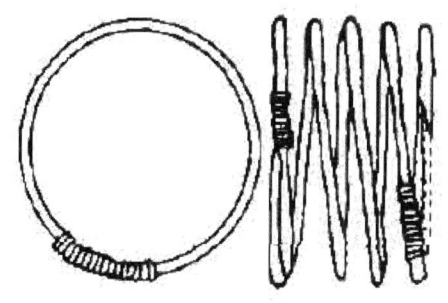
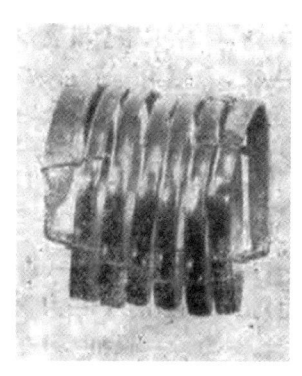

图 28 银条脱　　　　　　图 29 金条脱

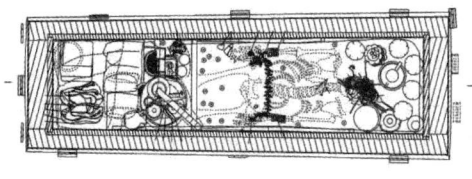
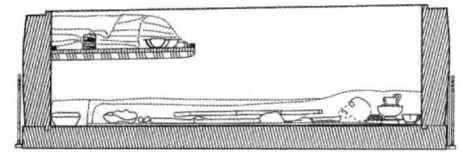

图 30 安徽南陵铁拐宋墓 M1 内棺　　图 31 《簪花仕女图》局部

就《奁史·钗钏门》引文所见，"跳脱"有时也写作"条脱""挑脱""条达"等，例如："钏，古谓之'挑脱'，金条旋匝，浮贯臂间。女饰用之。"① "金条脱为臂饰，即今钏也。"② "古诗云：'绕臂双条达'，则'条达'之为钏必矣。"③ 等等。之所以会出现这些读音相近而写法相异的名称，明人方以智在《通雅》卷三十四"条脱"条给出了这样的解释："此类物名本无正字，皆以声呼，何拘之有？"④

---

① 《奁史》卷七〇《钗钏门》引《字汇》，第 221 页。
② 《奁史》卷七〇《钗钏门》引《殷芸小说》，第 222 页。
③ 《奁史》卷七〇《钗钏门》引《能改斋漫录》，第 222 页。
④ 〔明〕方以智：《通雅》卷三四，影印本，中国书店 1990 年版，第 403 页。

而之所以"跳脱"此物"本无正字,皆以声呼",笔者认为,这很可能是一个外来词的音译,跳脱与传统腕饰相异而充满异域风格的造型,亦可作为佐证。

3. 索(绳)

古代女性有时也会使用彩色的线编成绳系在手腕上作为装饰,称为"腕绳""臂绳"等。例如《奁史·钗钏门》引文中有:"乐府《双行缠》云:'朱丝系腕绳,真如白雪凝。'"① "沈攸之诗:'臂绳双入结。'"② 等等。

手腕系上绳索,除了装饰功能之外,更多的是取其作为厌胜物的意义。所谓厌胜,指的是"古代巫师设计的具有魔力的物品","是以巫术的魔力压制鬼邪的表现","反抗律的原则一般以厌胜为其基础","避邪物是反抗巫术常用的手段"③。佩戴腕绳,本身具有固魂、续命的意义,民间常有给小孩手腕系上红绳以防止小孩早夭的风俗,《奁史·钗钏门》中也有"江南稚女系腕绳"的记载。结合当时盛行的五行思想,在汉代时,还出现了以青、赤、黄、白、黑五种颜色的丝线制成的"长命缕"。"五月五日,以五彩丝系臂,名长命缕、一名续命缕、一名辟兵缯、一名五色缕、一名朱索,辟兵及鬼,命人不病温。"④ 可见这种"长命缕"除了续命的意义之外,还有辟兵、辟鬼、辟疫的用途。五月初五端午节佩戴五彩丝的风俗,一直流传至今。

(二)指环

指环,顾名思义,即是佩戴在手指上的圆环。明人罗顾在《物原》中说:"纣作翠翘、金钿、步摇、宝干指环。"⑤《奁史·钗钏门》

---

① 《奁史》卷七〇《钗钏门》引《丹铅总录》,第222页。
② 《奁史》卷七〇《钗钏门》引《万宝诗山》,第222页。
③ 高国藩:《中国巫术史》,三联书店1999年版,第123页。
④ 〔汉〕应劭撰,〔清〕王利器校注:《风俗通义校注》,中华书局1981年版,第605页。
⑤ 〔明〕罗顾辑著:《物原》,商务印书馆1937年版,第27页。

引文中也有:"纣嬖妲己作宝干指环。"① 认为指环起源于商代,是由纣王发明的。事实上,早在新石器晚期,指环就已经出现。在大汶口遗址中,出土指环二十余枚,其中有九枚还套在死者指骨上②。这些指环大多由兽骨和玉石制成,质地坚硬,或许在当时的狩猎和其他生产活动中具有保护手指的实用价值。《事物纪原》"指环"一条提道:"《五经要义》曰:'古者后妃、群妾御于君所,尝御者以银环进之,娠则以金环退之;进者着右手,退者着左手。'今有指环,此之遗事也。"③《奁史·钗钏门》也引《言鲭》曰:"妇人指上金环,有月事者,所以指触。"④ 可见指环早期也有作为辨认后妃能否接受宠幸的标记的作用。

受手指本身形状所限制,从古至今,指环的基本形制和佩戴方式都没有太大变化,最多在花纹和镶嵌上做些文章。例如《奁史·钗钏门》引文中提道:"俞安期《昭凉变词》:'上有双忍字,竹节金屈环。'"⑤ 即是刻有"忍"字纹,竹节状凸起的金指环。辽宁辽阳苗圃墓地西汉

图32 嵌宝石银指环

图33 金缠指

---

① 《奁史》卷七〇《钗钏门》引《竹书纪年》,第222页。
② 曾垂超、谢超凡:《中国古代戒指考略》,载《贺州学院学报》2014年第1期。
③ 《事物纪原》卷三,第152页。
④ 《奁史》卷七〇《钗钏门》引《言鲭》,第222页。
⑤ 《奁史》卷七〇《钗钏门》引《翏翏集》,第223页。

砖室墓中出土的两件银指环，一件外壁装饰着均匀的棱状凸起，一件顶端为椭圆形镶嵌台，宝石脱落，两边各嵌一半球形宝石，宝石周围环绕连珠纹。但也偶有例外，例如浙江省建德市大洋镇下王村宋墓中就曾出土过一件金缠指，造型与钏类似，由金丝盘绕而成。

"两手十指，为一生巧拙之关。"[1]臂环和指环，以其精美的造型点缀着女性的纤纤素手。它们对于探究女子的日常生活状态有着与头饰一样重要的意义，应该得到相应的重视。

---

[1] 《闲情偶寄》卷三《声容部》，第113页。

《脂粉门》里女性的自我书写

作者　包鑫

《奁史》卷七四《脂粉门》共有187条，记录了脂粉制作、女性使用脂粉情况和与脂粉相关的传说，反映了各个地区女性生活的差异，为研究古代女性日常生活提供了珍贵的史料。

关于古代女性生活中使用脂粉的研究，专著很少，较有代表性的有马大勇编著的《红妆翠眉：中国女子的古典化妆、美容》[1]，以及李芽的《脂粉春秋：中国历代妆饰》[2]和《中国历代女子妆容》[3]，对古代女子的化妆和美容品进行了较为系统的论述。这类专著内容充实详尽，对脂粉进行全面介绍；但是，没有挖掘脂粉所蕴含的文化意蕴，尤其忽视了脂粉与女性的内在关联。因此，本文除了整理《脂粉门》中关于脂粉制作和使用的问题外，将着重探究脂粉与女性的深层联系，用女性视角去挖掘脂粉背后所蕴含的女性生活，了解古代女性是如何运用脂粉书写自己的历史的。

一、云想衣裳花想容：脂粉分类

脂粉是古代妇女化妆品的总称。

中国古代女性使用脂粉由来已久，《奁史·脂粉门》中有多条关于脂粉起源的传说。如引《物原》："纣作脂粉。"又引《墨子》："禹作粉。"虽有些前后抵牾，却能从侧面说明脂粉出现的时间早，历史悠久。后来经过不断的发展和丰富，脂粉的种类也不断增加，这些种类在《脂粉门》中都有较为详细的记载，可分为以下六类。

（一）胭脂

胭脂是脂粉中比较常见的一种，最早是指红蓝花的提取物。《奁

---

[1] 马大勇：《红妆翠眉：中国女子的古典化妆、美容》，重庆大学出版社2012年版。
[2] 李芽：《脂粉春秋：中国历代妆饰》，中国纺织出版社2015年版。
[3] 李芽：《中国历代女子妆容》，江苏文艺出版社2017年版。

史》引《中华古今注》:"燕脂起自纣,以红蓝花汁凝作之。"① 因此花产自北地,故胭脂又名"燕脂",也作"燕支""焉支""烟支"等。随着制作工艺的进步,其制作原料不再局限于红蓝花。胭脂按用途可以分为面用和唇用两种。

面上所用称为面脂。面脂是用来润面的油脂,使用时多以涂抹、外敷为主。《奁史》引《闺阁事宜》:"女人面脂有太真红玉膏:轻粉、滑石、杏仁去皮,等分为末,蒸过,入脑麝少许,以鸡子清调匀,洗面毕,傅之,旬日后色如红玉。"②《圣济录》中记载:"粉滓、面黚:云母粉、杏仁等分为末,黄牛乳拌,略蒸,夜涂旦洗。"③

唇上所用则为口脂。口脂,也称唇脂,类似于今天的唇膏、口红。《奁史》引《释名》:"唇脂,以丹作,象唇赤也。"④ 其制作方法就是在面脂的基础上,"以熟朱和之,青油裹之"⑤。使用时用指尖挖起一点,直接在嘴唇上点涂。白居易有诗云:"朱唇素指匀,粉汗红绵扑。"⑥ 朱砂敷于唇上,易被口沫所溶,例如《奁史》引《玄芝集》:"陆卿子赠徐夫人诗为:'惜口脂,时避饮。'"⑦ 故口脂中会加入动物的髓或脂,以达到防水和增添光泽的目的。至唐代,蜂蜡代替了动物髓脂。到明清时代,又将虫白蜡揉入红花汁或银朱。所以口脂也称为"蜡胭脂""油胭脂"。口脂在制作过程中还要加入由沉香、丁香等香料制成的甲煎,因而有着馥郁的香气,例如《奁史》引《花

---

① 〔清〕王初桐:《奁史》卷七四《脂粉门》引《中华古今注》,《续修四库全书》,上海古籍出版社2002年版,第1252册,第252页。
② 《奁史》卷七四《脂粉门》引《闺阁事宜》,第253页。
③ 《奁史》卷七四《脂粉门》引《圣济录》,第256页。
④ 《奁史》卷七四《脂粉门》引《释名》,第256页。
⑤ 缪启愉、缪桂龙:《齐民要术译注》卷五《种红蓝花、栀子第五十二》,上海古籍出版社2006年版,第362页。
⑥ 〔清〕彭定求:《全唐诗》卷四三七《和梦游春诗一百韵并序》,清文渊阁四库全书本,第2923页。
⑦ 《奁史》卷七四《脂粉门》引《玄芝集》,第253页。

间集》:"顾敻词:'山枕上,私语口脂香。'"[1]还有"朱唇未动,先觉口脂香"[2],说的就是如此。

(二)妆粉

我国古代女子在化妆时,一般会先将白色的妆粉敷在脸上,用以打底,然后再涂抹胭脂,这样能使面部肌肤生出白里透红的视觉效果。女子使用的妆粉主要分为两种,一种是铅粉,一种是米粉。米粉的具体制作方法,《齐民要术》中有较为详细的记载,简单来说就是精选纯米,捣碎后淘洗米汁,过滤后使其沉淀,再经过曝晒,晒干后的粉就可用来妆面。在铅粉未出现时,米粉是主要的妆粉。《奁史》中出现的香粉、芙蓉粉、红粉、紫粉等,都是在米粉的基础上加工而成的。米粉中加入一种复合香料——甲煎,或加丁香调成香粉。紫粉,是加入紫梗或落葵子汁的妆粉,但颜色偏紫,且上妆不易贴合皮肤,因此在制妆粉时,常会加入一点胡粉使粉的黏合度提升。

从先秦到汉代,女子一般用米粉敷面。东汉以后,人们逐渐用胡粉取代米粉来化妆。胡粉是用铅炼成的粉,因此被称为"粉锡""解锡"。铅粉中含有硫化汞,长期使用会铅中毒,造成皮肤发黑。为了减轻铅粉的毒性,宋人采用加热的方法。明清时期,人们把铅粉灌在玉簪花花苞中,上锅蒸以去铅毒,同时也使铅粉沾染了玉簪花的香气。《奁史》中记载了类似的做法:"取玉簪花未开者,装铅粉在内,以线缚口。久之,妇女用以傅面,经岁尚香。"[3]把铅粉灌进玉簪花苞中,用线扎紧花尖,长久放置。这种熏粉法也被广泛使用。

制作妆粉需要注意的是,粉需要研磨得很细,并在水质较好的水中淘洗。《奁史》中提到的房陵永清谷、巴州清水穴两处地方,其优质的水源成为渍粉的胜地,可见水质对于妆粉质量是举足轻重的。

---

[1] 《奁史》卷七四《脂粉门》引《花间集》,第253页。
[2] 《全唐诗》卷八九二《韦庄·江城子》,第5919页。
[3] 《奁史》卷七四《脂粉门》引《花史》,第255页。

（三）黛

古代女子在眉眼上的化妆也很讲究，画眉使用的是一种名为黛的青黑色颜料。《释名·释首饰》："黛，代也。灭眉毛去之，以此画代其处也。"①黛，最早是一种黑色的矿物，也称"石黛"。《奁史》引《燕山丛录》："宛平产石，黑色而不坚，磨之如墨。金时宫人多以画眉，名曰'眉石'，亦曰'黛石'。"②

女子画眉亦可用螺子黛，或称青黛。此黛极其珍贵，产于波斯国，隋炀帝宫中的腔峒夫人就是此黛最著名的使用者。《奁史》引唐人冯贽《南部烟花记》："螺子出波斯国，后征赋不足，杂以铜黛给之，独吴绛仙得赐螺子黛不绝。"③其中又提到了另一种黛——铜黛。铜黛就是铜绿，又名铜青，李时珍《本草纲目·金石部》载："铜青则是铜器上绿色者，淘洗用之。时珍曰：近时人以醋制铜生绿，取收晒干货之。"④

（四）膏

"膏"的本义是熔化后较稠的油脂，也有润泽、滋润之意。《礼记·内则》说："脂膏，以膏之。"唐代孔颖达注释说："脂，肥凝者，释者曰膏。"⑤《奁史》引《诗经·伯兮》："岂无膏沐，谁适为容？"⑥沐，即淘米水，膏即用淘米水洗发后涂抹的香油，所以作为女子的化妆品之一，膏的主要作用就是润泽女子的秀发。《脂粉门》中膏常与油一并出现，间可相互代替。

---

① 钱玉林、黄丽丽主编：《中华传统文化辞典》，上海大学出版社2009年版，第293页。
② 《奁史》卷七四《脂粉门》引《燕山丛录》，第256页。
③ 《奁史》卷七四《脂粉门》引《南部烟花记》，第256页。
④ 〔明〕李时珍：《本草纲目》卷四《金部·铜青》，江苏人民出版社2011年版。
⑤ 〔汉〕郑玄注，〔唐〕孔颖达正义，吕友仁整理：《礼记正义》卷第三八《内则第十二》，上海古籍出版社2008年版，第1141页。
⑥ 《奁史》卷七四《脂粉门》引《鹤林玉露》，第257页。

（五）油

古代女子妆容中使用的油多是动物的脂肪或者由植物提炼而出，其作用与"膏"相近，也是用于秀发的养护，如《奁史》引《岭南杂记》："油葱叶中有膏，妇人涂掌中，以泽发，代油。"① 《筠廊偶笔》："日南有香蜡，是树上膏，可润妇人鬓发，或云即苏合油也。"② 可见"膏"与"油"是可以相互替代使用的。

油，亦可用来梳头。如《奁史》引《日华子诸家本草》："芭蕉油梳头，止女人发落，令长而黑。"③ 这是将油作药用来治疗落发。还有些油与花合香，这样油就会有花的浓烈芬芳。《奁史》引《傅芳略记》："周光禄诸妓掠鬓用郁金油。"④ 《闺阁事宜》："采素馨花压油泽发，甚香滑。"⑤ 还可作口脂用，如引《东坡居士词》："苏轼词：'檀唇点杏油。'"杏油，即用杏仁炮制的味道清香的脂膏。

（六）露

《奁史》中提到的露，一般是指花露。其产自国外，用途多样，可用来调粉涂面、洒衣熏香，例如引《南村随笔》："蔷薇露，番名阿刺吉。妇人用以调粉，为容饰。"⑥ 《群芳谱》："蔷薇露出大食国，洒衣经岁，其香不歇。"⑦ 等等。还可以像膏或油一样，润泽秀发，例如引《曝书亭集》："野蔷薇蒸成香露，可以泽发。"⑧

花露使用便捷，类似今天的香水，《奁史》引《闲情偶寄》记载其制作方法是："摘取花瓣入甑，酝酿而成。"⑨ 最好使用蔷薇花，

---

① 《奁史》卷七四《脂粉门》引《岭南杂记》，第 257 页。
② 《奁史》卷七四《脂粉门》引《筠廊偶笔》，第 257 页。
③ 《奁史》卷七四《脂粉门》引《日华子诸家本草》，第 258 页。
④ 《奁史》卷七四《脂粉门》引《傅芳略记》，第 258 页。
⑤ 《奁史》卷七四《脂粉门》引《闺阁事宜》，第 258 页。
⑥ 《奁史》卷七四《脂粉门》引《南村随笔》，第 258 页。
⑦ 《奁史》卷七四《脂粉门》引《群芳谱》，第 258 页。
⑧ 《奁史》卷七四《脂粉门》引《曝书亭集》，第 258 页。
⑨ 《奁史》卷七四《脂粉门》引《闲情偶寄》，第 258 页。

制作出成品后均匀地涂抹到面部或身体上，若有似花似露的芬芳，则是花露中的逸品。除此之外，《奁史》中还提到了其他的化妆用品，如呵胶、花钿、皂荚等，这些物品或用于装饰面部，或用于清洁肌肤，都将古代女子的妆奁填充得更加丰富。

二、清肌莹骨能香玉：脂粉功效

"脂粉"一词主要指的是胭脂和香粉。但《奁史·脂粉门》中包含的内容，并不是狭义的胭脂和香粉，而是涵盖了古代各种化妆、护肤用品，范围更广，内容更全面。不同的脂粉有不同的功效，能为使用者增添不一样的光彩。

（一）护肤

1. 美白

古代女性使用脂粉的一大目的就是美白。从上文铅粉、胡粉等的制作方法可以看出，美白是古代女性使用脂粉的主要追求。如《奁史》引《肘后方》记载："悦泽面容：白瓜仁、桃花、白杨皮为末，食后饮服。三十日面白，五十日手足具白。"[1]《采兰杂志》中记载："宫人以汞点唇则唇赤，以铅傅面则面白，洗之不复落矣。"[2]《广西通志》记载："土陂，其土白腻，可傅面，妇女率皆用之。"[3]

2. 去粉刺

《奁史》引《圣惠方》记载："面上粉刺：用桃花、丹砂为末，每服一钱，空心井水下，一二十日，小便出黑汁，面色莹白。"[4]《圣济录》中记载："粉滓、面䵟：云母粉、杏仁等分为末，黄牛乳拌，

---

[1] 《奁史》卷七四《脂粉门》引《肘后方》，第254页。
[2] 《奁史》卷七四《脂粉门》引《采兰杂志》，第254页。
[3] 《奁史》卷七四《脂粉门》引《广西通志》，第255页。
[4] 《奁史》卷七四《脂粉门》引《圣惠方》，第256页。

略蒸,夜涂旦洗。"①《本草拾遗》中记载:"益母茎入面药,令人光泽,治粉刺。"②去粉刺多与医药知识相关,从中可看出脂粉文化囊括内容之丰富。

3. 调和面色

《东山草堂迩言》记载:"芙蓉粉傅面,作桃花色。"《奁史》引《闺阁事宜》:"女人面脂有太真红玉膏:轻粉、滑石、杏仁去皮,等分为末,蒸过,入脑麝少许,以鸡子清调匀,洗面毕,傅之,旬日后色如红玉。"③可见脂粉在调和面色、修饰容颜方面有着不错的功效。

(二)护发

古人多用油膏护发,仅《奁史》中就记载有蠡膏、香胶、桃胶、苏合油、锦里油、郁金油、芭蕉油、脂麻油、鹿油、素馨花油等。梳发髻时涂抹油脂来泽发,既能使发髻光洁美观,也有润泽头发、使头发油亮顺滑的作用。《奁史》引《珍珠船》记载:"合德每沐,以九回香膏发。"④洗头发之后,涂抹香膏或者油脂是最普遍的用法。除了直接涂抹外,也可以将其在水中稀释后再使用。《岭南杂记》中记载有一种香胶,"以一二匙浸热水半瓯,用抿妇人发,香而鲜腥,膏泽中之逸品也"⑤。这种香胶质量极佳,稀释之后仍然能让头发香滑。各种香膏和油脂是已经进行了加工的产品,古人有时会直接用植物来护发,《岭南杂记》中有记载:"油葱叶中有膏,妇人涂掌中,以泽发,代油。"⑥《新唐书》记载:"(南诏)妇人不粉黛,以苏泽发。"⑦

---

① 《奁史》卷七四《脂粉门》引《圣济录》,第256页。
② 《奁史》卷七四《脂粉门》引《本草拾遗》,第256页。
③ 《奁史》卷七四《脂粉门》引《闺阁事宜》,第253页。
④ 《奁史》卷七四《脂粉门》引《珍珠船》,第257页。
⑤ 〔清〕吴震方:《岭南杂记》,商务印书馆1936年版,第46页。
⑥ 《岭南杂记》,第54页。
⑦ 〔宋〕欧阳修、宋祁:《新唐书》卷二二二,中华书局1975年版,第6269页。

《绀寒亭集》中记载梧桐皮渍汁可涂发。这些方法使用纯天然植物，材料简单易得，没有繁复的配方香料，是人们从自己的生活中找到的易得的护发用品。由此可见，不论贵族还是平民，都有自己的一套护发方法。

（三）清洁

清洁是个人护理的基础步骤。根据清洁对象不同，可以分为对面部的清洁、对身体的清洁和对头发的清洁。

1. 面部清洁

"莙薘，揩面去粉，润泽有光。"[①]据此条记录可知，甜菜具有清洁卸妆作用的同时，也有滋润皮肤的作用。《本草纲目》中载：醋浸（莙薘）揩面，去粉滓，润泽有光。[②]还有一种洁面用品名"化玉膏"："妇女盥面用化玉膏，色愈明润，终不枯槁。"[③]化玉膏不仅起到了今天香皂的作用，同时还有滋润护理的效用。

2. 身体清洁

用于身体清洁的脂粉有澡豆、玉女沙、香皂三种。"腊日，上藻豆袋及头膏、面脂、口脂。"[④]藻豆是一种以豆粉为主、配合各种药物制成的球状清洁产品。除了藻豆，还有专门用于沐浴的粉。《飞燕外传》对这种专门的"澡粉"有所记载："赵合德事阿阳主家，专事膏沐澡粉。"[⑤]此外，还有一种较为特殊的清洁材料名为"玉女沙"。"玉女沙细润，可以澡濯，隋代后宫用之。"[⑥]这种沙指的是河南登封八风溪溪水南流的岸边的细沙，隋代后宫混合香药，以当豆屑，称为玉女沙。《太平寰宇记》载："八风溪，溪水南流合三交水，

[①]《奁史》卷七四《脂粉门》引《本草拾遗》，第 255 页。
[②]《本草纲目》卷二七《菜部》。
[③]《奁史》卷七四《脂粉门》引《金台录》，第 257 页。
[④]《奁史》卷七四《脂粉门》引《卢公家范》，第 253 页。
[⑤]《奁史》卷七四《脂粉门》引《飞燕外传》，第 254 页。
[⑥]《奁史》卷七四《脂粉门》引《太平寰宇记》，第 259 页。

此岸有沙，细润，可以澡濯，隋代常进，后宫杂以香药，以当豆屑，号曰玉女沙。"① 除此之外，最迟到清代时，香皂已经出现，由"香皂浴身，香茶沁口，闺中应有之事"可知。

3. 头发清洁

《脂粉门》记载，古代妇女主要利用米汁和皂荚清洁头发。《两钞摘腴》中有记载："米汁可以沐头。"② 洗米水中含有丰富的维生素和其他营养成分，对头发有极大的好处。洗头发时最常用的是皂角，皂角具有较强的去污能力，能够去除头发上的脏污，使头发清洁飘逸。皂角还具有天然的杀菌作用，去屑止痒，对头发保持健康、减少脱发有极大的作用。《奁史》引《酉阳杂俎》："鬼皂荚生江南，沐之，长发。"③ 用鬼皂荚煮水洗发有益于头发的生长。用皂角洗头在中国已有几千年的历史，至今仍有部分少数民族在使用，它的效果得到了无数人的验证。皂角是女性妆奁里不可缺少的护发洗涤用品。

三、自知明艳更沉吟：脂粉文化

脂粉是女性日常生活的必需品，但并不局限于女子所用的化妆用品，脂粉的内涵囊括文化、社会、女性研究等方方面面。

（一）脂粉中反映礼俗文化

《礼记·昏义》："教以妇德、妇言、妇容、妇功。"④ 虽然我们清楚"妇容"并不是指妇女的容貌要多么出众，但从《后汉书·列女传·曹世叔妻》记载"盥浣尘秽，服饰鲜洁，沐浴以时，身不垢辱，

---

① 〔宋〕乐史：《太平寰宇记》卷五《河南道五·西京三》，中华书局 2007 年版，第 76 页。
② 〔宋〕史浩：《两钞摘腴》，中华书局 1985 年版，第 1 页。
③ 〔唐〕段成式撰，许逸民校笺：《酉阳杂俎校笺》，中华书局 2015 年版，第 1420 页。
④ 〔元〕陈澔注，金晓东点校：《礼记》卷一〇《昏义第四十四》，上海古籍出版社 2016 年版，第 674 页。

是谓妇容"①可以看出，女子姿态端庄、容饰整洁，也属妇容的内容，是礼仪的一种。《脂粉门》引蔡邕《女诫》："傅脂则思其心之和。"②体现了脂粉对于妇女德行的影响，与《礼记》相照应。王建《宫词》："浴堂门外抄名入，公主家人谢面脂"；"腊日，上澡豆袋及头膏、面脂、口脂"。③这些记载从侧面反映出脂粉作为节日礼品或是天子恩赐，与风俗礼仪息息相关。

民间也有许多关于脂粉的有趣风俗。"冬至后，贴梅花一枝于窗间。佳人晓妆时，以胭脂日涂一圈，八十一圈既足，变作杏花，即暖回矣。"④古人对于节气的感知常常是精妙的，他们会用常见事物的变化描述节气。佳人对镜晨妆时用胭脂涂梅花，既体现了女子梳妆的时辰，又与节气连接在一起，读来只觉雅致动人。《红楼梦》第二回"冷子兴演说荣国府"中记录了贾宝玉抓周的异闻："便将那世上所有之物摆了无数，与他抓取，谁知他一概不取，伸手只把些脂粉钗环抓来。"⑤可见古时抓周礼上，亦有脂粉的身影。古时女子的嫁妆常常被称作"妆奁"，其中有许多她们用来梳妆的物品。《孔雀东南飞》："箱帘六七十"⑥；《锁麟囊》："还有那赤金练、紫瑛簪、白玉环、双凤錾、八宝钗钏，一个个宝孕光含。"⑦都是清楚具体的表达。唐宋之时，女子在出嫁之前还有"催妆"风俗。《唐诗纪事·卷第三十五·陆畅》："云安公主贵，出嫁武侯家。天母亲调粉，日兄

---

① 〔南朝宋〕范晔：《后汉书》卷一一四《列女传第七十四·曹世叔妻》，中州古籍出版社1996年版，第807页。
② 《奁史》卷七四《脂粉门》引《太平御览》，第253页。
③ 《奁史》卷七四《脂粉门》引《卢公家范》，第253页。
④ 《奁史》卷七四《脂粉门》引《滦京杂咏注》，第252页。
⑤ 〔清〕曹雪芹：《红楼梦》第二回《贾夫人仙逝扬州城冷子兴演说荣国府》，金城出版社1998年版，第10页。
⑥ 〔梁〕徐陵编，吴兆宜注：《玉台新咏》卷一《古诗为焦仲卿妻作并序》，中州古籍出版社1991年版，第23页。
⑦ 程砚秋演唱，钟世章伴奏，李德宁记谱整理：《京剧〈锁麟囊〉唱腔选》，人民音乐出版社1984年版，第75—76页。

怜赐花。催铺柏子帐,待障七香车。借问妆成未,东方欲晓霞。"① 据《东京梦华录·娶妇》记载:"先一日,或是日早,下催妆冠帔花粉。"② 这是汉族的婚姻礼俗之一:女方出嫁时,须得男方多次催促,才梳妆启行。在这一礼俗中,脂粉充当着主角。

(二)脂粉体现文化交流

《奁史》作为类书,记录内容丰富,就连许多史料记载很少的内容也有提及。《脂粉门》中有许多关于少数民族和偏远地区妇女脂粉、梳妆的记载。

由于所居地域不同,少数民族妇女所用脂粉和梳妆习惯也与汉族妇女不同。北人常以红蓝花做胭脂:"焉支山多红蓝,北人采作胭脂。匈奴妻阏氏,音胭脂。"③ 红蓝花喜温暖和稍干燥的气候,耐寒、耐旱,适应性强,怕高温、怕涝,属长日照植物。这正与北方气候相符合。南中妇人多用紫铆燕脂,俗呼为"紫梗"④。紫铆生长需排水、光照良好,与南方气候相合。

《脂粉门》中还记载了许多边远地区妇女与中原不同的梳妆习惯:"南诏妇人不粉黛,以苏泽发。"⑤ "台湾女子涂发及面、臂,皆以鹿油。"⑥ 吴中山歌云:"南山脚下一缸油,姊妹两个合梳头。大个梳做盘龙髻,小个梳做杨蓝头。"⑦ "广东产石墨,妇女取以画眉,名'画眉石'。"⑧ 仔细想来,这些梳妆习俗应该都与所在地区和生活方式有关。通过这些记载,我们大体可以推断当地人民的生活环境

---

① 〔宋〕计有功:《唐诗纪事》,中华书局1965年版,第532页。
② 〔宋〕孟元老撰,邓之诚注:《东京梦华录注》卷五《娶妇》,中华书局1982年版,第144页。
③ 《奁史》卷七四《脂粉门》引《艺苑雌黄》,第252页。
④ 《奁史》卷七四《脂粉门》引《本草蒙筌》,第252页。
⑤ 《奁史》卷七四《脂粉门》引《新唐书》,第254页。
⑥ 《奁史》卷七四《脂粉门》引《居易录》,第258页。
⑦ 《奁史》卷七四《脂粉门》引《菽园杂记》,第258页。
⑧ 《奁史》卷七四《脂粉门》引《百粤风土记》,第256页。

和生活方式，与史料记载相印证。

《酉阳杂俎》记载："北朝妇人常以夏至日进扇及粉脂囊。"《辽史》记载："夏至之日，俗谓之'朝节'。妇人进彩扇，以脂粉囊相赠遗。"① 这是辽人的岁时杂仪：夏至来临，意味着炎热将至。少数民族妇女用扇子驱热，用脂粉消汗避虫。在我们的观念里，汉族正史记载的少数民族似乎都是粗野蛮横、不通礼仪的。其实，少数民族也拥有自己的礼俗文化。尽管吸收汉文化多矣，但各自民族在脂粉上还保留着自己独特的习俗。《燕北录》记载：契丹妇人"若生儿时，其夫面涂蓬子胭脂。（其蓬子八月收，以粗布绞汁，用时以浸布水涂面。番妇人时常亦用作装饰。）"②

脂粉在各个地域、各个国家的流行，也是文化交流的一种体现。

中国的化妆品以及化妆习惯、化妆效果对日本产生了重大影响。《源氏物语·末摘花》写到源氏公子梳头："拢拢自己的鬓发，侍女们端过一架十分古旧的镜台来，又奉上一只中国式的化妆品箱和一只梳具箱"③ 中国化妆箱摆在源氏公子的化妆台前，足见中国妆容用品传播之广。同样，《源氏物语·常夏》中写到近江君梳妆时，也体现着中国妆容文化和审美的影响："使用浓烈的衣香把衣服熏了几遍，又用胭脂把脸涂得绯红。再把头发重新梳过"④，除日本以外，中国的脂粉文化还辐射到了高丽、越南、阿拉伯等国。《脂粉门》对此有多条记载："高丽女子多能诗，一妓洗妆漱颊脂于水，水红色，遂咏之曰：'疏雨秋兼漏日飞，回潮晚带斜阳落。'"⑤ "安南国进皇后

---

① 〔元〕脱脱：《辽史》卷五三《志第二二·礼六》，吉林人民出版社1995年版，第478页。
② 车吉心总主编，罗炳良卷主编：《中华野史》第六卷《辽夏金元卷燕北录》，泰山出版社2000年版，第10页。
③ 〔日〕紫式部著，丰子恺译：《源氏物语》第六回《末摘花》，人民文学出版社1980年版，第125页。
④ 《源氏物语》第二十六回《常夏》，第454页。
⑤ 《奁史》卷七四《脂粉门》引《鸡林诗话》，第253页。

方物，有苏合香油，盛用银瓶。"① "大食国进龙脑油，耿先生曰：'此未为佳。'乃以缣囊贮龙脑悬之，有顷，沥液如注，香味愈于所进。"② "酴醾露出大西洋国者，花如牡丹，零露凝结花上，芬芳袭人。夷女以泽体腻发，香味经月不灭。"③ 从这些关于脂粉的记录中，可以看出当时中国不仅与亚洲国家有交往，和阿拉伯国家和西方国家也有了商业往来。当时亚洲国家受中国影响很大，东南亚地区所用脂粉妆容多与中国相仿。同时，脂粉贸易还体现了中华文化的兼容性，西方国家的脂粉传入中国后，也受到国民追捧。

（三）脂粉与女性本身

脂粉起源早，在发展过程中，其种类和制作工艺也不断创新。同时，受社会风气、礼俗文化多种因素影响，脂粉的内涵不断丰富，与女性的联系也更为紧密。脂粉不只用于化妆，更多的是和寄托闺中女儿情思结合在一起。

《脂粉门》187条内容，把脂粉相关知识介绍得十分详尽，有起源，有传说，有制法，有各地风情、化妆习惯，还有各朝各代不同的妆容，这些内容无一不与女性有关，女性赋予了日常使用的脂粉深厚的文化底蕴。我们在感叹女性的创造力时，不免也感到疑惑：女性为什么喜欢和胭脂水粉做伴？脂粉对于女性有着怎样的意义？要解答这些问题，还需回归女子本身。

古代女子的一天是从铜镜前开始的。"八岁偷照镜，长眉已能画。"④ 对镜梳妆是闺阁女儿自幼学习的一门必修课。古时女子，守着"大门不出二门不迈"的规矩，将百无聊赖和落寞无语藏在那香粉里、脂粉里和妆容里。在森严的封建礼教和男权社会禁锢下，女子不

---

① 《奁史》卷七四《脂粉门》引《天南行记》，第258页。
② 《奁史》卷七四《脂粉门》引《耿先生传》，第257页。
③ 《奁史》卷七四《脂粉门》引《东西洋考》，第258页。
④ 〔明〕高棅：《唐诗品汇》卷二一《李商隐·无题》，清文渊阁四库全书本，第206页。

能有独立的职业和财产，只能依附男子生活。依附男子生活便要讨取男子欢心，而这正是古代女性一生都在做的事：男子若是喜欢弱柳扶风、楚腰纤细的女子，便有缠足、束腰这些习俗塑造一个个身轻如燕的美女；男子若是喜欢女子面如晓霞，就有胭脂、妆粉为女性妆点；男子若是喜欢温柔解意、低眉顺眼的女子，也有《女诫》《女则》等教化女性。除却"玩物""尤物"这等不近人情的称号，还有"缠足""穿耳""涂脂""抹粉"等不讲人格的装饰。金莲足、杨柳腰是男人对女性的幻想，也是女性为讨取男人欢心，不惜损害自身的重要表现。且男性形容女性，多以"解语花""百灵鸟"等精巧纤弱的事物作比，这些事物美丽、柔弱、无害，适合被男子把玩、控制。当女性外观被物化为芙蓉、弱柳或软玉、春葱、金莲之美时，其可摘之、采之、攀之、折之、弃之、把玩之的意味隐然可见。在这种人体取物品之美的转喻中，两性关系实际上发生了一个微妙的转变，它不仅表现或象征着一种对女性的欲望，而且借助物象摒除了女性自身的欲望。男性对女性有欲望，而女性作为"物品"是不具危险性、可以被随意驾驭的，因此，她们的想法是可以被忽视的。这样，当然也就能更好地顺从男性，附属于男性，确保男权秩序的维系。

　　正史不会告诉我们女性是怎样逐渐沦为男性的掌中之物和附属品的，但千百年来脂粉中留存的记忆不会磨灭。脂粉在漫长的发展史中，一向与女性密切相连，少见有男性涂脂抹粉，就算有，也只是短暂的一时。甚至，男性涂脂抹粉被视作怪异、不正常，相反，女性不会化妆、不懂得摆弄脂粉，也是一种格格不入。脂粉中书写着女性的历史:就算女性竞相模仿薛夜来的"斜红妆"[①]、上官婉儿的"梅花妆"[②],意图让男性倾倒;就算文字记载这些妆容是如何美丽,世人如何称颂其香艳,也无法否认其本身是用脂粉掩盖疤痕的事实。薛夜来和上官婉儿小心地用脂粉涂抹描画,遮盖自己面上的伤痕,却因男子的追捧,伤痕也成为美的表现,引来诸多效仿。因男性推崇欣赏,缺陷也成为美,女性的卑微与无奈可见一斑。

  脂粉虽然无言,却忠实记录着女性的遭遇。脂粉多由女性使用,又与男性有着千丝万缕的联系,细看来,不是脂粉,点点是红颜泪。

---

 ① 斜红妆:张泌《妆楼记》记载,相传三国时,魏文帝曹丕宫中新添了一名宫女,叫薛夜来,文帝对她十分宠爱。一天夜里,文帝在灯下读书,四周围以水晶制成的屏风。薛夜来走近文帝,不觉一头撞上屏风,顿时鲜血直流,伤处如朝霞将散,愈后仍留下两道疤痕,但文帝对她宠爱如昔。其他宫女见此,也模仿起薛夜来的样子,用胭脂在脸部画上这种血痕,名"晓霞妆"。时间一长,便演变成一种特殊的妆式——斜红。

 ② 梅花妆:段成式《酉阳杂俎》记载,"今妇人面饰用花子,起自上官昭容,所制以掩黥迹"。后人认为梅花妆乃上官婉儿所创。

《花市门》的女性特质及花市之效用

作者 方草

《花木门》为《奁史》中的一门，共二卷198条，分别从花、木、竹、草四方面收录与女性相关的典籍，反映出花、木、竹、草在古代生活中的应用，体现出花木与古代女性密切的关系。

　　描述事物的特征，是人类为世间万物命名的一个重要途径。刘宝楠《论语正义》中说："鸟兽草木，所以贵多识者，人饮食之宜，医药之备，必当识别，匪可妄施。故知其名，然后能知其形，知其性。"[①]这也体现了万物名称的重要性。花木名称作为人类识别花木的一种专门称呼，带有这种花木的特征。而人类给它们命名的目的，就是在自己的认知范围内识别它们，因此在命名时不可避免地联系到自己。故而这些植物名称里就隐藏着人类的痕迹。从这些花木的命名中我们便可以窥探出古人的某些观念。

一、《花木门》所见花木之命名

（一）以"女"字命名

　　以"女"字命名，即名称只以"女"概括其特征，不用他词。王国维《〈尔雅〉草木虫鱼鸟兽名释例》曾说，命名的一般方式："凡俗名多取雅之共名而以其别别之……有别以形者，形之著者曰大小，大谓之苊，亦谓之戎，亦谓之王；小者谓之叔，谓之女，谓之妇，妇谓之负。大者又谓之牛，谓之马，谓之虎，谓之鹿；小者谓之羊，谓之狗，谓之兔，谓之鼠，谓之雀。"[②]可见"女"字有"小"之意。《尔雅·释木》中释女桑："女桑，桋桑。"郭注："今俗呼桑树小而条长者为女桑树。"[③]此"女"字是取意女子身体娇小苗条。实际上，

---

① 〔清〕刘宝楠撰，高流水点校：《论语正义》卷二〇《阳货第十七》，中华书局1986年版，第689页。
② 王国维：《观堂集林》卷五《艺林五·〈尔雅〉草木虫鱼鸟兽名释例上》，上海古籍书店1983年版，第106页。
③ 〔晋〕郭璞注：《尔雅》卷下《释木第十四》，中华书局1985年版，第109页。

花木中"女"字取意远不止这一方面。

"女"字含义广泛，可取意女子身体特征。如女草，"葳蕤草，一名丽华，又呼女草，江浙呼娃草"①。《酉阳杂俎》又云："美女曰娃，故以为名。"②葳蕤，《本草纲目》载："按黄公绍《古今韵会》云：葳蕤，草木叶垂之貌。"③可能正是因为其枝叶下垂，似女子柔弱无依、娇羞垂首之态，故以女草名之。类似的还有《本草纲目》中记载的女菀，"其根似女体柔婉，故名"④。女丁香，"丁香有粗大如山茱萸者，谓之女丁香"⑤。女丁香一般专指蒲桃属丁香成熟的果实，又称母丁香，与公丁香对应。其特点是果实似山茱萸呈卵圆状，而公丁香则细长，因此女丁香应取意其外形似有孕女子腹圆之状。女树，"女树生海中，山阳，天明生婴儿，日日如此"⑥。女树似女子可生婴儿，故以为名。

另有花木广泛应用于女子生活中，故而名称冠以"女"字。女兰，"兰为女子之事，女子喜佩之，一名女兰"⑦。其命名之由，《本草纲目》载："兰须女子种之，女兰之名，或因乎此。其叶似菊，女子、小儿喜佩之，则女兰、孩菊之名，又或以此也。"⑧也有因典故冠以"女"字。女郎花，"诗曰：'木兰开遍女郎花。'"⑨又有"唐人谓辛夷

---

① 〔清〕王初桐：《奁史》卷九三《花木门二》引《酉阳杂俎》，《续修四库全书》，上海古籍出版社2002年版，第1252册，第385页。
② 〔唐〕段成式、方南生点校：《酉阳杂俎·续集》卷一○《支植下》，中华书局1981年版，第287页。
③ 〔明〕李时珍：《本草纲目》卷一二《草之一·山草类上·萎蕤》，人民卫生出版社1979年版，第722页。
④ 《本草纲目》卷一六《草之五·隰草类下·女菀》，第1032页。
⑤ 《奁史》卷九二《花木门一》引《本草蒙筌》，第379页。
⑥ 《奁史》卷九三《花木门二》引《物类训》，第384页。
⑦ 《奁史》卷九二《花木门一》引《女士殿最》，第380页。
⑧ 《本草纲目》卷一四《草之三·芳草类·兰草》，第903页。
⑨ 《奁史》卷九二《花木门一》引《妆楼记》，第379页。

为女郎花"①。木兰又名"女郎花"之缘由，没有史料确切地记载过，有可能源于北朝民歌《木兰诗》中代父从军的英雄女性形象——木兰。唐朝社会尊重女性、欣赏女性，因此在植物命名上应用这一典故，也不足为怪。可见，许多花木名称虽同冠以"女"字，但取意有异。或取意女子身体特征，或取意使用者性别，又或取意某些典故。正是由于女子与花木的种种联系，才使得"女"字含义愈加宽泛。

（二）以女子名称命名

"名称"是指用于识别某一个体或群体的专门称呼。《花木门》中一些花木则使用某些女子的名称，取意各不相同。

1. 以某个人的名称命名

以某个人的名称命名，因为女子之名可以表示花木的美丽。牡丹有品种名醉西施，"醉西施粉白，花中间红晕，状如酡颜"②，尤似西施酒醉后的娇容。又有"杨妃沉醉、飞燕红妆、肉西施、香西施"③。飞燕红妆，《曹州牡丹谱》载其形态"所谓长花岸者，绿胎碧叶长朵，花色光彩动摇"④，恰如赵飞燕纤细的身姿。杨妃菊，"菊之柔媚为悦者也。淑卿咏杨妃菊云：'霓裳舞罢小腰肢，低首临风几许思。莫怪姿容太妖冶，半缘卯酒半胭脂。'"⑤正像杨贵妃优美的舞姿。虞美人草，"项王美人名虞，葬处生草能舞，人呼虞美人草"⑥。上文已考证过，虞美人草为舞草。正因它对声波敏感，受声波刺激时会不断摆动，如起舞的少女，故而将其与女子舞姿联系。

再有花木冠以某女之名，是由于传说中二者有一定的关系。湘妃竹，"舜崩于苍梧之野，二妃娥皇、女英伤其不从，以泪洒竹，竹

---

① 《奁史》卷九二《花木门一》引《剑南诗稿》，第379页。
② 《奁史》卷九二《花木门一》引《天彭牡丹谱》，第379页。
③ 《奁史》卷九二《花木门一》引《亳州牡丹表》，第379页。
④ 〔清〕余鹏年：《曹州牡丹谱》，中华书局1985年版，第3页。
⑤ 《奁史》卷九二《花木门一》引《说听》，第381页。
⑥ 《奁史》卷九二《花木门一》引《碧鸡漫志》，第382页。

尽成斑，至今号湘妃竹"①。可见"湘妃"之名，取意传说中湘妃之泪。鲍姑艾，"世传鲍姑艾五月五日曾灼龙女"②。鲍姑为葛洪之妻，精通灸术，常以红脚艾灸治病人，故称此艾为鲍姑艾。姚女花，"姚姥梦观星坠地，化为水仙花一丛。摘食之，觉而产女，长而令淑有文，因以名焉，观星即女史。故水仙名女史花，又名姚女花"③。因传说姚女的降生与水仙有关。䒽草，"姑媱之山，帝女死焉，化为䒽草，服之媚于人"④。"䒽"，从"艸"，"䍃"声。因传说中为瑶姬所化，故以为名。帝女桑，"南方赤帝女学道得仙，居崿山桑树上，衔柴作巢，或作白鹊，或作女人。赤帝见之，悲恸诱之不从，以火焚之，女即升天，因名帝女桑"⑤。因帝女居其上，故名。

可以看出，以上诸名均以某一女子命名，取意各不相同。醉西施、飞燕红妆、杨妃菊、虞美人草，虽以这些美人为名，但花木与她们并没有切实的联系，只是由于花朵美丽，故以历史上有名的美人类之。而人们早已无法目睹其真容，只能在脑中凭着残存史料勾勒她们模糊的容颜。也正因为如此，她们才会成为"美"的化身。人们见到美丽的花朵时，自然而然地将二者进行联系，这些名称也为花朵增加了一些人情味。鲍姑艾、帝女桑、䒽草之所以以这些人物命名，则是因为与她们的传说有关。

2. 以一类人名称命名

如美人之类：醉美人，"垂丝海棠一名醉美人"⑥。《本草纲目》云其形态为"花粉红向下"⑦，正似美女酒醉之姿。雪夫人，颜色洁白如雪。美人蕉，颜色艳丽如女子之面。好女儿花，"金凤花，宫闱

---

① 《查史》卷九三《花木门二》引《续竹谱》，第384页。
② 《查史》卷九三《花木门二》引《茅山志》，第384页。
③ 《查史》卷九二《花木门一》引《内观日疏》，第380—381页。
④ 《查史》卷九三《花木门二》引《山海经》，第385页。
⑤ 《查史》卷九三《花木门二》引《广异记》，第383页。
⑥ 《查史》卷九二《花木门一》引《竹斋诗余》，第378页。
⑦ 《本草纲目》卷三〇《果之二·山果类·海红》，第1768页。

媖语,谓之凤儿花。光宗李后之生有鹭鹭来仪,名曰凤娘,迨正坤极,六宫避之,呼金凤花为好女儿花"①。因避光宗李后之讳,故以"好女儿花"名之。年长女子之类:婆婆指甲菜,"叶像女人指甲"②。其叶窄长椭圆,如年老女子长甲。宫人之类:宫人草,"宫人草,花色红翠,楚灵王宫人墓上所生"③。因传说生于宫人墓上,故以为名。

(三)以物品命名

许多花木的形状似物品,便以物品命名。如《花木门》中的玉簪花与耳珰草。玉簪是古代女子常用的发饰。玉簪花的形态,《本草纲目》载:"未开时,正如白玉搔头簪形。"④耳珰草,"苓耳子如妇人耳珰,谓之耳珰草"。此外《本草纲目》中也有许多植物取意女子物品,如金钗,"其茎状如金钗之股,故古有金钗石斛之称。今蜀人栽之,呼为金钗花"⑤。西王母簪,"……王母簪,因形也"⑥。萝藦别名婆婆针线包,"其中一子有一条白绒,长二寸许,故俗呼婆婆针线包,又名婆婆针袋儿也"⑦。

(四)以品德、情感命名

"品德"即品性道德,有些花木因外形或生长习性容易让人联想到一些女子的品德,便会以品德名之。《花木门》中名称所体现的品德主要是女子的品德,其中包含了对女子的某些品质的肯定。如对贞洁的期许:女贞,"玉女冢乔木丛生,名为女贞林"⑧。《本草纲目》

---

① 《奁史》卷九二《花木门一》引《花尘》,第382页。
② 《奁史》卷九三《花木门二》引《野菜博录》,第386页。
③ 《奁史》卷九三《花木门二》引《述异记》,第385页。
④ 《本草纲目》卷一七《草之六·毒草类·玉簪》,第1208页。
⑤ 《本草纲目》卷二〇《草之九·石草类·石斛》,第1383页。
⑥ 《本草纲目》卷一五《草之四·隰草类上·石龙芮》,第1013页。
⑦ 《本草纲目》卷一八《草之七·蔓草类·萝藦》,第1323页。
⑧ 《奁史》卷九三《花木门二》引《荆州记》,第383页。

云:"此木凌冬青翠,有贞守之操,故以贞女状之。"① 又有女节,"女节、女华,菊花名也"②。《广东新语》云:"菊性介烈,不与百卉并盛衰。"③ 正如高风亮节的女子。对母性的颂扬:"慈姑一名藉姑,一根岁生十二子,如慈姑之轧诸子,故名。"④当然,另有一些花木的称谓包含为人鄙弃的品质。如懒妇箴,"懒妇箴一名睡草,亦名醉草"⑤。《本草纲目》云:"按稽含《南方草木状》云:绰菜夏生池沼间。叶类慈姑,根如藕条。南海人食之,令人思睡,呼为瞑菜。"⑥食之会让人像懒妇一样嗜睡,故以为名。又有《本草纲目》中的妒妇:"宿芩乃旧根,多中空,外黄内黑,即今所谓片芩,故又有腐肠、妒妇诸名。妒妇心黯,故以比之。"⑦这些名称都蕴含着古代社会对女子的道德判断。

另有一些花木的名称则体现出女子的情感。断肠草,"断肠草,贞妇哭泣所染"⑧。相思树,"红豆名相思子,相传怨妇望夫树下,血泪染枝,旋结为子"⑨。相思草,"秦赵间有相思草,节节相续,又名断肠草、孀妇草、寡妇莎"⑩。断肠花,"昔有妇人思所欢不见,恒洒泪于北墙之下。后洒处生草,其花甚媚,色如妇面,其叶正绿反红,秋开,名断肠花,又名八月春,即今秋海棠也"⑪。这类名称无一不表现出女子因思夫或丧夫而产生的愁怨情感。这是古代女子怨妇形象

---

① 《本草纲目》卷三六《木之三·灌木类·女贞》,第2101页。
② 《夜史》卷九二《花木门一》引《崔寔月令》,第381页。
③ 〔清〕屈大均:《广东新语》卷二七《草语》,中华书局1974年版,第693页。
④ 〔明〕徐光启撰,石声汉校注:《农政全书校注》卷二七《树艺·蔬部》,明文书局1981年版,第686页。
⑤ 《夜史》卷九三《花木门二》引《述异记》,第386页。
⑥ 《本草纲目》卷二八《菜之四·水菜类·睡菜》,第1708页。
⑦ 《本草纲目》卷一三《草之二·山草类下·黄芩》,第780页。
⑧ 《夜史》卷九三《花木门一》引《槭馆诗集》,第386页。
⑨ 《夜史》卷九三《花木门一》引《觚賸》,第384页。
⑩ 《夜史》卷九三《花木门一》引《妆楼记》,第386页。
⑪ 《夜史》卷九二《花木门一》引《采兰杂志》,第378页。

最生动的刻画,更是对女子依附男子这一现象隐晦的表达。

当然《花木门》中一些花木的名称中也包含对男女爱情的赞扬。如生于夫妻冢上的并枕树、鸳鸯树,又有夫妇花,"薛藤于窗棂内闲,窥见一女子独步中庭,叹曰:'良人游学,难于会面,对此风景,能无怅然?'于袖中出一画兰卷子,对之微笑,复泪下吟诗,闻有人声,遂隐于水仙花下,忽一男子从丛兰中出,曰:'娘子久离,必应相念。阻于跬步,不啻万里。'亦歌诗二篇。歌已,仍入丛兰中。一时谓二花为夫妇花"①。这都是对男女之情最直接的赞美。

(五)以功效命名

花木在生活中应用广泛,不同的花木会产生不同的功效,一些花木的名称便会体现其功效。如可以助人生男的宜男草,"萱一名宜男,一名歧女"。萱草名"宜男"的原因,《本草纲目》引周处《风土记》曰:"怀妊妇人佩其花,则生男。故名宜男。"② 因佩其花可生男,而后产生"宜男"之名。其实关于萱草"宜男"之名,笔者还有一个猜想,就是先有"宜男"之名,再衍生出怀妊妇女佩之生男之说。《本草纲目》中载有"宜南草",因"此草生南方,故名",但随后又云:"与萱草之宜男不同。"③ 此句虽否定了《本草纲目》中所载"宜南草"即"宜男草"的可能,但并不排除宜男草本义也为"宜南",因为萱草中可以食用的一种——黄花菜就主要产自秦岭以南地区。④ 而南方与阳、男性的象征认同⑤,故而产生生男之意。萱草又名"歧女",《释名·释道》曰:"物两为歧。"⑥ 此处的"歧女"应有多女之意,可能是由

---

① 《奁史》卷九二《花木门一》引《山樵暇语》,第 381 页。
② 《本草纲目》卷一六《草之五·隰草类下·萱草》,第 1036 页。
③ 《本草纲目》卷二一《草之十一·杂草类·宜南草》,第 1426 页。
④ 黎海利、董丽:《萱草种质资源研究概况》,载《北方园艺》2007年第 8 期。
⑤ 叶舒宪:《中国神话哲学》,中国社会科学出版社 1992 年版,第 26 页。
⑥ 〔汉〕刘熙:《释名》卷一《释道》,中华书局 1985 年版,第 18 页。

"宜男"之名衍生而来。助人生产的催生草，"双头莲一名催生草，妇人难产，左手把之，即生"。能达到两性吸引之效的相怜草，"或有所瞩，密以草少许掷之，草着其身，必相从不舍"①。为女子香体的女香草，"妇女佩之则香闻数里，男子佩之则臭"②。这些功效大部分都体现在女子的婚育中，可见婚育对于女子之重要。

（六）小结

每种植物的名称都有其独特性，纵观《花木门》中这些花木的名称，大都与女子有关。这些名称从植物的形态、生长习性等方面与女性进行类比，命名方式、取意内涵各不相同。以美女为名而取意其美丽的外表、娇柔的体态；以品德为名表示对女子某些品质的赞美或贬斥；以情感为名，则是女子在古人心中刻板印象最真实的写照。可见美丽的外表、贞洁的品德是古人对女子的评判标准，而哀愁的怨妇形象为女子依赖于男子最无力的写照。

二、《花木门》所见花木之功效

我国对花木的栽培可追溯到河姆渡文化时期。③亘古以来，花木都是人类社会生活资料的重要来源，不管在物质世界还是精神世界，都扮演着不可或缺的角色，这都源于花木多样的功效。而花木与女子的关系尤为密切、特殊，因此本文将以《奁史·花木门》中的花木资料为基础，探究《花木门》所见花木在古人美己、医疗、娱乐、人际交往、宗教生活中的效用，从而窥探花木与古代女性社会生活的密切联系。

---

① 《奁史》卷九三《花木门二》引《癸辛杂识》，第386页。
② 《奁史》卷九三《花木门二》引《奚囊橘柚》，第386页。
③ 河姆渡遗址考古队:《浙江河姆渡遗址第一期发掘的主要收获》,载《文物》1980年第5期。

（一）花木美容之用

美容，即让自己的外表变得更加靓丽，是具有一定目的的行为。"人类是按照美的规律来建造一切的。"[1] 在他们以自己的审美标准改造世界的同时，也不忘改造自己。格罗塞曾说："诱致人们将自己装饰起来的最大、最有力的动机，无疑是为了想取得别人的喜悦。"[2] 美容行为正是在取悦别人，并在得到别人某种肯定的结果后取悦自己。花木为这种行为提供了多种有效的原料。

1. 润肤养颜之配方

"肤如凝脂""靡颜腻理""冰肌玉骨"，这些形容女子美丽的成语都离不开对女子肌肤的夸赞。古代女子在护肤方面确实有不少方法，即使当时条件有限，不能像当今社会利用科技制造出名目众多的护肤品，也丝毫阻挡不了她们利用花木这些简单资源来实现自己对美的追求。《花木门》中许多花木都有美肤之效。如桃花可以洗面。"北齐卢士琛妻崔氏，春日以桃花和雪，与儿靧面，呪曰：'取桃花、取白雪与儿洗面作光悦；取白雪、取桃花与儿洗面作妍华；取花红、取雪白与儿洗面作光泽；取雪白、取花红与儿洗面作华容。'"[3] 用桃花靧面，相当于当代女性用含有各种成分的洗面奶洁面，是为了清洁、保养皮肤。崔氏希望孩子有更加光洁的容颜，便用雪和桃花给孩子洗面，让皮肤直接吸收桃花中的美肤成分以达到保养之效。确实，桃花的美容功效不容小觑，《本草纲目》引《神农本草经》云："桃花，杀疰恶鬼，令人好颜色。"[4] "面黑粉滓，用李花、梨花、樱桃花、白蜀葵花、白莲花、红莲花、旋复花、秦椒各六两，桃花、木瓜花、

---

[1] 何燕：《古代中国女性美容文化初探》，载《汕头大学学报》1990年第4期。

[2] ［德］格罗塞，蔡慕辉译：《艺术的起源》，商务印书馆1987年版，第80页。

[3] 《奁史》卷九二《花木门一》引《湘烟录》，第378页。

[4] 《本草纲目》卷二九《果之一·五果类·桃》，第1746页。

丁香、沉香、青木香、钟乳粉各三两，珍珠、玉屑各二两，蜀水花一两，大豆末七合，为细末瓶收。每日盥颒，用洗手面，百日光洁如玉也。"①令面光华则"三月三日收桃花，七月七日收鸡血，和涂面上"②。这同洗面一样，都是用桃花通过外涂之法美肤，并且可以收到显著的效果。既然外涂桃花能美容养颜，那么内服更是从本质上调理身体，从而达到美容之效。"桃花阴干为末，服之令妇人美容颜。"③又有《备急千金要方》中令人面色洁白红润的方子："采三株桃花，阴干，末之。空心饮服方寸匕，日三。并细腰身。"又方："以酒渍桃花，服之，好颜色，治百病。三月三日收。"还有治面黑的桃花丸："桃花二升，桂心、乌喙、甘草各一两。上四味，末之，白蜜为丸，服如大豆许十丸，日二。十日易形。"④桃花美肤功效显著又简单易得，因而在女子美肤活动中应用广泛。

除桃花之外，《花木门》还记载了两种少见的美肤佳品，分别是凝波竹实与苟草。"凝波竹实，服之肌滑体轻。赵飞燕舞于手掌上，服此实也。"⑤虽不知凝波竹到底为何物，但竹实的轻体之效确有其实。《本草纲目》记载竹实可以"通神明，轻身益气"⑥。又有苟草，"青要之山有苟草，美人服之，色更美艳"⑦。

不管是应用广泛的桃花还是少见的凝波竹实，又或是传说中的苟草，古人都会发现它们在美肤方面的价值，并用以不同方法。可以说，是丰富的花木资源给古代女子在美肤的过程中提供了更多的渠道，也提供了多种创造美的可能。

---

① 《本草纲目》卷二九《果之一·五果类·李》，第1729页。
② 《本草纲目》卷二九《果之一·五果类·桃》，第1747页。
③ 《夜史》卷九二《花木门一》引《居家宜忌》，第378页。
④ 〔唐〕孙思邈撰，鲁北麟主校：《备急千金要方》卷六下《七窍病下》，辽宁科学技术出版社1997年版，第111页。
⑤ 《夜史》卷九三《花木门二》引《芸窗私记》，第384页。
⑥ 《本草纲目》卷三七《木之五·苞木类·竹》，第2169页。
⑦ 《夜史》卷九三《花木门二》引《北户录》，第385页。

2. 染色美甲之涂料

染甲行为，古已有之，即利用植物染料将指甲变红。这一行为不仅因为红色在视觉上有强大的吸引人之效，"它也源于先民的'指头崇拜'，将指甲染红能使自己的生命力更加顽强、旺盛"[1]。因为红色是血液之色，代表生命之源。但是随着时代的发展，染甲活动"指头崇拜"这一含义逐渐被隐藏，慢慢成为一种单纯的美体行为，而这种行为在女子身上表现得尤为突出。

同当代女性爱涂指甲油一样，早在唐代，我国妇女就懂得美化自己的指甲了。[2]张祜有诗《听筝》云："十指纤纤玉笋红，雁行轻遏翠弦中。"[3]此句便是女子染甲后最为形象的描写。至于染甲的材料，众所周知的便是凤仙花，因为它有卓越的染色功效。《花木门》载："谢长裾夫人见凤仙花，命侍儿进金膏，以尘尾梢染膏洒之，折一枝插倒影三山环侧。明年，此花金色不去，至今有斑点若洒者，名'倒影花'。"[4]直至今日，还有老人用其染甲。

其实除凤仙花外，指甲花也为染甲的好材料。"水木犀花一名指甲花，染指甲红于凤仙。"[5]又："七里香一名指甲花，捣其叶染指甲甚红。"[6]《癸辛杂识》中记有凤仙花的使用方法："凤仙花红者用叶捣碎，入明矾少许在内，先洗净指甲，然后以此付甲上，用片帛缠定过夜。初染色淡，连染三五次，其色若胭脂，洗涤不去，可经旬，

---

[1] 覃雪华：《染甲小史》，载《美与时代》2007年第5期。
[2] 蔡翔、张悦铭主编：《中国女性百科全书》，安徽人民出版社1995年版，第194页。
[3] 〔清〕彭定求等编：《全唐诗》卷五一一，中华书局1999年版，第5884页。
[4] 《奁史》卷九二《花木门一》引《花尘》，第382页。
[5] 《奁史》卷九二《花木门一》引《尊生八牋》，第382页。
[6] 《奁史》卷九二《花木门一》引《广群芳谱》，第382页。

直至退甲，方渐去之。"① 指甲花的使用方法，《广东新语》曰："以其叶兼矾石少许染指甲。"② 二者都是将叶捣碎，加入明矾，包裹指甲从而染色，为女子指尖增添一分娇媚。

3. 簪戴缀发之饰品

同今日年轻姑娘喜欢用各种发饰装饰头发一样，古代女子也爱装饰头发。她们会选取最自然、最现成的饰品——鲜花插于发中，即簪花。花朵在鬓上肆意绽放的同时，也让自己看起来更加娇媚可人。据沈从文考证，女性簪花自汉代就有。四川成都天回山出土的东汉墓女陶俑簪戴了四朵菊花，且面含笑容，显得尤为可爱、活泼。女子对簪花的热爱，明张瀚《松窗梦语·西游纪》有云："惟

图 1 汉代簪花

妇女簪花满头，稍著鲜丽。丑媸出汲，赤脚泥涂，而头上花不减也。"③《开元天宝遗事》中曾载唐玄宗为杨贵妃簪花："御苑新有千叶桃花，帝亲折一枝，插于妃子宝髻上，曰：'此个花真能助娇态也。'"④ 又有："开元末，明皇每至春时，旦暮宴于宫中，使嫔妃辈争插美花。"⑤ 可见花朵在衬托女性之美方面，有他物不可比拟的作用，因此备受女子喜爱。

《花木门》中女子所簪之花有桂花与梅花。"无瑕尝着素桂裳

---

① 〔宋〕周密撰，吴企明点校：《癸辛杂识》续集上《金凤染甲》，中华书局1988年版，第135页。

② 《广东新语》卷二五《木语》，第649页。

③ 〔明〕张瀚著，盛冬铃点校：《松窗梦语》卷二，中华书局1985年版，第40页。

④ 〔五代〕王仁裕撰，曾贻芬点校：《开元天宝遗事》卷上《助娇花》，中华书局2006年版，第21页。

⑤ 《开元天宝遗事》卷上《随蝶所幸》，第15页。

图 2 唐代周昉绘《簪花仕女图》

折桂。明年开花,洁白如玉,女伴折取簪髻,号无瑕玉花。"①新鲜的桂花颜色素雅,香味浓郁,取其簪髻,女子容貌显得更为清秀可人,突出其清纯的气质。簪梅花,"美人淡妆,簪戴此花之宜称也,妙妓淡妆,雅歌此花之荣宠也"②。淡妆美人宜簪梅花,是因为梅花与淡妆美人气质相似,清纯又不失娇艳。把花与女性相对应,说明此时簪花已不仅仅为了满足人们视觉或嗅觉上的需求,更为表达花与人气质上的相通。如唐代周昉的《簪花仕女图》中描绘的五个贵族妇女,衣着鲜艳,妆容靓丽,所簪之花皆为鲜艳硕大之类,有芍药、荷花、牡丹、绣球等,不仅衬出她们雍容华贵之姿,而且显得体形更为高挑。

簪戴新鲜花朵,那么选择的花必须随季节而变,这在古代的诗句中皆有表现。春季可簪之花包括:棠梨,"三春已暮桃李伤,棠梨花白蔓菁黄。村中女儿争摘将,插刺头鬓相夸张"③(唐·元稹《村花晚》);蔷薇,"钗边烂熳插,无处不相宜"④(梁·刘缓《看美人摘蔷薇》);玫瑰,"折得玫瑰花一朵,凭君簪向凤凰钗"⑤(唐·李建勋《春词》)。夏季可簪之花有:白玉簪,"偏戴花冠白玉簪,睡

---

① 《奁史》卷九二《花木门一》引《花史》,第 378 页。
② 《奁史》卷九二《花木门一》引《梅品》,第 377 页。
③ 〔唐〕元稹撰,冀勤点校:《元稹集》卷二六,中华书局 1982 年版,第 302 页。
④ 逯钦立辑校:《先秦汉魏南北朝诗·梁诗》卷一七,中华书局 1988 年版,第 1848 页。
⑤ 《全唐诗》卷七三九,第 8521 页。

容新起意沉吟"①（唐·张泌《浣溪沙》）；茉莉，"柰花似雪簪云髻，今日天容是后身"②（唐·罗虬《比红儿诗》）；石榴花，"带前结香草，鬓边插石榴"③（南朝梁·简文帝《和人渡水诗》）。秋季则是菊花与茱萸："尘世难逢开口笑，菊花须插满头归"④（唐·杜牧《九日齐山登高》）；"杂与鬟簪插，偶逐鬓钿斜"⑤（南朝梁·简文帝《茱萸女》），但此时所簪茱萸为其枝叶及果实。《本草纲目》引晋周处《风土记》云："俗尚九月九日谓之上九，茱萸到此日气烈熟色赤，可折其房以插头，云辟恶气御冬。"⑥冬季则为梅，"乍随纤手去，还因插鬓来"⑦（南朝梁·鲍泉《咏梅花》）。

簪戴鲜花可以突出女子自然之美，古代女子乐此不疲地将花朵插入鬓中，这是爱美天性的流露。随着这一行为的不断发展，对所簪之花的要求更高，不同气质的人需要簪戴与其气质相匹配的花，从而将簪花文化发展到另一个高度。

4. 除味净体之香材

一些植物散发出的特殊气味，触动人类的嗅觉，从而引起人类对香味的追求。气味浓郁芬芳且持久的花木便被人们作为香身的材料，既天然环保，味道又清新甜美。如同今日咀嚼口香糖净化口气，将芬芳的植物含在嘴里，也能产生净化口气的功效，同时植物中的有益物质可以进入人体，这比含有各种化学添加剂的口香糖要天然、环保、健康得多。

低光荷，"淋池植分枝荷，一名低光。花叶芬馥，食之口气常香。

---

① 《全唐诗》卷八九八，第 10209 页。
② 《全唐诗》卷六六六，第 7687 页。
③ 《先秦汉魏南北朝诗·梁诗》卷二二，第 1970 页。
④ 〔唐〕杜牧撰，吴在庆校注：《杜牧集系年校注·樊川文集》卷三，中华书局 2013 年版，第 371 页。
⑤ 《先秦汉魏南北朝诗·梁诗》卷二〇，第 1909 页。
⑥ 《本草纲目》卷三二《果之四·味类·吴茱萸》，第 1861 页。
⑦ 《先秦汉魏南北朝诗·梁诗》卷二四，第 2027 页。

宫人贵之，游宴出入必皆含嚼"。原文载其"芬馥之气，彻十余里"①，故作净化口气之用。其实人们含嚼植物来净化口气这一行为早有记载，只不过通常使用的是鸡舌香，也有茱萸。《宋书·百官志》："《汉官》云：'尚书郎口含鸡舌香，以其奏事答对，欲使气息芬芳也。'"②鸡舌香即丁香，唐王维《重酬苑郎中》曾云："何幸含香奉至尊，多惭未报主人恩。"③李商隐亦曰："暂逐虎牙临故绛，远含鸡舌过新丰。"④而在一些少数民族地区，则有重阳妇女口含茱萸的习俗。

除净化口气之外，芳香植物也可香身。如水仙，"宝儿每夜采水仙花一丰，覆裙襦其上，诘朝，服以见帝，帝谓之肉身水仙"⑤。水仙香味馥郁，将裙襦覆其上，从而使衣物更有效地沾染其味，达到熏衣、香身之效，同时又比传统用香料熏衣之法少了一些烟火味儿，多了一分淡雅，效果堪比今之香水，却比香水更为自然、纯粹。又有"兰为女子之事，女子喜佩之，一名女兰"⑥。它除了给嗅觉带来的愉悦之感，也可辟恶。《本草纲目》云"时人煮水以浴，疗风"，并且"能辟不详"⑦。如水仙与兰一样可作香身之用的植物还有许多，这在《楚辞》中多有体现。如蕙、芷，《七谏·初放》载："联蕙芷以为佩兮，过鲍肆而失香。"⑧江蓠，《九叹·远逝》云："怀芬香而挟蕙兮，

---

① 〔晋〕王嘉撰，〔梁〕萧绮录，齐治平校注：《拾遗记》卷六《前汉下》，中华书局1981年版，第128页。
② 〔南朝梁〕沈约：《宋书》卷三九《百官上》，中华书局1974年版，第1236页。
③ 〔唐〕王维：《王右丞集笺注》卷一〇《重酬苑郎中》，中华书局1961年版，第184页。
④ 〔唐〕李商隐著，〔清〕冯浩注、王步高、刘林辑校：《李商隐全集·义山诗》卷一《行次昭应县道上送户部李郎中充昭义攻讨》，珠海出版社2002年版，第212页。
⑤ 《奁史》卷九二《花木门一》引《花史》，第380页。
⑥ 《奁史》卷九二《花木门一》引《女士殿最》，第380页。
⑦ 《本草纲目》卷一四《草之三·芳草类·兰草》，第903页。
⑧ 〔宋〕洪兴祖撰，白化文等点校：《楚辞补注》，中华书局1983年版，第239页。

佩江蓠之斐斐。"① 椒聊，《九叹·忧苦》曰："怀椒聊之蔎蔎兮，乃逢纷以罹诟也。"② 这些香草在当时人们的生活环境中随处可见，自然受到他们的青睐。

古人的香身行为，是通过花木散发出浓郁的气味让整个身体从内而外散发香味，除了让自己、让他人获得感官上的愉悦，更能驱走不洁之气，保健身体，达到人们心理上的辟恶之效。女子的香体行为则更多了一层祛除污秽之动机。

《花木门》中所反映的美容行为基本上都是以女子为主体。因为在古代男权社会，拥有美好的容貌，对女子来说意义非凡。除了她们自身对美的追求这一原因，美丽的容貌更是取悦男子的有力武器，也是社会评价女子价值的重要因素。

（二）花木娱乐之用

"娱乐"是个非常广泛的概念，所有非工作性质，能使人精神放松、产生快乐感觉的活动都可以称为娱乐。它包括各种游戏、比赛、欣赏等活动，可以户外进行，也可户内进行。户外活动要求女子走出家门。早在《诗经》时代，就有女子外出游玩的记载，《诗经·周南·汉广》有云："南有乔木，不可休思。汉有游女，不可求思。"③ 而户内则为女子提供了更自由、方便的娱乐场所。

1. 赏花游宴之物象

赏花，从古至今都是一种十分高雅并且悦人身心的文化活动。因为花卉斑斓的色彩不仅在视觉上给人美的体验，而且以其芬芳的气味触动嗅觉，使人们的精神得到放松。因此古代女子在生活中常以赏花为乐，在这些斑斓的色彩、芬芳的气味中放松自己。梅花，"梅妃，莆田人。开元中，高力士使闽粤，选归侍明皇，大见宠幸。淡妆雅服，

---

① 《楚辞补注》，第 296 页。

② 《楚辞补注》，第 305 页。

③ 程俊英、蒋见元：《诗经注析》，中华书局 1991 年版，第 23 页。

姿态明秀，笔不可描画。性喜梅，所居阑槛悉植数株，榜曰梅亭。梅闲赋赏，至夜分，尚顾恋花下，不能去。上以其所好，戏名曰梅妃"①。梅妃赏梅至夜分，仍旧恋恋不舍，不忍离去，足见她对梅花情有独钟。这不仅是由于梅花拥有淡雅的颜色、清幽的香味，更是因为人们在观赏的同时也能感受到它凌寒独自开的傲骨。除了清幽的梅花之外，艳丽且香气馥郁的牡丹也是人们观赏的对象。"明皇宿酒初醒，凭妃子肩，同看木芍药。上亲折一枝与妃子，递嗅曰：'此花香艳能醒酒。'"②香艳的牡丹给明皇与贵妃带来的不仅是身心上的放松，还促进了二人情感上的沟通。

户外赏花，可近距离地感受自然，欣赏花木的自然之态。将花移入室内，赏玩起来则较为方便。室内可以赏瓶花之景。"董姬于梅花含蕊时，先相枝之横斜与几上军持相受。至花放，即采入供，使冷韵幽香，恒霏微于曲房斗室。"③赏瓶花，不只赏花也赏瓶，花与瓶搭配多样，而不同的搭配有不同的韵味，因此尤为讲究。可以说瓶花的布局不仅使房间里多了一景，更多了一份天然之味，使人在观赏之时更能感受到自然景与人文景结合的妙处。"董姬爱菊，尤爱剪桃红。每晚高烧翠烛，围六曲镜屏，设小座于花间位置，菊影极其参横妙丽，始以身入菊，菊与人俱在影中"④。董小宛能将菊花赏玩到如此境界，足见她嗜花成痴。

为了能在观赏中获得更好的体验，有些女子也会亲手种植梅花，这样，在观赏花木时会有更多的亲近感、成就感。如昭惠后与赵飞燕植梅花，"瑶光殿梅花，昭惠后手植"⑤，"上林有赵昭仪所植同心

---

① 《奁史》卷九二《花木门一》引《梅妃传》，第377页。
② 《奁史》卷九二《花木门一》引《开元天宝遗事》，第380页。
③ 《奁史》卷九二《花木门一》引《影梅庵忆语》，第377页。
④ 《奁史》卷九二《花木门一》引《影梅庵忆语》，第381页。
⑤ 《奁史》卷九二《花木门一》引《南唐书》，第377页。

梅，疑是鸳鸯梅"①。杨贵妃手植石榴，"七圣殿绕殿石榴皆太真妃手植"②。她们所选择的花木与自身必定有某种情感上的共鸣，在花朵绽放的时候，种植者不但获得感官上的满足，内心情感也会随之流露。

其实，只要是盛开的花卉都能成为观赏的对象。《酌中志·饮食好尚纪略》载，明代宫闱中，三月，赏海棠、牡丹花；四月，设席赏芍药；五月赏石榴花；六月赏茉莉、栀子、兰芙蓉；七月赏桂；八月赏秋海棠、玉簪花③。可以说，一年四季之中，只要有花，就会有赏花活动存在。而女子在不同时节欣赏不同的花卉，感受多种大自然之美。

赏花不仅可以在闲暇之时作为一项专门的娱乐活动，也经常与宴饮活动一起进行。唐代女子郊游时，"游春野步，遇名花则设席籍草，以红裙递相插挂，以为宴幄"④。"千叶桃花盛开，帝与贵妃日逐，宴于树下。"⑤盛开千叶桃花不仅为宴饮增添了一丝浪漫的味道，更衬托出贵妃的醉人之姿。又有："伪吴从嘉尝于梅花间，用销金罗为亭，与爱姬花氏对酌其中。"⑥此时赏梅与宴饮活动一起进行，不仅身体感官被充分调动起来，精神上也得到相应的满足。

赏花，是人们追求美的最自然的表现，它可以单独进行，也能与其他活动一起进行，可以在户外，也可以于室内。其方式的多样化，说明它在不断地发展。它已经不仅仅是一项单纯的娱乐活动，更是一种伴随在人们生活中，如吃饭、睡觉一般的日常行为，逐渐成为生活的常态。而人们对这种活动的种种讲究，也将其升华至更高的艺术层

---

① 《奁史》卷九二《花木门一》引《盘洲集》，第377页。
② 《奁史》卷九二《花木门一》引《洪氏杂俎》，第379页。
③ 〔明〕刘若愚：《酌中志》卷二〇，北京古籍出版社1994年版，第179—184页。
④ 《开元天宝遗事》卷下，第49页。
⑤ 《奁史》卷九二《花木门一》引《开元天宝遗事》，第378页。
⑥ 《奁史》卷九二《花木门一》引《花史》，第377页。

面。由于花与女子的种种特殊关系，赏花对女子而言，更是其日常生活中不可或缺的一种休闲娱乐方式，女子也以其独到的审美与品位多方面地发展了赏花活动。

2. 吟诗作赋之素材

"吟咏"即用诗词等描述某种事物，借此抒发感情。这一活动有较强的随机性，不局限于地域与时间，通常发生在闲暇之时。《花木门》中吟咏活动的主体男女皆有，但大多为女子。从平民少女到官宦之妻再至后宫妃嫔，甚至传说中的女神也进行吟咏活动。这不仅是她们才情的表达，更是情感的宣泄。

不同人物，不同场景，吟咏花木的目的自然不同。有的单纯颂花木之美。如咏辛夷之美，"秦约有《辛夷仕女图》诗"[①]曰：

辛夷破花香雾寒，翠槛十二朱阑干。

九鸾钗堕钏笼玉，绰态温温睡新足。

蹙金裙衩绣襦裆，背人不语看春光。

重屏吹香隔瑶地，涂抹花房紫霞腻。

众中偏数好容色，独倚东风瘦无力。

歌鬟倭堕恼多情，血点守宫珠汗湿。

郁金堂前春日斜，钿筝按曲度窗纱。

相思不逐彩云散，梦随蝴蝶飞东家。[②]

咏玉簪之香，"张恭人《玉簪花》诗云：'落枕无声但有香。'"[③]其原诗为：

官阁萧然夏日长，晚风微见一枝芳。

---

① 《奁史》卷九二《花木门一》引《历代吟谱》，第379页。
② 〔清〕陈邦彦选编：《康熙御定历代题画诗》卷五八，北京古籍出版社1996年版，第717页。
③ 《奁史》卷九二《花木门一》引《南野堂笔记》，第382页。

梦回夜气清如许，落枕无声但有香。①

咏牡丹之艳丽，"紫姑神，《赋一捻红牡丹》词，甚工"②。其词曰：

睹娇红细捻，是西子、当日留心千叶。西都竞栽接，赏园林台榭，何妨日涉。轻罗慢褶，费多少，阳和调燮。向晓来露邑，芳苞一点，醉红潮颊。双厣姚黄国艳，魏紫天香，倚风羞怯。云鬟试插，便引动，狂蜂浪蝶。况东君开宴，赏心乐事，莫惜献酬频叠。看相将红药，翻阶尚余侍妾。③

咏秋海棠之傲姿，钱塘闺秀陈汝凝《馈妹氏秋海棠启》云：

玉露濡庭，金风肃砌。砧杵动授衣之念，梧桐惊一叶之凋。时有海棠嫣处墙阴，芳姿可撷；甘居牖北，幽质独妍。伴淮南之丛桂，暂倩香魂；候彭泽之黄花，先舒逸态。汉官秋冷，犹然春睡娇痴；隋苑乔妆，曾似天生妩媚。见兹尤物，谅必同怜；聊移数本以助淡妆，亟置香闺，何劳夜烛？④

咏兰花之珍贵。"晁采阁中兰花始发，其姑命目之，采应声曰：'隐于谷底，显于澧浔。贵比于白玉，重比于黄金。既入燕姬之梦，还鸣宋玉之琴。'"⑤

有的借花木抒情。咏女贞，喻自己贞洁之心。"鲁处女见女贞木，作《女贞歌》。"⑥歌云：

菁菁茂木，隐独荣兮。变化垂枝，含蕤英兮。修身养志，建令名兮。厥道不同，善恶并兮。屈身身独，去微清兮。

---

① 傅瑛编著：《明清安徽妇女文学著述辑考》卷五《皖西南二》，黄山书社2010年版，第280页。
② 《奁史》卷九二《花木门一》引《词综》，第380页。
③ 〔宋〕洪迈撰，何卓点校：《夷坚志支景》卷六《西安紫姑》，中华书局1981年版，第929页。
④ 《奁史》卷九二《花木门一》引《玉尘集》，第378页。
⑤ 《奁史》卷九二《花木门一》引《内观日疏》，第380页。
⑥ 《奁史》卷九三《花木门二》引《诗渊》，第383页。

怀忠见疑，何贪生分。①

咏芝麻，寄托思夫之情。"相传芝麻必夫妇同下种。唐女郎葛乌儿《怀良人》诗云：'胡麻好种无人种，合是归时祇不归。'"②

咏兰花，表达对人间的思念。"英妃在檀芽峰，抚长琴，歌《怨兰花》曲。其辞曰：'人间一别，下视微茫。兰花发色，在彼间房。自离妾手，惧其弗芳。兰乎兰乎，展不可忘。'"③

咏牡丹，以牡丹喻人。"上官昭容咏双头牡丹，诗云：'势如连璧友，心似嗅兰人。'"④

咏芙蓉，与自己容貌相比。"浣花女咏芙蓉云：'芙蓉花发满江红，尽道芙蓉胜妾容。昨日妾从隄上过，如何人不看芙蓉。'"⑤

咏鸳鸯草，歌颂爱情。"薛涛有《鸳鸯草》诗。"原诗为：

绿英满香砌，两两鸳鸯小。

但娱春日长，不管秋风早。⑥

咏虞美人草，追忆虞姬。曾子宣妻魏氏《虞美人草行》云：

鸿门玉斗纷如雪，十万降兵夜流血。

咸阳春殿三月红，霸业已随烟烬灭。

刚强必死仁义王，阴陵失道非天亡。

英雄本学万人敌，何用屑屑悲红妆。

三军数尽旌旗倒，玉帐佳人坐中老。

香魂夜逐剑光飞，青血化为原上草。

芳菲寂寞寄寒枝，旧曲闻来似敛眉。

---

① 〔宋〕郭茂倩编，聂世美、仓阳卿点校：《乐府诗集》卷五八，上海古籍出版社1998年版，第649页。
② 《奁史》卷九三《花木门二》引《群芳谱》，第385页。
③ 《奁史》卷九二《花木门一》引《修真录》，第380页。
④ 《奁史》卷九二《花木门一》引《唐诗纪事》，第379页。
⑤ 《奁史》卷九二《花木门一》引《顾氏积书岩选》，第381页。
⑥ 〔唐〕薛涛著，张篷舟笺：《薛涛诗笺》，人民文学出版社1983年版，第1页。

>　　哀怨徘徊愁不语，恰如初听楚歌时。
>　　滔滔逝水流今古，汉楚兴亡两丘土。
>　　当时遗事久成空，慷慨樽前为谁舞。①

女子吟咏，有的单纯吟咏花木之美好，有的则是借花木抒发自己内心情感。因为这些植物在人们日常生活中随处可见，而女性天生情感细腻，在女子内心情感泛起波澜时，便会借助这些美好的事物抒发出来。在女子眼中，这些花木不仅仅是客观事物，更是一种与她们心灵共通的对象。

3. 评花论人之谈资

由于女子与花存在着种种联系，古人也乐于将不同的花与不同的女子类比。评花之人皆为男子，女子只是他们所评对象。如曹大章品秦淮名妓：

>　　女学士王赛玉，小字儒卿，名玉儿，行六，花当紫微；女太史杨璆姬，小字婆喜，名新匀，行二，当莲花；女状元蒋兰玉，小字双双，名淑芳，行四，当杏花；女榜眼齐爱春，小字爱儿，名淑芳，行五，当桃花；女探花姜宾竹，小字玉儿，名如真，行八，当西府海棠；女会元徐琼英，小字爱儿，名文宾，行三，当梅花；女会魁赵连城，小字延龄，名彩鸳，行五，当芍药；女会魁陈王英，小字八十儿，名士兰，行八，当绣球；女解元陈文姝，小字回儿，名素芳，行五，当桂花；女经魁张如英，小字奴儿，名友真，行五，当芙蓉；女经魁蒋文仙，小字耐经，名媂屏，行五，当葵花；储材陈琼姬，小字芳春，行十，当蕙草；储材玉蕊梅，名宾儒，行一，当芝草。②

曹大章将这些名妓以科举名目排名后，又与不同的花类比，使

---

① 〔宋〕阮阅编，周本淳校点：《诗话总龟前集》卷二一，人民文学出版社1987年版，第234—235页。

② 《笔史》卷九二《花木门一》引《莲台仙会品》，第376页。

得花也有了高低贵贱之分。又有袁宏道评花：

> 花之有使令，犹中宫之有嫔御，闺房之有妾媵也。梅花以迎春、瑞香、山茶为婢；海棠以苹婆、林檎、丁香为婢；牡丹以玫瑰、蔷薇、木香为婢；芍药以罂粟、蜀葵为婢；石榴以紫薇、大红千叶木槿为婢；莲花以山矾、玉簪为婢；木犀以芙蓉为婢；菊以黄白山茶、秋海棠为婢；蜡梅以水仙为婢。诸婢姿态，各盛一时，浓淡雅俗，亦有品评。水仙神骨清绝，织女之梁玉清也。山茶鲜妍，瑞香芬烈，玫瑰旖旎，芙蓉明艳，石氏之翔风，羊家之净琬也；林檎、苹婆，姿媚可人，潘生之解愁也；罂粟、蜀葵妍于篱落，司空图之鸾台也；山矾洁而逸，有林下风，鱼元（玄）机之绿翘也；黄白茶韵胜其姿，郭将军之春风也；丁香瘦，玉簪寒，秋海棠娇，然有酸态，郑康成、崔秀才之侍儿也。[1]

这里直接将花分为主子花与婢女花，又将婢女花与生活中的女子对号入座，直接将人类世界中的封建等级带入植物世界中，使得客观的事物也带有浓厚的阶级色彩。

"重叶海棠为花命妇。"[2]也是根据封建纲常排列花卉等级。《牡丹荣辱志》主要是为牡丹定品，其他花卉多被列为牡丹之属。又如："余尝评花，以为杏有闺门之态，桃如倚门市娼，李如东郭贫女。"这些类比不仅牵强，而且带有浓厚的阶级色彩。

当然，也有单纯从欣赏角度而不带有任何阶级色彩地将花与女子类比。如将不同的花比作不同类型的美人："海棠肖美人，秋海棠更肖美人。春花肖美人之已嫁者，秋花肖美人之待年者；春花肖美人之绰约可爱者，秋花肖美人之纤弱可怜者。"[3]这种不带有阶级色彩的类比更能彰显出花卉各有千秋的美丽。

---

[1] 《奁史》卷九二《花木门一》引《瓶史》，第376页。
[2] 《奁史》卷九二《花木门一》引《牡丹荣辱志》，第378页。
[3] 《奁史》卷九二《花木门一》引《闲情偶寄》，第378页。

娱乐活动，男女皆可为主体。古代女子没有独立的社会地位，日常活动受到种种限制，因此，她们的娱乐活动大多是小规模、小范围地进行。但也正因为如此，她们会比男子有更多的时间进行自己的娱乐活动。《花木门》中赏花游宴、吟诗作画之主体男女皆有，评花论人这一活动主体则皆为男子。可以说，在这一活动中，男性垄断"看"的地位，女子则沦为"被看"之人。这种二元对立关系基本上反映了女子边缘的、弱势的社会地位。

（三）花木医药之用

医药是人解决生理上或精神上的一些病痛的手段。花木由于其本身所具有的对抗疾病的功能，很早就被人作医药之用，可以说花木是古人重要的医药资源。

1. 增媚诱人之秘药

两性关系是男女婚恋的核心内容，它不仅为了满足人类本能的冲动，也为了生育后代。古人会通过对自然界一些事物的表象的认识，联想到两性生活的种种，并相信它们可以帮助自己吸引对方。因为在古人的观念里，人与自然界中的生命是有感应的。为了达到相互吸引的目的，许多与生殖有关的植物便被应用到两性生活中，有的外用即可，有的则需内服。《花木门》记载了一些植物可达到此种目的，但究竟是否有这种功能，有待商榷。

媚人之法有的佩戴即可。"无风独摇草，带之，令夫妇相爱。"胡新生先生认为无风独摇草成为媚药的原因离不开它"头若弹子，尾若鸟尾，两片开合，见人自动"[1]的特殊性状，人们见此，便会想入非非。"梣子，妇女取子中仁带之，令人有媚。"[2]《本草纲目》仅载"亦和大豆澡面，去皯黯"[3]，未提及它有媚人之效。但它的种子"紫

---

[1] 胡新生：《奇异的求爱巫术》，载《民间文化》1999年第3期。
[2] 《夷史》卷九三《花木门二》引《本草拾遗》，第384页。
[3] 《本草纲目》卷一八《草之七·蔓草类·梣藤子》，第1253页。

黑色，微光，大一二寸，圆而扁。人多剔去肉作药瓢，垂于腰间也"。剔去肉后，可做药瓢，说明去肉之后的子呈中空状态，似女子之腹，有女性生殖意蕴，故有媚人之说。"桃朱术，妇人带之，与夫相和。"①《本草纲目》载："藏器曰：'桃朱术生园中，细如芹，花紫，子作角，以镜向旁敲之，则子自发。'"②子易繁衍，亦有生殖之意。这些大概是古人用"以类相感"即类似的事物存在着神秘的关联性，可以相互感应的观念看待世界。③故而认为外形或生长习性与生殖有关的花木皆有媚人之效。又，"南丹山中有相怜草，媚药也。或有所瞩，密以草少许掷之，草着其身，必相从不舍"。相怜草通过附于人身而产生功效不知为何。类似的外用植物媚药还有《北户录》所载鹤子草，"其花麹尘，色浅紫，蒂叶如柳而小短，当夏开。南人云是媚草，甚神，可比怀草、梦芝。采之曝干以代面靥，翅羽嘴距，无不毕备，亦草之奇者"④。又有清凉道人《听雨轩笔记·余纪》中的怕老婆草，"土人用此草，合他物为药以蛊女人，凡有挑之而不从者，即以药弹其头面衣领间，复念咒咒之则女人自相悦而与之狎，是亦妖淫之物云"⑤。

《花木门》中有的媚药则需内服。"姑媱之山，帝女死焉，化为䔄草，服之媚于人。"䔄草是炎帝之女瑶姬死后变成的一种神草。陈梦家先生云其为"野合时媚人之草"⑥，性状为"其叶胥成，其华黄，其实如菟丘"⑦。"其叶胥成"，郭璞注云："言叶相重也。"

---

① 《奁史》卷九三《花木门二》引《千金月令》，第386页。
② 《本草纲目》卷一五《草之四·隰草类·桃朱术》，第964页。
③ 高凡：《〈本草纲目〉中奇方异药的巫术根源》，载《琼州学院学报》2015年第3期。
④ 〔唐〕段公路纂，〔唐〕崔龟图注：《北户录》卷三，中华书局1985年版，第46页。
⑤ 〔清〕清凉道人编：《听雨轩笔记》卷三，商务印书馆1931年版，第66页。
⑥ 陈梦家：《高禖郊社祖庙通考》，载《清华学报》1936年第12卷第3期。
⑦ 〔晋〕郭璞注：《山海经校注·山经柬释》卷五《中山经》，上海古籍出版社1980年版，第142页。

枝叶相重是一种生殖意义的描述。"实如菟丝",郭璞注云:"菟丘,菟丝也。"①菟丝也是具有一定婚配意蕴的植物,汉乐府《冉冉孤生竹》就有"与君为新婚,菟丝附女萝"②之句。䔧草的性状与功效都有一定的婚育含义,这可能是由于瑶姬年轻貌美,未嫁而死。在战国宋玉所撰《高唐赋》中,她甚至入楚怀王之梦,自荐枕席。她所化植物也自然有与此相关的性状与功效。在䔧草传说基础上产生的梦芝也有与䔧草相同的效果。

《花木门》所载这些媚药基本上不具备药物治疗的性质,而带有一定的巫术性质,其效果必然也有夸张的成分,但反映出在古代两性生活中,她们寄希望于自然界中的某些草木,甚至将其神化。这不仅反映出花木在其生活中的重要性,更体现了它们逐渐成为女子的精神寄托。

2. 转胎成男之灵物

"转胎",即胎儿在女子腹中时,家长采取各种手段将其变成男胎。这源于"男尊女卑"之观念。如《诗经·小雅·斯干》言:

乃生男子,载寝之床,载衣之裳,载弄之璋。其泣喤喤,朱芾斯皇,室家君王。乃生女子,载寝之地,载衣之裼,载弄之瓦。无非无仪,唯酒食是议,无父母诒罹。③

性别决定了新生婴儿以后的社会角色。男孩代表劳动力,是一个家族兴盛的标志,生男孩代表一个家族香火的延续。因此在重男轻女思想的影响下,人们追求控制胎儿性别,即使是已受孕,也希望通过各种方式转胎为男。虽使用的各种手段皆为徒劳,但也反映出人们在控制婴儿性别上的不断探索。

《花木门》中的某些植物在古人的观念中有转胎之效。"宜男草,

---

① 《山海经校注·山经柬释》卷五《中山经》,第142页。
② 《乐府诗集》卷七四,第787页。
③ 《诗经注析》,第547—548页。

一名鹿葱，怀妊妇人佩之必生男。"①宜男草"宜男"之效到底为何？我们来看《本草纲目》对其性状的描述。李时珍云："结实三角，内有子大如梧子，黑而光泽。其根与麦门冬相似，最易繁衍。"②宜男草内有子、易繁衍，这些性状极易让先民对其产生生殖崇拜，再加上萱草兼有食用与药用功能，广泛应用于人们日常生活中，因此，选择萱草作为他们在繁殖方面的祈愿对象便不足为怪了。但它为何能使女子生男？可能还是由于宜男草生于南方，而南方与阳、男性的象征认同，③因此可以助女子生男。类似的有日本人丹波康赖所著《医心方》中所记载石南、杨柳，均有让女子生男之效。《医心方》引《产经》云："取石南草四株著席下，勿令知之，必得男。"④又有："妊身三月，取杨柳东向枝三寸，系著衣带不失，子为男。"而这些植物让女子生男的原因均源于它们具有的"男性气质"。石南，《本草纲目》云："生于石间向阳之处，故名石南。"又引《神农本草经》云："女子不可久服，令思男。"石南生于石间向阳处，故可助女生男。杨柳，《太平御览》引《抱朴子》云其"断植之更生，倒之亦生，横之亦生，生之易者，莫若斯木"⑤，可见其繁殖力之强，加上柳叶的形态也似女子生殖器。⑥人们便希望将这种旺盛的繁殖力转移到人的身上，而取其东向枝的原因则与石南类似，东方为太阳升起的方位，属"阳"，与男性认同。正如毛利人的图霍部族认为一些神树可以使妇女多生子女，不孕的妇女拥抱这棵神树就会怀孕，至于生男婴还是女婴取决于

---

① 《奁史》卷九三《花木门二》引《风土记南方草木》，第385页。
② 《本草纲目》卷一六《草之五·隰草类下·萱草》，第1036页。
③ 《中国神话哲学》，第26页。
④ 〔日〕丹波康赖撰，高文柱等校注：《医心方》卷二四，华夏出版社2011年版，第486页。
⑤ 〔宋〕李昉等：《太平御览》卷九五七，中华书局1960年版，第4247页。
⑥ 郑晓江主编：《生育的禁忌与文化》，中央编译出版社2014年版，第34页。

拥抱树身的东侧还是西侧。① 这都是原始初民对宇宙懵懂认知体现在性别上的象征性倒影。

3. 送子怀胎之神品

在《花木门》中，一些女子食用了某些花木便可诞下孩子，这时的花木起到送子的作用。"梁高祖母张后，讳尚柔，尝见菖蒲生花，光彩照灼，惊异之，谓侍者曰：'汝见否？'皆曰不见。后曰：'尝闻见菖蒲花当贵。'因取食之，生高祖。"② 张后食用菖蒲便生下高祖，实属无稽之谈。但《花木门》中类似的例子还有很多，体现在"吞花产子"或"授花产子"这些现象中。

"吴下女子葛秀英，字玉贞，母梦吞梅花而生。幼时，有老尼见而惊曰：'此青元宫道真女也。'"③ "蜀潘炕有嬖妾解愁，姓赵氏。其母梦吞海棠花蘂而生。"④ "王富英，儒家女也，其母梦吞牡丹花而生。"⑤ "姚姥梦观星坠地，化为水仙花一丛。摘食之，觉而产女，长而令淑有文，因以名焉，观星即女史。故水仙名女史花，又名姚女花。"⑥ 这些"吞花产子"的现象大都于梦中发生，说明人们已经明白"吞花产子"的荒谬性，但并没有舍弃对花木的生殖崇拜。这其中的生殖崇拜主要体现在"吞"与"花"上。

吞食某种食物而产生生命的观念，可追溯到远古时期。当时人们并不了解生育的真正原因，看见女子怀孕隆起的小腹，便误以为女子因食用某种东西而有孕，因此错将生命的另一本能——饮食当作生命之源。⑦ 如简狄吞鸟卵生契，《史记·殷本纪》："殷契，母曰简狄，

---

① ［英］詹姆斯·乔治·弗雷泽撰，徐育新、汪培基等译：《金枝》，大众文艺出版社1998年版，第182页。
② 《奁史》卷九三《花木门二》引《五代新语》，第384—385页。
③ 《奁史》卷九二《花木门一》引《随园诗话补遗》，第377—378页。
④ 《奁史》卷九二《花木门一》引《海棠谱》，第378页。
⑤ 《奁史》卷九二《花木门一》引《香祖笔记》，第379页。
⑥ 《奁史》卷九二《花木门一》引《内观日疏》，第380—381页。
⑦ 《生育的禁忌与文化》，第69页。

有娀氏之女,为帝喾次妃。三人行浴,见玄鸟堕其卵,简狄取吞之,因孕生契。"①又如禹之母:"见流星贯昴,梦接意感慄然,又吞神珠薏苡,胸拆而生禹于石纽。"②许多少数民族的神话传说中,也有女子吞物生子。如傈僳族荞氏,传说其祖先为女子吞荞而生;彝族香芝麻棵氏,传说其祖先为女子喝香芝麻棵茶而生;白族神话中女子吞桃而生男;朝鲜族神话中,女子食瓜而生子。这些神话与《花木门》中吞花生子的本质是一样的,都源于远古先民对生育的错误认知,即饮食可产子。同时,吞食也有两性交合的意味,《楚辞·天问》曰:"禹之力献功,降省下土四方,焉得彼嵞山女,而通之于台桑?闵妃匹合,厥身是继。胡维嗜不同味,而快鼂饱?"③此处的"鼂饱"暗喻夫妻匹合。

之所以吞食之物为花,是因为花是植物的生殖器,同时也是女阴的象征。弗洛伊德说:"花卉代表女性生殖器。"④春华秋实也代表旺盛的繁殖力。虽在《花木门》中不同的女子吞花的种类不同,有海棠花、梅花、牡丹花等,但导致生子这一结果的原因均是它们代表生殖器,种类不同则是因为某些现实因素。如梦吞梅花而生的葛秀英,《词综补遗》引《竹净轩诗话》:"玉贞工吟咏,性爱梅,以母梦吞梅花而生也。"⑤因母梦吞梅花而生而爱梅,此说甚为牵强,其实很可能是因其爱梅而衍生出其母梦吞梅花而生一说。赵解愁为什么是梦吞海棠花蕊,由于史料的缺乏,我们无从知晓。王富英《香祖笔记》云:"烈妇王氏,名富英,儒家女也。其母梦吞牡丹花而生,故以为

---

① 〔汉〕司马迁:《史记》卷三《殷本纪第三》,中华书局1959年版,第91页。
② 〔晋〕皇甫谧:《帝王世纪》,中华书局1985年版,第14页。
③ 《楚辞补注》,第97页。
④ [奥]弗洛伊德著,高觉敷译:《精神分析引论》,商务印书馆1986年版,第119页。
⑤ 林葆恒编,张璋整理:《词综补遗》卷九五,上海古籍出版社2005年版,第3572页。

名。"① 可见王富英因节烈而被歌颂。其名"富英","英"者,"花"也,人们为了赞扬、宣传她的节烈,编造出"其母梦吞牡丹花而生"这一说法,来彰显其与众不同的身世。生五子皆显贵的王夫人梦见食莲花,不仅是因为莲为祥瑞之兆,也是女阴的象征,汉乐府《江南曲》:"江南可采莲,莲叶何田田,鱼戏莲叶间。鱼戏莲叶东,鱼戏莲叶西,鱼戏莲叶南,鱼戏莲叶北。"②闻一多先生《诗经研究》中《说鱼》一文对《江南曲》解释说:"用鱼喻男,莲喻女,说鱼与莲戏,实等于说男与女戏。"③ 而且由于莲多子,所以生五子皆显贵。高祖的降生之所以与菖蒲有关,则是由于菖蒲被古人视为有灵性的植物。《春秋运斗枢》中有玉衡星散为菖蒲之说。④ 又《本草纲目·草部·菖蒲》云:"尧时天降精于庭为韭,感百阴之气为菖蒲。"⑤ 食菖蒲生高祖之说是为了彰显皇帝身世的与众不同。

相比于吞花生子有浓厚的生殖崇拜意蕴,赠花生子所体现的生殖崇拜则主要体现在"花"上。如:"谢夫人母梦一仙女畀水仙花,明日生夫人。"⑥ 又:"吴县王氏女,母梦女童授梅花而生。"⑦ "王夫人梦一僧手持莲花,令摘五叶饵,之后生五子,皆贵显。"⑧ "曼殊生时,母梦邻妪以白花一当,使卖奶奶庙。"⑨ 这些都是因为赠花有赠子之意。

可以看出,这些花木助人有子的传说都是为一定的目的服务,

---

① 〔清〕王士禛:《香祖笔记》卷四,商务印书馆1934年版,第33页。
② 《乐府诗集》卷五八,第319页。
③ 闻一多:《诗经研究》,见《闻一多学术文钞》,巴蜀书社2002年版,第70页。
④ [日]安居香山、中村璋八辑:《纬书集成》,河北人民出版社1994年版,第716页。
⑤ 《本草纲目》卷一九《草之八·水草类·菖蒲》,第1356页。
⑥ 《奁史》卷九二《花木门一》引《喻林》,第381页。
⑦ 《奁史》卷九二《花木门一》引《山居新录》,第377页。
⑧ 《奁史》卷九二《花木门一》引《桐阴旧事》,第381页。
⑨ 《奁史》卷九二《花木门一》引《西河合集》,第376页。

植物只是充当了一种手段。而这种手段的出现正是利用了人类对植物原始的生殖崇拜。

4. 定心助产之工具

妇人妊娠期间会出现各种症状，而艾草对其中的一些症状疗效明显，因此，在宫廷之中，会给妊娠中的妇女赐艾草。"宫中有娠，赐物内有生艾一斤。"①据《本草纲目》载，艾叶可治妇人漏血、妊娠下血、妊娠伤寒、妊娠风寒。②

妇人在正常生产时需要许多必需品来帮助其顺利生产。如干蓐草，"宫中有娠，赐物有干蓐草一束"③。干蓐草即莨草，其中"蓐"字也有陈草复生之意。它的生命力十分旺盛，随处可见。《太平圣惠方》所载产妇杂要物便有干蓐草和干柴竹。④想必干蓐草是作妇人产褥之用，让孕妇坐在上面生产。⑤因为古人认为女子生产是极其污秽之事，使用干蓐草可以防止生产时产妇体内排出的物质污染房间。

遇到难产的情况，则需借助一些特殊的花木。因为人们在难产面前是无能为力的，许多女子会因难产而丧命，女性分娩被视为"过鬼门关"。为了使得女子生产更为顺利，一些花木的助产之效便被挖掘出来。如双头莲，"双头莲一名催生草，妇人难产，左手把之，即生"⑥。可能似莲花种子多，象征着多子多孙，故可以催产，也可能是因为其"双头"有双子的祈愿，正如加勒拉人认为如果一个女人吃了一束香蕉上的两根香蕉就会生下双胞胎。瓜拉尼印第安人认为一个女人吃了长在一起的双颗谷子，会诞下双胞胎。⑦类似的花木还有

---

① 《奁史》卷九三《花木门二》引《武林旧事》，第384页。
② 《本草纲目》卷一五《草之四·隰草类上·艾》，第936—937页。
③ 《奁史》卷九三《花木门二》引《武林旧事》，第386页。
④ 〔宋〕王怀隐等编：《太平圣惠方》卷七六，人民卫生出版社1958年版，第2419页。
⑤ 《生育的禁忌与文化》，第149页。
⑥ 《奁史》卷九二《花木门一》引《本草纲目》，第381页。
⑦ 《金枝》，第45页。

槐树枝与蓖麻子。《本草纲目》引《子母秘录》云:"日月未足者,取槐树东引枝,令孕妇手把之,即易生。"①槐树在古代往往被立为社树,社为土地神,属阴性。②土地有孕育万物的含义,因此槐树自然也被蒙上一层生殖意义。《医方类聚·妇人门》有治难产方:"取蓖麻子二枚,二手各执一枚,少顷自产。"③蓖麻生命力旺盛,产子丰富,且蓖麻子有泻下通滞的作用,所以它也被作为催产物品。纵观双头莲、槐树枝、蓖麻子这三种催生物,大都源自原始的交感臆想,对女子生产实际上没有太大的作用。但在产妇难产时,会给予她们积极的心理暗示,来缓解她们焦躁恐惧的情绪,而这种心理暗示对于生产中意志薄弱的女子来说是至关重要的。

《花木门》中艾、干蓐草、双头莲等为妊娠妇人所用,不仅是因为它们本身所具有的功效,更重要的是这些植物有着美好的象征意义。双头莲象征着多子;干蓐草代表了旺盛的生命力,并可祛秽;艾除了可以治妇人妊娠期间所患疾病,也有祛秽辟邪之意。生命力、多子这些象征意义皆是源于对生命的渴望。而祛秽则是因为"在父权社会中,女性的生理特征往往被贬低和歪曲为不健全、不洁净,尤其是行经和生育现象,多半被视为神圣的对立面而加以禁忌"④,即女性血污。"妇人血污"观早已有之,《说文·女部》:"姅,妇人污也。从女,半声。"段玉裁注云:"谓月事及免身及伤孕皆是也。"⑤免身即分娩,伤孕乃流产。又《本草纲目·人部》载:"女人入月,恶液腥秽,故君子远之,为其不洁,能损阳生病也。"⑥巴金作品《家》

---

① 《本草纲目》卷三五《木之二·乔木类·槐》,第 2009 页。
② 纪永贵:《槐树意象的民俗象征》,载《民族艺术》2004 年第 4 期。
③ [朝鲜]金礼蒙等撰,浙江省中医研究所、湖州中医院校:《医方类聚》卷二二九,人民卫生出版社 1981 年版,第 586 页。
④ 杨莉:《宗教与妇女的悖相关系》,载《宗教学研究》1991 年第 1 期。
⑤ 〔汉〕许慎撰,〔清〕段玉裁注:《说文解字注》卷二四《女部》,上海古籍出版社 1981 年版,第 625 页。
⑥ 《本草纲目》卷五二《人部一·妇人月水》,第 2953 页。

中,高老太爷死后,其长孙之妻李瑞珏被长辈强迫去城外分娩,因为在家中生孩子有"血光之灾",会冲犯高老太爷的亡灵。直至今日,在一些乡村中,还保存着女性在生理期不能给已故老人扫墓这一习俗。这些例子都源于"妇人血污"观。这决定了女子在生产禁忌更多,所以用于女体的花木都多了一层祛秽的意味。它们不仅为女子提供生理上的帮助,更成为她们人生关键时期的精神支撑。

5. 延寿不死之法宝

延寿是人生命长度延伸的体现。这源于人类对死亡的恐惧。早在山顶洞人的丧葬中,死者的身上撒有红色矿粉,有学者指出,这些红色矿粉代表血液,希望死者获得血液而重生。这种对重生的信仰也包含了对不死、对长寿的渴望。在《山海经》中也出现了不死之人,如不死民,"不死民在其东,其为人黑色,寿,不死"[1]。"有人焉,三面,是颛顼之子,三面一臂,三面之人不死。"[2] 随着神仙方术的出现,寻求长生之法愈发盛行,上自皇帝贵族、下至平民百姓都为长寿做出许多努力。《史记·封禅书》载:"自威、宣、燕昭人入海求蓬莱、方丈、瀛洲。此三神山者,其传在勃海中,去人不远;患且至,则船风引而去。盖尝有至者,诸仙人及不死药皆在焉。"[3] 这个不死之药体现出古人对长寿的追求。但不死之药是不存在的,无论是谁都逃不掉生老病死的最终结局。

正是由于这种对死亡的恐惧和对长寿的渴望,加上一些植物具有治病疗疾的功效,人们幻想一些植物可以帮助自己延长生命。如苍术,紫微王夫人《术序》云:"吾察草木之胜连益于已者,并不及术之多验也。"[4] 其后文,《本草纲目》记:"可以长生久视,远而更灵。

---

[1] 〔晋〕郭璞注:《山海经校注·海经新释》卷一《海外南经》,上海古籍出版社1980年版,第196页。
[2] 《山海经校注·海经新释》卷一一《大荒西经》,第413页。
[3] 《史记》卷二八《封禅书》,第1369—1370页。
[4] 《卮史》卷九三《花木门二》引《吐纳经》,第384页。

山林隐逸得服术者，五岳比肩。"① 又如花精赠予崔元微的桃花、李花②，虽有一定的养生功效，但光靠二者延年却老，着实不易。而崔元微所得桃花、杏花之所以可以延寿却老，是因为它们为花精所奉，自然沾染上精怪之灵，实际上二者已非人间之物，自然拥有普通的桃花、杏花不能达到的效果。又有菖蒲：

> 开元中有僧游雁门山。入一石洞，见数女子鬟发飘云、草裳叶袄。僧问之，女子曰："我秦人也，蒙恬筑城役及妇人，我等避于此，哺菖蒲，皆不死。"僧辞去，后再溯之，不知洞之所在矣。③

人们相信菖蒲食之令人不死，源于古人一直认为菖蒲有延年益寿之功效。据《本草纲目》记载，菖蒲根可以"开心孔，补五脏，通九窍，明耳目，出音声……久服轻身，不忘不迷惑，延年。益心智，高志不老"④，甚至于见到菖蒲都会长寿，"赵隐之母蒋氏于山涧中见菖蒲花，大如车轮，傍有神人守护，诫之勿泄，长享富贵。年九十四，向子孙言之，言讫而卒"⑤。

追求不死更为具体的表现就是追求成仙。《释名·释长幼》云："老而不死曰仙。"⑥ 因为神仙可以不食五谷，长生不老。成仙的手段有服食、辟谷、炼丹等。服食物品中就有许多草木，如《花木门》中记载的菊花与菊实。《花木门》载："晋傅统妻有《菊花颂》。"⑦ 原文如下：

> 英英丽草，禀气灵和。春茂翠叶，秋曜金华。布濩高原，蔓衍陵阿。阳芳吐馥，载芬载葩。爱采爱拾，投之醇

---

① 《本草纲目》卷一二《草之一·山草类·术》，第739页。
② 《苔史》卷九二《花木门一》引《博异记》，第377页。
③ 《苔史》卷九三《花木门二》引《大有奇书》，第385页。
④ 《本草纲目》卷一九《草之八·水草类·菖蒲》，第1357—1358页。
⑤ 《苔史》卷九三《花木门二》引《物类相感志》，第385页。
⑥ 《释名》卷三，第43页。
⑦ 《苔史》卷九二《花木门一》引《花史》，第381页。

酒。御于王公,以介眉寿。服之延年,佩之黄耇。文园宾客,乃用不朽。①

《菊花颂》明言菊花有延年的功效。陶渊明也曾云:"酒能祛百虑,菊为制颓龄。"②《本草纲目》记载菊花"久服利血气,轻身耐老延年"。可见历代人们皆认为菊花能助人长寿。菊实,传说中乃菊花之精华。"曹太虚见大黄菊当心生一红子,渐大,三日若樱桃焉。有邻女周少夫者,年十六,同女伴来看,竟摘食之,忽乘风飞去。太虚惊报其家,父母姊妹向天号哭,初不反顾,自首及足渐没于青天之中。"③菊花助人升仙的功效源于其延年益寿之效。

除此之外,《山海经》中也记载有许多植物可以令人长寿。据《山海经·海内西经》记载,昆仑开明山北有不死之树。④《抱朴子·内篇》"仙药"中还记载了松柏脂、茯苓、地黄、麦门冬、木巨胜、重楼、黄连、石韦、楮实等药,皆可服食,有长寿、升仙之效。卷九《孔元方》记载孔元方"常服松脂、茯苓、松实等药,老而益少,容如四十许人"⑤。

人们对植物延寿功能的渴望源于对死亡的恐惧和对生命的渴求,而植物对人体有益的一些功效被人们发现,而后作为他们追求长生、否定死亡的一种手段,成为他们想象之中能够解决生与死之间矛盾的一个有力工具。正因为如此,这些花木成为古人长生心理的有力支撑,成为他们生活中不可缺少的角色。

花木在古代医疗中起着至关重要的作用,有些花木确实有一定的疗效,但还有一部分花木,基于原始信仰有着并不科学的使用方法,

---

① 〔唐〕欧阳询撰,汪绍楹校:《艺文类聚》卷八一《药香草部上·菊》,上海古籍出版社1999年版,第1392页。
② 〔晋〕陶渊明撰,袁行霈笺注:《陶渊明集笺注》卷二,中华书局2003年版,第72页。
③ 《奁史》卷九二《花木门一》引《元虚子仙志》,第381页。
④ 《山海经校注·海经新释》卷六《海内西经》,第299页。
⑤ 〔晋〕葛洪:《抱朴子》卷一一《仙药》,上海书店1986年版,第44页。

这可能是由于古代中医始终存在"巫医同源"的现象。[①] 正如花木对女子有增媚、助人有子、助人生子的效用，这些都源于先民对植物的生殖崇拜。而对《花木门》中所体现的生殖崇拜的原因，我们可以从三个层面探析。

第一，生殖崇拜。人类的发展，首先表现为种族的延续，[②] 种族的延续依靠人类的繁殖。远古人类由于受到生产力水平的限制，人口成活率低，死亡率高，因此繁衍人口是他们的第一追求。我国史前文化遗址中出现了许多与生殖崇拜有关的器物，如西安半坡遗址出土的有蛙纹与鱼纹的彩陶，表达对蛙与鱼繁殖力的崇拜；红山遗址出土的腹部隆起的女神，表达对女性生殖力的崇拜。这些皆源于先民对生命的敬畏与期待。

第二，对女性生殖力的崇拜。《花木门》中所体现的生殖崇拜都是对女子生殖力的崇拜，可以说花木是女子生殖力的载体。在原始先民最直观的感受中，女性是生殖的主要承担者。在对种族繁衍产生崇敬之感以及对生殖原因感到困惑的心理状态下，他们只看见女性产子的现象，没有弄清其原因，觉得女性的生殖力十分强大、神秘。于是那些外形与女性乳房、腹部、生殖器或者臀部形态相似或者内涵相同的植物都会受到崇拜，人们从那些植物身上获得生育的力量，故而臆测某些花木在一定的使用方法下拥有增媚、送子或者助人产子的功效。

第三，对某些花木产生的生殖崇拜。对花木的崇拜主要由于它们开花结果、生命力旺盛，先民希望能拥有与它们相似的生命力。此外，还与该植物的外形或生长习性有关。如无风独摇草、宜男草、榲子，或因其外形似女阴，或因其腹圆中空多子似怀孕女子之腹而让人产生

---

① 高凡：《〈本草纲目〉中奇方异药的巫术根源》，载《琼州学院学报》2015年第3期。

② 《生育的禁忌与文化》，第68页。

生殖崇拜。

（四）花木的人际交往之用

交往，即个体通过一定的表达手段，将一定的信息传递给其他个体的过程。正如今天朋友、亲人互赠礼物一样，在古代，人们也会互相赠送东西，因为"接受了某人的某物，就是接受了他的某些精神本质，接受了他的一部分灵魂"[1]。被赠之人见到礼物便可睹物思人，从而增进二人之间的情感。随着花木在人们生活中的应用越来越广泛，它们的价值逐渐超出物质生活范围，人们愿意将自身的情感借花木进行表达。但面对不同的人、不同的场景，选择的花木也是不同的。

1. 男女传情之信物

当年轻男女心中有浓浓的爱意却羞于说出口之时，花草便充当了情意传达的载体，这种表达方式不仅让植物多了一层文化含义，也让人们之间的交往变得更加委婉、美丽。

皇帝联络与后妃之间的感情，赏赐花木是最直接简单的方法。"端午，赐后妃诸阁翠叶五色葵榴。"[2] 选蜀葵与石榴不仅由于二者均于端午节前后开花，花色鲜艳，深受女子喜爱，也由于二者皆有辟邪驱疫之意，可为后妃祈祷健康、平安。明张岱《夜航船·天文·夏》载："端阳日以石榴、葵花、菖蒲、艾叶、黄栀花插瓶中，谓之五端，辟之不祥。"[3] 又如："顾德辉《元宫词》：'各宫分赐牡丹丛。'"[4] 牡丹娇艳，深受女子喜爱。

普通男女之间交往的载体则有一些简单易得的花木。如芍药，"芍

---

[1] ［法］马塞尔·莫斯著，汲喆译：《礼物——古代社会中交换的形式与理由》，上海人民出版社2002年版，第19—21页。
[2] 《奁史》卷九二《花木门一》引《乾淳岁时记》，第379页。
[3] ［明］张岱撰，刘耀林校注：《夜航船》卷一，浙江古籍出版社1987年版，第46页。
[4] 《奁史》卷九二《花木门一》引《草堂雅集》，第380页。

药一名将离,故郑之士女取以相赠"①。此内容来源于《诗经·郑风·溱洧》:

> 溱与洧,方涣涣兮。士与女,方秉蕳兮。女曰:"观乎?"士曰:"既且。""且往观乎!"洧之外,洵讦且乐。维士与女,伊其相谑,赠之以勺药。②

王先谦《诗三家义集疏》:"韩说:'芍药,离草也。'言将离别赠此草也。又古代'芍'与'约'同声,恋人借此结恩情,结良缘之意。"③而芍药一名"将离",临别相赠之物,象征着离别之后仍会返回。④此时的芍药不仅代表着离别,更是男女之间表达情意的信物。又如相思树与相思子。"相思树,送行之所赠也。"⑤相思子即红豆,赤如珊瑚。诗所谓:"赠君频采摘,此物最相思。"⑥相思树表示相思的原因离不开其名称由来的传说。"相思树叶圆而红,故老云:'昔有人北没于边,其妻思之,泣于树下而卒。因号相思树。'"⑦又如:"红豆名相思子,相传怨妇望夫树下,血泪染枝,旋结为子。"⑧将其作为送别礼物,希望所爱之人看到它如同看到饱受思念之苦的自己。再如当归。"妇女相招召,则赠之以文无,亦名当归。"⑨当归,即"当归来",也可因此引申出思夫的含义,正如《花木门》言:"当归调血,为女人要药,有思夫之意。"⑩妇女招召,想早日觅得良婿,

---

① 《兖史》卷九二《花木门一》引《妆楼记》,第380页。
② 《诗经注析》,第261页。
③ 〔清〕王先谦撰,吴格点校:《诗三家义集疏》卷五《十三经清人注疏》,中华书局1987年版,第372页。
④ 潘富俊:《草木缘情——中国古典文学中的植物世界》,商务印书馆2016年版,第104页。
⑤ 《兖史》卷九三《花木门二》引《罗浮山记》,第383页。
⑥ 《兖史》卷九三《花木门二》引《妆楼记》,第383页。
⑦ 《兖史》卷九三《花木门二》引《零陵总记》,第383页。
⑧ 《兖史》卷九三《花木门二》引《觚賸》,第384页。
⑨ 《兖史》卷九三《花木门二》引《玉台清照》,第385页。
⑩ 《兖史》卷九三《花木门二》引《本草纲目》,第385页。

赠当归，便为此意。

此外还有《诗经》中的茅草。《诗经·邶风·静女》载："自牧归荑，洵美且异。匪女之为美，美人之贻。"① "荑"即初生的香茅。《诗经·召南·野有死麕》云："野有死麕，白茅包之。有女怀春，吉士诱之。林有朴樕，野有死鹿。白茅纯束，有女如玉。"② 男子用麕鹿向女子求婚，但以白茅包裹，白茅也有定情之意。又有《离骚》中的荣华，"溘吾游此春宫兮，折琼枝以继佩。及荣华之未落兮，相下女之可诒"③。《九歌·湘君》中的杜若，"搴汀洲兮杜若，将以遗兮远者"④。以及《涉江采芙蓉》中的芙蓉，"涉江采芙蓉，兰泽多芳草。采之欲遗谁？所思在远道"⑤。

这些带有香味或花朵美丽的植物都可作为男女传达情意的载体和信物。其含义，正如葛兰言说："香花可以充当爱情的象征和护身符，同样也能够缔结盟誓，确保生育力。难道不可以认为，当某个姑娘在接受赠花时，她实际上是将之作为订婚花束或多产的征兆来接受的吗？"⑥

2. 朋友交往之赠品

有些花木也是表达友情之物，表达对对方美好的祝愿。"徐悱妻刘三娘《摘同心栀子赠谢娘诗》云：'同心何处恨，栀子最关人。'"⑦ 其原诗为："两叶虽为赠，交情永未因。同心何处恨，栀子最关人。"此处六瓣同心的栀子花承载着刘三娘与谢娘之间的深厚友情。忘忧草

---

① 《诗经注析》，第117页。
② 《诗经注析》，第53—54页。
③ 《楚辞补注》，第30—31页。
④ 《楚辞补注》，第68页。
⑤ 朱东润主编：《中国历代文学作品选》（上编第一册），上海古籍出版社2002年版，第397页。
⑥ [法]葛兰言著，赵丙祥等译：《古代中国的节庆与歌谣》，广西师范大学出版社2005年版，第149页。
⑦ 《奁史》卷九二《花木门一》引《玉台新咏》，第379页。

则表达对朋友美好的祝愿。"欲忘人之忧,则赠以丹棘,一名忘忧草。欲蠲人之忿,则赠之青棠,一名合昏。"忘忧草忘忧之因,《本草纲目》载:"李九华《延寿书》云:'嫩苗为蔬,食之动风,令人昏然如醉,因名忘忧。'"① 而青棠,崔豹《古今注·问答释义》曰:"青堂,一名合欢,合欢则忘忿。"② 二者都表达对朋友快乐的祝愿。花木不仅是人与人之间表达友谊的载体,国与国之间也是如此。"新罗女主德曼最明敏,唐太宗遣使遗牡丹花图并花子,德曼曰:'此花绝艳而画无蜂蝶,是必无香。'种其子果然。"③ 唐太宗以牡丹花子赠予金德曼,这时的牡丹花籽已不仅仅是赐予女子,更是两国友好的种子。

不管是表达男女之间的爱情,还是朋友之间的友谊,花木都是一种重要的载体。若信息的接受者或者发出者为女子,花木就是最合适的表达手段。

(五)花木宗教之用

花木在人们日常生活中通常因其效用而被使用在不同方面。一些花木拥有独特的宗教意义,因此会被用于宗教生活中。

1. 环境营造之要素

植物是环境的基本组成部分之一,自然也是寺院园林的基本要素之一。在禅宗的思想中,自然与禅佛相同,而植物是可以感悟禅理的自然物象。佛教有"青青翠竹皆是法身,郁郁黄花无非般若"之言,意为世间草木皆具佛性。一些植物因与佛祖释迦有关,被赋予佛教意义,故而被植于寺院。相传佛祖在无忧树下诞生,在阎浮树下冥想,在菩提树下成道,在娑罗树下涅槃。故菩提树、阎浮树、娑罗树并称为佛门三宝树。此外,还有佛寺必植的"五树六花"。"五树"即菩

---

① 《本草纲目》卷一六《草之五·隰草类下·萱草》,第1036页。
② 〔晋〕崔豹:《古今注》卷下《问答释义》,中华书局1985年版,第21—22页。
③ 《坣史》卷九二《花木门一》引《朝鲜使略》,第379页。

提树、高榕、贝叶棕、糖棕、槟榔,"六花"为荷花、黄姜花、鸡蛋花、文殊兰、地涌金莲和缅桂花。人们看见这些极具佛教含义的花木,自然而然心存敬重。

一些植物本身并无佛教意义,但也会被种植于佛寺中,譬如佛寺一般会选取一些高大且观赏价值较高的乔木种植于寺院中,以烘托其庄严肃穆的气氛。如福胜院的柏树,"福圣院有仙女吴彩鸾手植罗汉柏"①。又有北魏杨衒之《洛阳伽蓝记》中永宁寺的"栝柏椿松","栝柏椿松,扶疏檐霤;丛竹香草,布护阶墀"②。昭仪尼寺的桑树,"佛堂前生桑树一株"③。正始寺的青松、绿柽,"众僧房前,高林对牖,青松绿柽,连枝交映。多有枳树,而不中食"④。除此之外,槐树、香樟树、银杏树、榕树、楸树等高大乔木也常在佛寺中见到。这些乔木生命力旺盛、易成活,且树形优美,长大后宽阔的树荫可以供僧人进行参禅活动,而且有香火不断的美好寓意。

佛寺也会种植一些兼具观赏与食用价值的果树,如石榴,"梁武帝女为尼,于浮槎山建道林寺。寺有榴花,即帝女手植"⑤。石榴之果可供食用。白马寺也有石榴,《洛阳伽蓝记》云:"京师语曰:白马甜榴,一实直牛。"⑥可见白马寺中石榴之美味。还有苹果和葡萄,"柰林葡萄异于余处,枝叶繁衍,子实甚大"⑦。又有承光寺"亦多果木,柰味甚美,冠于京师"⑧。另外,芭蕉、柚、梨等果树寺院也会栽种。这些果树除了供僧侣道士及香客日常食用外,更表素食之意。

---

① 《奁史》卷九三《花木门二》引《吉安府志》,第383页。
② 〔北魏〕杨衒之撰,周祖谟校释:《洛阳伽蓝记校释》卷一《城内·永宁寺》,中华书局1963年版,第5—6页。
③ 《洛阳伽蓝记》卷一《城内·昭仪尼寺》,第45页。
④ 《洛阳伽蓝记》卷二《城东·正始寺》,第73页。
⑤ 《奁史》卷九二《花木门一》引《方舆胜览》,第379页。
⑥ 《洛阳伽蓝记》卷四《城西·白马寺》,第135页。
⑦ 《洛阳伽蓝记》卷四《城西·白马寺》,第135页。
⑧ 《洛阳伽蓝记》卷三《城南·承光寺》,第108页。

香花是感悟佛理的重要载体。《华严经》云:"佛土生五色茎,一花一世界,一叶一如来。"① 王维《荐福寺光师房花药诗序》记载,道光禅师"在双树之道场,以众花为佛事"②。所以寺院中会种植许多香花。如道林寺中帝女手植的石榴花,鹤林寺的杜鹃花,"鹤林寺杜鹃花最盛,每春末烂漫时,有女子红裳艳妆游花下,盖花神也。道人殷七七九月初七日宿寺中,中夜女子来曰:'妾司此花,今为道者开之,明日花蕊重,九日大开如春时。'"③ 又如大觉寺的菊花,"至于春风动树,则兰开紫叶,秋霜降草,则菊吐黄花"④。开元寺的牡丹,"此花南地知难种,惭愧僧闲用意栽"⑤。茉莉、丁香、桂花、兰花、栀子、梅花、含笑等香花也广布佛寺。禅宗思想认为鼻根为慧门,主张通过嗅觉进行参禅,所以香花也就成为寺庙中不可缺少的一物。

花木无论本身有无佛教意义,植于寺院中就会被赋予佛教意义。它们烘托寺院庄严的氛围,并引导人们参悟佛理。

2. 佛宝供养之圣物

花木在佛教礼仪中有着不可替代的地位。《华严经探玄记》中记载,佛教的十供养为"一香、二华、三鬘、四涂、五末、六衣、七宝、八登、九严具、十摩尼"⑥。"华"即花,"鬘"即鲜花制的花环。又如《正法念处经》载:"是诸天女,华鬘庄严,散以末香,手执花鬘。复有天女,散华供养。"⑦ 手执花鬘以示对佛陀的敬重。散花则是将

---

① 黄卓越主编:《中国佛教大观》,哈尔滨出版社1994年版,第334页。
② 〔唐〕王维著,〔清〕赵殿成笺注:《王右丞集笺注》卷一九《荐福寺光师房花药诗序》,中华书局1961年版,第358页。
③ 《卺史》卷九二《花木门》引《续仙传》,第375页。
④ 《洛阳伽蓝记》卷四《城西·大觉寺》,第157页。
⑤ 《全唐诗》卷四七四,第5407—5408页。
⑥ 〔唐〕法藏:《华严经探玄记》卷七,见〔日〕高楠顺次郎主编:《大正新修大藏经》第35册,佛陀教育基金会出版部1990年版,第252页。
⑦ 〔北魏〕瞿昙般若流支译:《正法念处经》卷三二,见赵朴初主编:《永乐北藏》第63册,线装书局2000年版,第782页。

花瓣向上抛撒，形成一种"花瓣雨"的场景。它是佛教最常见的一种礼仪。"竭义国城门楼上大张帏幕，夫人、采女皆在其中。像入城时，夫人、采女散众花纷纷而下。"①又有《大慈恩寺三藏法师传》记载玄奘入龟兹后的情景：

> 法师至，诸德起来相慰讫，各还就座。使一僧擎鲜华一盘来授法师。法师受已，至佛前散华，礼拜讫，就木叉毱多下坐。坐已，复行华。行华已，行蒲桃浆。于初一寺受华、受浆已，次授余寺亦尔，如是展转日晏方讫，僧徒始散。②

可以说，有佛之处必散花。僧人们借散花礼仪表示自己的崇敬之心。"天帝令玉女以天花散，诸菩萨悉皆堕落，惟尘劫未尽者沾身不落。"可见散花也是检验修行的一种方式。

在佛教中，一花一木都是神圣的。它们不仅装饰了宗教环境，更承载着不同的佛理佛义，引导人们与佛沟通，同时也具备礼仪功能，是表达对佛敬仰之心的圣洁之物。

---

① 《奁史》卷九二《花木门一》引《佛国记》，第375页。
② 〔唐〕慧立、彦悰著，孙毓棠、谢方点校：《大慈恩寺三藏法师传》卷二，中华书局2000年版，第25页。

《仙佛门》里女性的精神世界

作者 苏振富

《兖史·仙佛门》共五卷495条，分仙、神、鬼、信佛四大类，于各类下又做了详细的分类；引书371部，经史子集俱有涉及。其中有先秦自明清的众多女性神话事迹，既包括了虚无缥缈的神话人物，也描写了大量民间普通女性信众，内容丰富庞杂。借助《兖史》中"仙佛门"的丰富性，可望探究古代女性神话人物群的特点及其与民间女众的互动关系，重新认识文献中隐含的女性精神世界。

学界对女性神话人物的研究大多以某一具体人物为对象，如吴振琦的《西王母形象演变动因探析》、赵红的《嫦娥奔月——神话的仙话化与道教月仙的确立》、李雪的《九天玄女管窥》、邓怡舟的《西王母和观音菩萨形象的演变探究》、曹红亮的《麻姑考辨》、周郢的《从巫山神女到泰山玉女》、潘承玉的《浊秽厕神与窈窕女仙——紫姑神话文化意蕴发微》等。这些文章对具体的女性神话形象及其司职做了详细的追溯考辨，对研究个体女性神话形象颇有帮助。古代小说资料中保存了大量的女性神话故事，研究者结合当时的时代特点，论述社会文化风俗和女性信仰的关系。此类论文很多，如王艳的《〈西游记〉女性形象研究》[1]、高志源的《〈聊斋志异〉女妖形象研究》、王鸿雁的《〈传奇〉女性形象类型分析》、沈婷玉的《〈神仙传〉中的女仙研究》、高飞的《唐代小说中的神女形象研究》、侯兴祥的《〈搜神记〉女性形象研究》等。这些研究的共同特点，是对小说中所涉及的女性形象进行分类，如王鸿雁将女性形象分为"女仙""鬼女""俗世女子""精怪女子"，王艳则分为"女妖""女仙佛""世俗女性"等，其发凡起例之功不可忽视。

研究道教、佛教与女性关系的论著较多。李昭的《唐代道教女仙群体研究》，对道教女仙群体发展脉络及唐代道教女仙信仰进行述评。陆扬在《道教的女性崇拜——以仙传为中心的考察》中对女仙、女神的含义明确定位，对道教女性崇拜及其特点进行阐述。还有胡蔚

---

[1] 王艳：《〈西游记〉女性形象研究》，山东大学硕士学位论文，2007年。

的《唐五代说部道教女仙考》、樊春光的《儒教的神灵与道教的神仙》、陈静的《道教的女仙——兼论人仙和神仙的不同》、岳齐琼的《汉唐期间道教修炼方式与道教女性观》等,对不同历史时期道教的修炼方式及其女性观进行了探讨。詹石窗的《道教与女性》在该领域中可谓系统研究的开创性著作,它将道教与女性的关系置于整个中国文化史的发展历程中,对于"认清道教的性质、明了中国文化史的发展脉络,都有不可忽视的价值"。

关于佛教与女性之间关系的论述,有钱寅和王水根的《江西民间佛教与女性信仰》、杨孝容的《佛教女性观源流辨析》、秦玉琴的《宋代女性的佛教"空门生活"探微》、彭树欣的《论佛经中的女性观——从女性主义角度看佛经》等论文,但研究佛教与女性神话人物的作品不多。此外,还有从方志角度研究女性神话形象和信仰的作品,如严耀中的《〈魏书·地形志〉和〈水经注〉中的北方所祀诸神》、刘大可的《女性与福建民间信仰——文献记载与田野调查相结合的研究》、庄恒恺的《多维视野中的福建祠神信仰研究》等,但至今未见对《夌史》提供的丰富资料做研究的相关成果面世。本文对《夌史·仙佛门》所见女性神话和仙女的事迹进行分析整理,在校勘和分类的基础上,结合其他文献资料深入研究,以求部分地再现古代女性的精神世界和信仰活动。

一、《仙佛门》所见女神研究

对神仙的称呼似乎是约定俗成的。但是追寻其历史,神、仙二字还是有着明显不同。《说文解字》:"神,天神引出万物者也。"[①] 又言:"仙,长生仙去。"[②]《释名·释长幼》:"老而不死曰仙。仙,迁也,迁入山也。"[③]《太平经》更是详细地将神仙分为六等:"一为神人,

---

① 〔汉〕许慎:《说文解字》,中华书局1985年版,第3页。
② 《说文解字》,第167页。
③ 〔汉〕刘熙:《释名疏证补》,中华书局2008年版,第96页。

二为真人，三为仙人，四为道人，五为圣人，六为贤人。"①据此可知，神和仙虽然皆有异能，但彼此还是有区别的，神乃先天自然而成，仙则是后天修炼而成。具体到女神、女仙的概念上，我们也可以这样认为：女神即天生神圣的女性神话人物，具有浓厚的自然属性；而女仙乃是由凡人后天修道而成的女性神话人物，社会属性更为明显。

（一）女神形象的多样性

约瑟夫·甘柏在研究创世神话及其相关阶段时曾指出："创世神话大致经历了以下四个阶段：世界由无配偶的妇女创生；世界由女神受孕于配偶而创生；世界由一男性战神自一女神身体上打造而成；世界由一男神独立创造。"②创世神话的四个阶段中有三个阶段与女神密切相关，可见女神在人类社会初期的重要性。传统意义上人们对女神形象的理解大体为外表美丽内行高洁，这是颇为片面的认识。本文结合《奁史·仙佛门》中所载，将女神形象分为以下几种类别。

1. 秀丽端庄的女神形象

这部分女神抛弃了上古女神"民神杂糅"的形象，构成了《仙佛门》中最主要的群体，如："上元夫人从官文武千余人，并是女子，年皆十八九许，形容明逸，多服青衣，光彩耀目。"③"九华真妃与紫微王夫人、金台李夫人、南极紫元夫人夜降金坛杨义家，备言真妃服饰之美，年龄之少，颜容莹朗鲜洁。"④她们完全脱离了上古女神"人头蛇身""豹尾虎齿"的形象，更加符合时人对女神高贵形象的认识。

就容貌来讲，《仙佛门》中诸女神就是美丽容貌的代名词。正如《中

---

① 王明编：《太平经合校》卷七一《致善除邪令人受道戒文第一百八》，中华书局1960年版，第289页。
② 李姝：《创世神话中女神形象嬗变的几个阶段》，载《云南师范大学学报》（哲学社会科学版）1999年第6期。
③ 〔清〕王初桐：《奁史》卷九七《仙佛门一》引《汉武帝内传》，《续修四库全书》，上海古籍出版社2002年版，第1252册，第404页。
④ 《奁史》卷九七《仙佛门一》引《宛委余编》，第409页。

国的神话传说与古代小说》所述："神仙的存在完全是以美学观点来把握的。而神仙传记中出现的神仙世界又具有过分华丽、如梦如幻的倾向，从而在感觉上它被赋予和现实全然不同的另一世界的印象。"①《仙佛门》涉及的女神故事当中，不乏诸如"明艳绝代""形容明逸"等词汇，构成了《仙佛门》中美丽的女神群像。

2. 其貌不扬的女神形象

这类女神除去其形象与容貌美丽的女神有较大反差之外，通常也伴随有违背传统道德的行为。《仙佛门》中最有代表性的，便属孛和孟婆二女神，如："孛星女身，性淫，能兴云雨，常时赤体，惟朝北斗之期始着衣裳。"②又如："汪舟次奉使琉球，甫出海，见浮木丈许，铁鐷两头。取而剖视，中有一女裸卧，缜发冰肌，以右手掩面，左手敝其丑，哑尔微笑，随凌波以去，而狂风旋作。"③这类女神完全颠覆了以美貌为必要条件的女神形象，在《仙佛门》中不在少数。

3. 佛道糅合的女神形象

佛道糅合的女神形象，在《仙佛门》中以斗姥最为典型。斗姥为唐宋之际出现的新神祇。其来源，最初为佛教当中的摩利支天菩萨，后在佛道文化的交融下，与道教星斗信仰中的斗姆相结合，构成了现在我们所见到的斗姥形象。④

《仙佛门》载："斗姥名'摩利支天菩萨'，亦名'天后'。花冠璎珞，赤足，两手合掌，两手擎日月，两手握剑。"⑤该条内容所反映的信息较为有限，结合其他文献记载：斗姥"三头六臂，其上两手高举，分别持日月二轮，应阴阳二气，以象太极之意；中两手，

---

① ［日］小南一郎著，孙昌武译：《中国的神话传说与古小说》，中华书局1993年版，第221页。
② 《奁史》卷九七《仙佛门一》引《新齐谐》，第406页。
③ 《奁史》卷九七《仙佛门一》引《觚賸》，第406页。
④ 李耀辉：《从斗姥与摩利支天的融合看佛道文化的交涉》，载《中国道教》2011年第4期。
⑤ 《奁史》卷九七《仙佛门一》引《肇庆府志》，第407页。

分别持如意、黄幡，下两手一手握帝钟，一捧灵珠，以示号令斗府雷部"①。可见斗姥的形象有着鲜明的佛道二教的痕迹，这种形象的出现其实也是民间信仰杂糅的一种体现。

（二）女神内在品行的差异化

除了容貌有差别外，《仙佛门》中女神所具有的品质也各不相同。

1. 品行高洁的女神

正如人们将女神等同于美丽的容貌一般，在道德上，女神一般代表着正义与善良，人们往往将女神塑造为高贵雍穆的形象。《仙佛门》所引文献在描述洛水女神时赞美其曰："茂矣美矣，诸好备矣。盛矣丽矣，难测究矣。環姿玮态，不可盛赞。"②除去对洛水女神容貌的赞美之外，还有对其品质的肯定。又如巫山神女："巫山神女是王母第二十三女，为云华上宫夫人，尝命其侍大翳、庚辰、童律、虞余等佐禹治水。有大功德于人。"③其外貌与品行皆佳，堪称楷模。古人将这类女神塑造成了内外如一的品格，外表的美丑即反映了其内在品格的优劣。

2. 品行乖张的女神

部分女神行为乖张甚至有违传统伦理道德，除上述"孛"之外，又如："玉清有子名子休，配于河北行雨。每至小仙洞，耻母淫奔之所，辄回。故其地少雨。"④"汪舟次奉使琉球，甫出海，见浮木丈许，铁镣两头。取而剖视，中有一女裸卧，縝发冰肌，以右手掩面，左手敝其丑，咥尔微笑，随凌波以去，而狂风旋作。"⑤古代社会对女子言谈举止以及着装方面有着极为严苛的规定，《礼记·王制》中说：

---

① 陈勇：《道教北斗九皇信仰研究》，四川省社会科学院研究生院硕士学位论文，2009年。
② 《奁史》卷九八《仙佛门二》引《梦溪笔谈》，第417页。
③ 《奁史》卷九八《仙佛门二》引《蜀道驿程记》，第416页。
④ 《奁史》卷九七《仙佛门一》引《独异志》，第406页。
⑤ 《奁史》卷九七《仙佛门一》引《觚賸》，第406页。

"作淫声、异服、奇技、奇器以疑众,杀。"[1] 仁孝文皇后在《内训》中关于女子的言行规范有明确的定义:

> 女有四行,一曰妇德,二曰妇言,三曰妇容,四曰妇功。夫云妇德,不必才明绝异也;妇言,不必辩口利辞也;妇容,不必颜色美丽也;妇功,不必工巧过人也。清闲贞静,守节整齐,行己有耻,动静有法,是谓妇德。择辞而说,不道恶语,时然后言,不厌于人,是谓妇言。盥浣尘秽,服饰鲜洁,沐浴以时,身不垢辱,是谓妇容。专心纺绩,不好戏笑,洁齐酒食,以奉宾客,是谓妇功。此四者,女人之大德,而不可乏之者也。[2]

这是古代对女子的要求。作为意识的反映,古人在塑造神话人物时,需符合当时社会习惯才能便于传道,也利于信众接受其宗教教义。

女神形象的诞生多半与自然现象有关。这类女神形象之所以与传统道德观念格格不入,或许与其执掌的事项有关。如孛为干旱之神,主给人间带来灾难。孟婆主管风雨,能给人间带来水灾。女神所具有的自然能力及其与人类的利害关系,成为塑造其形象的一个重要依据。当民众极力推崇对他们有好处的女神时,就把她们塑造得比较美,这种美不仅体现在外貌上,还体现在品质上。如果女神对人类生活有弊,则将其塑造得比较丑。

二、《仙佛门》所见女神司职研究

(一)女神司职情况

1. 司权

道教比较重视女性。道教神仙体系中有两个基本体系,分别是

---

[1]〔清〕朱彬撰,饶钦农点校:《礼记训纂》卷五《王制》,中华书局1995年版,第200页。

[2]〔南朝宋〕范晔:《后汉书》卷八四《列女传》,中华书局1965年版,第2789页。

男神和女神。在两个体系中，女神对男神有着极强的依附关系，但也有自己的一些特点。

在女神系统中，西王母为最高领袖，执掌最高权力。虽然西王母的形象从《山海经》到《汉武帝内传》有了根本性的变化，但其作为权力的最高拥有者的身份是从未改变的。从《山海经》中半人半兽形象开始便拥有"司天之厉及五残"的生杀大权，到《仙佛门》中"高贵雍穆"乃至"极阴之元，位配西方，母养群品。三界十方女子之得道者咸隶焉"[①]，西王母一直是最高权力的拥有者，这或许成为后世道教徒将其供奉为道教最高女神的历史原因。此外，西王母还有一些具体细微的职能，如生育、生死祸福等。

除西王母之外，女神系统中还有其他掌握核心权力的女神，如上元夫人，其地位仅次于西王母，《仙佛门》载："上元夫人是道君弟子，总领真籍，亚于龟台。"[②]"九光元女，号曰'太真西王母'。"[③]女神系统中，结合其余直系女神，共同构成以西王母为中心的权力中心。

2. 司生育

"在中国文化传统中，没有真正的宗教崇拜。能成为深入人心的一种崇拜只有祖先崇拜。祖先崇拜的核心是希望一种血缘长流不断以及在这种血缘的延续中获得某种超自然力量的庇荫。"[④]这种观念深入整个民族，血缘延续的作用被抬到了一个至高的地位，所以古人对生育特别重视。如在国家祭祀中就有皇帝亲率后妃、诸臣祭祀生育之神高禖的祭祀活动。《礼记·月令》："是月也，玄鸟至。至之日，以大牢祀于高禖，天子亲往，后妃帅九嫔御，乃礼天子所御。带以弓韣，授以弓矢，于高禖之前。"[⑤]生育与政治结合，其影响力充斥于

[①] 《奁史》卷九七《仙佛门一》引《西王母传》，第 403 页。
[②] 《奁史》卷九七《仙佛门一》引《集仙传》，第 404 页。
[③] 《奁史》卷九七《仙佛门一》引《枕中书》，第 403 页。
[④] 顾森编著：《中国传统雕塑》，商务印书馆 1997 年版，第 182 页。
[⑤] 《礼记训纂》卷六《月令》，第 228—229 页。

朝野政治生活当中，也大量充斥在神话故事中。如《仙佛门》记载，西王母身为"极阴之元"，不仅是女神界的最高领袖，还扮演着送子女神的角色："稷为尧使，西见王母。拜请百福，赐我善子。"① 又："西逢王母，慈我九子，相对欢喜。王孙万户，家蒙福祉。"②

道教中，除西王母外，还有另外一位地位颇高的女神亦主司生育，即碧霞元君。有关碧霞元君的来历有多种说法，其一认为她为"天仙圣母碧霞元君"东岳大帝之女；其二认为她是王母第三女；还有认为她是黄帝身边的玄女。不论其来历如何，在神话故事当中其地位之高是毫无疑问的。其身份在现实生活中也有体现。宋真宗时，敕封其为天仙玉女碧霞元君，号圣帝之女。明代赐号碧霞元君，其主要职责与生育有关："此神乃司使妇女多子，并为保护儿童之神。"③ 将生育权力授予地位如此之高的女神，足见古人对生育的重视。

3. 司寿考

寿考即高龄长寿的老人。"寿"和"考"都是年高、长寿的意思。

长寿是世人从古至今的夙愿。自战国时期起，随着神仙方术的出现，寻求不死之药以祈长生的观念随之盛行。《史记·封禅书》载："自威、宣、燕昭使人入海求蓬莱、方丈、瀛洲。此三神山者，其传在渤海中，去人不远；患且至，则船风引而去。盖尝有至者，诸仙人及不死之药皆在焉。"④ 汉时这一观念更甚。栾大进言武帝时提道："黄金可成，而河决可塞，不死之药可得。"⑤《仙佛门》所辑

---

① 〔汉〕焦延寿：《焦氏易林》卷一《坤之第二》，中华书局1985年版，第7页。

② 刘黎明：《焦氏易林校注》卷四《鼎之第五〇》，巴蜀书社2011年版，第854页。

③ 吕宗力、栾保群：《中国民间诸神》，河北教育出版社2001年版，第260页。

④ 〔汉〕司马迁：《史记》卷二八《封禅书》，中华书局1959年版，第1369—1370页。

⑤《史记》卷一二《孝武本纪》，第462页。

录掌握不死之药的女神，最初所见的仅有西王母："羿请不死药于西王母，羿妻嫦娥窃以奔月。"①不死之药还有升天的作用。之后出现的女神，拥有并且能随意赐予别人长寿不死的能力及权力，如织女："郭子仪夜见空中骈车绣幄，中有一美人，坐床垂足，自天而下。子仪拜祝曰：'今七月七日，必是织女降临，愿赐长寿富贵。'女笑曰：'大富贵亦寿考。'言讫，冉冉腾天。"②从整体看，拥有不死长生的能力是女神的一项基本条件，也是人间赋予女神的一项基本本领。随着长生不死观念的逐步扩散，拥有不死之药的女神也随之增多。

4. 司自然天象

对各种自然现象的解释最能反映先民对天人关系的认识。神话故事中创作出了众多执掌天象的女神，体现了先民对自然力的认识。

原生态神话中帝的"权能扩大至祖先神的领域，形成了几乎是全能的'帝'……帝能支配各种气象，如'令雨''令风''令雷''降旱'等"③。但从《仙佛门》所辑录的众多女神形象来看，风、雨、雷、霜雪等已经各有女神执掌，非仅归属于帝。如孟婆为执掌风之神："俗谓风曰'孟婆'。"④《山海经》中："'帝之女游于江中，出入必以风雨自随。'以帝女，故曰孟婆。"⑤冯夷、巨灵为司水之神。青腰玉女为执掌霜雪者："青女，青腰玉女，司霜雪者。"⑥女魃主管人间旱灾情况："女魃，又名'旱母'，所见之国大旱。"⑦这或许是口头文学的"变异性"特征使然，但我们在解读了卜辞中帝的形象之后发现："卜辞中的上帝也是冷漠冰凉的，它的行为完全是自然的、

---

① 《奁史》卷九七《仙佛门一》引《灵宪》，第 404 页。
② 《奁史》卷九七《仙佛门一》引《神仙感遇集》，第 405 页。
③ 陈春会：《考古学与先秦宗教思想论纲》，西北大学博士学位论文，2012 年。
④ 《奁史》卷九七《仙佛门一》引《丹铅总录》，第 406 页。
⑤ 《奁史》卷九七《仙佛门一》引《丹铅总录》，第 406 页。
⑥ 《奁史》卷九七《仙佛门一》引《淮南鸿烈解》，第 406 页。
⑦ 《奁史》卷九七《仙佛门一》引《神异经》，第 406 页。

机械的、和人间无关的。人们只能通过卜问了解某个时间帝是否令风令雨，却不能通过人为的方式对帝施加影响而让其改变气象……它不具备人情常理，不能体恤人间的需要或灾难。"[①] 正因为"神灵与人的距离很大，交往的障碍很多，人们基本无法接近他们"[②]，才导致人们将自然现象人格化之后，将各种自然天象付诸具有人形的女神。

（二）司职特点分析

女神司职有两个特点：一是等级色彩鲜明，二是性别色彩浓厚。

1. 等级色彩鲜明

《仙佛门》中的女神除了有明确的司职分工之外，亦有鲜明的等级性。作为上层的统治阶层，多从宏观上主宰女神界的事物，如仅次于西王母的上元夫人："上元夫人是道君弟子，总领真籍，亚于龟台。"[③] 一般女神则具体执掌某些职务，如："青女，青腰玉女，司霜雪者。"[④]"女魃，又名'旱母'，所见之国大旱。"[⑤] 之所以出现这种现象，当然少不了教义的影响，正如道教仙传所讲：

> 三清九宫，并有僚属，列左胜右，其高总称曰道君，次真人、真公、真卿，其中有御史、玉郎诸小号，官位甚多也。女真则称元君、夫人，其名仙夫人之秩比仙公也。夫人亦随仙之大小，男女皆取所洽处，以为置号，并有左右。凡称太上者，皆一宫之所尊。又太清右仙公，蓬莱左仙公，太极仙候、真伯、仙监、仙郎、仙宾。[⑥]

---

① 陈春会：《考古学与先秦宗教思想论纲》，西北大学博士学位论文，2012年。
② 首丹：《谶纬对神话传说流变的影响》，四川师范大学硕士学位论文，2010年。
③ 《亘史》卷九七《仙佛门一》引《集仙传》，第404页。
④ 《亘史》卷九七《仙佛门一》引《淮南鸿烈解》，第406页。
⑤ 《亘史》卷九七《仙佛门一》引《神异经》，第406页。
⑥ 〔宋〕李昉等：《太平御览》卷六六二《道部四》，中华书局1960年版，第2955页。

这是道教等级最直接的体现，是人间世界在神仙世界的一种投射。从深层次来看，其实深受中国古代宗法制度的影响。

宗法制是中国古代社会最基本的社会体制，在"宗法制度下家国一体，国是家的扩大，家是国的基本组织单元。家的一切行为总是服从于国家的理念，维护国家的制度"①。其核心是强调长幼尊卑有序。"在以礼维护的宗法制下，各成员之间的身份和地位是不同的，各成员之间依据他们与宗主之间的血缘关系作为内部区分亲疏、等级的标准。"②宗法制一个突出的特点便是祖先崇拜。在宗法制习惯下，女神世界产生了由权力分配而引发的等级关系实属正常。

2. 性别色彩浓厚

《仙佛门》以辑录女性神话人物为主，其所涉司职毫无疑问当以女性为主。但是，通过与男性神话人物权力执掌相比较，我们还是能发现其中的一些差异。

首先，在最高权力的执掌方面，《仙佛门》所辑录的女神多管理得道女子，管辖范围有限。"西王母者，极阴之元，位配西方，母养群品。三界十方女子之得道者咸隶焉。"③男性神话世界中最高权力的持有者东王公，将男女得道者俱纳入其管理范围。

> 木公，亦云东王父，亦云东王公。盖青阳之元气，百物之先也。冠三维之冠，服九色云霞之服，亦号玉皇君。居于云房之间，以紫云为盖，青云为城。仙童侍立，玉女散香。真僚仙官，巨亿万计，各有所职，皆禀其命，而朝奉翼卫。故男女得道者，名籍所隶焉。④

---

① 胡祥琴：《中国古代女神婚姻的特点及成因》，载《北方民族大学学报》（哲学社会科学版）2010年第4期。
② 桑胜剑：《宗法制与中国古代社会关系探析》，载《齐齐哈尔师范高等专科学校学报》2009年第1期。
③ 《奁史》卷九七《仙佛门一》引《西王母传》，第403页。
④ 《太平广记》卷一《木公》，第5页。

其次，便是具体司职方面。碧霞元君司妇女多子，主管生育；司自然天象者多主风雨之类；成都别号芙蓉城，其城主为芙蓉女神，都体现出女性的性别特色。"在中国五大宗教信仰中，女性不同程度地受到歧视和贬抑，只有道教从发展早期开始，就有较系统的'崇阴'思想。"① 道教对女性的崇拜在发展中有增无减："道教男神没有赶走女神，更没有使女神一个个变性。相反，原有女神不仅继续得到崇拜而且不断增添同伴。"② 正是基于这种认识，道教中才会有大量女神的出现，并且掌握一定的职权。从《仙佛门》所辑录的女神来看，很少有战争、刑罚等暴力角色出现，更多的是一种平和、阴柔的角色，如周秋良所说："中国文化的根本思维在心灵深处有着根深蒂固的母系文化因子，有着'阴柔'的审美定势。"③

三、《仙佛门》所见女神谱系化

刘城怀在其《中国上古神话通论》中讲道："构造神话系统的方法主要有三：一是利用亲属关系，让许多神成为主神的亲属；二是利用部属关系，让许多神成为主神的部属；三是利用创造关系，让许多神成为主神的创造物。"④《仙佛门》中亦可见到类似的神话系统的构造方式。

《仙佛门》摘录的古代女神谱系可以分为三大部分，分别为：西王母系统、老君系统、魏夫人系统。由于我们在界定神、仙概念时沿用了"先天"与"后天"的标准，所以后世成仙的魏夫人及其谱系不在我们探讨的行列。老君先天生而异于常人，符合先天神的标准。

---

① 谌娟：《早期道教"崇阴"思想及其转变》，载《云南社会科学》2011年第5期。
② 詹石窗：《道教与女性》，上海古籍出版社1990年版，第92页。
③ 周秋良：《观音故事与观音信仰研究——以俗文学为中心》，广东高等教育出版社2009年版，第73页。
④ 刘城淮：《中国上古神话通论》，云南人民出版社1992年版，第199页。

（一）谱系化的形成方式

1. 亲属关系

"神话在不断地粘连与复合中出于追求完整逐渐走向了系统化。"① 《仙佛门》中以西王母为中心形成了一个完整的谱系。

首先，太元玉女为扶桑大帝及西王母之母。

> 元始天王在天中心之上，名曰玉京山。经二劫，忽生太元玉女，在石涧积血之中，号曰太元圣母。元始君下游见之，乃与通气结精，招还上宫。元始君经一劫乃一施太元母，生天皇，十三头，治三万六千岁，书为扶桑大帝东王公，号曰元阳父。又生九光元女，号曰太真西王母，是西汉夫人。所治群仙无量也。②

这段材料既说明了西王母出身的高贵性，也强化了西王母的神圣性，为西王母的身世及其地位的合法性提供了一个合理的解释。

其次，西王母诸女众多，各自掌握要职，成为女神体系当中极为重要的组成部分，是组成整个女神世界的主干。

> 王母第三女曰"碧霞元君"，第四女曰"南极夫人"，又曰"紫元夫人"，名林，字容真。③

> 王媚兰为云英夫人，一云媚兰，字申林，王母第十三女。玉清娥，字愈意。一云青娥，字愈音，为紫微夫人，王母第二十女。④

> 云华夫人，王母第二十三女，尝游巫山。大禹拜夫人求助，夫人授以上清宝文理水之策。禹拜受，遂导陂决川以成功焉。⑤

---

① 首丹：《谶纬对神话传说流变的影响》，四川师范大学硕士学位论文，2010年。
② 〔晋〕葛洪：《枕中书》，中华书局1991年版，第2页。
③ 《奁史》卷九七《仙佛门一》引《女仙录》，第403页。
④ 《奁史》卷九七《仙佛门一》引《真诰》，第403页。
⑤ 《奁史》卷九七《仙佛门一》引《集仙传》，第403页。

> 太真夫人,王母小女也,讳婉罗。①
>
> 王母小女名琬,字罗敷,号东岳夫人。②

以老君为中心的神话与以西王母为中心的神话类似,同样出现了系统化。

在老君系统中,围绕老君形成了一个比较完整的谱系,如玄妙玉女为老君之母,灵照夫人为老君之姑。

> 老君母曰"玄妙玉女"。③
>
> 玄妙玉女,姓尹氏,亦曰"无上元君"。④
>
> 灵照夫人,李氏,老君之姑。⑤

分析以上可知,女性神话人物通过亲属关系构筑了一个庞大的谱系,同时通过亲属关系形成了权力的核心。而相较于女性神话人物来说,男性神话人物通过亲属关系来构造谱系系统则较为少见。

2. 部属关系

在《仙佛门》中,这一类关系尤以西王母与其诸侍女之间体现最为明显。西王母侍女不仅人数众多且地位极高,并在众多神话故事当中成为西王母与人间交往的桥梁。

> 西王母侍女王上华、董双成、石公子、宛绝青、地成君、郭密香、千若宝、李方明、张灵子。⑥
>
> 王母遣侍女郭密香与上元夫人相问。帝见侍女下殿,俄失所在。须臾,郭侍女返,上元夫人又遣一侍女答问,云:"阿环再拜,上问起居。"帝因问:"上元何真也?"王母曰:"是三天上元之官,统领十万玉女名箓者也。"⑦

---

① 《奁史》卷九七《仙佛门一》引《妆楼记》,第403页。
② 《奁史》卷九七《仙佛门一》引《玉壶退览》,第403页。
③ 《奁史》卷九七《仙佛门一》引《酉阳杂俎》,第407页。
④ 《奁史》卷九七《仙佛门一》引《玉壶退览》,第407页。
⑤ 《奁史》卷九七《仙佛门一》引《玉壶退览》,第407页。
⑥ 《奁史》卷九七《仙佛门一》引《真灵位业图》,第403页。
⑦ 《奁史》卷九七《仙佛门一》引《汉武帝内传》,第404页。

此外，其他众部属亦成为西王母神话系统中的重要组成部分。

  上元夫人是道君弟子，总领真籍，亚于龟台。①

  墉宫玉女，王子登，是王母紫兰宫传言玉女。曾出配北烛仙人，旋又召还，使领命禄，真灵官也。②

西王母伴随着半人半兽形象的变化，执掌权力逐渐增多，其神话归属也愈来愈多。恰如顾颉刚所讲："时代愈后，传说中的中心人物愈放大。"

尽管老君之母和老君之姑皆为女神之中地位极高者，但其形象的流传依然是依附于老君的，并没有像西王母一样形成一个独立于男性神话的自我体系。

（二）谱系化出现的原因

1. 宗法制的影响

"宗法制从其诞生之初就以其强大的生命力驾驭着中国古代社会的各个层面。"③它对中国社会的影响不仅仅局限于统治阶层，还对中国民间社会的变革走向产生了深刻的影响。由对神话系统的分析可知，两个神话系统的共同特点在于其主要利用了亲属关系与部属关系，是宗法系统在神话世界的体现。但是，两个系统又体现出明显的差别，如西王母系统以西王母为核心，是专门关于女神的庞大的谱系。这一家族系统在整个女神世界中居于主导地位，形成了独立于男性神话世界的体系。而老君系统中的女神都是围绕男性神话人物展开的，女神其实是依附于男性神话人物的附属品，缺乏独立的神格。

2. 传道需要

"在先秦诸子中，墨家讲究鬼神崇拜，道家特别注重神仙思想，

---

① 《氙史》卷九七《仙佛门一》引《集仙传》，第 404 页。
② 《氙史》卷九七《仙佛门一》引《女仙录》，第 403 页。
③ 桑胜剑：《宗法制与中国古代社会关系探析》，载《齐齐哈尔师范高等专科学校学报》2009 年第 1 期。

儒家虽然不讲求鬼神,但特别注重祖先祭祀,所有的这些都使得人们对鬼神鬼怪的崇拜意识有了根深蒂固的观念。"① 诸子百家之所以对鬼神鬼怪都有根深蒂固的观念,与中国古人最为粗浅的宗教观念中的祖先崇拜有关。古人认为人死后会幻化为魂魄,并在一定情况下能够干涉人间的生活,只有给予鬼魂以祭祀或是厚葬才能让其有所归宿,不会成为恶鬼。这也直接催生了中国原始宗教的二重性,即祖先崇拜中的感恩角色和祈福消灾的意味。并不是所有的人都能享受到祖先崇拜,"只有那些生前是强有力的、对共同体有贡献者,或是酋长,死了以后才被奉为祖先崇拜"②。

宗法制看重长幼尊卑,特别重视祖先祭祀,所以设立家谱式的神仙谱系,在封闭内向的环境中形成一种家族式的归属感。设立一个强有力的宗教精神领袖,这就符合了传统的祖先崇拜的内核。

《奁史·仙佛门》中的诸女神

女神	司职	出典
太元玉女	亦称太元圣母,生扶桑大帝及西王母	旧题晋·葛洪《枕中书》
西王母	极阴之元,统三界十方得道女子	《山海经》
王子登	王母侍女	旧题汉·班固《汉武帝内传》
董双成	王母侍女	旧题汉·班固《汉武帝内传》
上元夫人	总领真籍,亚于龟台	旧题汉·班固《汉武帝内传》
九光元女	所治群仙无量也	《山海经·西山经》
云林夫人	治沧浪宫	
碧霞元君	主司妇女多子	北宋《东岳元君香火社碑》
紫微夫人		梁·陶弘景《真诰》
孟婆	司风女神	宋·赵彦卫《云麓漫钞》卷四
青腰玉女	司霜雪	汉·刘安《淮南子·天文训》

---

① 申喜萍、王涛编著:《玄风道韵——道教与文学》,四川人民出版社2012年版,第93页。

② 朱顺天:《中国古代宗教初探》,上海人民出版社1982年版,第206页。

续表

女神	司职	出典
女魃	司旱灾	《山海经·大荒北经》
女嬃	居南斗食厉	《甘氏星经》
九天玄女	司兵法	清·严可均《全上古三代秦汉三国六朝文·全上古三代文》卷一六《黄帝问玄女兵法》
玄妙玉女	老君之母	宋·张君房《云笈七签》
灵照夫人	治方丈台第十三朱馆中	梁·陶弘景《真诰》
冯夷	黄河之神	《庄子·大宗师》
巨灵	黄河水神	汉·张衡《西京赋》
圣姑	司水	北魏·郦道元《水经注·渐江水》引《礼乐纬》
周瑶英	芙蓉城女主	
青琴		汉·司马迁《史记》卷一一七《司马相如传》引《上林赋》
三夫人		
仙祖皇太姥		
龙女		
太真夫人		

四、《仙佛门》所见女仙研究

女仙与女神的重要区别是，女仙多由凡间女子修道而成。

（一）《仙佛门》所见女仙形象

出于凡间的女仙，她们和人的关系相比于禀天地之气而成的女神来说更为亲近，女仙身上也带有更多的凡人所具有的人情化、人性化的色彩。《仙佛门》所摘录资料当中，关于女仙的描写几乎都体现了这一特点。如：

> 天妃，世居莆之湄州屿，闽王时巡检林愿之第六女，生于宋元祐八年，以雍熙四年升化。厥后尝衣朱衣，飞翻

海上。①

于阗国王祀龙水际,一女子凌波来拜,曰:"愿得大臣为夫。"有大臣请行,入水不溺,中河而没。②

从这些资料当中能够看到,女仙既有女神所具有的超能力,如"飞翻海上""入水不溺"等,也不乏普通女子在日常生活当中所具有的社会属性。兼有女神的能力和普通凡间女子的形象,是女仙形象的一个突出特点,正好体现了女仙后天成仙的属性。这与道教所宣扬的仙化可学、不死可得的思想有关。

1. 才华横溢的才女形象

封建社会"女子无才便是德",能够通经懂史、善于琴棋书画的才女常常被看作异类。然而在神话志怪小说当中,她们的才华得到展现,并且成为被民间祭祀尊敬的才貌双全的仙女。《仙佛门》中引许颢撰《许彦周诗话》:"紫姑神能作诗,一士人家请之,请作雨诗。顷刻满纸,其警句云:'帘卷滕王阁,盆翻白帝城。'"③此外,《仙佛门》中所载在民间迎请乩仙的故事中,也不乏用善作诗文来点缀女仙。

宋董无双尝请仙,有女仙降,运箕如萦,有句云:"燕子未来春寂寂,小窗和雨梦梨花。"又云:"东风吹过双蝴蝶,人倚危楼第几栏。"读者皆爱其语隽。④

这则故事不仅说明女仙有才华能作诗文,更是用"读者皆爱其语隽"来肯定女仙的才华。才女形象频频出现,成为女仙形象的标准模式之一,"这是因为女仙给予人们正面的印象,她们不仅仅是一般的民间女子,而是拥有法术、位列仙籍的仙人,这样的女仙必定各方

---

① 《兹史》卷九八《仙佛门二》引《东西洋考》,第419页。
② 《兹史》卷九八《仙佛门二》引《酉阳杂俎》,第419页。
③ 《兹史》卷九八《仙佛门二》引《许彦周诗话》,第425页。
④ 《兹史》卷九七《仙佛门一》引《女世说》,第414页。

面都有出色的表现"①。女仙在配以非凡的容貌的同时，必须加以非凡的才华，这样互相映衬，方可表现女仙过人之处，民众也才能在神话世界中寻到崇拜的楷模。

2. 忠贞不渝的节妇形象

古代女子因节烈而自杀的记载多存于史传及小说中。非正史类文献中，《列女传》可以说是最早记录节烈女子事迹的文献。其中有大量的古代帝王后妃节烈事迹，如开篇卷一便讲到了上古"五帝"之一的舜的妃子娥皇、女英随帝死于湘江的事迹；还有春秋时期息国君主之妻息妫以自杀求保节烈的事迹。正史当中，从范晔《后汉书·列女传》起开始记录古代节烈女子事迹，主要是贤良类型的女子。《辽史》明确提出"与其得烈女，不若得贤女"②。《明史·列女传》主要记载了女性的贞节事迹，贤良类型则大为缩减。这种情况在《仙佛门》当中亦如实地延续了下来：

> 王进贤，夷甫女也，为愍怀太子妃。洛城乱，刘曜略进贤，欲娶之。进贤大骂，投河。其侍婢名六出，亦投河死。时遇嵩高女真韩太华出游，遂俱获救，外示死体，内实密济，将入嵩高山，今在华阳洞中。③

> 昙阳子以贞节得仙，白日升举。④

> 莘七娘，五代人，从夫征讨，夫殁于明溪乡，乡人构室祀之。端平间，调塞兵戍建康。闻庙中钲鼓喧腾，追兵回，言是日与敌会战，有神兵阴助，克之。上闻，赐庙额"显应"，封"惠利夫人"，加"福顺夫人"。⑤

---

① 符燕玲：《〈太平广记〉女仙类研究》，拉曼大学学士学位论文，2013年。

② 〔元〕脱脱等：《辽史》卷一〇六《列女传》，中华书局1974年版，第1471页。

③ 《奁史》卷九七《仙佛门一》引《南岳魏夫人传》，第411页。

④ 《奁史》卷九七《仙佛门一》引《明盛事述》，第412页。

⑤ 《奁史》卷九八《仙佛门二》引《八闽志》，第423页。

从汉代起被确立为官方正统哲学思想的儒学，对当时的现实社会生活产生了极为深刻的影响。这一思想很明显地渗透到了神话志怪小说当中，使得"节烈"观念在凡间女子成仙过程当中扮演着相当重要的角色。

3．孝思不匮的孝女形象

关于孝道，《孝经》曾有"五刑之属三千，而罪莫大于不孝"[1]的提法。这是中国古代家族社会下崇尚伦理文化的一种表现，体现在女性身上却有着严苛于男性的色彩。如《新唐书·列女传》中讲到汴女李氏："八岁父亡，殡于堂十年，朝夕临。"[2]待到出嫁年龄之时，她却"断发，乞终养"，为孝敬母亲而拒绝出嫁。《元史·列女传》："（葛妙真）九岁，闻日者言，母年五十当死，妙真即悲忧祝天，誓不嫁，终身素斋素，以延母年。"[3]亦出于孝道而"誓不嫁"，以祈为母增寿。

现实做法直接影响到神话小说当中女仙品格的塑造。神话志怪小说当中，女仙通过孝道成仙的方式，要比女子不出嫁严苛得多。《夻史·仙佛门》载：

> 秦武陵令罗君溺水，其女寻父不获，遂赴水死。邦人祀之，谓之"罗娘庙"。元丰中，封孝烈灵妃。[4]

> 遵化县民康小二为官铸铁，不熔。康有二女，恐父获罪，俱祝天投入冶中，铁应时熔。共见二女随烟焰上升。事闻，敕为金火二仙姑，至今铁冶祀之。[5]

除了尽孝道之外，还有一种类似于殉葬的做法。这种思想既是

---

[1]〔唐〕唐玄宗注，〔宋〕邢昺疏：《孝经注疏》卷第六，宋十三经注疏重刊本。

[2]〔宋〕欧阳修、宋祁：《新唐书》卷二〇五《列女传》，中华书局1975年版，第5821页。

[3]〔明〕宋濂：《元史》卷二〇〇《列女传》，中华书局1976年版，第4493页。

[4]《夻史》卷九八《仙佛门二》引《岳阳风土记》，第422页。

[5]《夻史》卷九八《仙佛门二》引《燕山丛录》，第424页。

对神仙界女仙该拥有品格的期望，也是现实中礼法原则的体现。

（二）《仙佛门》所见古代女仙特点

1. 圣帝皇王之戚

结合《仙佛门》来看，先秦时期的修道女性身份较为突出。首先是传说中圣贤帝王之妃，如湘夫人为虞舜之妻，嫦娥为古东夷国首领后羿之妻。其次为神话传说中古帝王之裔，如洛水之神为伏羲之女，瑶姬为炎帝之女，湘夫人为古帝唐尧之女。此外还有其他亲属关系，如启母之妹为阿姨神等。这种情况的出现基于以下几种原因：

一是贵族政治的体现。春秋战国时期是神仙思想逐步形成的时期。政治上的世卿世禄制以及教育上"学在官府"对教育的垄断，造成了贵族对社会主要言论以及思想的控制。"天降下民，作之君，作之师。"[①] 这种早期政教合一的君权神授说，导致成仙思想最先源自统治阶层。当时贵族当政，"君主权贵们对于肉体不死的渴望，甚至更要超出那些饥寒交迫、苦熬时日的下层百姓"[②]，正是由于神仙思想的盛行最初源自贵族上层，导致了先秦时期诸多贵族女性成仙的传说。

二是母系传统遗风的影响。"殷商时期的女性社会地位相对较高，当今学术界将商代的贵族女性称为'诸妇'，殷商甲骨文中记载着很多'诸妇'的事迹。她们可以参与战争、主持祭祀、担任地方长官等，可见商代的女性在社会中享有尊崇的地位。"[③]

三是巫文化残留遗风的影响。巫在古代本指女性。"在男曰觋，

[①] 〔战国〕孟子：《孟子》卷二《梁惠王下》，中华书局2006年版，第27页。

[②] 田桂民：《早期中国神仙信仰的形成与演化》，载《南开学报》（哲学社会科学版）2003年第6期。

[③] 赵宁红：《先秦历史散文中的女性形象研究》，陕西师范大学硕士学位论文，2013年。

在女曰巫。"①结合古代构字法可知，巫当早于觋。巫在自然神权时代被视为沟通天人的中介，位于部落的最高层。她们"垄断着在当时社会政治、经济生活中起重要作用的卜、筮、占、祝，是统治者与上天鬼神沟通的唯一执行者"②。巫在古代社会有如此重要的地位，才从总体上构成了先秦时期修道女性身份较为特殊的状况。

2. 道通天人之术

《仙佛门》中所反映出的修道女性多为有道通天地之能的异能之士。如汉代南阳女子杜兰香"年三岁，西王母接而养之于昆仑之山，于今千岁矣"③。杜兰香三岁而有异能，被西王母接养于昆仑山。汉桓帝时期奇女子麻姑："汉孝桓帝时，神仙王远，字方平，降于蔡经家……独坐久之，即令人相访麻姑。"长陵女子，《史记·封禅书》："是时上求神君，舍之上林中蹏氏观。神君者，长陵女子，以子死，见神于先后宛若(妯娌)。"④秦汉时期是中国各种宗教的集中萌生期，如这一时期道教产生，北有太平道，南有五斗米道，并在民间广为流传。而作为异域宗教的佛教亦得以传入，并且最早受到汉代皇室的信任。

宗教团体大规模的出现，自有其社会根源。早在战国时期，燕齐地区便盛行神仙方术思想，并且形成了一定的气候，出现了大批以操持神仙方术为主要职责以求谋生、进位的方士，比较著名的有燕地的宋毋忌、正伯侨、充尚等。这些方士们以道家、阴阳五行家的理论为基础，建立了自己的理论体系方仙道。其核心主张就是要通过服食丹药而得以长生不老，以至成仙。自秦一统六国，始皇帝意图使自己

---

① 来可泓：《国语直解》卷一八《楚语下》，复旦大学出版社2000年版，第797页。
② 马新：《论两汉民间的巫与巫术》，载《文史哲》2001年第3期。
③ 转引自顾国瑞、陆尊梧主编：《唐代诗词语词典故词典》，社会科学文献出版社1992年版，第1058页。
④ 《史记》卷二八《封禅书》，第1384页。

与天地齐寿，便接受了这种长生思想，不遗余力地派出方士出海寻仙访道。终秦一朝，留名史籍的方士人数众多，如韩终、侯公、卢生、石生等，其中最为著名的便是东渡的齐地方士徐市。汉朝承接秦代，对长生的追求毫不逊色。方士大量出现，最著名的有李少君。《史记·孝武本纪》载："是时，而李少君亦以祠灶、谷道、却老方见上，上尊之。"① 《汉书·郊祀志》："是时而李少君亦以祠灶、谷道、却老方见上，上尊之。"② 二者皆用"尊"字表达了皇帝对李少君的态度。此外还有诸如缪忌、少翁、栾大、公孙卿等。在政府的大力推行下，整个汉代官方以及"民间社会充满着浓厚的神鬼气氛，巫与巫术盛行"③。在这种社会氛围中，巫蛊术、祝诅术、降神术可以说都与民众生活息息相关，成为人们生活以及信仰或是畏惧的有机组成部分。故事中身有异能者，多能够直接和神仙交流，其职能类似于巫者。汉代巫形象及故事的广泛流传，为巫与民众形象的融合提供了契机。

3. 脱胎换骨之法门——"天书"

这一时期女性修道者主要以修习道术和服食丹药为主。先来看几则与此有关的材料。《仙佛门》引晋葛洪《神仙传》云："樊夫人者，刘纲妻也。纲仕为上虞令，有道术，能檄召鬼神禁制变化之事……暇日常与夫人较其术用。"④ 东陵圣母："女子姜杜，左道通神，县以为妖，闭狱桎梏，变形，莫知所极，以其处为庙，号东陵圣母。"⑤ 又有："紫清上宫九华真妃，是太虚上真元君李夫人之少女也。诣龟山，学上清道，道成受太上玉书，署为此号。"⑥ "上元夫人命侍女宋非辟出紫锦之囊，开绿金之笈，以《三元流珠经》《丹景道精经》《隐

---

① 《史记》卷一二《孝武本纪》，第453页。
② 〔汉〕班固：《汉书》卷二五《郊祀志》，中华书局1962年版，第1216页。
③ 马新：《论两汉民间的巫与巫术》，载《文史哲》2001年第3期。
④ 〔晋〕葛洪：《神仙传》卷七《樊夫人》，中华书局1991年版。
⑤ 《奁史》卷九八《仙佛门二》引《洽闻记》，第423页。
⑥ 《奁史》卷九七《仙佛门一》引《真诰》，第409页。

仙八术经》《太极绿景经》凡四部,以授茅君。"[1]

魏晋时期道教理论的建立以及服食丹药的盛行,与这种现象的出现是密切相关的。"在魏晋以前,道教哲学没有形成理论化系统化的体系。到了东晋,葛洪对道教理论做出了巨大贡献,他首次奠定了道教哲学的思想体系,其《抱朴子·内篇》是道教第一部把神仙学建筑在理论体系上的著作。"[2] 葛洪提出的"经国济世""悲天悯人"的情怀,正是对那个时代"纲漏防溃,风颓教沮"[3]"或假财色以交权豪,或因时运以佻荣位,或以婚姻而连贵戚,或弄毁誉以合权柄。器盈志溢,态发病出;党成交广,道通步高"[4] 等社会现象的不满和控诉。为了达到宗教所宣扬的平等社会模式,才把成仙修道理论化,并且将修道的门槛进一步降低。这也为魏晋时期修道方式由注重个体异能向注重修行方式转化提供了条件。

(三)《仙佛门》所见女性成仙方式研究

《奁史·仙佛门》中古代女性成仙方式众多,但苦心研修是关键所在,此为所有修道者的共同点。具体表现如下:

1. 服罪成仙

此类仙人身份相当特殊。因其原本已是仙人,中途得罪,往往因泄露天机而被贬凡间,然后通过修行,当贬谪期满复成仙化去。《仙佛门》所讲的卢眉娘本是"北祖帝师之裔",因事流落岭表,后被引入宫廷,因其不愿受束缚,最后"度为女道士,赐号'逍遥'。数年不食,尸解化去"[5]。可以借用以下结构来表现这种关系:身份高贵的天仙→泄漏天机→贬入人间→服罪期满升天。这种对天仙的处罚即

---

[1]《奁史》卷九七《仙佛门一》引《增汇侍儿小名录》,第413—414页。
[2] 张景先:《魏晋隋唐道教哲学思想述评》,载《内蒙古民族大学学报》(社会科学版)2002年第6期。
[3]《抱朴子·外篇》卷一五《审举》,第127页。
[4]《抱朴子·外篇》卷二五《疾谬》,第147页。
[5]《奁史》卷九七《仙佛门一》引《集仙录》,第411页。

为她们在人间的修行过程,只要肯修行,一般会顺利归返上天。

2. 苦修成仙

这是普通信众最主要的修行方式,修行过程最为辛苦,一般要依循道书修习。如《仙佛门》引《增汇侍儿小名录》云:"上元夫人命侍女宋非辟出紫锦之囊,开绿金之笈,以《三元流珠经》《丹景道精经》《隐仙八术经》《太极绿(缘)景经》凡四部,以授茅君。"① 还有一部分是通过饮食来修道成仙的:一种为辟谷。"如卢眉娘,数年不食,尸解化去。"另一种为服食。魏夫人,任城人。晋司马徒舒之女,名华存,字贤安。幼而好道,常服胡麻散、茯苓丸,吐纳气液,摄生夷静。"何仙姑,零陵市上道女也。遇异人,与桃食之,遂辟谷逆知人吉凶。"② 修道所服食之物皆为有益之物。如果说刻苦修道是强调内化自身,那么注意饮食便是从外部来强调,而对饮食作用的强调,也充分反映了先民对饮食和医疗关系的认识程度。

综上可知,自我修道虽然方式多样,但是相比其他方式来说困难较大,必须付出几十年的长期修炼。与贬谪的仙女不同,她们修道所凭是对成仙的执着信念,至于结果则是一个未知数。这部分修道者也可以通过以下一个简单结构予以表现:民女→自觉修道→感动上仙而得助→最终修成。

3. 奇遇成仙

这是特指修行之人夙有慧根,在学道之前常常幸有奇遇,经过点化,再转而修道,亦能顺利成仙,如何仙姑。何仙姑本为普通人家女子,因有奇缘而得异人指点最终修道成功。"何仙姑,零陵市上道女也。遇异人,与桃食之,遂辟谷逆知人吉凶。""宋人杂说何仙姑遇纯阳,啖以一桃,仅食其半,遂不饥。"③ "孔、庄、叶三女仙,天宝间俱

---

① 《奁史》卷九七《仙佛门一》引《增汇侍儿小名录》,第413—414页。
② 《奁史》卷九七《仙佛门一》引《集仙录》,第409页。
③ 《奁史》卷九七《仙佛门一》引《谈芸》,第409页。

来武夷学道，遇太姥元君授以丹诀，遂炼真于均峰。"① 至于她们修真成功的真正原因，仅通过《仙佛门》中的相关记载难以得出确切的结论，只能借助其他文献窥测一二。如《太平广记》所载《杨正见》一篇，女冠叹曰："神仙固当有定分！……吾师常云：'此山有人形茯苓，得食之者白日升天。'吾伺之二十年矣。汝今遇而食之，真得道者也。"②《虞卿女子》一篇中，虞卿女子在未成仙之前便有各种奇遇："忽梦金甲朱戈者叱曰：'仙官在此，安敢冲突。'"③ 可见这部分修道者中也有因某种原因而被选定的幸运儿，可用简单结构来表示：生而有异→遇仙人相助→修成。

4. 节烈成仙

这类女仙身份不一，有里人之女，有贵妇皇妃，共同点是生前都是贞妇烈女，死后常为民人膜拜，或为官府表彰，渐渐成仙。如春秋战国时期息国国君之妻息夫人；又如，秦时的梅姑："会稽梅姑祠。神故马姓，未嫁而夫死，矢志不醮，亦卒，里人祀之，谓之梅姑。"④ 南北朝时期的憨怀太子妃："王进贤，夷甫女也，为憨怀太子妃。洛城乱，刘曜略进贤，欲娶之。进贤大骂，投河。其侍婢名六出，亦投河死。时遇嵩高女真韩太华出游，遂俱获救，外示死体，内实密济，将入嵩高山，今在华阳洞中。"⑤ 唐末五代时期随夫征战而死的莘七娘："莘七娘，五代人，从夫征讨，夫殁于明溪乡，乡人构室祀之。端平间，调塞兵戍建康。闻庙中钲鼓喧腾，追兵回，言是日与敌会战，有神兵阴助，克之。上闻，赐庙额'显应'，封'惠利夫人'，加'福顺夫人'。"⑥ 这些节烈的女子死后成仙得道，或是出自官府，或是

---

① 《奁史》卷九七《仙佛门一》引《武夷山志》，第409页。
② 《太平广记》卷六四《女仙九杨正见》，第398页。
③ 《太平广记》卷六五《女仙十虞卿女子》，第406—407页。
④ 《奁史》卷九八《仙佛门二》引《聊斋志异》，第424页。
⑤ 《奁史》卷九七《仙佛门一》引《南岳魏夫人传》，第411页。
⑥ 《奁史》卷九八《仙佛门二》引《八闽志》，第423页。

来自民间，都会加以表彰。"上层的扶持无疑会促进道教在民间的传播。"[1]因此说，成仙得道虽是宗教提倡的目标，其实表现了维护政治及社会秩序的要求，也是传统儒家道德标准"三从四德""动循礼法"对女性审美趋向的一种反映。

（四）女仙信仰的区域化

相比于女神，女仙的活动范围很有限。对活动范围的认可度，其实是信仰接受程度的一种体现。在《仙佛门》众多关于女仙活动的记载中，最为明显的一个特点便是女仙信仰的空间性及地域性。

1. 沿海地区

《仙佛门》中，天妃信仰可以说是一种流传相当广泛的女仙信仰。该信仰发源于东南一带，辐射范围远达东北沿海一带。如在东北地区有旅顺天妃庙，该庙是"现存东北地区有文字记载的最早妈祖庙"[2]。庙内还存有一方明永乐六年所刻《旅顺天妃庙记碑》，以示对天妃的崇敬之意。

2. 巴蜀地区

《仙佛门》中影响较大的女仙还有巴蜀地区的巫山神女、湘夫人等。

巫山神女在先秦时期就出现于南方巴蜀地区。关于她的传说有各种文字记载，如最早有宋玉《高唐赋》和《神女赋》，但也仅限于文人作品之中，真正体现其影响深入民间的祠庙则少之又少，主要集中在巴蜀。《元和郡县图志》、《宋会要辑稿》和《水经注》关于祠庙的记载中，皆无关于巫山神女的记载。巫山神女这一形象虽然历史悠长，且在历朝文人墨客笔下屡有出现，但其活动范围、影响仍主要集中于发源地。关于湘夫人的历史记载也与此类似，多以文学题材见

---

[1] 贾二强：《唐宋民间信仰》，福建人民出版社2002年版，第267页。
[2] 孙晓天：《辽宁地区妈祖文化调查研究——以东港市孤山镇为例》，中央民族大学博士学位论文，2011年。

于文学作品中。

3. 黄河流域

位于黄河中下游的山西盛行关于麻衣仙姑的信仰。据《仙佛门》记载:"麻衣仙姑,姓任氏,隐于石室山。家人求之,遂逃入石室,中有声殷殷如雷,其壁复合。"① 正由于其隐藏之地有声隐隐如雷,所以麻衣仙姑最为主要的活动便是降雨。关于麻衣仙姑的祈雨活动,最早在桑村,"后发展到北关、堡子村、南关、私评、岳村、冀村、韩村、麻家寨、杨家寨、武家寨、乐村、桥头、东夏祠、西夏祠、北夏祠、孝义镇、马村十八个村社"②。由此,麻衣仙姑成为山西文水地区流传较广的一位女仙,但在山西之外却鲜有祭祀麻衣仙姑的信仰活动。

民间对女仙的信仰有着非常鲜明的地域特点,其原因如下:

其一,地理环境的限制。古代交通不便,再加上地理条件的复杂性以及各种政治因素的影响,各个地区极容易形成相互独立的半封闭状态,从而形成相互独立的信仰体系。黄河流域的女仙多与政治人物关系密切,如洛水之神为上古帝王伏羲之女,息夫人为春秋时期息国国君之妻,长陵女子则有汉武帝曾为其做柏梁台等。巴蜀一地则更多类似于巫文化风格的女仙,相比于黄河流域一带的女仙具有鲜明的神异色彩。不同信仰风格的出现,明显受到了环境的影响。

其二,地方文化的制约。中国古代其实是一种地方士绅政治,尽管有一个中央政府,但其影响对偏远地方也鞭长莫及。"地方士绅在乡土社会环境中成长起来,熟习本地社会生活的各种知识,包括民间宗教观念和制度等。因此地方士绅便成为国家和乡土社会的双重身

---

① 《奁史》卷九七《仙佛门一》引《丁卯集》,第 410—411 页。
② 许江娥:《山西文水县桑村麻衣仙姑庙及其祭祀民俗考述》,载《中华戏曲》2009 年第 1 期。

份的代理人。"① 形成于本地的女仙因为与本地的文化体系有共同的文化特性,更容易为大众所接受。地方上对女仙的崇拜,并非如国家对其所寄寓的意义。尽管部分女仙有国家所敕封的名号,但各种女仙会在本地形成一些国家祀典之外的职能。这种职能在民间广泛流传,久之反而成为主要职能,因此出现了不同区域同一女仙不同职能的现象。

正是地理环境的限制和地域文化习俗的不同造成了女仙活动的区域化。因此,不论女仙地位如何之高,其影响所及总体来讲基本上都集中于发源地,鲜有影响波及全国的女仙。

《仙佛门》女仙一览表

年代	女仙	原型	成仙方式	出典
上古三代	嫦娥	上古后羿妻	服丹药	《山海经·大荒西经》
	阿姨神	启母之妹		《山海经·中山经》
	湘夫人	舜帝之妻		战国·屈原《楚辞·九歌》
	太和女	姓颛名和	修习道术	北宋·李昉等《太平广记》卷五九引《女仙传》
	赤帝女	瑶姬	入山学道,化鹊衔柴作巢,巢成升天	
	洛水之神	伏羲之女,名宓妃		战国·屈原《离骚》
周	李真多(四川人)	周朝蜀人李脱之妹	随兄修道	宋·曾慥《集仙传》
春秋战国	息夫人(河南)	息妫,春秋时息国君主之妻	贞洁	
秦	梅姑(浙江)	秦	未嫁而夫死,矢志不醮。节烈	
	孝烈灵妃(湖南)	秦武陵令罗君之女	为救父赴水而死。孝悌	宋·范致明《岳阳风土记》
	毛女(陕西)	秦始皇宫女	食松叶	汉·刘向《列仙传》

---

① 郑振满、陈春声:《民间信仰与社会空间》,福建人民出版社2003年版,第92页。

续表

年代	女仙	原型	成仙方式	出典
汉	明星玉女	汉	服食玉浆	北宋·李昉等《太平广记》卷五九引《集仙录》
	黄景华（湖北）	汉司空黄琼女	得神人相助	
	金星精（湖南）	汉张金华之女	幼年入山修道	
	长陵女子（陕西）	汉	死后显灵为仙	旧题汉·班固《汉武故事》二卷
	程伟妻（陕西）	汉期门郎程伟之妻	修习道术	梁·陶弘景《墉城集仙录》
	麻姑（江西）	汉孝桓帝时女子，一说麻姑为黎琼仙	天生异能。东汉桓帝时，应仙人王方平之召，降于蔡经家	晋·葛洪《神仙传》
	鲁女生（福建）	东汉长乐人	服食胡麻	旧题汉·班固《汉武帝内传》
	杜兰香（河南）	汉时南阳女子	天生异能	晋·曹毗《杜兰香别传》
魏晋	樊夫人（浙江）	晋上虞令刘纲妻	修习道术	晋·葛洪《神仙传》卷七
	东陵圣母（江苏）	晋广陵海陵人，杜氏之妻	左道通神	北宋·李昉等《太平广记》卷六〇引《女仙传》
	九华真妃（江苏）	晋朝茅山安姓女子	太虚上真元君李夫人之女，学上清道	梁·陶弘景《真灵位业图》
	薛女真（湖南）	晋	服饵避世	
	王进贤（山东）	愍怀太子妃	贞洁，遇嵩高女真度化之	
	魏夫人（山东）	晋女子魏华存	服食胡麻散、茯苓丸。受王子登及太一元仙度化	
	顺懿夫人（福建）	福建古田县陈靖姑		晋·干宝《搜神记》
	郝姑（河北）	魏莫州莫县人，字女君	东海公娶之为妻乃得仙	北宋·李昉等《太平广记》卷六〇引《莫州图经》
南朝梁	萼绿华	南朝梁时南山人，又名罗郁	修习道术	梁·陶弘景《真诰》

续表

年代	女仙	原型	成仙方式	出典
唐	何仙姑（广东）	唐广州增城县何泰之女	遇异人教服食云母粉及桃	
	杨贵妃（山西）	唐玄宗李隆基之宠妃		唐·牛僧孺《周秦行纪》
	谢自然（四川）	唐德宗时果州南充县孝廉谢寰之女	修习道术	梁·陶弘景《集仙录》
	麻衣仙姑（山西）	姓任名灵巧，唐贞观年间山西文水桑村人	修习道术	唐·许浑《丁卯集》
	杨敬真（河南）	唐虢州阌乡县长寿乡天仙村田家女		唐·李复言《续玄怪录》
	卢眉娘（广东）	唐永贞年南海人，北祖帝师之裔	每日饮酒二三合	唐·苏鹗《杜阳杂编》
	戚玄符（河北）	唐大中时人，冀州民妻	遇北岳真君度化而成	五代·杜光庭《墉城集仙录》
	裴元静（陕西）	本名裴玄静，唐缑氏县令裴升之女，鄠县尉李言妻	好道，独居修行。遇二仙女而修真	北宋·李昉等《太平广记》卷七〇引《续仙传》
五代十国	惠利夫人（福建）	莘七娘，五代十国时期南唐人	从夫征讨，殁于沙场。忠义节烈	
	天妃（福建）	闽王时巡检林愿之第六女		
	花姑（江西）	女仙魏夫人弟子	修习道术	五代·杜光庭《墉城集仙录》
宋	李季萼（浙江）	名英华，字季萼。北宋元丰时浙江缙云县县令之女		宋·陈鹄《西塘集耆旧续闻》
	西华宝懿夫人（江苏）	名王纶，北宋泰州人		
金	孙不二（山东）	孙富春，金代宁海人马钰之妻	修习道术，得重阳真君度化	
时间不明	王抱台			
	张微子		东海玉华妃降受服雾之法	
	撒沙夫人（浙江）		撒沙退敌。忠义	
	金华神			北宋·崔公度《金华神记》
	紫姑神（西南）			南朝宋·刘敬叔《异苑》卷五
	周爰女		修道术，饵茯苓	

五、《仙佛门》所见女鬼形象概述

在古代的崇拜体系当中,鬼崇拜是一种源远流长的文化现象。最古老的信仰当中,最为流行的当属"鬼神"信仰而非"神仙"信仰。依照后人的解释,"鬼"即"归人",即回到当初的地方。万物皆如此,不管是统治阶层还是普通百姓,双方的差别仅仅是死后的陪葬品与规格的不同。后来随着等级观念的变化及君主专制的强化,作为"天子"的帝王在百年之后当然不能与普通百姓有共同的归宿,于是作为人死后的另外一种存在形式——"鬼"的地位便逐渐被贬低。随之鬼神观念也逐渐发生变化,商周时期的鬼为能保护族人的祖先神,到汉代则变为能给人带来恐惧的厉鬼。鬼的形象在不同时期蕴含着不同内容。

《尧史·仙佛门》中女鬼类所占比例偏少。与女神女仙相比,女鬼呈现出了自己的一些特点,有更为明确的时间范围,多与历史人物相结合,有更为明显的等级身份。在众多女鬼中,既有处于皇宫中的宫人,也有官宦阶层的女子,还有社会底层的一些普通女性。本文针对《仙佛门》中所涉女鬼及其来源,分类列举,其形象演变可以分为三个不同阶段:

魏晋之前的女鬼多来源于民间故事,其形象模糊不清,与祖先崇拜联系比较紧密。

> 晋王彪之少失母,尝独坐斋中,忽见母谓彪之曰:"汝方有奇厄,若能东行出千里,三年乃可免灾。"忽不见。彪之遂往会稽,三年乃归,复见母谓曰:"汝当位列台司,年逾八十。"后皆如母言。①

究其原因,可能与"此时的志怪小说还没有摆脱史传文学的固有模式,文人的想象力是被禁锢的,鬼怪故事都是采集自民间传说"②

---

① 《尧史》卷九九《仙佛门三》引《幽明录》,第425页。
② 黄洁琼:《形象与现实:〈唐五代笔记小说大观〉中的女鬼形象解析》,安徽大学硕士学位论文,2014年。

有关。同时也是商周时期祖灵观念遗风的体现。

魏晋以后至于隋唐，女鬼多出身高贵，或为贵族或为王族。

> 牛僧孺暮过鸣皋山下……太后命高祖戚夫人、元帝王嫱、唐太真杨妃、齐潘妃出，僧孺皆拜，乃就坐，命馔命酒，各赋诗。①

隋唐以后尤其明清时期，女鬼形象来源多样化，既包括出身高贵者，也不乏民间诸多普通女性。

> 一民妇孕，将娩，暴卒，既葬。一日其夫从市归，见妇人携竹筐前走，衣饰举止悉如其妻，尾其后，妇人直趋葬所，忽不见。②

这一时期女鬼形象呈现的特点主要与隋唐时期统治阶层对宗教的推崇有关。如武则天不仅自己信佛，而且她的后代李显、李旦俱受菩萨戒。整个唐代有不少公主都抛却尘世，出世入道，唐朝的女鬼形象不可避免地会受到影响。至于隋唐以后到明清时期，多有民间普通女子进入鬼故事当中，与晚明以后相对开明的人文思潮有关。

（一）《仙佛门》所见女鬼身份

1. 宫廷女子

《仙佛门》所录的女鬼故事当中，女鬼身份以宫人为最多。这些故事情节多程式化且形象单一，摘录几条于下：

> 会昌中，顾浚游瓦官阁，遇二美人，邀浚归舍，问其姓氏，曰："陈朝张贵妃、孔贵嫔。"所谈皆陈朝故事，遂命觞洽饮。又从傍一美人，姓赵名幼芳。三美人各吟诗，浚亦和之，因留共寝，鸡鸣而别。明日浚迹之，则陈朝宫人墓也。③

> 大定中，李维清与鬼妇故宋宫人玉真者遇。玉真歌云：

---

① 《奁史》卷九九《仙佛门三》引《周秦行记》，第 425—426 页。
② 《奁史》卷九九《仙佛门三》引《居易录》，第 428 页。
③ 《奁史》卷九九《仙佛门三》引《烟粉灵怪》，第 426 页。

"皓齿明眸掩路尘，落花流水几经春。人间天上归无处，且作阳台梦里人。"①

延祐初，滕穆游聚景园。时宋已亡四十年，园中惟瑶津轩独在。生至轩下少憩，俄见一美人先行，一侍女随之。风鬟云鬓，绰约多姿，望之殆若神仙。问其姓名，曰："妾乃芳华，姓卫，故宋理宗朝宫人，年二十四而殁，殡此园之侧。"②

《仙佛门》所涉成鬼宫人的来源，既有见于史书记载的真实历史人物，也有存在于话本小说中的故事主角。如张贵妃即陈后主陈叔宝之宠妃，孔贵嫔也是陈后主之嫔妃。二人在《陈书》卷七《张贵妃传》中均有记载。此外还有民间故事话本中的主角如卫芳华，见于《剪灯新话》卷二《滕穆醉游聚景园记》。至于宫人成鬼故事居多的原因，大体如下：

首先，是宫妃制度的影响。宫人一般指后宫内廷中嫔妃、宫女的统称，有时也指未有爵秩的宫女。宫妃制度是我国历史上的一项重要政治制度。宫妃制度等级森严，《宋会要辑稿·后妃》记载："宋朝承旧制，皇后之下有贵妃、淑妃、德妃、贤妃、昭仪、昭容、昭媛、修仪、修容、修媛、充仪、充容、充媛、婕妤、美人、才人"③，共十七等。《后汉书·皇后纪》载："及光武中兴，斫雕为朴，六宫称号，唯皇后、贵人。贵人金印紫绶，俸不过粟数十斛。又置美人、宫人、采女三等，并无爵秩，岁时赏赐充给而已。"④从等级上可以看出宫人地位之低。"五年八月庚申，太常乐工宋四通并给使王游道，长吉等入监内教，因为宫人通传消息，帝特令处死，仍遣附律。

---

① 《奁史》卷九九《仙佛门三》引《续夷坚志》，第427页。
② 《奁史》卷九九《仙佛门三》引《采真集》，第427页。
③ 刘琳、习忠民、舒大刚等校点：《宋会要辑稿》，上海古籍出版社2014年版，第323页。
④ 〔南朝宋〕范晔：《后汉书》卷一〇上《皇后纪第十上》，中华书局2007年版，第400页。

谏议大夫萧钧奏曰:'四通等所犯在未附律前,不合至死。'帝曰:'朕闻防祸未萌,先贤所重。宫闱之禁,其可渐欤!'"①"宣宗时,越守进女乐,有绝色。上初悦之,……忽晨兴不乐,……召诣前曰:'应留汝不得。'左右奏:'可以放还。'上曰:'放还我必思之,可赐酖一杯。'"②宫人在宫中地位低下,宫中诸多制度对宫人亦极为严厉。"贞观十三年二月二十五日,尚书八座议曰:'……近代以降,情溺私宠,掖庭之选,有乖故实。或微贱之族,礼训蔑闻;或刑戮之家,怨愤充积。'"③由此可见,当时宫人应有不少是出自"微贱之族"和"刑戮之家"的。正是这部分因受牵连而入宫者的出现,为后世宫人成鬼以至于复仇故事的出现提供了素材。

其次,由于后宫人数众多,很难有机会面圣。"长安大内、大明、兴庆三宫,东都大内、上阳两宫,几四万人。"④大多数宫人一入宫门基本再无出宫的可能,此生也基本上在绝望中度过。正如顾况《宫词》所说:"宫门一入无由出,唯有宫莺得见人。"白居易在其诗作当中亦有类似的记载:"上阳人,红颜暗老白发新。绿衣监使守宫门,一闭上阳多少春。玄宗末岁初选入,入时十六今六十。同时采择百余人,零落年深残此身。"⑤"少年入内教歌舞,不识君王到死时。"⑥虽

---

① 〔宋〕王钦若等:《册府元龟》卷一〇一《帝王部·纳谏》,中华书局1960年版,第1208页。
② 〔宋〕王谠撰,周勋初校证:《唐语林校证》卷七《补遗》,中华书局1987年版,第630页。
③ 〔宋〕王溥:《唐会要》卷三《内职·杂录》,中文出版社1978年版,第33页。
④ 魏同贤编:《冯梦龙文学全集》,辽海出版社2007年版,第524页。
⑤ 〔唐〕白居易撰,顾学颉点校:《白居易集》卷三《上阳白发人》,中华书局1979年版,第59页。
⑥ 〔唐〕杜牧撰,何锡光校注:《樊川文集校注》,巴蜀书社2007年版,第1418页。

然有"妇人入宫后年至五十,愿还乡者听之"①的规定,但对大多数宫人来说却如一纸空文。得不到君王宠幸的宫人们到老或被送往寺观安置,或老死宫中埋入宫人斜。"尽是离宫院中女,苑墙城外冢累累。"而丧葬又是与鬼文化紧密联系的一种民俗文化,宫人生前地位低下,在宫内属被压迫的对象,死后又被埋葬于幽深的宫墙外,累累荒冢,都使人们很容易将其与传统观念中鬼的形象联系在一起。

再次,宫人守陵制度也是一个原因。皇帝死后在陵园设立寝殿,由宫人守护陵园的制度起自汉代。《汉书·外戚传》:"至成帝崩,倢伃充奉园陵。"②班婕妤因受成帝宠妃赵飞燕姐妹迫害,在成帝薨后被遣至成帝延陵守陵。这是因为宫廷斗争而被罚守陵者。此外还有因宫人无子而被罚守陵者。《汉书·安帝纪》注云:"宫人无子,守园陵者也。"③因无子而守陵的宫人又被称为"诸园贵人",《东汉会要》便有一卷《诸园贵人》下注曰:"谓宫人无子,守陵园者也。"④该卷专门记载宫人守陵者,"和帝葬后,宫人并归园"⑤。这一制度在唐宋时期最为流行。"凡诸帝升遐,宫人无子者悉遣诣山陵供奉朝夕,具盥栉,治衾枕,事死如事生。"⑥不少诗歌中对这一状况也有所反映,如杜牧的《奉陵宫人》:"相如死后无词客,延寿亡来绝画工。玉颜不是黄金少,泪滴秋山入寿宫。"这便是守陵宫人的真实写照。又韩愈《丰陵行》:"设官置卫锁嫔妓,供养朝夕象平居。"描写的是宫人守顺宗丰陵的情形。考古发掘也提供了不少宫人守陵的证据:

---

① 〔明〕申时行等:《明会典》卷六七《皇帝纳后仪》,中华书局1989年版,第405页。
② 《汉书》卷九七《外戚传》,第3988页。
③ 《汉书·安帝纪》卷八〇《宣元六王传》,第3321页。
④ 〔宋〕徐天麟:《东汉会要》卷二《诸园贵人》,中华书局1959年版,第19页。
⑤ 《东汉会要》卷二《诸园贵人》,第19页。
⑥ 〔宋〕司马光:《资治通鉴》卷二四九《唐纪六十五》,中华书局1956年版,第8068页。

"如昭陵的下宫为守陵官员和宫人居住以及日常献祭的地方。"① 懿德太子墓"壁画内容有门列棨戟,仪仗出行,以及伎乐、供奉、内宫、宫女等"②。宫人守陵制度的出现与封建社会森严的等级制度有关,更与古人所强调的灵魂不灭、事死如事生的观念有密切关系。③

2. 民间女子

《仙佛门》中,这一类型又分为才女和民间普通女子。才女是众多女鬼故事中最为常见的角色之一。据学者统计:"现存六十余部佳人小说,每部作品至少刻画了一个才女形象,《聊斋》虽然内容庞杂,但在四百余篇小说中约有十分之一的作品是以表现女子才智为基调的。"④ 这些才女涉猎群书,通经懂史,普遍具有深厚的文化修养,完全不合传统礼教"女子无才便是德"的要求。

关于才女成鬼的故事千篇一律,形象单一,掺杂了太多个人的政治抱负及其他的感情,多是文人杜撰而成。如《仙佛门》所记载:

> 蓬子硕送客余杭,于步伍亭壁后得淡墨书数行。"夜台夜复夜,东山东复东。当时九龙月,今日白杨风。"笔迹道媚,后题云"李媛书",似非世人所作。后有荒冢,必是鬼。⑤
>
> 慕容岩卿妻尝作一词云:"满目江山忆旧游,汀花汀草弄春柔。长亭舣住木兰舟。好梦易随流水去,芳心空逐晓云愁。行人莫上望京楼。"及卒,瘗于雍熙寺。每深夜

---

① 黄景略、叶学明:《中国历代帝王陵墓》,商务印书馆1998年版,第115—116页。
② 《中国历代帝王陵墓》,第115—116页。
③ 李晗:《明清宫人殉葬制度研究》,西北大学硕士学位论文,2014年。
④ 王前程:《梦幻中的才女与现实中的才女——才子佳人小说与〈聊斋志异〉才女形象之异同》,载《荆州师范学院学报》(社会科学版)2003年第6期。
⑤ 《夜史》卷九九《仙佛门三》引《春渚纪闻》,第427页。

月明，常有妇人往来廊庑间歌是词。①

这些故事虽有文人的刻意杜撰及其自我人格的投射，但也有一定的社会背景。"晚明以后，随着理学名教危害性的日益显露和市民力量的不断壮大，文化领域掀起了一场张扬人性、鼓吹妇女解放的人文思潮。"②在这种情况下，有人针对"历代史书的《列女传》中只收早寡守志，临难捐躯的节烈之女"③的做法提出异议。除了节烈之外，"或以才智，或以文章，稍足脍炙人口者，咸著于编"④的主张得到积极响应。"黄虞稷的《千顷堂书目》卷8著录明代女性诗集72种，其中大部分为晚明时期的。《列朝诗集》收录以晚明女性作品居多。胡文楷编著《历代妇女著作考》，记录汉魏至明末的女作者364人，其中明代248人，而可确定在万历至崇祯间者有120人左右。"⑤这为文学创作中才女形象的大量出现提供了社会依据。不少文人借助受礼教束缚较少的鬼世界中有才华的女性形象，来表达政治意愿。

除了才女形象之外，普通女性也是故事中不可或缺的重要角色。

> 贾人妻妊而殒，瘗之。有鬻饼者每晨开门，即见一妇人把钱俟店人。问之，妇人怆然曰："饥儿无乳，急于啖儿耳。"店人投钱于筒，暮必获一纸钱，疑焉。明旦取钱，悉投水瓮中，妇钱浮，怪而迹之，至小塚而没，白官。启塚，见棺中儿手持饼啖，作投怀状，官怜之，驰召其父携归，

---

① 《弇史》卷九九《仙佛门三》引《吴中纪事》，第428页。
② 王前程：《梦幻中的才女与现实中的才女——才子佳人小说与〈聊斋志异〉才女形象之异同》，载《荆州师范学院学报》（社会科学版）2003年第6期。
③ 蒋小平：《"才女"与"文人"的双向构建——略论晚明传奇中才女形象的"文人化"》，载《戏曲研究》2009年第1期。
④ 〔明〕谢肇淛：《五杂俎》卷八《人物四》，上海古籍出版社2002年影印本。
⑤ 蒋小平：《"才女"与"文人"的双向构建——略论晚明传奇中才女形象的"文人化"》，载《戏曲研究》2009年第1期。

及长,或询及幽产辄哭。①

一民妇孕,将娩,暴卒,既葬。一日其夫从市归,见妇人携竹筐前走,衣饰举止悉如其妻,尾其后,妇人直趋葬所,忽不见。启而视之,棺已开矣,见坐榇中,旁有竹筐贮餺飥,如初饲儿口中者。扪其妻,则无生气,乃阖棺仍瘗之,取子以归。②

关于古人对鬼的认识,鲁迅先生认为:"文人之作,虽非如释道二家,意在自神其教,然亦非有意为小说,盖当时以为幽明虽殊途,而人鬼乃皆实有,故其叙述异事,与记载人间常事,自视固无诚妄之别矣。"③ 相较才女成鬼的故事,普通女性成鬼的故事内容更加贴近于"蕴含着民众的活动、观念与情感,承载着民众创造的文化信息"④的民间故事。这些民间女子往往形容普通,不通经史,有关她们的故事甚至是通过道听途说搜集而来。而结局亦不同于其他几种女鬼形象,或是其悲惨经历在成鬼之后的再一次翻版而已。

(二)《仙佛门》所见女鬼活动情况

1. 人鬼相恋

人鬼相恋故事是鬼故事中最为常见的故事类型之一。《仙佛门》共辑录鬼故事40条,其中人鬼相恋有12条,占总数比例为30%。所有人鬼相恋故事基本都是女性对自己钟情男子的主动追求,列举几例于下:

孙仲衍夜宿西湖栖禅寺,南有朝云墓。仲衍徘徊凭吊,凄然。冥感忽见一倩装女子,有侍婢挑灯先导。仲衍窃随之,倏然不见,惟见月映长廊,字迹满壁,谛视之,得《集古录诗》

---

① 《夎史》卷九九《仙佛门三》引《古今文绘》,第428页。
② 《夎史》卷九九《仙佛门三》引《居易录》,第428页。
③ 鲁迅:《中国小说史略》,人民文学出版社1958年版,第39页。
④ 柴楠:《民间故事的生成与接受》,辽宁大学硕士学位论文,2013年。

数首。是夜,梦女子自称苏长公妾朝云。与仲衍歌《集古诗》,郑重嘱咐而去。①

王轩游苎萝山,问西施遗迹。忽见一女子素衣琼珮而出,乃西子也。与轩期来日会于水滨。翌日,轩往。西子已在焉。自是留愈月乃归。②

这类故事中的女鬼彻底摆脱了封建礼教的束缚,颠覆了传统礼教法则下的男女关系,死后变身为女鬼,成为爱情中的主导者。

2. 预言劝诫

能够提前预知某事,是神鬼与普通人的最大区别,也是其最能吸引人的地方之一。征兆预知类故事早在春秋战国时期已具雏形,最早出现于史籍之中。"古之国史,闻异则书"③讲的便是如此,是将社会中的反常现象视作政治兴衰的某种神秘预示,以起到"借鉴"作用。而在小说中,它的直接作用在于通过故事寄托作者的情感,如《仙佛门》所收《潇湘录》:

杨国忠专权,忽有妇人自投其宅,面斥国忠之奢淫谄媚。国忠怒,命斩之。妇人忽自灭。须臾,又复立前,国忠曰:"是何妖也?"妇人曰:"我实惜高祖、太宗之社稷将被匹夫倾覆耳!"言讫不见。④

这种预言劝诫类故事往往基于历史事件,其中寄寓了作者的认识和评价。

3. 吟诗作文

《仙佛门》中,这一类女鬼主要通过诗文方式和男子交往。其故事发生地多在"山程水驿"的行旅途中,或是废旧宫寝之地。诗文

---

① 《亘史》卷九九《仙佛门三》引《烟霞小说》,第427页。
② 《亘史》卷九九《仙佛门三》引《翰府名谈》,第425页。
③ 〔唐〕刘知几撰,〔清〕浦起龙释:《史通通释》卷三《书志第八》,上海古籍出版社1978年版,第63页。
④ 《亘史》卷九九《仙佛门三》引《潇湘录》,第425页。

的内容主要集中在抒写思乡之情,感慨自身身世,或对爱情及人生的感伤,也有对于国家盛衰兴亡的感慨。

  李西美帅成都,月夜有危髻古裳妇人数辈语笑花圃中,有甚丽者诵诗云:"旧时衣服尽云霞,不到迎仙不是家。今日楼台浑不识,只余古木记宣华。"忽不见。今府第故蜀宫。岂当时宫女尚有鬼耶?①

  宝应,民有会客者,酒半,客一人出门,径赴水。主人追而急持之。客曰:"有妇人以诗招我,其辞云:'长桥直下有兰舟,破月冲烟任意游。金玉满堂何所用,争如年少去来休。'"仓皇就之,不知其为水也。②

  上述类型的故事多见于唐宋。唐宋以后不仅延续了鬼诗的创作,并且对鬼诗进行了整理。苏轼《东坡题跋》共著录八首鬼诗,明朝胡震亨《唐音统签》收录有"鬼诗"两卷,清代《御定全唐诗》也录有两卷"鬼诗"。这类故事的出现,当然离不开文学本身的发展,但更多时候是基于文学载体下作者精神世界的投射与情感认识。女鬼所作诗文当中有大量的艳体诗,这一现象的出现可能是"碍于道德的清规,文人不好意思公开大作艳体诗;慑于习俗的禁忌,他们也不愿意在诗中营造过于荒寂死灭的意境,便假托女鬼"③。对于比较敏感的历史事件,作者无法评价,就会借助与人世毫不相关的女鬼来进行品评。

  《奁史·仙佛门》所涉内容颇丰,从宗教视角来看,兼有释道两家;从故事视角来看,既有女神、女仙、女鬼等神话故事,也涉及民间传统信仰。本文对这些内容进行深入的分析研究,有助于我们更好地了解古代神话故事中女性的特点。《仙佛门》中各类女性神话人物,其实也是古人潜意识当中理想的女性形象,这对我们从侧面了解古代女性的真实面貌具有一定的参考作用。

---

 ① 《奁史》卷九九《仙佛门三》引《成都文类》,第426页。
 ② 《奁史》卷九九《仙佛门三》引《复斋漫录》,第426页。
 ③ 程章灿:《鬼诗是怎样生成的》,载《文史知识》2009年第5期。

后记

30多年前，我还在读大学。当时各种学术思想风起云涌，而我对女性主义、女性文学情有独钟。记得我的毕业论文的题目就是《当代女作家研究》。张洁、张辛欣、张抗抗、陆星儿是我最喜欢的女作家，也是我研究的对象。因为要写论文，要查阅资料，知道了李小江这个名字，买了她主编的"妇女研究丛书"的所有著作。最喜欢读的是《浮出历史的地表》《风骚与艳情》。甚至还给素未谋面的李小江老师写了一封自荐信，想要去读她的研究生。但李老师婉言谢绝了，在信中叮嘱我，让我好好生活。虽然我之后的求学道路异常艰辛，专业也由当代文学转到训诂学又转到古代文学，最后止步于文献学，但我一直关注女性研究的学术动态。

2012年我申请到全国高等院校古籍整理研究工作委员会的课题——《〈奁史〉整理与研究》。很多年来，我和我的研究生一起心无旁骛地在这一亩三分地上默默耕耘。因为没有经验，也走了很多弯路；因为指导水平不高，也不能给学生做更好的点拨。刘莹是我指导的第一个研究生，给她选择做《奁史·饮食门》研究，是因为她的学士论文做的是与饮食相关的研究。现在重新阅读刘莹的论文，发现很多不足是因为我指导不力，实在是愧对学生。虽然说这些年我一直都在做女性研究，整天也在讲性别视角，可是直到2018年给陈丽媛修改《奁史·文墨门》研究的论文时，才一下子悟出性别意识到底是什么意思。我就想作为老师，如果我聪明一些，我的学生会不会进步更大些呢？《从女性文献史观出发：〈奁史〉新解》是近些年我指导的研究生及本科生的学位论文汇编，虽然很粗糙，也有很多不足，且只占《奁史》研究的很少一部分成果，但它是我们师生为妇女史研究尽自己绵薄之力的见证，是我们师生一起奋斗的结晶。

感谢李小江老师！机缘巧合，我和李老师在20世纪80年代通信后又在陕西师范大学重逢。这本小书是在李老师的关照及督促下完成的。这本小书能被李老师收入麾下，真是我和我的学生们之大幸。

感谢文学院的屈雅君教授！虽然很多年前我便受教于屈老师的女性主义理论研究，可是直到今天，我好像才有点开悟。但当年埋下的种子，毕竟有了萌动的迹象。

感谢历史文化学院的贾二强教授！我是在38岁的时候来到贾老师门下做博士后的。虽说是做博士后，但我是把自己等同于文献专业的本科生的。感谢贾老师给我打下扎实的文献学功底，让我知道了文献学研究是我一生的至爱。

《从女性文献史观出发：〈奁史〉新解》这本小书算是对过去岁月的一个交代。我想对自己说，不管收获如何，能在自己喜欢的土地上耕耘，就是我这辈子最大的幸福！

郭海文
2019年8月1日